明清史学术文库

清代地方政府司法职能研究

吴吉远 著

故宫出版社
The Forbidden City Publishing House

吴吉远，1963 年 11 月生，四川省荣县人。1982 年进入重庆师范大学历史系学习，获学士学位；1986 年 7 月至 1989 年 9 月，在四川省康定民族师范高等专科学校（今四川民族学院）政史系从事教学工作；1989 年进入四川大学历史系学习，获硕士学位；1992 年进入中国人民大学清史研究所学习，获博士学位。1995 年 7 月进入中央纪委监察部工作，2007 年 7 月调入中国航空工业集团公司工作，曾任第一集团公司监察局副局长、中航工业培训中心副主任，挂职中航工业曙光公司党委副书记，现任中国航空工业经济技术研究院党群工作部部长。已出版有《中国小通史》（清朝卷）、《转机与契机——面对危机时代的挑战》（译著）、《清代地方政府司法职能研究》、《中国政治史探微》等多部著作，发表有《古代社会的吏员》、《试论清代吏、役的作用和地位》、《清代打箭炉城的川藏贸易的产生和发展》、《试论明清代时期的守巡道制度》、《清代宗室教育述论》、《论党代会监督党的领导干部》、《关于反腐倡廉的几个关键问题》、《关于廉政法律体系建设的思考》、《行政监察与行政管理》等历史学、政治学论文 60 余篇。

历史学的意义，一是去伪存真，考据实证，尽力还原历史的本来面目；二是总结历史人物、事件的成败得失，以真实的历史知识丰富和启迪人们的思想、行为；三是探寻社会历史发展规律，选择正确的社会发展道路，避免重蹈覆辙走弯路，力求社会、国家的稳健发展。

故宫本身就是一部厚重而丰富多彩的“历史巨著”，故宫出版社站在这一特殊的位置，以出版“明清史学术文库”等经典性著作为己任，必将为祛除浮躁之气、回归历史学研究的本原注入一股清新的气息……

吴吉远

2014年3月18日

总序一

2012年是清帝退位一百周年，明清史研究也走过了百余年的风雨历程。出于总结和促进发展的目的，故宫出版社将百年来明清史专题研究的重要的甚至经典性著作，遴选四十余部再版发行，以期对当前的明清史研究有所裨益，这是令人高兴和值得肯定之举。

长达五百余年的明清两代，是中国历史上两个重要的王朝，既处于我国封建社会行将灭亡的衰落时期，又处在中国封建专制主义发展的巅峰时期。盛世与没落，帝王的文治武功与社会的演进变革，殖民者的“福音”传播与列强的坚船利炮，此起彼伏的农民起义与先进的中国人的图强探索，以及革命与改良，等等。这是一个多姿多彩且天翻地覆的历史时期。这一时期又连接着今天，影响着今天。因此，研究明清两代的历史，就有着十分重要的意义。

现代意义上的明清历史研究开始于20世纪初。面对清王朝的腐朽没落，半殖民地半封建社会的奴役屈辱，资产阶级革命的风起云涌，以梁启超、夏曾佑、严复、孟森、章太炎、向达、谢国桢、萧一山等学者为代表的中国知识界，继承中国古代社会“鉴古知今”的历史传统，吸收近代科学理论知识，开始对清先世、明满关系、南明史、学术史，后渐扩大到秘密社会史、华侨史、晚清史（这是一大热点）、民族史、历史地理、财政史、盐业史等明清历史的多个方面，进行系统研究，筚路蓝缕，取得了丰硕的成果。

新中国成立以后，特别是改革开放以来，学术界在马列主义理论指导下，继承老一辈学者的信实学风，汲取西方学术研究的科学方法，解放思想，大胆探索，推动了明清史研究的不断深入。研究领域在不断扩大，研究水平在不断提高，明清史学逐渐形成充满朝气、欣欣向荣的繁荣景象。经过数十年的发展与积淀，时间已为我们留下了一些有价值的学术著作，这些著作资料翔实，论述严密，条理贯通，至今仍为许多学者所推崇。因此，将多年以来明清史研究著作纳入《文库》，重新修订再版，可使我们回顾明清史学研究的发展轨迹，促进21世纪明清史学术研究的深入发展。

故宫博物院和故宫出版社推出这套《明清史学术文库》还有一层特殊的意义，这就是故宫和故宫博物院在明清史研究中的特殊地位。故宫作为明清两代的皇宫紫禁城，在明清两朝的统治历史中，共有24位皇帝在此生活执政，使之在五百多年中成为全国的政治中心、文化中心，演绎出一幕幕兴衰史剧，几乎明清时期的每一个重大历史事件，都与宫廷发生着密切的联系。故宫几乎每一座宫殿、每一个院落、每一处山石，甚至每一口水井、一床一案，都有一段传奇经历，蕴含着独特的、浓厚的历史文化信息，涉及建筑、园林、历史、地理、文献、文物、考古、美术、宗教、民族、典制、礼俗等诸多学科与门类。这也是研究明清时期典章制度、宫廷建筑、宫廷生活等历史问题的专家学者不能不予以关注、不能不去考察体验的诸多社会历史领域。建立在以明清两代皇宫“原址保护”基础上的故宫博物院，兼容建筑、藏品与其中蕴含丰富的宫廷历史文化为一体，这一特点及优势，决定了它在整个明清史研究中有着独特的、不可替代的重要地位。而故宫的一切研究工作也离不开明清史学术界的辛勤劳动。

正是基于这种独特关系，故宫博物院与清史编纂委员会联合举办清史研讨会，与北京大学联合主办《明清论丛》，成立明清宫廷史研究中心和故宫学研究所，组织编纂明清史研究丛书，并资助出版一大批重要的明清史学术研究成果，受到学界的广泛赞许。以突出皇宫、皇权和皇帝等皇家文化研究的“故宫学”学术概念，也得到了学界的广泛关注。浙江大学、中国社会科学院研究生院等高校已开始招收这方面的硕士研究生，浙江大学成立了故宫学研究中心，南开大学成立了明清宫廷史与故宫学研究中心，台湾清华大学开设了“故宫学概论”课程等。所有这些，必将对故宫博物院的日常工作和学术研究，以及明清史学界的进一步发展，产生重要的推动作用。

故宫出版社作为故宫博物院的重要部门，一直把促进明清史和故宫学的研究作为自己义不容辞的责任和义务，做出了积极的努力，也取得了重要的成果。本次推出这套《明清史学术文库》，在整合、出版既有学术成果的基础上，通过深入地与专家、学者沟通，对明清史及故宫学研究涉及的一些问题进行专题探讨，以提高明清史和故宫学研究的理论水平，并向成为我国明清史研究成果的出版重镇不断迈进，其精神也值得赞扬。我们相信，通过故宫出版社与明清学术界的不断努力，明清历史研究必将取得更大的发展。

郑欣淼

2012年 7 月

总序二

一百年前的1912年，清朝覆亡，宣统帝退位，中华民国建立。标志着统治中国长达两千多年封建帝制的终结。中国历史迈开了前进的脚步，中国人民觉醒奋起，在近代化的征途上努力前进。

伴随着清王朝的覆灭，中国的一大批学者对中国封建社会的最后两个王朝——明朝和清朝的历史进行了认真、系统的研究，章太炎、梁启超、孟森、钱穆、萧一山、蒋廷黻、郭廷以、郑天挺、吴晗、罗尔纲、王钟翰等学术前辈在明清史处女地上披荆斩棘、辛勤耕耘，为明清史学的发展奠定了基础。改革开放以来，学术界百花齐放、百家争鸣，以马克思主义为指导不断地解放思想，积极吸收外国的研究思想和方法，使我国明清史的研究出现了前所未有的长足进步，涌现出一批有价值的学术著作。但在当时，中国或者尚在战乱时期，或者尚在建设的探索时期，经济贫穷，文化欠发达，学术著作的印刷数量不多，流传不广，不利于学术交流和明清史研究更深入的发展，故而故宫出版社将多年来明清史专题性研究著作纳入《明清史学术文库》，重新修订再版，力求涵盖民国以来各个时期的学术大家及其代表性著作，目的就在于将涉及政治、经济、文化、社会生活等方面的研究著作汇集一起，以此反映明清社会的整体状况，为学者深入研究明清时期的社会状况提供学术平台。

明清两代，时间长达五百多年之久，道路崎岖，变化迅速，人物和事件丰富繁多，是最接近今天现实的历史，生产力已有相当发展，居于当时世界各国的前列，社会结构和各种关系已相当复杂，人口众多，经济繁荣，交流频繁，财富充盈，各种事业兴旺发达。至康雍乾时期，中国历史发展到最高峰。但社会中的各个领域存在着缺陷，各种主客观条件尚未具备，整个社会难以协同推进，阻力重重，举步维艰，所以未能进入近代化的轨道。中国坐失了西方世界在18世纪所抓住的社会进步的良好时机，这是中国的不幸，也是我们前几辈先人痛心扼腕、力图奋起直追的动力和原因。今天，我们正在建设中国特色的社会主义，成绩辉煌，但前途还有许多艰难曲折，需要我们奋斗拼搏，晚近明清历史上先辈们走过的崎岖道路值得我们回顾、反思、探索、研究，以利于后人的继续快步前进。

在中华民国成立以前，明清史虽已编纂了许多重要的档案资料，但研究尚在起步阶段，历史编纂中充斥着对本朝的歌功颂德和对前朝的诋毁。民国以后的明清史研究则有了重大的进步。

其进步主要可举出三个方面：

第一，改变了形而上学和英雄史观，逐渐以社会进步史观和马克思主义唯物史观来研究历史；改变了停滞不动、堆砌史料、罗列历史事实，不讲究前因和后果，不揭示历史发展的客观规律，强调英雄创造了历史而忽视人民群众的生产斗争、阶级斗争，不能给人以真实的历史知识的做法。历史是人类进步的活动，是人民群众艰辛创造和英勇斗争的进程。经济活动是人类社会的基础，而政治、军事、法制、文化、思想都是其上层建筑，将会或早或迟地随着经济基础的变化而变化。20世纪初进步史观和马克思主义唯物史观的出现，大大改变和推动了中国历史研究，明清史研究领域出现了许多高水平的、科学的、实证的明清史著作。

第二，研究领域的扩大。自民国以来，明清史研究的领域不断扩大，不仅着重于帝王将相活动，不仅有内外战争、官场升贬、刑律惩治，也不仅宣扬封建的纲常伦理，还涉及到中央和地方的典章制度、兴废沿革、官阶序列、财政收支、赋税征收，人口的增减迁移，城镇的设置变迁；经济方面有农林牧副各业的状况，开垦和耕作记录，各种传统的手工业和商业，以至近代工厂、矿场的兴起，电报的设置，火车轮船的建造；军事方面，有八旗、绿营、团练、湘军、淮军以至北洋水师、小站练兵等；文化方面，既有诗文词赋、绘画书法、人物传记，又有昆曲、京剧、小说、唱本各种民间艺术；加之民族、法制、科学、宗教、城市、乡镇、风俗习惯、生态海洋等方面。各种研究无所不包，覆盖了各个社会历史领域，使得每朝的史书类似于百科全书型的著作，可以阅读和寻找到各种各样的知识。

第三，史料的整理和发展大为进步。民国以后，大内档案公之于世，其数量达一千万件以上，其中尤以清朝的档案与史料为多，它们的大量公开出版为后人提供了无穷的研究宝藏。档案和各种史料是认识和研究历史的重要载体，只有对它进行积累、分析、辨识、考证，才能揭示出历史的真相。近百年来，收集、保存、整理和利用这些珍贵的历史资料取得了很大的成绩，使我们对五百多年的明清历史有了许多新的重要的发现和认识。

故宫出版社作为故宫博物院的下属部门，把服务和促进明清史和故宫学研究作为自己的责任和义务，并为此做出了不懈的努力，坚持资助出版《明清史论丛》，还抽出人力、物力出版了《明代宫廷史研究丛书》等一批颇具特色的明清史著作，逐渐成为明清史研究成果的一个重要的出版阵地，为明清史研究的深入发展，作出了积极贡献。相信本丛书的出版，无论对史学工作者还是普通的史学爱好者，都是一个极大的便利，必将对明清史学术知识和研究的深入发展与广度普及，产生积极的影响。

戴逸

2012年 7 月

目　录

绪　言

根据历史唯物主义的观点，法律是早于国家而产生的上层建筑，正如恩格斯所说:“随着法律的产生，就必然产生以维护法律为职责的机关——公共权力，即国家。”[1]“法律是统治阶级意志的表现”[2]，随着国家的产生与发展，法律制度也不断发展，有什么样的社会制度的国家，就有什么样的法制。所以，中国古代社会不是有无法制的问题，而是有什么样的法制的问题。

任何民族、国家的产生和发展，都是与建立和完善以政府为组织形式的一整套统治机构相辅相成的，政府按统治阶级的意志行使国家权力，没有政府也就没有国家的存在。一般来讲，政府与国家是同时产生的，是经济发展到一定阶段、社会分裂为不同的阶级的产物，正如恩格斯在《家庭、私有制和国家的起源》中的经典论述:“国家和旧的民族组织不同的地方，第一点就是它按地区来划分它的国民。……第二个不同点，是公共权力的设立，这种公共权力已不再同自己组织为武装力量的居民直接符合了。”[3]也就是说，国家的建立与发展，不仅要设中央政府，而且还需要按地区划分建立行使国家权力的地方政府。那么，国家政府的历史存在，自然也就有行政与行政管理的客观历史存在。恩格斯在

1 《马克思恩格斯选集》第 2 卷，第 538~540 页，人民出版社，1972 年。

2 《列宁选集》第 15 卷，第 146 页，人民出版社，1972 年。

3 《马克思恩格斯选集》第 4 卷，第 320~321 页，人民出版社，1972 年。

1892年6月18日《致尼·弗·丹尼尔逊》的信中精辟地讲道:"一切政府，甚至最专制的政府，归根到底都只不过是本国状况所产生的经济必然性的执行者。它们可以通过各种方式——好的、坏的或不好不坏的——来执行；它们可以加速或延缓经济发展及其政治和法律的结果，可是最终它们还是要遵循这种发展。"[1]也就是说，历史上的任何政府的职能发挥都存在好、中、坏，但终究得遵循社会经济发展规律，而探索其规律就是我们历史研究者的主要任务之一。

古代社会，无论是中国还是外国的君主集权专制政体，大体都是立法、行政、司法诸权合一，只有君主才具有立法的最高权力，同时君主又是全国的最大法官、国家元首兼政府首脑，司法只是国家各级政府的主要行政职能之一。特别是中国，大约从公元前21世纪进入奴隶制社会起，到20世纪初封建王朝的覆灭，君主专制政体的历史长达四千多年。奴隶制社会也好，封建制社会也罢，都是家国不分，为了维护一家天下之统治和统治阶级的利益，除养有庞大的军队外，各级政府还将法律作为一种经常性的暴力工具，来为专制统治服务。君主集权专制的程度越高，越怕失去权力，越需要制定完备的法制来为其统治服务，司法往往成为各级政府的首要职能之一，各级政府行使司法职能的好坏也往往成为社会是否安定、专制统治是否巩固的晴雨表。

清代是中国古代社会的最后一个封建王朝，也是由少数民族建立的第二个封建统一中央王朝。清承明制，将君主集权专制政体发展到登峰造极的地步，中央高度集权于皇帝，地方则高度集权于各级政府的主官。同时，在法制方面，清代集历代之大成，建立起更加完备的法制体系。也就是说，清代专制权力越是高度集中，越需要制定完备的法制来为其统治服务。在风云际会的世

1 《马克思恩格斯选集》第4卷，第495页，人民出版社，1972年。

界历史的转折时期，清王朝能维系二百六十多年，除有强大的军队外，更为重要的是依靠完备的立法和严明的司法这一经常性暴力工具——法制，来维系其统治。

在司法方面，清代非常注重程序，从地方到中央逐级审转审核，但总的来讲，中央与地方是两个相对独立的单元。因为清代不论立法如何完备，司法制度怎样严密，都得主要靠地方政府特别是州县政府来恪守实施。历史是一面镜子，但愿通过对清代地方政府司法职能的深入、立体论述，能对今天加强社会主义法制建设有所裨益。这就是本书选题的本意。

根据古代社会司法即行政，司法只是行政的主要职能之一的特点，本书在研究方法上是从行政管理的角度来探讨清代地方政府的司法职能，即考察清代地方各级政府及其组成人员的司法职责、司法活动，以及社会各种政治势力对地方政府司法职能的影响，而形成的司法状况，是行政管理史或文官制度史与法制史两个截面的结合。

行政管理一词的含义，按英国行政学家弗莱彻在《行政管理》一书中的解释，有这样几个层次：第一，行政人员的活动；第二，行政结构，即行政人员借以进行活动的各种机构与关系；第三，对前两项的研究。另外两位行政学家德比希尔和帕特森在合著的《行政管理导论》一书中也讲："我们所讲的行政管理是指中央和地方政府机构执行政治决策的过程和与之有关的人员。"行政学是近代西方根据立法、行政、司法三权分立的学说和行政权与司法权分离的原则而建立起来的一门应用社会科学，行政学所讲的行政管理自然不能与古代特别是中国古代社会立法、行政、司法三权不分的国家"行政管理"混为一谈。但是，我们可以运用行政学的一般原理、方法，从行政管理的角度研究古代封建专制国家从中央到地方的某一级政府或各级政府的活动或某一方面的职能，使本来枯燥、刻板、单调、乏味的制度史变得有血有肉、栩栩如生，尽可能地再现古代封建社会专制统治的动态、立体的历史面貌，从而更深刻地揭示其本质和发展规律。

到目前为止，清史的研究，无论是在文官制度史或称行政管理史方面，还是在法制史方面，都取得了丰硕的成果。特别值得一提的是，郑秦博士的力作《清代司法审判制度研究》一书，利用大量的第一手档案资料，对清代从中央到地方包括少数民族地区、宗室、旗人的司法审判制度进行了全面而深入的研究，尤其是对州县政府及其组成人员的司法职责、司法审判、司法活动进行了动态研究，为研究一级政府的司法审判职能提供了一个很好的范例。然而，我们也不能不看到，目前清史研究还存在这样几个方面的不足和缺陷：第一，清代国家机关和文官制度史的研究，还多局限在对清代政典、正史等文献所记载的诠释、叙述上，无论对中央政府，还是地方各级政府，都缺乏结构的动态论述。第二，对中央决策机构、职能各部院的研究比较充分，而对直接执行国家政策、法令的地方各级政府的研究不够，显得头重脚轻，难以呈现出清代国家机关运转的清晰面貌。第三，从某一制度、某一机构深入地研究其设立原因、具体作用、历史地位，是非常必要的，这是深入研究整个清史的基础。但是，如果不把它们纳入各级政府的行政职能中具体分析，论述它们的运转，也是不全面的。第四，清代法制史既是法学关注的领域，也是史学探讨的课题。但是，如果离开国家各级政府的行政职能，单纯从立法法典的完备程度、演变特点和司法审判的原则、制度来研究清代法制史，尽管非常必要，但不无“只见树木，不见森林”之感。因为司法仅仅是各级政府行政的主要职能之一，而且各级政府特别是地方各级政府的司法职能也不仅仅是司法审判。第五，从行政管理的角度来研究清代各级政府的司法职能，几乎还是一个空白，很有必要加强这一领域的研究。

因此，本书讨论清代地方政府的司法职能，不仅仅局限在单纯的司法审判活动，而是着眼地方各级政府维护专制统治的一切司法活动，包括法制思想教育、维护社会治安、司法审判、司法行政、司法管理与监督，以及政府各组成人员的具体司法行为、专制政体和各种政治势力对地方司法职能的影响等。只有这样，才能勾画出一幅清代法制为其专制统治服务的立体历史画面，从而更深刻地揭示封建专制统治的本质及其历史发展的规律。

清代继承和完善了地方省、府、州县三级政府体制，并在加强中央君主集权的同时，加强了地方政府的集权，无论行政，还是“司法”，只有各级政府的主官才有向上级禀报正式公文的权力，地方的一切事务，只有督抚向中央具题、汇题、咨报，才算终结。因而地方政府的组织结构形成一纲四目的特点，即以主官为纲，以主官的私聘幕友、长随和法定的工作人员书吏、差役四类人为目，且与中央形成相对独立的单元。在司法职能方面，省、府、州县三级政府虽然各有特点，但从下到上，从上到下，都是一脉相连，以州县最为直接、最为全面具体，府上下转承，司道督察，督抚总其成。因此，本书在内容结构上，共分六章，第一章为总论清代法制，第二、三、四章分别论述州县、府、省三级政府的司法职能，第五章专门论述幕、吏、役、长随在地方司法中的作用与危害，第六章论述在封建专制政体下地方政府的司法职能必然走向失调，且以第二章和第四章为重点。从地方政府司法职能的内容来讲，以州县最为全面具体，包括实施教化与“普法”、维护社会治安、全权处理民事词讼、拟律上报刑事案件、监禁与递解人犯和管束在配人犯。

由于清代司法的内涵特点，决定了本书涉及的面广，资料量大，除需要正史、地方志和各类典章文献资料来考察地方各级政府的设置演变、组织结构特点和各组成人员的司法职责外，还需利用大量的第一手档案资料和私家笔记、文集来展示地方各级政府司法职能的各个方面，且以尽量利用第一手档案资料为基本原则。

具体的写作原则是：第一，本书的重点是研究清代地方省、府、州县三级政府的司法职能，当然，由于司法职能的行政关系，肯定要涉及中央政府的三法司乃至皇帝的最高司法权，但不着重论述。第二，基本上以鸦片战争为界，主要考察在此之前的清代地方政府的司法职能。史学界习惯上将鸦片战争作为中国古代与近代的分界点，其中一个重要原因是中国从此失去了领土与主权的完整性，也包括中国独立的司法权遭到了破坏。但是，也不排除利用鸦片战争以后的个别史料，因为清代的立法与司法一直到清末改制前都保持了基本的一致性。第三，本书对皇族宗室、旗人、少数民族地区的司法不作论述，主要考察占人口绝大多数的汉族地区——直省各级政府的司法职能。清代的立法与司法具有完备性、统一性和复杂性的特点，就在于对皇族宗室、旗人、少数民族地区的不同民族都有单独的立法和相异的司法制度，虽然其司法管理最终都要归于中央刑部（宗室归宗人府），但在总汇于刑部之前的司法职能的体现毕竟与广大直省各级地方政府的司法职能有别。由于篇幅和精力有限，本书不得不有所侧重，对皇族宗室、旗人、少数民族的司法职能的研究只好留待另著、另文去完成。

清代地方政府的司法职能研究，作为一个难度大、具有开拓性的史学与法学相结合的课题，我所能做的只是一次初步的尝试，更深入细致的探讨，还有待今后继续努力。本书是借用其它学科的理论、方法研究历史的一些粗浅心得，还望史学与法学前辈及同行多多批评指正。

第一章　清代高度集权专制政体下的法制

16世纪末 17 世纪初是世界史上资本主义与封建主义新旧交替、力量消长的关键时期，欧洲一些国家也正是在这一时期冲破封建主义的黑暗，确立了资本主义的新体制。这时的中国，也在发生一场浩大的社会变动，但不是资产阶级与地主阶级的势力较量，而是旧王朝的土崩瓦解和新王朝重建的规律性的改朝换代的角逐。虽然 15 世纪末 16 世纪中国东南沿海一带产生了一些带有资本主义性质的社会新因素，但那仅仅是中国封建经济“繁荣”的一种表现，还根本谈不上实现历史转轨的新的阶级、新的经济基础、新的意识形态和新的社会机制的出现和形成，中国的历史还得沿着固有的轨道走相当长的路程。

在中国封建社会，每一个新王朝的建立都有它新的特点。满族作为一个少数民族，在半个世纪左右的时间内实现由奴隶制军事民主向封建制的飞跃，进入中原，不可能由他们凭空再去实现资本主义的飞跃，而只能选择建立封建王朝，继承和发展以往专制统治的体制。满族爱新觉罗氏建立的清王朝最大的特点之一就是专制统治空前加强了，达到无可复加的程度，可以说是中国封建专制统治最后挣扎的一搏，黎明前的天最黑暗，封建社会覆灭之前的统治最专制。权力越是高度集中，专制统治越是空前加强，就越怕权力受到侵犯，越怕失去权力而王朝被推翻，也就更需用法律的形式来保护权力，为专制统治服务。于是，专制统治、统治阶级的意志更加制度化、法律化，这就形成了清王朝的第二大特点——封建法制的完备性。

这一章，我们主要考察清代继承和加强君主专制政体的历史必然性；探讨加强专制体制与完善封建法制两者的辩证关系；阐述清代立法、司法制度演变、完善的历史概貌，以及地方各级政府在司法方面的重要性。

第一节　清代专制与法制的高度结合

一　专制与法制、法制与法治

专制与法制看似是矛盾对立的，其实不然，它们往往是结合为一体的。君主集权专制体制越强，越需要法制这一暴力统治工具来为专制统治服务。这里不是中国古代社会有无法制的问题，而是有什么样的法制问题。

“法制”是各种法律制度的统称。梁治平讲:“这种东西，不论古今中外，凡有文明和秩序的地方便有。”[1]法制的基础是社会，有什么样的社会制度，就有什么样的法制。中国封建君主专制社会的法制是一种什么样的法制呢？康熙十八年（1679年）的一道上谕讲得很清楚:“国家设法制，原以禁暴止奸，安全良善。……故于定律之外复严设条例，俾其畏而知儆，免罹刑辟。”[2]这种自白在古代帝王言行录中比比皆是。

专制与人治基本上是一致的，但是，法制与法治却不是简单的前因后果的对称关系，所以，我们在这里还必须弄清法治的概念及其与法制的关系，以及中国封建社会有无法治的问题。

1　梁治平：《法辨——中国法的过去、现在与未来》，第217页，贵州人民出版社，1992年。

2　《清圣祖实录》卷八四。

“法治”是近代民主社会的产物，或者说是针对民主社会而言的，所以，在注重理性的法学家眼里，中国封建君主专制社会是无法治可言的。龚祥瑞先生在《比较宪法与行政法》一书中这样写道:“所谓‘法治’，其实不仅仅是‘以法治国’的意思，而且含有以治国的法律所必须遵守的原则、规范或理想的意思，如‘公正原则’、‘平等原则’和‘维护人的尊严的原则’等等。……法高于法律。”[1]这句话可以理解为这样三层意思：第一，法是表明理性和正义的概念；第二，法是政治的和法律的，即可以用实证方法分析的宪法；第三，法体现为各项法律制度。这种法治的秩序观，不仅指社会秩序建立在法律的基础之上，而且要求这种法律秩序必须是普遍的。也就是说，全部的社会生活都要靠法律来调节，不独社会治安如此，政治生活和经济生活也都要纳入到法律秩序中来，“法治不仅是以法律统治老百姓，更是以法律约束统治者”[2]。这样一种法治的完备形态自然在中国封建社会难以寻觅。但是，在注重客观历史存在的历史研究者和工作者眼里，觉得完全否认中国封建社会“法治”的存在，似乎也不可取。早在先秦时期，就进行过礼治与法治的大辩论，西汉儒法合流后，礼成为社会行为规范的最高理性和准则，出礼即入法，礼法体用分明，“德主刑辅”、“明刑弼教”，礼实际上成为近似近代“法治”、“法高于法律”的“法”，而法则成为了各项法律制度。当然，我们也清楚，中国古代的法典从商鞅的《法经》到《大清律例》，都是以公法——刑法为主、诸法合一的法典，并且从《晋律》以后的法典都是以礼为最高原则制定的，法主要是一种暴力的统治工具。但是，我们也同时看到，古代法典也有私法的成分。特别是到清代的《大清律例》、《清会典事例》等法典，私法和行政法的成分有了相当程度的扩大，法不仅是一种暴力统治工具，

1　龚祥瑞：《比较宪法与行政法》，第 81 页，法律出版社，1985 年。

2　龚祥瑞：《比较宪法与行政法》，第 74 页，法律出版社，1985 年。

而且也有调节社会生活各种关系的功能，也有一种将政治生活和经济生活都纳入专制政体下的法律秩序中的客观存在。我们不能否认中国封建君主专制政体是人治社会，但也不赞成其“连法治的不完备形态都不存在”的说法。所以，笔者认为，清代是人治社会，专制权力制定完备的法制，又以残缺的“法治”为专制统治服务。

二　清代高度集权专制需要完备的法制

现在该回过头来讨论清代加强君主集权专制与完善法制的关系了。

（一）君主集权专制的空前加强

早在入关前，清统治者就开始了清承明制的历程。满族的前身是女真人，1636年后金征服漠南蒙古，消除明王朝左右翼势力朝鲜、漠南蒙古后，皇太极改国号金为大清，改年号天聪十年为崇德元年，也将女真族改名为满洲。满族崛起于1583年努尔哈赤开始统一女真的战争。1616年，基本上统一女真各部后，努尔哈赤建立了金（史称后金）政权，开始了政权的各项制度建设，并在军事上不断扩大战果，攻占了沈阳及整个辽东。但是，努尔哈赤在世时的后金政权从社会形态上讲还属奴隶制军事民主制，努尔哈赤虽然以大汗的地位具有最高的决策权，但八旗旗主对所领各旗也有绝对的权威；另一方面，对辽东广大先进的汉族民众实行奴隶制统治，也造成了社会的不稳定，这些对于后金军事上的统一号令、巩固后方社会的统治，都是不利的。1626年，努尔哈赤病逝后，文武双全的皇太极继承汗位，便开始了大力加强君主集权和推行政权封建化的进程。

皇太极继位后便定下剪除明王朝两翼势力，取明而代之、入主中原的目标。为了实现这一目标，皇太极在军事上取得节节胜利的同时，解决了这样三个问题：第一，努尔哈赤在世时定下了八旗旗主共议国政的体制，皇太极虽继承了汗位，却是与大贝勒代善、二贝勒阿敏、三贝勒莽古尔泰三人南面并坐，分月执事。这种体制虽具满族军事民主遗风和努尔哈赤遗训的性质，但势必造成政出多门或众议不决、号令不一、指挥不灵的结果，不利于实现新目标的要求。同时，获得汗位的皇太极也不满足于与三大贝勒一同南面听政的格局，而必须采取措施集权于一身。于是，皇太极通过几年时间，有计划、有步骤地借故惩罚、打击和削弱了三大贝勒的势力，实现了自己“南面独坐”的君主地位，大大加强了中央集权。第二，1636年，皇太极称帝前后，仿明制，设置了中央吏、户、礼、兵、刑、工六部和内三院、都察院、蒙古衙门等封建君主专制体制的机构，由八旗旗主掌各部院事务，另设八旗各管旗务大臣。这样，虽议政王大臣会议还发挥着商议、决策军国大计的职能，但在皇太极时期，清已基本上完成由奴隶制军事民主制向封建君主集权专制的政体转变。第三，努尔哈赤时期，虽在辽东实行“计口授田”，把土地分配给当地满汉人丁，但满汉混居，满洲八旗官兵往往霸占汉民土地，对汉民实行奴隶剥削和压迫，汉民大量逃亡，以致武装反抗，造成社会极不稳定和经济的衰退。皇太极继位后，压缩八旗庄田上的汉民壮丁人数，将汉民“分屯别居，编为民户，择汉官之清正者辖之”[1]。这样，恢复了大部分辽东汉民编户齐民的地位，从而保证了政府的财政收入和军需供应，标志着社会经济形态的新变化。

皇太极暴逝后，年仅六岁的皇九子福临继承皇位，但实权却掌握在聪明能干的辅政王多尔衮手里。多尔衮在不到半年的时间里，削弱另一辅政王济尔哈朗，使自己成为皇权的实际拥有者。多尔衮继承皇太极的遗志，重用汉族知识分子，继续加强政权的封建化，积极备战，准备入主中原。1644年5月，在明降将吴三桂的引导下，多尔衮挥师入关，攻占北京，从李自成为首的大顺

1　《清太宗实录》卷一。

农民军手里夺取胜利果实，开始了清王朝入主中原的历史。

清王朝入主中原后，基本上全部继承了明代的政治体制，并结合本民族的特点，开始了进一步完善君主集权专制政体的历程。因为历史是按其自身规律发展的，当时的中国周围没有比封建君主集权专制更先进的政体，儒家学说不仅是一种统治思想，而且也是深入人心的行为准则，明代中后期东南沿海一带工商业的发展，即使说带有些资本主义的新因素，也无法形成新的社会经济基础，更难出现新的阶级力量和意识形态。虽然满族是一个善于吸取先进民族文化为我所用的民族，但也不可能凭空将中国带入资本主义社会，而只能继承明代的政治体制，与汉民族的地主阶级联合，沿着中国历史发展的惯性，将君主集权专制政体发展到顶峰。

一家天下的封建君主集权专制政体最为关键要素是皇权的拥有与行使，所以，清代强化集权专制就是围绕这两个方面展开的，一是加强皇帝素质的培养，提高皇帝控权的能力；二是加强行使皇权的机构和制度建设。可以说清统治者抓到了这一政体的实质。

1380年，朱元璋诛杀胡惟庸，确立君主高度集权的专制政体后，君主的素质、才干就成为这一政体的关键。明王朝之所以过早地中衰，一个重要的原因就是，从明英宗开始的皇帝多荒淫无能。清最高统治者吸取明朝衰亡的历史教训，从一开始就非常注重皇帝的素质、才干问题。早在努尔哈赤生前，当他的子侄八位贝勒询问汗位继承问题时，便留下了一段影响深远的谈话："……你们八王中应选既有才能又善于接受劝谏意见的人继承我的汗位。推选时，一定要合谋共议，谨慎择贤，特别要防止品德不端的人侥幸被荐举……"[1]要通过"选"、"择"既有"才能"又有"品德"的"贤者"，才能成为君，这便成为清代皇子教育和皇位继承

1 《清太祖实录》卷四，也见《满洲老档秘录》、《八皇子进问嗣位》。

的基本思想原则。满族是一个善于骑射武功的民族，努尔哈赤时的为君标准，还仅仅在于既能征惯战，又能择善而从、团结统属部众方面，文化思想素质上的要求还未提上重要议程。而到皇太极时已认识到“自古国家文武并用，以武功勘祸乱，以文教佐太平”[1]的重要性，所以，当天聪五年（1631年）二贝勒阿敏“失于救援”，丢失滦州、永平、遵化、迁安等城后，皇太极强令宗室子弟读书，“自今凡子弟十五岁以下八岁以上者，俱令读书”，“所以使之习于学问，讲明义礼，忠君亲上，实有赖焉”。“如有不愿教子弟读书者，自行启奏。若尔等溺爱如此，朕亦不令尔身披甲出征，听尔任意自适，于尔心安乎？其咸体朕意毋念。”[2]但是，入关前的清朝毕竟还处于“马背上得天下”的时期，按照标准，有章可循地培养和教育皇子、皇帝的问题也未提上议程。

顺治帝、康熙帝父子因特殊的政治环境，都冲龄继位。也正因为这两位小皇帝的成长和统治实践需要，促成了文武兼备、系统严格地培养教育皇子、皇帝的思想和制度的确立。

一个由少数民族建立的中央王朝，面对有几千年文明史、人口众多、比自己先进的汉民族，若仍沿袭旧俗、旧章，即使有骁勇的八旗军，也已难以实现长期有效的统治了。民族文化上的冲突，也只有通过文化的趋同才能解决。在这方面，最早投身于新朝的汉族理学官僚们起了积极的推动作用，他们将关注的对象集中在专制皇帝身上，认为国家“根本切要之地端在我皇上之一身”，以促使皇帝尽心儒学“为当今第一要务”。[3]顺治二年（1645年），大学士冯铨、洪承畴联名上疏：“皇上满书俱已熟悉，但帝王修身治人之道，尽备于六经。一日之间，万机待理，必习汉字、晓汉书，始上意得达，而下情得通。伏祈择满汉词臣，朝夕进

1　《清朝文献通考》卷四七《选举一》。

2　《清太宗实录》卷一〇。

3　《碑传集》卷一一《熊赐履事状》。

讲。”[1]顺治五年（1648年），魏裔介恐皇上“年岁既盛，嗜欲日开”，也曾上疏论“少而勤学”的意义。[2]连续不断有汉族官僚上疏，以“经筵日讲”的方式，用儒学培养年轻的皇帝福临，但因当时满洲贵族重旧俗、旧章的势力还十分强大，加上掌实权的皇叔父摄政王多尔衮的阻梗，均未被采纳，以致福临14岁亲政时，还“阅诸臣奏章，茫然不解”[3]。

顺治七年（1650年）十二月，多尔衮突然死去，福临亲政。因不能全部读懂汉文奏章和缺乏治国经验，才使福临认识到学习汉文和儒学典籍的重要性，于是发愤读书，每晨至晚，有暇便“经书史策，手不释卷”，孜孜不倦，九年苦读，“诸子百家，莫不博涉”，[4]连当时刚刊印问世的金圣叹所批《西厢记》、《水浒》也不放过。福临不仅自己身体力行，而且基于“追天下一统，礼教修明”的新形势，于顺治九年（1652年）开始在八旗中为宗室子弟设立宗学，“凡未封宗室之子弟，年十岁以上者俱入宗学”。“使宗室子弟咸涵泳于礼义道德之途，讲明于伦纪纲常之大，服习于书射翻译之业，练习乎文章武功之备”。连受封的亲王、世子、郡王，也要求他们学习儒学经典，“选用满汉官各一员，讲论经史”。[5]由于受汉文化的熏陶，福临领悟到儒学“文教治天下”的奥秘，所以，他能尽量利用汉民族固有的生活方式和伦理道德观念来不断完善自己的统治。在这方面，他胜过了他的前人，又为他的后人树立了君主应掌握骑射、满文、汉文和儒学的楷模。

康熙帝玄烨自幼好学，对骑射、满文、汉文都有浓厚的兴趣，并且“嗜好和兴趣高雅不俗，都很适合帝王的身份”[6]。八岁继位

1 《清世祖实录》卷一五。

2 《碑传集》卷一一《魏裔介墓志铭》。

3 弘觉忞禅师：《北游集》。

4 《清朝文献通考》卷一五一《王礼考》。

5 《清朝文献通考》卷六三《学校考·宗学》。

6 （法）白晋著、赵晨译：《康熙皇帝》，第4页，黑龙江人民出版社，1981年。

后，以他父亲为榜样，从治理国家的实际需要出发，对学习汉族传统文化抱有强烈的欲望。但是，据说特别栽培他的祖母孝庄太后却“甚厌汉语，或有儿辈习汉俗者，则以为汉俗盛则胡运衰，辄加禁抑”[1]。因此，玄烨即位之初，汉族官僚一再建议为他举行经筵日讲，都遭到秉承太后意图的四辅政大臣的拒绝。据说玄烨只好自己主动向太监张某和林某学习经书句读，书写汉字。[2]康熙八年（1669年）铲除鳌拜集团后，康熙帝便采纳汉官的建议，于宫中致斋后，在诸王、大臣陪同下，乘辇亲诣太学祀孔，听满汉祭酒、司业依次讲解《易经》、《书经》。[3]康熙十年（1671年）二月，太和殿举行经筵典礼，设经筵、日讲、起居注官，清代培养、教育君主的制度才正式确立。

康熙帝对儒学倾心向学，对经筵、日讲官有疑必问，他自己也说:“朕政事之暇，惟好读书，始与熊赐履讲论经史，有疑必问，乐此不倦；继而张英、陈廷敬以次进讲，于朕大有裨益。”[4]康熙帝无论听政大内，还是外出巡行，身边随时有经筵、日讲官供职，一生选充数十名经筵日讲官，并且与一些经筵日讲官、理学名臣如熊赐履、李光地等人结下了深厚的情谊。康熙帝从言行到政策、思想都是一派崇儒重道之风范，对满汉等民族思想、文化的沟通和凝聚起到了极大的作用。大约到康熙二十五年（1686年）左右，在康熙帝的推动下，儒学不仅成为君主所必备的主要素质之一，而且成为满汉民族共同的思想文化信仰。

正是在这样的历史、文化背景之下，康熙帝开始了按骑射、满书、汉文、儒学文武兼备的标准，系统严格地培养、教育皇太子、皇子的工程。康熙二十六年（1687年），他在谈到皇太子、皇

1　《李朝实录·显宗改修实录》卷四六，七年（康熙五年）九月丁酉条。

2　孟昭信：《康熙大帝全传》，第46页，吉林文史出版社，1987年。

3　《清圣祖实录》卷二八。

4　《康熙起居注》第2册，第1624~1625页，中华书局，1984年。

子培养、教育时讲道："朕谨识祖宗家法，文武要务并行，讲肄骑射不可少废。故令皇太子、皇子等课以诗书，兼令娴习骑射。"[1] 皇子六岁便入学读书，除学习满、汉、蒙古文和经史等文化课外，还有骑射、游泳等军事、体育课目，更为重要的是，康熙帝非常重视皇子们在政治、军事方面的实践锻炼。法国传教士白晋钦佩地讲述了 1697 年所见康熙帝前十四位皇子受教育的情形：

> 这些皇子的教师都是翰林院中最博学的人，他们的保傅都是从青年时期起就在宫廷里培养的第一流人物。然而，这并不妨碍皇帝还要亲自去检查皇子们的一切活动，了解他们的学习情况，直到审阅他们的文章，并要他们当面解释功课。
>
> 皇帝特别重视皇子们道德的培养以及适合他们身份的锻炼。从他们懂事时起，就训练他们骑马、射箭与使用各种火器，以此作为他们的娱乐和消遣。他不希望皇子们过分娇生惯养；恰恰相反，他希望他们能吃苦耐劳，尽早地坚强起来，并习惯于简朴的生活。……起初，君王只把他的长子、第三个和第四个儿子带在身边；到打猎时，他还叫另外四个儿子随同前往，其中年龄最大的仅十二岁，最小的才九岁。整整一个月，这些年幼的皇子同皇帝一起终日在马背上，任凭风吹日晒。他们身背箭筒，手挽弓弩，时而奔驰，时而勒马，显得格外矫健。他们之中的每一个人，几乎没有一天不捕获几件野味回来。首次出猎，最年幼的皇子就用短箭猎获了两头鹿。
>
> 皇子们都能流利地讲满语和汉语。在繁难的汉文学习中，他们进步很快。那时连最小的皇子也已学习"四书"的前三部，并开始学习最后一部了。皇帝不愿让他们受到任何细微

1 《康熙起居注》第 2 册，第 1639 页，中华书局，1984 年。

> 的不良影响。他让皇子们处在欧洲人无法办到的最谨慎的环境中成长起来。[1]

康熙帝曾仿效历代明立太子的做法，于康熙十四年（1675 年）便册立了方满周岁的皇二子、嫡长子允礽为皇太子。白晋这里所讲的虽仅是皇子们受教育的情形，但也可窥见皇太子受教育的状况。其实为皇太子慎选的师傅，基本上也同时是皇子们的师傅，学习内容和培养方法都大体一致，只是皇太子的培养教育受重视的程度更高，在成年后皇太子获得政治事务历练的机会也更多。正因为明立皇太子，历史上出现过的太子与在位皇帝及其他皇子之间的矛盾就不可避免，特别是太子在中央必然形成第二个权力中心而企望早日继位的现实，与康熙帝大权独揽的君主集权专制思想发生了尖锐的对立，所以，康熙帝尽管认为允礽才能具备，“骑射、言词、文学无不及人之处”[2]，但贤德不足，“不法祖德，不遵祖训，惟肆恶虐众，暴戾淫乱”[3]，“秉性凶恶，与恶劣小人结党”[4]，不得不于康熙五十一年（1712 年）九月第二次废掉皇太子允礽。从此，康熙帝陷入总结经验教训和重新物色接班人的极度苦恼之中。不过，康熙帝成功地培养教育其他皇子，不仅未使后继者降低素质标准，而且还为后继者建立更严密的皇子教育制度和新的立储制度打下了基础。

侥幸获得皇位的皇四子允禛有志于将以往未定形的皇子教育、皇位继承、皇权行使都制度化、正规化。历史证明，他才干非凡，励精图治，在位仅 13 年，就确立了皇子上书房教育制度、秘密建储制度、奏折制度、军机处制度，还有火耗归公与养廉银制度、

1　马绪祥译：《康熙帝传》，载《清史资料》第 1 辑。

2　《清圣祖实录》卷二三四，康熙四十七年九月己丑条。

3　《清圣祖实录》卷二三四，康熙四十七年九月丁丑条。

4　《清圣祖实录》卷二五一，康熙五十一年十月辛亥条。

“摊丁入地”制度等制度建设。可以说清代高度集权的君主专制制度绝大多数是在雍正朝才得以最终确立的。

雍正帝即位后，总结历史上明立皇太子特别是乃父立废太子的惨痛教训，按照君主素质的“祖宗家法”，在雍正元年（1723年）就建立了皇子上书房教育制度和秘密建储制度。规定皇子六岁入上书房读书，学习的课程和培养的方式与康熙朝大体相同，只是更加制度化，并且赋予了一种竞争机制。因为皇帝要从受同等教育的皇子们当中选择最优秀的皇子作为皇储太子，而太子的名分不在皇帝生前宣布，而是在皇帝死后或禅位前才公布。这样就解决了君主集权专制三大历史遗留问题：第一，可以保证选择素质“最好”的皇子作为皇位继承人。不明立太子，皇子的地位相同，事先也不知谁将成为太子，可以激励皇子们积极去争取，发愤学习，尽情施展各自的聪明才智。皇帝暗中观察，秘密选择，也留下重新判断和修改的余地，如发现第一次择选的人不理想，还可以修改乾清宫“正大光明”匾后锦匣内的太子玉名。第二，可以避免形成第二个权力中心。太子的名分不明确，大小官员不会为了未来的荣华富贵，去特意巴结、邀宠、结势于某一皇子，也就保证了专制君主的“乾纲独揽”。第三，可以保证皇位顺利交接。秘密建储并非未立皇储，这样既可安定人心，又可避免历史上多次重演的太子与在位君主的权力之争，太子与诸皇子的争位矛盾，以及皇位继承时的政治动荡。

因上书房皇子教育与秘密建储密切相关，所以也备受重视。上书房位于大内乾清宫左南庑，五楹，北向，“近在禁御，以便上稽察”[1]。乾隆朝目睹上书房皇子教育情形的赵翼，富有感情地写道：

1 章乃炜：《清宫述闻》卷四“述内廷一”，紫禁城出版社，1990年。

> 本朝家法之严，即皇子读书一事，已迥绝千古。余内直时，届早班之期，率以五鼓入。时部院百官未有至者，惟内府苏拉数人往来。黑暗中残睡未醒，时复倚柱假寐，然已隐隐望见有白纱灯一点入隆宗门，则皇子进书房也。吾辈穷措，专恃读书为衣食者尚不能早起，而天家金玉之体乃日日如是。既入书房，作诗文，每日皆有程课。未刻毕，则又有满洲师傅教国书、习国语及骑射等事，薄暮始休。然则文学安得不深？武事安得不娴熟？宜乎皇子皇孙不惟诗文书画无一不擅其妙，而上下千古成败理乱已了解于胸中。以之临敌，复何事不办？因忆昔人所谓生于深宫之中，长于阿保之手，如前朝宫廷间逸惰尤甚，皇子十余岁始请出阁，不过官僚训讲片刻，其余皆妇寺与居，复安望其明道理、烛事机哉？然我朝谕教之法，岂惟历代所无，即三代以上，亦所不及矣。[1]

虽不无歌颂之词，却也叙述了清朝皇子上书房教育严格而重要的事实。“本朝鉴于历代嫡庶争夺之祸，永不建储，皇子六龄即入上书房读书。”[2]昭梿这里讲的是从雍正朝起的情形，从乾隆到咸丰四帝，都是经上书房教育，由秘密建储确立的，连末世的同治、光绪、宣统三帝也是经上书房教育制度培养教育的。清代的皇帝大多勤于政事，大权在握，其过硬的封建帝王素质不能说不是其主要原因。

清承明制，而君权更为至上。除加强皇帝素质，提高皇帝控权能力外，为皇权行使进行的机构设置和制度建设也是至关重要的。

清初，虽从体制上集权于中央，但皇帝并非完全拥有皇权，还有相当长一段皇帝夺回皇权的斗争。顺治七年（1650 年）之前，

1　赵翼：《簷曝杂记》卷一。
2　昭梿：《啸亭续录》卷一。

之”，“王法森严，决难轻贷”。[1]清代在重视和完善法制方面，超过了以往任何一个朝代。

清代重视法制，可以追溯到入关前的历史。努尔哈赤在统一女真部落和对明、蒙古战争的实践中，认识到必须用法律来约束军队、团结部众、贯彻政令、统一行动的重要性。他把严格执法提到了“立国之道”的高度，“若谓立国之道何以为坚，则事贵乎诚，法令贵乎严密完备。毁弃良谋，轻慢所定之严格法令者，乃无益于政，国之鬼祟也”。[2]从明朝国力不断衰微中，努尔哈赤还得出这样的结论：明朝之所以每况愈下，就在于“法令不公平、不严明”[3]所致。因此，他认为“国家生存之道，务使宗族强盛者不得越分，庸懦孤弱者不被欺压”[4]，首先要求权贵守法，并表示：“悖道行乱，就依法惩办。就是掌管国人执政的诸贝勒，也依法惩办。”[5]努尔哈赤在这一点上说到做到，即使他的兄弟子侄违犯法度也同样予以惩办。如他诛杀了“通谋欲篡位”的女婿蒙格布禄，处死了心怀异谋的长子褚英，处罚了向诸小贝勒勒索财物的五大臣之一的养子达尔汗虾。在这方面，明朝人陈仁锡在《无梦园初集》中都承认后金“法令之严，无徇无纵”，《清太祖高皇帝实录》也有同样记载：“有罪者，虽亲不贳，必置之法；有功者，虽仇不遗，必加之赏。”

皇太极继承努尔哈赤公平执法的遗训，强调“国家立法，不遗贵戚”[6]。崇德改元之后，虽仿照传统的汉族封建法典立“十恶”之条，但始终未设保护、纵容权贵违法妄行的“八议”。为了加强君主集权，限制诸王贝勒分权，巩固皇权独尊、诸王贝勒赞

1 《清世宗实录》卷三，也见阮元等编《广东通志》卷一。

2 《满文老档·太祖》卷三，癸丑年十二月。

3 《满洲实录》卷八。

4 《满文老档·太祖》卷四，乙卯年十二月。

5 《满文老档·太祖》卷四，乙卯年十二月。

6 《清太宗实录》卷一三。

襄政务的新体制，皇太极更加强调法制，讲求法治。他曾训谕诸王群臣说:“朕观前代，励精图治，法制详明者，国祚必永；怠忽政事，废弛纪纲者，国势必危。”[1]在执法过程中，他力求首先通过各种方式宣示法律、法令，以便扩大法治的社会效果，“法令不彰，而人不遵守”，“必纪律严明，然人不敢犯”。[2]其次，他要求法官执法公允，崇德七年（1642年）七月特谕刑部大臣:“诚恐凡事审理差谬，尔等须详加覆审来奏。若以轻为重，以重为轻，滥及无辜，人民怨憾，无有过于此者。”[3]

努尔哈赤、皇太极重视法制，讲求法治，除了维护社会统治秩序，加强政权的建设和巩固外，其中一个重要的原因，还在于以骑射为特征的满族，在军事上需要严明的纪律，并且这种遗风一直影响整个清代的法制建设。

多尔衮挥师入关后，面对广大汉族统治区域和新的形势需要，随即便宣布:“自后问刑，准依明律。”[4]并采纳汉官“但取清律、明律，订其异同，删其冗繁……似无事过为纷更”[5]的建议，多次下令:“法司官会同廷臣详译明律，参酌时宜，集议允当，以便裁定成书，颁行天下”[6]，把关外重视法制的传统与继承和发展传统的汉族封建法典迅速地结合起来。虽然顺治四年（1647年）三月二十四日颁布的《大清律集解附例》无异于明律的翻版，但在当时万事草创的环境里，多尔衮把法制提到维系国脉的日程上，其作用不可小视。首先，它保证了政策、法律的连续性，有利于社会的稳定和改朝换代的交替。其次，严明的法律制度，有利于前线将士攻城掠地、建功立业，尽早完成国家的统一和新王朝统治

1 《清太宗实录》卷三六。
2 《清太宗实录》卷一二。
3 《清太宗实录》卷六一。
4 《清世祖实录》卷五。
5 《清世祖实录》卷一六。
6 《清世祖实录》卷七。

秩序的建立。

随着君主集权专制统治的加强，法制也不断完备，法制在政治生活中的作用也越来越重要。雍正五年（1727年）修成、颁布了《大清律集解》，第二年，雍正帝针对律例中所载“八议”，发表了一篇颇有见地、代表清代法制思想的上谕：

> 朕览律例旧文，于《名例》内载有八议之条，其词曰议亲、议政、议功、议贤、议能、议勤、议贵、议宾，历代相沿已久。我朝律例虽仍载其文而未尝照此例行者，盖有深意焉，不可不察也。刑罚之设乃天下之至公、至平，无容意为轻重也。若于亲故功贤等人故为屈法，以示优容，是可意为低昂而律非一定者矣，尚得谓之公平乎？且亲故功贤等人或以效力宣劳为朝廷所倚眷，或以勋门戚畹为国家所优崇，尤当重礼守义，为士民倡率。乃不知自爱而致罗于法，是其违礼而蹈衍，尤非蚩蚩之民无知犯法者比。倘执法者又曲为之宥，何以惩恶而劝善乎？如所犯实出于无心而情有可原，则为之随时酌量特予加恩，未为不可。若为著为律，是于亲故功贤等人未有过之先，既以不肖待之，名为从厚，实乃出于至薄也；且使恃有议之条，或任意为非，漫无顾忌，必有自干大法而不可止者，是又以宽恤之虚文而转陷之于罪戾，姑息之爱尤不可为优恤矣。今修辑律例各条，俱详加斟酌，以期至当。惟此八议之条，若概为删去，恐人不知其非理而害法，故仍令载入。特颁示谕旨，俾天下晓然于此律之不可为训。[1]

所以，薛允升在《读例存疑》中讲：“律目系统言八议者有犯，而例则俱言宗室、觉罗之事，以八议徒有名故也。”[2]雍正帝以“八

1 《清朝文献通考》卷一九七《刑三》。

2 薛允升：《读例存疑》卷一。

议”不足为训的这篇上谕，不仅反映了清代“八议”仅存议宗亲一议的客观历史，而且包含相当丰富的内容，大致可以从这样几个方面来理解：第一，清代的法典就是一部刑法典，没有离开刑罚的立法；第二，讲求执法“公平”原则，重视法治的作用，“八议”不可为训；第三，皇帝的立法、司法权至高无上，“所犯实出于无心而情有可原”，可“随时酌量特予加恩”，强调人治的主导性；第四，标志着皇权高度加强，贵族官僚地位下降，无论人臣有多高品级的职位、爵位，有多大的军功、才干、名望，无非是皇权的奴仆；第五，专制与法制的高度结合。将专制的意志寓于法制之中，用法制来体现专制统治，法制成为清代非常重视和讲究的统治工具，法制与专制结合的程度和在政治生活中的作用，超过了以往任何一个朝代。

清代重视法制，大致可以归纳这样几个原因：第一，关外时期努尔哈赤、皇太极从军事上延伸到建国安邦重视法制的传统，对有清一代以法治国产生了重大影响。第二，皇权越集中，专制程度越高，就越怕失去皇权；越怕失去皇权，就越需要用法律的形式——无论是祖宗成法或是礼教宗法，来维护皇帝至高无上的权威，确保以皇帝为核心的国家机器的运转，实现有效的专制统治。早在皇太极时就讲:“朕为君长，法纪所自出。”[1]在《大清律例》里更是明确规定了皇帝在立法、用人行政、司法审判、军事指挥调动等方面的至高权力，任何人不得侵犯。严禁宗室王公之间、宗室王公与内外大臣之间、内外官之间私相交结，以及“以语言文字罪人”[2]，严“十恶”之条，都是出于此种原因。第三，尖锐的民族矛盾、阶级矛盾，需要用强化的统治工具——法制甚至超法制的军队来镇压异己势力。清朝是由少数民族建立的统一

1　《清太宗实录》卷四六。

2　《清代文字狱档》。

中央王朝，由于实行一定程度的民族统治，曾在清初引起尖锐的民族矛盾，虽然用武力镇压下去了大规模的武装反清势力，但维护满洲人特权的民族统治并没有改变，潜伏的反清力量随时都可能聚集起来，社会矛盾异常复杂尖锐。“有左道惑众，如无为、白莲、闻香等教名色，起会结党，夜聚晓散，小者贪图财利，恣为奸淫；大者招纳亡命，希谋不轨。”[1]从清统治者嘴里讲出类似这样忧虑的话，屡见不鲜，自然要用森严的法制来加以防范和镇压，要求“督抚按道有司等官设法严拿，穷究其状，于定律外加等治罪”[2]。第四，清代皇帝多以正统儒学皇帝自居，希望通过专制、人治，“德主刑辅”，“明刑弼教，”以达到狱清讼息、国泰民安的和谐治理，而要实现这一和谐治理，就需内外百官忠诚、廉洁、勤政地去施行。所以，康熙帝讲:“凡事必期于便民，若不便民，而惟言行法，虽厉禁何益!”[3]“从来民生不遂，由于吏治不清；长吏贤，则百姓自安矣。”[4]雍正帝也讲:“为政之道，以爱民为本。”[5]清代重视在法制上的“吏治”，即加强对职官的监督管理。无论是康熙朝的“宽仁”，雍正朝的“严刻”，还是乾隆朝的“宽严相济”，都是针对职官的监督管理而言的。雍正朝确立的奏折制度，一方面是为加强皇权对全国具体实情的了解，广设耳目；另一方面也是为了加强对全国百官的监督和控制。《大清律》名例中的“职官有犯”、“吏律”及《大清会典事例》、《六部处分则例》、《钦定台规》等，无一不是有关于职官的立法，无怪乎清人感愤地讲:“从来世宦法网之密，无如今日者。”[6]第五，维护专

---

1 《〔光绪〕湖南通志》卷首之一“诏谕”。

2 《〔光绪〕湖南通志》卷首之一“诏谕”。

3 《清史稿》卷八《圣祖本纪三》。

4 《清圣祖实录》卷四一。

5 《〔光绪〕湖南通志》卷首之一“诏谕”。

6 李慈铭：《越缦堂日记·庚集》，第 27 页，商务印书馆，1920 年影印本。

制制度赖以生存的封建自然经济基础的需要。封建自给自足的自然经济结构，是专制制度的经济基础。清朝对一度兴起的主张“工商皆本”，“农工皆本”的启蒙思潮，以及东南沿海工商业城镇的发展，迭施挞伐，给予种种限制。雍正帝在六年（1728年）的一篇上谕中讲：“朕观四民之业，士之外农为最贵，凡士工商贾皆赖食于农，故农为天下之本务，而工商皆其末也。”[1]乾隆帝则明确表示：“欲天下之民，皆尽力南亩。”[2]《大清律例》中到处可见反映“以农为本，工商皆末”的立法。第六，随着社会经济的发展，人们的社会关系、法律关系越来越多，越来越复杂，也相应需要完善法制来调节。清代民事、经济等方面的立法和司法案件明显增多，且渐趋规范化。

总之，清代的君主专制达到了极顶，法制也达到中国封建社会最完备的程度，呈现出专制与法制高度结合的政治面貌。专制权力制定了完备的封建法制，完备的封建法制又反过来维护专制权力、专制统治；以人治为主导，也讲求法治的普遍意义和“公平”原则。当然，我们不是要论证清代是法治社会，而是想强调在人治的前提下，法的功能在清代社会生活中比以往朝代有更多、更深刻的体现。

第二节　清代立法的完备性

清代对法制的重视，首先体现在立法方面。前面我们已讲到，清入关前已开始重视法制建设，制定了一些严明的法律，但更大规模、更系统的立法工作是从入关后开始的。

1　《清世宗实录》卷五七。

2　《清朝通典·食货一》。

一　从《大清律集解附例》到《大清律例》

1644年清军入关后，面对“抚临中原”[1]的现实，在摄政王多尔衮主持下，迅速将关外时期“参汉酌金”[2]的立法路线推广到全国，并于顺治四年（1647年）颁布了《大清律集解附例》。但是，这一“但取清律、明律，订其同异，删其冗繁”[3]的立法工作毕竟过于粗糙，无异于将《大明律》重抄了一遍，“对明律只删了3条，增加了1条，改移了2条，其余无所变动。律内小注也多沿用明律。附例虽多于明，但应指出有相当多的条例是采用明例的原文，或根据明例加以修改补充的”[4]，不能充分反映新朝的特点。时人谈迁就提出了这样的责难：“大清律即大明律改名也，虽刚林奏定，实出胥吏手。如内允依《大诰》减等，盖明初颁《大诰》，各布政司刊行，犯者呈《大诰》一本服罪，故减一等，其后不复纳，但引《大诰》，溺其旨矣。今清朝未尝作《大诰》，辄引之，何也？”[5]顺治帝亲政后，逐渐认识到《大清律集解附例》不能完全适应新形势需要的现实，“法有定而情无定，刑罚世轻世重在用之者权乎其时耳！……自古圣人立法以救世，未有不因时准情以用法，而能轻重胥得其平者”，[6]以“律乃一代之典章”，[7]“例因时以制宜”[8]为思想基础，开始了以“例”为清朝特色的立法工作。

“例”得名于明代，以往多称“令”。正如薛允升在《读例存疑》自序中言：“古无所谓律例也。自汉萧何因李悝《法经》增

1 《清世祖实录》卷五。

2 宁完我：《请变通〈大明会典〉设六部通事奏》，《天聪朝臣工奏议》卷中。

3 《清世祖实录》卷一六。

4 瞿同祖：《清律的继承和变化》，《历史研究》1980年第4期。

5 谈迁：《北游录·记闻下》。

6 《清朝文献通考》卷一九五《刑一》。

7 《皇朝经世文编》卷九一，潘杓燦《刑名十六字义》。

8 《驳案新编》序（一）。

为九章，而律于是乎大备，其律所不能详载者，则又辅之以令。历代皆然，莫之或易。明初有《大明律》，又有《大明令》，中叶以后部臣多言条例，罕言令者，万历时刑部尚书舒化奏定例八百三十二条。”顺治四年三月二十四日修成颁布的《大清律集解附例》共47卷，律文436条，附例1404条。例虽多于明律，但大多数是过时不用的明例，自然更不适用清朝。大清律文自颁布以后虽不再修订，但从顺治帝亲政时起，却不断用因时制宜的“例”适应新的需要，完善清朝的立法。顺治十年（1653年）顺治帝在与大臣讨论历代贤君时，明确指出：“明太祖立法可垂永久，历代之君皆不及也。”[1]但是，清朝的体制和实情毕竟与明代有差异。为了维护满洲贵族的特权，巩固以皇权为核心，以满洲贵族为主体，满汉地主阶级联合的君主专制政体，于是，顺治十年复秋决朝审之例，定法司看语异同之例；十三年严衙蠹之禁，严商民下海交易之禁；十五年定各省秋审事例，定热审事例；十六年定诬告之罪，十七年定讼师、讼棍之例；十八年严隔属赴控之禁等等。清代达到极峰的专制政体的基本制度的端倪和立法，大多起自顺治朝，所以，清人给予他很高的评价：“世祖章皇帝除暴诛残，混一中外，举旧章而修明之，特命儒臣纂辑大清律颁行天下，于是斩绞徒流笞杖之条具，而朝审、秋审、热审之制详，酌相沿之制，成维新之典，猗欤盛哉！”[2]

康熙年间继续增定新例，废置旧例，并从康熙九年起，开始对原明旧例和清朝新例进行校正，检出现行则例。康熙十八年命

1　《清世祖实录》卷七一载：上“又问：‘上古帝王圣如尧舜固难与比伦，其自汉高以下，明代以前何帝为优？’（范文程等）对曰：‘汉高、文帝、光武、唐太宗、宋太祖、明太祖俱属贤君。’上曰：‘此数君者又孰优？’（陈）名夏曰：‘唐太宗似过之。’上曰：‘朕以为历代贤君莫如洪武。何也？数君德政有善者，有未善者，至洪武所定条例、章程，规画周详。朕所以谓历代之君不及洪武也。’”

2　《清朝文献通考》卷一九五《刑一》。

刑部将定律之外所有条例，应去应存，详加酌定，刊刻通行，名为“见行则例”[1]。二十八年又将现行例载入大清律条例内，命尚书图纳、张玉书等为总裁，至四十六年缮写进呈。凡载入现行例290条。“大德涵濡，弥复加意刑章，增定律例益详且明罚，敕法之意，谆切反复著之”[2]，康熙帝开创了清代律例体用合编的新例，但没有最终完成。雍正帝更着眼于以法治国，不仅加速了立法工作，而且一即位便于元年着手完成乃父未竟的修订律例的工作，命大学士朱轼、尚书查郎阿等为总裁官，于律例“应增应减之处，再行详加分晰，作速修完”[3]。雍正五年（1727年），《大清律集解》修成，颁行中外，共30卷，律文436条，每篇正文后有总注，或标举大意，或逐节分疏，或释正文；而兼及小注，或诠本条，或旁及别义异同，条贯眉目井然。律后附例共824条，“分为三项：曰原例，系累朝旧例，凡三百二十一条：曰增例，系康熙年间现行例，凡二百九十条；曰钦定例，系钦奉上谕及内外臣之条奏，凡二百有四条”[4]。雍正朝这次修律，对律文的删改并移是清朝最大规模的一次，“自时厥后，虽屡经纂修，然仅续增附律之条例，而律文未之或改”[5]。新增条例的幅度也最大，乾隆元年（1736年）修律时，例已增至1049条。《清史稿·刑法一》称颂雍正朝修律：“其立法之善者，如犯罪存留养亲，推及孀妇独子；若殴兄致死，并得准其承祀，恤孤嫠且教孝也。犯死罪非常赦所不原，察有祖父子孙阵亡，准其优免一次，劝忠也。枉法赃有禄人八十两，无禄人及不枉法赃有禄人一百二十两，俱实绞，严贪墨之诛也。衙蠹索诈，验赃加等治罪，惩胥役所以保良懦也。强盗

1 《清圣祖实录》卷八四。

2 《清朝文献通考》卷一九五《刑一》。

3 《大清律例汇辑便览》，“奏疏”。

4 《清朝文献通考》卷一九七《刑三》。

5 《清史稿》卷一四二《刑法一》。

分别法无可贷、情有可原，歼渠魁、赦胁从之义也。复仇以国法得伸与否为断，杜凶残之路也。凡此诸端，或隐合古义，或矫正前失，皆良法也。”[1] 由于雍正帝励精图治，重视制度和法律建设，因而获得“宪皇帝”的谥号和很高的美誉，说他“饬纪整纲，雷厉风动，使斯世民日迁善远罪而不自知，而于仁育义正之怀，浑然有二焉”[2]。

乾隆元年至五年，集清朝修律之大成，还进行了一次修纂律例的工作，书成名为《大清律例》。“悉仍集解旧本，删律总注，其注内有与律意相发明者，别立一例，著为成例，附例千有四十二条。”[3] 总的来看，《大清律例》再没有新的特点。但是，它的意义也不可轻视：第一，从《大清律集解附例》经《大清律集解》，到《大清律例》，不仅仅是名称的变动，而是标志着一条“参金酌汉”的立法路线和“参金酌汉”立法工作的完成。由于《大清律例》考核了历代的得失，融合了丰富的立法治国的经验，因此被清人视为祖宗成法，此后不再修律，仅以新增例来弥补律文的不足。第二，从此为立法事务设立常设机构“律例馆”，以保证立法工作的日常性。以往纂修律例，都要特开专馆，钦命二三大臣为总裁，从现行则例和各部院则例中去厘正与刑律相涉的条例，“故鲜乖牾”[4]。自乾隆元年，刑部议准三年修例一次，乾隆十一年内阁等衙门议改五年一小修，十年一大修。从此，刑部专司其事，不再简派大臣，设律例馆隶属于刑部，与他部往往不相关会。第三，明确确立了律例之间的适用关系。例的形式既灵活，又便于及时将统治阶级的意志提升为法律，因而受到清统治者的高度重视，其作用和效能也逐渐凌驾于律文之上。“有例置其律，

1 《清史稿》卷一四二《刑法一》。

2 《清朝文献通考》卷一九五《刑一》。

3 《清朝通典》卷八一。

4 《清史稿》卷一四二《刑法一》。

例有新者置其故者。”[1]乾隆四十四年，部议覆准：“既有定例，则用例不用律。”[2]于是，定例越来越多，乾隆二十六年附例1456条，嘉庆六年达1603条，同治九年增至1892条。定例增多，不仅繁琐，而且前后抵触，即使刑部官吏也难以尽悉。对此，清人早就有异议：“朝例未刊，而暮例复下，千条万端藏诸府，职强之官不能省记。”[3]《清史稿·刑法一》也提出批评：“盖清代定例，一如宋时之编敕。有例不用律，律既多成虚文，而例遂愈滋繁琐。其间前后抵触，或律外加重，或因例破律，或一事设一例，或一省一地方专一例，甚且此例而生彼例，不惟与他部则例参差，即一例分载各门者，亦不无歧异。”[4]但是，正因为例的不断变化和灵活运用，作用和效力的加强，并与律合编统一，才真正体现出清代君主集权专制下加强法制的特征。也有不少人给予了充分的肯定，如王凯泰讲：“治狱之要在于得情，尤在权情之轻重，而断以法。盖法者，一成不易之矩，而情则有曲折轻重，非可以概论者也。故断法有律而准情有例。律条一定，而例则因时为变通。”[5]鲍书芸也讲：“夫决狱断刑必衷律例。律垂邦法为不易之常经，例准民情在制宜以善用。我朝钦定大清律例，节经修纂，至当至精而用之也。要在随时随事比附变通，期尽乎律例之用，而后可以剂情法之平。”[6]所以，在清代，例非但不像清以前那样与律相互矛盾和冲突，反而成为律的重要组成部分，与律融合、渗透，体用一致，互为补充，是清代完备法制的最大特征。

1 乾隆《清会典》卷五四。

2 《清朝文献通考》卷二〇八《刑十四》。

3 《皇朝经世文编》卷二四，孙光祀《衙蠹宜剔其源》。

4 《清史稿》卷一四二《刑法一》。

5 王凯泰：《新增大清律例统纂集成序》。

6 鲍书芸参定、祝庆祺编次：《刑察汇览》序。

二　《清会典》、《清会典事例》、《六部处分则例》、《钦定台规》

清代法制完备的另一大特征，就在于重视职官立法或称行政立法。

清入关后就一直比较重视吏治，顺治帝亲政后对明洪武帝整肃吏治大为钦佩，一再强调“国家设官图治，必公忠自持，殚力报效，方能裨益民生，共襄盛治”[1]。对职官的贪污现象深恶痛绝，顺治八年就明确规定：“治国安民，首在惩贪，大贪罪至死遇赦不宥。”[2]以后的康、雍、乾、嘉、道几帝无不强调“贪官之罪断不可宽”，主张对贪官施以重罚，治以严律，以期澄清吏治。在强调对职官犯罪用刑律惩处的同时，清统治者从一开始就重视行政立法，加强对职官的监督、管理，以提高行政效率。顺治十年正月，顺治帝幸内院阅会典，问大学士范文程等曰：“凡定各项条例、会典可备载否？”文程等奏曰：“备载。”[3]说明顺治帝当时就有编会典的打算，只是由于时局还不稳定，周围还有强大的满洲守旧贵族势力的牵制，才把此事拖了下来。

中国封建时代的行政法主要包含三个方面的内容：一是行政机关的设置、职责及相互间的关系；二是对职官的管理，包括铨选、考绩、黜陟、休致；三是对职官的监察。康熙二十三年，三藩之乱已平，台湾亦统一，国家趋于稳定，于是，编纂行政法典性质的《会典》便提上议事日程。康熙帝下令仿《唐六典》编纂《清会典》，于是，任命伊桑阿、阿世坦为正、副总裁，设会典馆开始立法。时经六年，完成《康熙会典》162 卷。《康熙会典》是清入关后正式颁行的第一部会典，“因事分类，因类分年。每一

1　《清世祖实录》卷五四。

2　《清会典事例》卷八二〇《刑部·刑律受赃》。

3　《清世祖实录》卷七七。

事例，略述数语，以见大意”[1]，把上自清初，下至康二十五年的有关“职方、官制、郡县、营戍、屯堡、觐享、贡赋、钱币诸大政于六曹庶司之事”[2]，无所不载。颁布时康熙帝亲自作序：“……朕嗣历服三十年，于兹夙夜竞竞，缵承祖考，宪章前谟，以仰溯乎尧舜、禹汤文武致治之隆轨，时饬群臣，勤修职业，每建一事，布一令，务期上弗戾于古，下克诚于民，酌剂讨论，芸难其填，然后付所司奉行。夫朝廷之规制损益，无一不关乎黎庶。大中之轨立，则易而可循，画一之法行，则简而可守，制治保邦之道，惟成宪是稽，不綦重欤！”[3]可见其目的非常明确，那就是要为专制统治的国家行政管理建制立法，要求内外群臣公忠为政，守法尽职，“惟成宪是稽”。

雍正帝继位后，在修纂《大清律集解》的同时，于雍正二年又下谕纂修《清会典》。由康熙帝第十六子允禄与大学士尹泰、张廷玉等人主持。至雍正十年修定进呈，并于次年刊布。雍正本体例与康熙本相同，除内容更为详实外，没有新的特点，并且施行的时间很短，因为到乾隆十二年又开始了第三次编纂《清会典》的工程。乾隆本与雍正本相比，无论从体例上还是从内容上，都大有不同，基本上是重修。乾隆本改变了雍正本体例，乾隆帝在会典序中说：旧典“原议旧议，连篇并载，是典与例无辨也。夫例可通，典不可变。今将缘典而传例后，或摭例以殽典，其可乎？于是区会典、则例各为之部而辅以行”[4]。遂将会典与则例分为两部书，“会典以典章会要为义，所载必经久常之制。兹编于国家大经大法，官司所守，朝野所遵，皆总括纲领，勒为完书。其诸司事例，随时损益。凡颁之纶綍，议自群寮，旧制新

1　康熙《清会典》卷首《凡例》。

2　康熙《清会典》卷首《凡例》。

3　康熙《清会典》御制序。

4　乾隆《清会典》御制序。

裁，与夫微文末义，缕析条分，并详则例”[1]。会典“因官分职，因职分事，因事分门，因门分条”[2]。会典则例按年月日编排。在条目和内容上，乾隆本也有大的修改、增删，这就是会典则例序中所说的，“有不得不重修者，盖缘编纂之初，诸臣或沿袭旧文，未经考证；或略存近制，未溯本源；或限于案牍之不全，或误自参稽之不审，而未尝请旨取裁斟酌至当，故舛讹疏漏均不免焉”[3]。重修是为了正旧编之纰缪，补记载之阙遗。整个工程由康熙第十二子允祹和大学士傅恒、张廷玉等任总裁官。乾隆二十九年，《清会典》100卷、《清会典则例》180卷先后告成。乾隆本所开创的典例分编，以典为经，以各部院行政法规的则例为纬的会典体制，丰富了行政立法的内容，并为嘉庆、光绪两朝会典所基本沿袭。

嘉庆六年（1801年），清朝已处于由盛转衰的时期，为了力挽颓势，提高国家机关的行政效率，任命军机大臣、大学士托津等人为总裁官，开始清会典的第四次编纂工作。嘉庆本在乾隆本的基础上，续补了乾隆二十四年至嘉庆十七年增定的典礼和修改、新增的各衙门则例，增列了乾隆本未曾载入的一些条目，并将则例设为事例，将以往会典中的附图分离出来，别为一书，名曰《大清会典图》。嘉庆十八年，《大清会典图》132卷首先编成。二十三年，《清会典》80卷、《清会典事例》920卷先后告成。光绪二十五年（1899年），还由昆冈、徐桐等人任总裁官，进行了清会典的第五次编纂工作，按嘉庆本体例，共编会典100卷，事例1220卷，图270图，于光绪三十年正式颁行。光绪本已无法起到提高国家机关行政效率的作用了，但它内容广博，集清会典之大成，所以是清朝最完备的一部会典，也可以说是中国封建行政法典的最后形态。

1 乾隆《清会典则例》序。

2 乾隆《清会典》卷首《凡例》。

3 乾隆《清会典则例》序。

清代王朝会典首尾相衔，记述了从开国至光绪朝有关宗人府、内阁、军机处、中书科、吏户礼兵刑工六部、理藩院、内务府以及寺、监、院、地方各级政府等机构设置、职掌、职官的活动原则、处分事例等，内容远比《唐六典》、《明会典》丰富，而且所载多是“宏纲巨目”“礼乐刑政大端”和“经久常行之制”，因此被时人称为“当代宪章”。[1]

清入关后就不断通过上谕和内外臣工条奏，形成各部院行政法规的则例。康熙二十八年将检校出来的现行刑律则例载入大清律条例内不久，康熙四十一年又编纂了《六部现行则例》，其中吏部 331 条，户部 309 条，礼部 103 条，兵部 257 条，刑部 371 条，督抚衙门 132 条，详细规定了各部的办事规则、程序和权限，以及对各级官员履行职责的规定与违反职责的惩处。乾隆七年，又在《六部现行则例》的基础上进一步发展成为《六部处分则例》，刊刻颁行。六部的办事章程、职官的活动原则和违制的惩处，分部缕析条理，规定详细。以后各朝还都有增删修改，“夫国家功令之书，颁行天下各衙门谨遵恪守，而非需次之员与萍踪之客所能取携自如，朝夕观摩也”[2]。《六部处分则例》是清代一部十分重要的行政法规。

乾隆时期，还单独编修了《钦定户部则例》、《钦定礼部则例》、《钦定兵部则例》、《钦定刑部则例》、《兵部督捕则例》，以及关于监察事项的《都察院则例》和《钦定台规》等等。虽然这些则例都先后编入《清会典事例》，但单独颁行，更便于查阅和奉行，产生即时的行政效率。

职官的铨选、考绩、黜陟、惩处一应制度化、法律化。铨选有《铨选满洲官员则例》与《铨选汉官则例》；荫生也有《考试之

1　赵吉士：《万青阁自订文集》卷一《请红本收藏之所并陈会典编纂之事宜》。

2　《六部处分则例》叙。

法》、《授官之例》。考绩有京察与大计，四格八法或四格六法，是升是降，是赏是惩，是封赠还是罢职、休致，《清会典事例》、《六部处分则例》、《都察院则例》都有详细规定。

清代除上级官员可以监察、考核下属官吏，四品以上（含四品）官员通过密折互相监察外，还有都察院科、道专门行使监察百官的职能；都察院除监察纲领的《钦定台规》外，还有实施细则和违制受惩的《都察院则例》。

自顺治朝始，为了巩固清朝对全国的统治，将察吏与爱民联系起来，在都察院广设巡按御史，巡察地方吏治，顺治十八年专门制定《巡方事宜十款》，既赋予御史纠参大贪、渎职，访拿衙蠹之权，同时又特别规定巡抚于属官内，清廉贤能者不举而反劾，贪酷阘茸者不劾而反举者，革职，从重处分。还规定以上、中、下三等来考核御史。倘若御史不法，许督抚指参，督抚明知不纠者，一并议处。这是清朝最初的职官监察法规，以后康熙、雍正两朝，巡按御史虽然废置了，但监察百官的职能并没减弱，反而通过密折制度与都察院双管齐下，更加强了对内外百官的控制。

乾隆八年《钦定台规》的出台，标志着清朝职官监察立法的法典化。嘉庆六年、道光七年、光绪十八年又三次重修颁行，所以合称"四朝台规"。

《钦定台规》包括训典、宪纲、六科，各道、五城、稽察、巡察、通例八个部分。乾隆朝始定《钦定台规》，继承了康、雍两朝整顿纪纲，严惩贪官的传统，正如乾隆帝所说："劣员多留一日则民多受一日之残，国多受一日之蠹"，"斧锧一日未加，则侵贪一日不止"。[1]职官"奢侈无度"、"逸乐游畋"、"荒耽酒色"、"不勤国事"、"荒弃职业"、"黩货偷安"、"审谳淹迟"、

1　《清朝通志》卷七八《刑法略》。

“挟仇劾人”，均为法纪监察的对象和惩处的根据。嘉庆朝除修订《钦定台规》外，还编修了《都察院则例》。它是《钦定台规》的实施细则，包括封驳、陈奏、京察、大计，对财政、学校、农工、军政各种官员的考察、奖惩、升降以及文件处理规则等。由《钦定台规》的八个部分划分为四十多个门类，以便于监察法规的实施。

有清一代颁行的各部院则例，总括起来不下百余种，现有满、汉两种文字的则例也有十余种。各部院行政法规的则例不仅调整的对象广泛，而且更具有规范性、系统性和时效性。近世历史学家邓之诚说：“清以例治天下，一岁汇所治事为四季条例，采条例而为各部署则例。新例行，旧例即废，故则例必五年一小修，十年一大修。采则例以入会典，名为会典则例或事例”[1]，从而形成了以《会典》为纲，以众多的《则例》为纬，系统而庞杂的行政法律网络。但是，由于法网过密，职官动辄获咎，以致地方上“微如芥子，细若茧丝”的政事，也须“一一关白上宪，闻诸中枢”，[2]妨碍了群臣的积极性和主动性的发挥；事例太多，纷繁庞杂，职强之官不能遍晓，倒给凭例办稿的书吏以舞弊、索诈之机。所以早在康熙年间，陆陇其就讲：“本朝大弊只三字：例、吏、利”[3]，把例放在了大弊之首；道咸时重臣胡林翼更是愤愤然：“大清律易遵，例难尽悉；刑律易悉，吏部处分例难尽悉，此不过专为吏部生财耳！于实政无丝毫之益。夫疆吏殚竭血诚以办事，而部吏得持其短长，岂不令英雄短气乎？”[4]由此可见清代行政立法的作用和影响。

---

1 邓之诚：《中华两千年史》卷五，第531页，中华书局，1958年。

2 《清朝文献通考》卷五五。

3 《清稗类钞·胥役类》。

4 《清稗类钞·胥役类》。

三　民族立法与省例

清朝是少数民族建立的统一中央王朝，在民族立法上具有显著的特点和突出的贡献。

首先，自然要在立法上确保满洲人特别是满洲贵族在政治、经济和法律上的特权地位。清朝官制表面标榜满汉一体，中央六部尚书设满汉复职，但实权多操于满官之手，汉官不过“相随画诺，不复可否”[1]。清朝行政法在任官问题上特别规定了一种“官缺”制度，有满官缺、蒙古官缺、汉军官缺和汉官缺四种。根据固定的官缺，补授官职，“满洲官员保举满洲，汉军官员保举汉军，汉人官员保举汉人”[2]。而中央一些重要机构的职官全为满洲专缺，各省驻防将军、都统、参赞大臣、盛京五部侍郎也全部是满缺。地方督抚司道提督总兵虽满汉兼用，但近畿和要隘多用满官。康熙朝汉人任督抚者“十无二三”，乾隆时巡抚满汉各半，总督多为满人。[3]雍正帝虽不以“成例”用人闻名，也多次讲:“朕即位以来，视满汉臣工均为一体”[4]，“从无一毫偏向，惟视其人如耳”[5]。但他言不由衷，在雍正三年三月的上谕中早就讲:“朕惟望尔等习为善人，如宗室内有善人，满洲内亦有一善人，朕必先用宗室；满洲内有善人，汉军内亦有一善人，朕必先用满洲；推之汉军、汉人皆然。苟宗室不及满洲，则朕定用满洲矣。”[6]因为他不可能忘记“八旗满洲为我朝根本”[7]的原则而违背官缺制度。同样人才，先宗室，次满人，再次汉军，最后才是汉人，满汉自然形成区别、等第。凡属满官缺不许汉官补授，但京内外的汉官缺却允许满人补任，以便保证满洲

1　赵翼：《簷曝杂记》卷二。

2　《上谕内阁》，雍正五年十二月初六日。

3　《清高宗实录》卷一八四。

4　《雍正朝起居注》，四年十二月二十六日条。

5　《上谕内阁》，雍正六年初九日谕。

6　《上谕内阁》，雍正三年三月十三日谕。

7　《清世宗实录》卷一二。

贵族牢固地控制国家机关。经济上，满洲旗人分有圈地，禁止旗民交产，以维护满族既得经济利益和政治的经济基础。法律上，满洲旗人犯罪可以享受“减等”、“换刑”的权利。《大清律》中规定：“凡旗人犯罪，笞杖各照数鞭责；充军、流、徒免发遣，分别枷号。徒一年者，枷号二十日，每等递加五日；总徒、准徒，亦递加五日；流二千里者，枷号五十日，每等亦递加五日；充军附近者，枷号七十日；近边者，七十五日；边远、沿海、边外者，八十日；极边、烟瘴者，九十日。”[1]即使旗人杀人，“罪应杖流折枷者，除依律定拟外，仍酌量情罪，请旨定夺，不得概入汇题”[2]。《大清律例》中法定的刑罚，并不完全适用满人的刑事犯罪，对满人的诉讼，也由特定的机关管辖，尽管在地方可由州县审录实情，但无权对满人作出拟律断罪意见，只能将证据转送满人审判机关处理。清中叶以后，满人的法律特权才逐渐有所丧失。

其次，随着国家的统一，对边疆少数民族地区直接或间接统治的加强，因族、因俗、因地的立法工作便全面展开且不断深化。早在关外时期，在努尔哈赤和皇太极率领族众统一东北地区，特别是同明王朝相抗衡的斗争中，深感本族人势单力薄，物资匮乏，不足以进取中原，统一全国。因而，他们十分重视建立以满族为核心和领导力量的少数民族的民族联盟，特别是建立与蒙古族的友好关系，以壮大满族的实力。入关前的民族立法主要是针对漠南蒙古。为了维护满蒙政治联盟关系，调整蒙古诸部落之间的关系，保持蒙古社会的统治秩序，努尔哈赤和皇太极针对漠南蒙古制定和颁布了一系列制度、法令、法规和司法规则，由此而形成《盛京定例》、《蒙古律书》。[3]这些“法度”并不是把满洲法制不加变通地强加于漠南蒙古，而是充分照顾到蒙古的传统和民俗，

1 《大清律例·名例》。

2 《大清律例·名例》。

3 郑秦：《清朝统治边疆少数民族区域的法律措施》，《民族研究》1988年第2期。

正如康熙《清会典》所说："遐陬之众，不可尽以文法绳之。国家之待外藩也，立制分条，期于宽简，其要归仁厚，将使臻于咸善而已。"[1]这是清朝民族立法的雏形。

清军入关之后，随着对少数民族特别是蒙古族地区统治的深入和加强，也加速了民族立法工作。康熙三十年多伦会盟，处理好喀尔喀蒙古各部之间以及与清廷的关系后，理藩院将清太宗皇太极以来陆续发布的125条有关蒙古的法令，汇编为《蒙古则例》，作为处理清廷与蒙古的关系和蒙古社会内部事务的法律依据。雍正初年平定罗卜藏丹津以后，清政府为了实现对青海地区的有效统治，先后制订了《青海善后事宜十三条》、《青海禁约十二事》、《西宁青海番夷成例》等法规。乾隆十五年、五十三年、五十六年三次平定西藏动乱，先后制订了《酌定西藏善后章程》、《设站定界事宜》、《酌议藏中各事宜》、《钦定西藏章程》等法规。而乾隆朝民族立法的主要成就，除《钦定西藏章程》外，还有五十四年（1789年）编纂的《蒙古律例》。《蒙古律例》共12卷，209条，分为官衔、户口差徭、朝贡、会盟行军、边境卡哨、盗贼人命、首告、捕亡、杂犯、喇嘛例、断狱等十二门，是康熙《蒙古则例》的进一步发展，也是清朝实现对蒙古地区全面有效统治的法律体现。

嘉庆朝，除编纂新疆维吾尔族的《回疆则例》外，更主要的是进行民族立法的总结工作。从嘉庆十六年到二十二年，清政府在《蒙古律例》的基础上，编纂、颁行了《理藩院则例》，"将旧例二百九条逐一校阅，内有二十条系远年例案，近事不能援引，拟删；其余一百八十九条内，修改一百七十八条，修并二条外，并将阖院自顺治年以来应遵照之稿案，译妥汉文，逐件复核，增纂五百二十六条，通共七百十三条"[2]。《理藩院则例》包括"通

1　康熙《清会典》卷一四五《理藩院四》。

2　《理藩院则例》卷一，原奏之三。

例”上下两卷和“旗分”六十三门，内容不限于蒙古地区和蒙古族，而且包括西藏和青海，甚至包括与俄罗斯的外交条例。《理藩院则例》不仅是清朝统治少数民族地区的“基本法”，而且内容涉及行政、刑法、民法、诉讼、司法审判等诸多方面，是集清朝民族立法之大成。所以，经道光朝、光绪朝两次重修，《理藩院则例》在体例、内容、适用范围等方面都无大的变化。

清代的民族工作以蒙古族为中心，民族立法也以蒙古族为主，兼及与蒙古族关系密切且控制地区广大的藏族和维吾尔族，对西南少数民族的立法则显得平淡无力。最大的举措莫过于雍正朝的改土归流，然后推行国家统一法制，又无法完全推行。于是，为了适应这一地区各少数民族的特殊情况，在《大清律例》中增加专门条例，同时认可民族习惯法在调节各民族内刑事、民事纠纷方面的作用。但是，西南地区民族立法薄弱，并不能影响清代民族立法达到前所未有的高度。以上所述的则例、律例、成例、事宜、章程、事、条等法律、法规，不仅是清朝统治蒙、藏、维等少数民族的“基本法”和行政法，而且是也适用于这些地区的刑法、民法、经济法、诉讼法、司法制度。民族立法的完善也正好是清代法制完备的重要体现，它所提供的经验和反映的规律，至今仍具有重要的历史借鉴意义。

论及针对少数民族地区的民族立法，有必要谈一谈地方省、府、州县各级政府制定和颁布的《省例》、《告谕》和《章程》的立法性质问题。

君主集权专制下的法制，君主具有最高的立法权，上谕即可成为法律、条例便是最直接的形式，即使“内外臣工条奏”和一切提案，也须经君主批准，方能具有法律效力，颁布实施。但是，从“内外臣工条奏”、“准之”、“从之”、“议准”等立法形式看，内外臣工特别是中央六部、都察院、理藩院等主要职能机构的主官和将军、都统、督抚、两司、提督、总兵等地方大员，都具有一定的立法权，至少具有立法的提案权。[1]清代立法完备的发轫便在于此，因为它表面上看似君主一人主立法之权，实际上集中了整个统治阶级的意志。这只是中央政府制订实施全国的法律、条例而言，那么，地方省、府、州县三级政府在实施国家政策、法令、法律、条例的过程中，在不同的具体情况之下，为了提高行政效率，或维护社会稳定，或应付新的情况，或求得更好的治理等，有没有再立法呢？时人王有学曾讲："条例是国家令典，天下通行，一律遵办。省例是外省申详事件的酌定章程，各就一省而言，南北办法互有不同，各自成书。"[2]由此，我们可以作出肯定的回答，并可大致分为这样几类：第一，行政条规。如按察使李士桢代表省政府制定《人命条议五款》，告谕下属各理刑衙门，"迩来官胥平时既不知讲读律例，临审又不能细心参详，或出入游移，而轻重倒置；或元凶漏网，而枉累无辜，以致讼狱繁，为害非浅。殊不知审有审法，招有招体，其间毫厘千里之辨，稍或贸乱，诖误因之，民命因之，诚不可不慎也。"为人命案的速审、验尸、供据、案由、拟律等各环节，详细讲明了五项注意事项。[3]知府刘衡要求下属州县官，官须自做，慎用门丁，并为他们制定了《不用门丁所有书役送进案件及发生案件章程》，要他们遵守照办。[4]知县刘衡颁布《劝谕书吏告示》："……本县认为公门中好修行，为书吏者，不但守法兼可积德，若果能随事随时留心行善，必有好报。……书吏虽在官人役，究有体面，与各班差役不同。养尔等之廉耻，即以激发尔等之天良。为此仰各房知悉，务将后开各条凛凛奉行。"为各房书吏订立了10条工作条

1 从《朱批奏折》卷三《法律类·律例门》中，可以看到内外臣工利用奏折形式，向皇帝所上的立法提案。中国第一历史档案馆藏。

2 徐栋辑：《牧令书》卷一七《一得偶谈》。

3 徐栋辑：《牧令书》卷一九《刑名下》。

4 徐栋辑：《牧令书》卷四《用人》。

例。[1]第二，治安条例。如康熙年间河南巡抚于成龙为督令各州县推行保甲弥盗法，“今欲为尔等谋保护安全之计，莫如力行保甲。……酌定条款，编帙成书，务使家喻户晓。”总共订立了13条实施细则，名为《弭盗条约》。[2]知县阮本焱颁布《责成捕班分段严缉谕》：“县境捕务废弛，从前轮班值日虚应故事，不可不严加整顿”，为捕役重新划定地段，明确责任。[3]第三，民事立法。如乾隆二十五年福建省例中规定“典卖契式”，详列典卖合同契式，要求民间统一遵守，不得违反。又如，光绪十六年制定的《江安县学田章程》，共55条，详细规定了学田的设置、管理、使用、收益及侵吞学田应受的处罚等等[4]。不难看出，这些省例、告谕、条约、章程等具有地方政府法规的性质。正由于此，清代的立法更深入，法制更完备，法网更细密。

第三节 清代司法的严密性

清代法制完备，除立法的深入、细密、完备外，更重要的还在于以中央到地方各级政府为主体，以立法和行政的形式，确立了一整套严密而完备的司法体系，来实现法制为专制统治服务的功能。

一 以政府为主体的司法组织结构

早在关外时期，努尔哈赤、皇太极就非常重视司法审判机关的设置。在后金政权成立前一年，努尔哈赤就设置了理政听讼五大臣，称为议政五大臣，以下又设十名理事官分掌诉讼。凡有听

1 徐栋辑：《牧令书》卷一八《刑名中》。
2 《皇朝经世文编》卷七四。
3 阮本焱：《求牧刍言》卷四。
4 张晋藩：《清律研究》，第98页，法律出版社，1992年。

断之事，先经理事官审问，然后上报议政五大臣，再呈送八旗贝勒，最后由努尔哈赤裁决。努尔哈赤一再告诫："凡事不可一人独断，如一人独断，必致生乱"[1]，并且宣布："国人有事，当诉于公所，毋得诉于诸臣之家"，凡诉于私家还执送公所者"治罪不贷"[2]。皇太极于天聪初年，对司法机关进行了一次调整，由八旗每旗的总管、佐管兼任议政五大臣、理事十大臣，集诸旗主贝勒定议裁撤，另由各旗的佐管大臣专司审断词讼。天聪七年（1633年）设刑部承政、参政、启心郎等官，听断始有专责。但是，八旗、地方的司法机关仍较混乱。可见，关外时期的司法结构还很不健全。入主中原后，因袭明制，"凡诉讼，在外由州县层递至督抚，在内归总于三法司"[3]，才逐渐形成独具特色的、以皇帝的最高司法权为核心的、从中央到地方各级政府主官司法负责制的完整的司法机构体系。

清代与以往历代专制王朝一样，各级地方政府没有独立于行政机构之外的司法机构。为了便于研究和叙述，我们这里讲的司法机构主要是从中央到地方各级政府具有司法职能的行政机构。

中央政府由刑部、都察院和大理寺组成最高级的三法司。刑部"掌天下刑罚之政令，以赞上正万民"[4]，所属机构有十八清吏司、追捕"逃人"的督捕司、办理秋审的秋审处和修订律例的律例馆等。刑部的职责主要有这样几个方面：审核地方上报的重大案件，并向皇帝具题；管理地方上诉案件与秋审事宜；主持全国司法行政和修订律例；审理中央官吏的违法案件，以及审理发生在京师的笞杖以上的"现审案件"。刑部有权做出全国的流刑的终审判决，但须将判决送大理寺复核，受都察院监督，向皇帝汇题。

1　《清太祖实录》卷五。
2　《清史稿》卷一四四《刑法三》。
3　《清史稿》卷一四四《刑法三》。
4　《清会典》卷五三《刑部》。

都察院“掌司风纪，察中外百司之职，辨其治之得失与其人之邪正。……凡重僻则会刑部、大理寺以定谳，与秋审、朝审”[1]。都察院又号称“风宪衙门”，“官民冤枉，所司不受理，及受理不得申者，许赴院陈诉鞫实，大事奏请上裁，小事立予昭雪”。[2]都察院下设十五道和六科“分稽刑名”，合称“科道”。科道品秩虽低，但在行使监察职责时均各自直接奏闻皇帝，不必经过总宪(左都御史)，这是六部司官所没有的权力。所以，在清代上谕、公文中都是六部、九卿、科道并称。都察院在司法审判上的具体职责有二：一是与刑部、大理寺一同复核拟议京师和全国死刑案件，监督刑部判决的流刑案件；二是参加每年“秋审、“朝审”的会审大典和会题会奏，独自承办复奏和勾到。此外，还负责京师五城巡城和受理京控直诉，杖罪以下自行完结，徒罪以上送刑部定案。大理寺“掌平天下之刑名，凡重僻则率其属而会勘。大政事下九卿议者则与焉，与秋审、朝审”。[3]大理寺机构简便，人员编制较少，主要职责在于会谳、会勘，复核全国死刑、流刑案件，平反冤狱，如发现刑部定罪量刑有误，可以驳回，同时也主持热审案件。通过三法司的相互制约，确实有提高中央政府司法效能的作用。

但是，清朝虽继承了明“刑部受天下刑名，都察院纠察，大理寺驳正”的三法司制度，但清朝刑部的职权进一步加重了。“清则外省刑案统由刑部核复。不会法者，院寺无由过问；应会法者，亦由刑部主稿。在京讼狱，无论奏咨，俱由刑部审理，而部权特重”。[4]大理寺所谓“平反按复”不过成了一句空话，真正行使的不多。“部权特重”是清中央政府司法职能的一个基本特点。

1 《清会典》卷六九《都察院》。
2 《清会典》卷六九《都察院》。
3 《清会典》卷六九《都察院》。
4 《清史稿》卷一四四《刑法三》。

除三法司之外，清中央政府的其他机关也有一定的司法职责。比如，三法司会审外再发“九卿会审”（所谓“九卿”即三法司加吏、户、礼、兵、工五部和通政司）；一般案件具题需经内阁票拟；重要案件军机处承旨；秋审大典，内阁、军机处、九卿、詹事、科道都参加会审；皇族案件宗人府主管；外藩案件理藩院经办；旗人案件八旗佐领有责等等，几乎每一个政府机关都有一定的司法职权，这就是古代专制政体诸权合一的特点。

然而，无论是三法司，还是其他政府机关，即使部权特重的刑部尚书，都不是中央政府的最高大法官。全国或中央政府最高的大法官是爱新觉罗氏皇帝。清朝皇帝自顺治帝而下都大权在握，每年举行秋审，除特殊年份外，皇帝照例行使对秋审情实死刑案犯的勾决，真正做到了“从来生杀予夺之权操之自上”[1]，威柄决不下移，历史上最高司法权从未有过像清代这样集中。《清会典》中有关于秋审最后一道程序——皇帝勾决场面的记载：

> 是日清晨，预设于懋勤殿御案，设学士本案于前。候召入，奏本学士以名单捧至案上，向上跪；大学士、军机大臣、内阁学士、本部尚书侍郎跪于右；记注官侍立于左……[2]

这种仪式不仅是象征性的，更是对全国死刑案犯所作的最后裁决。勾到者，即行处决；未勾者，又可缓决一年，秋审人犯的生与死全在于此。从法律上讲，只有皇帝一人握有死刑裁决权。全国死刑案件，是斩是绞，是凌迟是枭示，杀还是不杀，立决还是缓决，只有最终由皇帝作出裁决才发生法律效力。

清朝皇帝掌握全国的最高司法权，不仅亲自裁决死刑案件和

1　《清会典事例》卷八四七。

2　《清会典》卷五三《刑部》；卷二《内阁》。

过问钦命大狱，而且对全国的司法活动进行控制和监督，直接控制和掌握全国的审判活动。全国每一件死刑案件都要“专案”具题，由皇帝裁决，年底还须汇题，由刑部分省造册，达于御前；每年秋审勾到“决过一应重犯例应年底汇报”[1]；徒刑和流刑及流刑派生出来的加重刑充军与发遣，年底均应由督抚汇题，[2]再由刑部核议具题，以便皇帝查核监督；京师现审案件，笞杖类案件乾隆六年以前，刑部“十日一次汇写具题”[3]，乾隆六年以后按季汇题[4]，而徒刑以上案件，则定为每月汇奏一次[5]。其他司法事务，如斩绞监犯病故，京师五城赎罪款项，官犯军流以下罪名等等，以及各省咨报刑部、年终由刑部汇题的各省命盗已未获破，监狱护解人犯脱逃已未获，窝案记功过，收赎银谷，有无私设班馆及刑具，各省民情风俗及治安状况等等，都须一一题报、汇题、汇奏。经顺治帝首创、康熙帝推行，到雍正帝正式确立的奏折制度，对于一些重大的案件，在具题、汇题、题报的同时，或者前后，内外大臣要密折奏闻，以便皇帝及时掌握情况，从第一历史档案馆编《朱批奏折》法律类又分律例、审办、盗案、监狱护解、命案五类看，有关司法的奏折还不仅限于重大案件，几乎包括所有的司法活动的情况。在司法方面，可以说事无巨细，都要向皇帝报告。其他的一切政务，如军事、职官、户口赋役、礼教科举、水利农业、外藩等等也都同样要如此具题、汇题、密折，“恭呈御览”不误。特别是奏折，雍正帝说:“此等奏折，皆本人送达朕前，朕亲自阅览，亲笔批发，一字一句皆出朕之心思，无一件假乎于人，亦无一人赞襄于侧。”[6]康熙帝、雍正帝、乾隆帝都曾批

1 《内阁刑科题本》卷五，第1号，“秋审朝审及汇报处决。”

2 《内阁刑科本》卷一九四，道光十年，“婚姻家庭”类。

3 《清圣祖实录》卷一一一。

4 《清高宗实录》卷一三六。

5 《清会典》卷五六。

6 《雍正上谕》，雍正十年三月初一日。

折至深夜，灯下与臣工“笔淡”，有的批语长达数百上千字，叮咛教诲，指示方略。全国一切政务系于一人，专制权力达到极峰，需要君主具备何等高的素质和才干。难怪清统治者那么强调皇位继承人的素质，那么重视对皇子皇孙们的培养教育。

清代在地方实行省、府、州县三级政府的行政管理，司法职能也主要以三级政府为依托。法制史研究者们从司法审判着眼，一般将清代地方分为四个司法审级，甚至五个审级。把省一级政府的督抚和按察使司算为两个审级，甚至将从按察使司分离出的派出机构——巡道也算为一个审级。这样，省一级政府就出现了两个或三个司法审级。从司法审判的角度，这种分法有一定道理，但并不完全妥当。理由有三：其一，清代与以往历朝一样，司法仅是行政的主要职能之一，而非独立行事，用行政管辖来硬套司法审级，可作研究深入论述之使用，而非历史全面。上级官、主官自有行政监督管理下级官、属官之权，作为集一省或数省行政、司法、监察、军事、文化等大权于一身的督抚，复核、会审省级政府主要负责司法的职能部门按察使司审核的案件，这属行政管理所需，考成所系，硬要将一省的最大法官的督抚与主要负责一省司法事务的职能部门按察使司分离为两个审级，实为不妥。其二，按察使司“掌一省刑名按劾之事，振扬风纪，澄清吏治”[1]，属一省负责刑名司法和监察吏治的职能部门，犹如中央政府之刑部，又兼科道；而省级政府的最高司法权却不在按察使司，而在督抚。一省的司法事务只有经督抚之手才能从地方上完结，而正式向中央具题、咨报。督抚代表皇权，负责一省或数省的治理，权重而不处理具体事务，但却只有督抚拥有与中央皇权正式公文联系的具题之权。处理具体司法事务、司法审核的按察使自然难以脱离督抚而成为单独一审级。其三，清代之道沿于明，守道本

1 《清朝通典》卷三四。

意为布政使司参政、参议派出分掌布政使司之职所设，巡道为按察使司副使、佥事派出分掌按察使司之职所设，同时兼有监察考核下属府、州县官之责，这是专制统治加强的一种体现。清代守巡道的设置到乾隆时渐趋合理，并主要向巡道倾斜，守道设置逐渐减少，但巡道并未丧失为按察使司分出机构的性质，仍属省级政府的机构设置。清朝规定："直隶州所属，向例由道审转"，[1]在于直隶州多为巡道所分辖，经巡道审转，就不必再经按察使审转，"详报院司覆办"[2]即可。道光年间出任福建汀漳龙巡道的张集馨就讲："署中审讯事少，而批判事多，余遂将呈词详稿自行批核，令幕友专办日行事件。"[3]巡道分掌按察使司之职甚明。清代司道一体，合称"监司"，更不该将按察使司与道再分离成两个审级。郑秦先生所说的"审"、"判"权力分离的"逐级审转复核制"，[4]实际上是说明了清代司法行政机构的管理体系，也反映了清代专制与法制并重的特点（省级政府的组成结构、设置演变、职能特点，后面将用专章论述）。所以，笔者认为，从司法职能来讲，省政府负有司法职责的各官、各衙门应统一为一级，加上府、州县、地方三级政府三个司法职能的管辖级别，是以各级政府主官负责制的行政机构的司法体系。

州县是清代最基层的实体政府，"朝廷敷布政教，全赖州县奉行"[5]，而"牧令所司，刑名钱谷二事为先务"[6]，是司法职能的第一级管辖，最具体、最全面，也最关键。"军民人等遇有冤抑之事，应先赴州县衙门具控。如审断不公，再赴该管上司呈明，

---

1 《清会典事例》卷八四五《刑部》，刑律断狱，有司决囚等第二。

2 《清会典事例》卷八四五《刑部》，刑律断狱，有司决囚等第二。

3 张集馨：《道咸宦海见闻录》，第60页，中华书局，1981年。

4 郑秦：《清代地方司法管辖制度考析》，《西北政法学院学报》1987年第1期。《清代司法审判制度研究》，第153页，湖南教育出版社，1988年。

5 《皇朝经世文编》卷二三，凌如焕《敬陈风化之要疏》。

6 刚毅：《牧令须知》卷六。

若再屈抑，方准来京呈诉。”[1]州县有权决定笞杖之刑，“各省户婚、田土及笞、杖之罪，由州县完结，例称自理”[2]，但自理词讼须设立每月循环簿，申送府、司道、督抚备考。徒以上案件，经州县初审后，须按期将案犯及案宗一起解赴上司复审。

旗人案件，如系旗人间的争讼，由驻防旗员与理事厅审理。如系旗民争讼，则由州县审理。曲在民人按律例断结，曲在旗人解理事厅衙门发落。命盗案由知县会同理事厅同知审理，解上司复审。

府“总州县之成，而大吏倚以为治者也”[3]，在行政设置上“去民较近，察吏最亲，承上达下，以佐督抚耳目之不逮”[4]，主要职责在于察吏，司法上查核州县自理词讼，审转州县上报徒刑以上案件，提出拟罪意见，再上报省按察使司。这就是薛允升所指出的，“州县一切案犯，由府审转解司”，是刑律所不载而“多年遵行之定章”。[5]另外，府也有自理词讼案件，一是一些府直接临民，接受户婚、田土、斗殴等细故词讼；二是清律例所规定的，凡在州县有碍于本官，“不便控告，或有冤抑，审断不公，即应向本州县‘该管上司’——即府具控”[6]。所以，陈宏谋讲：“自理词讼，原奉部议定例，责成该管巡道稽察督率，巡到州县地方，即将讼案号簿提到查核，勒限催审，有关积贼刁棍、衙蠹及胥役弊匿等情，立即亲提究治。仍将未完几件开列，移司报院。如玩延不结，即行详参。知府、直隶州未结词讼，亦即照此办理等因，法至善也。”[7]但是，府级政府仍不失为地方司法职能的第二级行

1　薛允升：《读例存疑》卷三九。诉讼，起诉，嘉庆五年例。

2　《清史稿》卷一四四《刑法三》。

3　席裕福辑：《皇朝政典类纂》卷二四六《职官九》。

4　《皇朝经世文编》卷一三。

5　《读例存疑》卷四九。

6　《读例存疑》卷三九。

7　《皇朝经世文编》卷二〇，陈宏谋《饬巡道清查州县讼檄》。

政管辖。

省级政府为第三级，也是地方司法的最高级。按察使综理全省刑名，基本上代表省政府级的意见，故称“臬司”，所以，雍正帝讲:“国家各设按察司以专掌一切州县申详，至尔司而狱成，凡督抚达部题奏事件，皆由尔司定案，任岂不重。”[1]督抚“率同司道赴按察使衙门会同审查”，或司道均“赴抚署办理”会审，[2]都是督抚接到按察使报来案件后，行使司法行政管理和兼衔“右都御史”或“右副都御史”纠核、驳正的职能。徒罪由督抚批结咨部；军流案件，督抚复核无异议，咨报刑部定案；死刑案件一般都要经督抚率同司道再次复审，无异议，再向皇帝具题，并将副本抄送三法司，发现有错、有误、有弊，将案件驳回府州县重审。一省的司法权集中于督抚，只有督抚具备向中央具题、汇题、咨报的权力。一省之中，总督、巡抚并设，由巡抚主持案件的复审，总督会衔具题。

地方各级政府中，只要是官，都有一定的司法职责，并且具体的事务工作都由吏、役、幕、长随等几类组成人员来负责，但司法权都操于主官之手。由此而形成从中央到地方以政府主官负责制为主体，严密而完备的司法结构体系，并且呈现出这样一个鲜明的特点：地方统于督抚，全国统于皇帝，“臣等未敢擅便，谨将查明情由据实具奏，伏乞皇上圣裁”[3]。生杀予夺，在彼一人。

二　职责严明的司法制度

雍正初年，由雍正帝发动、兴起和制造了年羹尧大案。但是，他并没有以独裁者的身份绕过法司，无论从审判程序，还是从依律例定罪量刑的适用法律讲，都完全符合清朝的法律制度，“凡

1　《清朝文献通考》卷二〇七《刑十三》。

2　《清会典事例》卷六五三。

3　这是督抚在刑事案件奏折、题本中常用的语言。

在京在外大小官员，有犯公私罪名，所司开具事由，实封奏闻请旨，不许擅自勾问”[1]，内外大臣参劾，吏部覆参，刑部领衔的三法司公审，最后他按既定程序审批，批准了年案，又“念其青海战功”，“从宽”改为赐死。为此，郑秦先生有两段精辟的论述：“清代皇帝对死刑案件的审断绝少发生历史上曾经有过的君主任情生杀（随意杀人）的现象。与其说专制权力受到制约，不如说清代高度发展的专制权力已经制度化。”[2]钦命大狱是皇帝直接处理一些大要案，可以不受既定制度的羁绊，少受法司的掣肘。汉的诏狱，明的廷杖都是典刑。“与历史上不同的是，清代的钦案更加注意使之符合法定司法程序，这与专制权力的制度化、法律化是一致的。”[3]也就是说，不仅是雍正帝，清代的绝大多数皇帝，都注重“以法治国”；不仅是皇帝，内外问刑衙门的承审官都必须严格按既定的司法程序、法律制度行使司法职能；也不仅是司法审判，一切司法事务、司法环节，不同的职官都有相应严明的司法职责；也不仅是职官，只要是各级政府的正式工作人员，包括吏、役，都有严明的行政法规，违者，必按《吏部处分则例》、《刑部处分则例》和《清会典事例》中的吏部处分例、刑部断狱例，使其受到行政处分或刑事惩处。

法制史学界已对清代具体的司法制度作了不少论述，在此不必赘言。笔者在这里想要阐述的是司法审判制度的一些原则和司法行政管理的特点。首先是诉讼程序的规范化和词讼的重农原则。《清律》中“诉讼”门的律文与《明律》相比，没有多大的变化，但是，通过纂修大量因时制宜的“条例”形式，却大大丰富了诉讼法规的内容，按封建礼法思想，对各种情形的诉讼都作了明确规定。其中尤为强调的便是诉讼程序，即不准越诉。“凡军民词

1　《大清律例汇纂》卷一。

2　郑秦：《清代司法审判制度研究》，第13~14页，湖南教育出版社，1988年。

3　郑秦：《清代司法审判制度研究》，第13~14页，湖南教育出版社，1988年。

讼皆须自下而上陈告。若越本管官司，辄赴上司称诉者，笞五十。若迎车驾及击登闻鼓，申诉而不实者杖一百，不实事者从重论，得实者免罪。”[1]律文虽此数言，但情形万端，不得不用条例作详细补充。嘉庆五年对于外省军民诉讼作了明确规定：“军民人等遇事有冤抑之事，应先赴州县衙门具控；如审断不公，再赴该管上司呈明；若再屈抑，方准来京呈诉；如未经本籍地方及该管上司先行具控，或现在审办未经结案，遂行来京控告者，交刑部讯明，先治以越诉之罪。”[2]州县印官作为第一审级，不能规避责任，擅不受理，否则将受到行政处分；该管上司也不能胡乱准理或不准，“词诉未经该管衙门控告，辄越控院司道府，如院司道府滥行准理，照例议处”[3]。外省军民的诉讼程序，《清史稿·刑法三》云：“直省以州县正印官为初审，不服，控府、控道、控司、控院”，州县、府、道、司、督抚逐次上控，然后才是“京控”、“叩阍”，不得有误，并且对京控、叩阍严加限制。这一诉讼程序是就“军民人等”而言，对于职官犯罪，则另有一套程序，“文武官犯罪，题参革职，道府、副将以上，遴委道员审理；同知、游击以下，遴委知府审理”[4]。“凡总督参劾之员，令该巡抚审理；巡抚参劾之员，令该总督审理。其湖南、陕甘、浙江、江西、山西、广西、贵州等省，督抚所参之员，即令原参该督抚自行就近审结，该布政、按察两司审转时，备详隔省督抚稽覆，仍令审理之督抚将审案移会隔省督抚，合词具题，无总督之省份，亦令巡抚自行审理。”[5]至于驳回案件的审理，又有一套重审的程序。诉讼程序严密而规范，是清代立法和司法的一大特点。

---

1 《大清律例》诉讼一。

2 《大清律例》诉讼一。

3 《大清律例》诉讼一。

4 《清史稿》卷一四四《刑法三》。

5 《清会典事例》卷一二二。

前面我们讲到清代的立法有维护自给自足的经济结构的特点，司法也有重农的原则。除每年正月、六月、十月及元旦令节七日、上元令节三日，端午、中秋、重阳各一日，万寿节七日，各坛庙祭享、斋戒以及忌辰素服等日，并封印日期，四月初八日，每月初一、二日，内外衙门皆不理刑名外，[1]律例特别强调四月初一日至七月三十日农忙停讼的规定。除刑事案件外，一切自理民词，一律停讼停审。尽管规定了一些特殊情况，如“遇有坟山、地土等项，自理案件事关紧要，或证佐人等现非务农”，“查勘水利、界址等事，现涉争讼，清理稍迟，必致有妨农务者”，仍照常办理，不准停止，但强调的仍是一切呈诉“无妨农业之事”，[2]所以“重农桑，裕邦本也”[3]。

其次是重录供证据原则。清继承和发展了明代以证据和口供定罪的原则，《大清律例》规定了定罪必备的一些证据:“凡人命重案，必须检验尸伤”，填写部颁《尸格》；“鞫审强盗，必须赃证明确”；“呈报盗案失单，须逐细开明”；“告争家财田产，验有宗族写立分书”；“置买产业”，应有典契、卖契；“凡男女定婚”，应“写立婚书”。执行的州县正印官立下了定式，“拟人之罪最贵原情”[4]，“凡告户籍者，必以族长、坟产为定；告婚姻者，必以媒约、聘定为凭；告田土者，必以契卷、地邻为据；至于强盗，重在明火执仗；窃盗重在出入踪迹，但要粘连失单；人命重在尸伤凶器，亦要状后粘单，此其定式也”[5]。但是，刑事案件仅有证据还不够，“人命重情，全凭尸伤定案，伤痕相符，供情明确，问拟始得平允”[6]，还必需人犯、证人等口供，方能定罪

1 《清史稿》卷一四四《刑法三》。

2 《清会典事例》卷八一七，刑部，刑律诉讼。

3 《福惠全书》卷一一。

4 《福惠全书》卷一二。

5 《福惠全书》卷一一。

6 《钦颁州县事宜》，“验伤。”

拟律。因法律规定的定案标准为：

> 凡狱囚，鞫问明白，追勘完备，军流徒罪各从府州县决配；至死罪者，在内法司定议，在外听督抚审录无冤，依律议拟，法司复勘定议奏闻。[1]

是把“鞫问明白”、“审录无冤”，即取得犯人“服输口供”作为结案的必要条件。所以，督抚在刑事专案题本中都要用上“屡审供认不讳”之类的套语。只要“口服”，其他条件也就仅作参考。为求得犯人“服输口供”，承审不惜大施“刑讯逼供”之淫威，锻炼成无数冤假错案，连雍正帝也洞悉其情，在责成按察司厘剔宿弊于明允的上谕中讲：“夫折狱凭口供，而平反凭案卷，今法吏不求得情，惟求完结，州县案件之申详于尔司者，多锻炼口供附于律例。……口供案卷如是冤抑何以平反？”[2]

第三是断罪引律令与比附成案，以体现依法办案原则。案情经“鞫问明白”，又“审录无冤”，那么，接下来就是依据法律定罪了。清代继承明律，有“断罪引律令”的律文：

> 凡断罪皆须引《律例》，违者笞三十。若数事共一条，止引所犯罪者，听。其特旨断罪临时处治，不为定律者，不得引比为律，若辄引致罪有出入者，以故失论。[3]

于是，从州县正印官到督抚具题的判词中又少不了“合依……律、

1 《清会典事例》卷八四四《刑律·断狱》，“有司决囚等第一”。又，《大清律例·名例》，“犯罪事发在逃”条规定：对逃者，可根据同案犯的口供，“众证明白，即同狱成”，缺席判决。又，《清史稿》刑法三云：“断罪必取口服供词，律虽有‘众证明白，即同狱成’之文，然非共犯有逃亡，并罪在军、流以下，不轻用也。”

2 《清朝文献通考》卷二〇七。

3 《清会典事例》卷八五二。

例，应依律、照例拟……”什么罪，用什么刑的程式。然而，清代的司法判案远不止此，律例无正条，便有类推；条例之外，更有“成案”可比附。文字狱律例无正条可引，都是类推十恶“谋反”等定罪的。成案便是以往案例、判例，有限类推，便可使成案具有与律例相等的法律效力，成为律例的补充，但前提条件必须是经皇帝批准的案例或判例，乾隆三年（1738 年）专门为此作了明确规定：

> 除正律正例而外，凡属成案，未经通行著为定例，一概严禁，毋庸得混行牵引，致罪有出入。如督抚办理案件，果有与旧案相合可援为例者，许于本内声明，刑部详加查核，附请著为定例。[1]

这样一来，凡是已结的斩绞案件，秋审已毕的实、缓案件，都是经皇帝本人御批的，都是“正确”的，也都可作为成案。这就为承审官处理疑难案件多增加了一种法律依据，掌握和熟悉成案也就成为刑名幕友求职为生的另一看家本领。所以，名幕汪辉祖讲：“成案如程墨（编辑出售的科考时文）。”[2]由此而民间编纂的成案坊本、抄本到处流传。

第四是司法审理的时效性。清代司法审理的一个显著特点，就是从时限上加强了各级政府司法审理、司法行政的管理，从批词审理到案犯死罪行刑或军流徒犯解至配所，几乎每个环节《吏部处分则例》、《刑部处分则例》都有时限规定，越限必究。关于审限，《清史稿》作了如下归纳：

1 《大清律例》断狱，断罪引律令条，乾隆三年定例。

2 汪辉祖：《佐治药言》。

直省寻常命案限六阅月；盗劫及情重命案、钦部事件并抢夺、掘坟一切杂案，俱定限四阅月。其限六月者，州县三月解府州，府州一月解司，司一月解督抚，督抚一月咨题；其限四月者，州县两月解府州，府州二十日解司，司二十日解督抚，督抚二十日咨题。如案内正犯及要证未获，或在监患病，准其展限或扣限。若隔属提人及行查者，以人文到日起限。限满不结，即于限满三日起算，再限二、三、四月，各级分限如前。如仍迟逾，照例参处。按察司自理事件，限一月完结；州县自理事件，限二十日审结。上司批发事件，限一月审报。刑部现审，笞、杖限十日，遣、军、流、徒二十日，命盗等案应会三法司者三十日。每月奏报，声明曾否逾限。如有患病及查传等情，亦得依例扣展。速议速题，均限五日覆。死罪会核，自科钞到部之日，立决限七十日，监候限八十日；会同题覆，院寺各分限八日，由咨改题之案，展限十日；系清文加译汉文十日或二十日，逾限附参。盗贼逾月不获，捕役、汛兵予笞，官罚俸……[1]

这里的“审限”是扣除路途递解的时间，并且还可因故展限或展扣，各问刑衙门所需时间，应该是比较宽松的，但有此时限，毕竟加强了各级官员的责任，不敢无限拖延。州县印官接到自理民词，一经批准，得尽快传令原被告、证佐人等到堂审理；接到命盗报案，应不论远近、不分风雨，立即单骑简从星夜前往查勘、验尸。[2]徒刑以上案件，从州县初审的审录案卷到督抚的专案题本，都需陈明本案的起限日期，本官所用时日，是否越限。如乾隆十八年正月十五日四川保宁府通江人吴浩殴伤致死堂叔吴万仰

1 《清史稿》卷一四四《刑法三》。

2 《六部处分则例》卷四七、四一、四三《刑部》。

一案，由府审转至省按察司，按察使周琬覆审，供看与县、府无异，在解院审核的案卷内作了如下审限声明：

> 再照此案于乾隆十八年正月十七日报官，应以二月初四日吴万通（吴浩父）伤痉之日起限。该县至府程限一拾一日，由府至省程限十四日，总应扣至八月二十九日限满。今该县至五月十五日解府，该府于六月二十八日解司，本司于七月十八日审转，均在限内，合并声明。

总督黄廷桂接到按察使周琬招解前来的案卷，“覆讯无异”，在乾隆十八年八月十八日的题本中又作了此案总的审限陈明：

> 再照此案于乾隆十八年正月十七日报官，应以贰月初四日吴万通伤痉之日起限，除程途日期，尚未逾违，合并陈明。为此具本谨题请旨。[1]

这一寻常命案总限六月，扣除程途日期，地方各级问刑官按期顺利结案，皆大欢喜。

然而，有不少命盗案件在这宽松的审限内不仅不能结案，有的甚至限满连案犯都还未捕获。如道光九年八月二十五日云南楚雄县民杨帼海被贼行窃拒伤身死一案，“四个月疏防限满，凶贼未获”，巡抚伊里布只好根据按察使翟锦观的意见，在题本中开具参处职名：

> 所有应参承缉不力捕官职名，系楚雄县典史王垂蕴，印官名系楚雄县知县罗登举，同城兼辖知府职名，系楚雄府裴骢，不同城统辖道员职名，系迤西道春庆，相应开报等情，

1 档案《内阁刑科题本》卷五，第1号，秋审朝审及汇报处决类。

详请题参。[1]

第一次题参只是一种警告，各官留任；再限一年缉获，二限满未获，降级、罚俸留任；再限一年缉拿，三限未获，还可限一年缉获；四限也未获，各职官革职、降级、罚俸有差。[2]

至于递解人犯，“凡徒、流、军、遣并迁徙各处人犯，俱以文到日为始，定限两个月起解，如犯人众多，以五名为一起，先后解送，每日限行五十里，若逾限月之限，无故不行发解者，将州县官降一级调用，未经行催之上司罚俸六个月”[3]。审转扣程途日期均按“每日行五十里”计。在清代司法实践中，时限对职官的处罚似乎意义不大，但对提高司法行政效率不无影响。办案越限，缉犯不获，递解拖延，都将严重影响司法官的考绩和前程，因而不得不引起重视。当然这对于一些弄虚作假的职官来说，无非是多设了一道机窍，正所谓“例虽严，而巧于规避者，盖自若也”[4]。

除以上所述的几条而外，还有一些体现清代司法严密的原则和特点，如司法审判的回避原则，司法文书严密的特点等，容在后面的论述中加以阐述归纳。

三　司法职能的延伸

清代完全继承以儒学为正统的统治思想，以儒学的纲常礼教为总的原则，“出礼即入法”，制定了完备的封建专制法典。在重视法制，以法治国的同时，更强调“德治”或“礼治”，进行广泛深入的统治思想的教育，以起到法制所不能起到的统治效果。所

1　档案《内阁刑科题本》监狱类卷二五六，道光十年三月初十日。

2　《清会典事例》卷一二七。

3　《六部处分则例》卷四六《刑部》。

4　《清史稿》卷一四四《刑法三》。

以，在赋予各级政府，特别是以州县为基础的地方各级政府严明的司法审判职能，用暴力的手段维护专制统治而外，更赋予实施统治思想教育，即教化，甚至可以称之为“普法教育”的职能，用杀人不见血的手来强化专制统治，并将司法职能延伸到乡图、保甲的准政权组织和以血缘家庭为纽带的宗族社会之中，从而形成严密的施法网络。

因此，我们这里讲司法职能的延伸，并非是探讨封建政府司法职能管辖之外的问题，而是想证明，除政府司法审判职能外，还有一种“普法教育”的职能；除州县政府行使自理案件调处息讼外，民间乡图、保甲长也赋有诉讼外调处息讼的司法职责，甚至宗族组织也具有一定的司法功能，包括处死之外的体罚、惩处族众等。

（一）以教化为主的“普法教育”

“德主刑辅”、“明刑弼教”历来是我国封建王朝治国的基本方针。其手段不仅“以礼入法”，而且是“教化”、“刑罚”并提，把教化置于安邦治国、长治久安的首要地位。早在西汉时，董仲舒就讲:“教化立而奸邪皆止者，其提防完也；教化废而奸邪并出，刑罚不能胜者，其提防坏也。古者明于此，是故南面而治天下，莫不以教化为先务。”[1]清统治者深明以宣传统治思想为主要内容的教化的妙用，无不强调“善法令禁于一时，而教化维于可久，若徒将法令而教化不先，是舍本而务末也”[2]。所以，统治者亲制圣谕广训，要求各级政府施行广泛的教化，使广大国民“重人伦”、“笃宗族”、“隆学校”、“崇正学”、“讲法律”、“明礼让”、“禁非为”、“息诬告”等。这实际上带有一种法制教育的意义。

不仅如此，清代在实行宣讲上谕、举乡饮、办义学等广泛教化的同时，还有直接的法律、法规教育。雍正帝在《大清律集解》

1　《汉书·董仲舒传》。

2　《清圣祖实录》卷三四，康熙九年冬十月初一日上谕。

御制序中就讲:“先王立法定制，将以明示朝野，俾官习之而能断，民知之而不犯，所由息争化俗，而致于刑措也。”他要求《大清律集解》“刊布内外”以后，居官位者要“精思熟习，悉其职明以查小大之比”，即将获官位者要“讲明有素，则临民治事不假于幕客胥吏而判决有余”。并特别要求“自通都大邑至僻壤穷乡，所在州县仿周礼布宪读法之制，时为解说，令父老子弟递相告诫，知畏法而重自爱。如此则听断明于上，谍讼息于下，风俗可正，礼让可兴”。清人赵冬曦也讲:“立法贵乎人尽晓，不必饰其文义。简其科条，请直书其罪，毋假文饰，凡以、其、准、加、减、比、附、量等字皆勿用，使愚夫愚妇闻之即悟。”[1]其实，早在顺治十二年，兵科给事中魏裔介就上疏讲道:“各衙门只有律书一部，小民不得与闻，故犯法者众。请敕各督抚将刑律之有关于民者摘而录之，令有司春秋暇日为之讲说，并令学官为士子讲习。”顺治帝批准了这个建议，令“圣谕广训之后即附律条，并将所附刑律条文亦为明白宣示”[2]，使之家喻户晓，“咸知法纪，雇惜身家，以远罪戾”[3]。另外，在第一线执司审判的州县印官还利用公堂审一儆百，进行直接的法制教育，如名幕知县汪辉祖富有经验地讲:“内衙听讼止能平两造之争，无从耸旁观之听;大堂则堂下伫立而观者不下数百人，止判一事，而事之相类者为是为非，皆可引伸而旁达焉。未讼者可戒，已讼者可息……潜感默化。”[4]百姓亲感礼教之大、王法之威，谁不触目惊心，洗心从善。关于普法职能，将在第二章专门论述，此从略。

(二) 乡图、保甲长的司法职责

陈宏谋讲:“民间讼事无不由小以积大，地方官为民理事，全

1 阮葵生:《茶余客话》卷六。

2 《清朝文献通考》卷一九五《刑一》，又《钦颁州县事宜》。

3 《皇朝经世文编》卷二三。

4 《学治臆说》。

在慎始而虑终，时时存一点惟恐累民、冤民之心，乃不致有累民、冤民之事。”[1]对于自理民词来说，州县印官务必善批善审，是责惩，还是调处息讼，速速结案。其实，清代州县自理民词多以调处息讼为主，汪辉祖就讲：“词讼之应审者，什无四五。其里邻口角、骨肉参商细故，不过一时竞气，冒昧启讼，否则有不肖之人从中播弄。果能审理平情，明切譬晓，其人类能悔悟皆可随时消释。间有准理后，亲邻调处，吁请息销者，两造既归辑睦，官府当予矜全。”[2]这里是讲州县印官准理词讼后的调处息讼，这种调处息讼体现了州县官的意志，当事人往往是屈从被迫出具息讼甘结。而在官府调处息讼之外，凡发生在保甲辖区内的户婚、田土及斗殴、争角细事，通常都先由乡图保甲长调解，未经其调处径行呈报到官者，官府往往劝令先由乡保调处，调处不成再由官府受理。乡图保甲长具有一定的司法职能，因为“乡党耳目之下，必得其情，州县案牍之间，未必尽得其情，是以在民所处，较在官所断为更允矣”[3]。但乡图保甲长行使州县政府延伸的司法职能，仅限于调处，不得妄自拟断，即无审断之权。为此，乾隆三十年专门定例：“民间词讼细事，如田亩之界址沟洫，亲属之远近亲疏，许令乡保查明呈报，该州县官务即亲加剖断，不得批令乡保处理完结。”[4]此例虽禁止乡保有“处理完结”呈官民词的权力，却肯定了其呈报之前的调息职能。

（三）宗族组织的司法功能

清代的民间调息纠纷，名为乡保调解，实为亲族调解，因为宗族组织极为盛行，并且得到清政府的承认和扶植。一甲一保乃至数乡之地，皆为一族聚居之区，乡保甲长多为族长、房长，在

1　徐栋辑：《牧令书》卷一七《刑名》上，陈宏谋《饬各属办案条件檄》。
2　《佐治药言》，“息讼”。
3　徐栋辑：《牧令书》卷一七，袁守定《听讼》。
4　《清会典事例》卷八一七。

族内是有名望之人。州县官往往将呈投的家族间或族内的争讼，劝令家族尊长先行调解。而且更为普遍的是，一族之内发生的纠纷，往往不投诉于官府，而在族内自行调息，以求“不劳官府而自治”[1]。据江西巡抚兼提督辅德于乾隆二十九年巡查，仅江西一省，建有祠堂的宗族就达八千九百九十四族，[2]并且各族的“族规”都有类似这样的规定：

> 族众有争竞者，必先鸣户尊、房长理处，不得遽兴讼端。倘有倚分逼挟恃符欺弱及遇事挑唆者，除户长禀首外，家规惩治。[3]
>
> 族中有口角小忿及田土差役账目等项，必须先经投族众剖断是非，不得径往府县讼告滋蔓。[4]

国有国法，家有家训，族有族规。族规与国法的基本思想和作用都是一致的，违国法即违家规，《大清律例》专门引入“族长”的司法权限。执法者也认为“各祠既有族长、房长，莫若官给牌照，假以事权，专司化导约束……子弟不法，轻则治以家法，重则禀官究处”[5]。宗族不仅有调处息讼的司法功能，而且具有不许处死族众、私和命案之外的一切惩处之权，甚至有的势大人众的宗族还有处死族众的规定：“亲属相盗，已有律例，今后不必告官，具白祠堂责治，追赔财物，依律赎罪……恐吓并诈欺取财者，情属可恶，比律加一等罚治之之……发冢、谋杀、蛊毒、威逼、奸淫、斗殴及骂者，各依律罚治。凡系绞斩以上罪当死者，处死；

1 安徽《古歙东门许氏宗谱》，“家规”。

2 辅德：《皇清奏议》卷五五《复奏查办江西祠宇疏》。

3 安徽桐城《祝氏宗谱》卷一。

4 江西南昌《魏氏宗谱》卷一一。

5 《清史资料》第三辑，第216页，中华书局，1982年。

若有他人在内，俱送官。”[1]这种藐视国法和国家司法机关的行为，是为国法所不容的，当受到限制和制裁。出现这种族规惩处的现象也不多见，而宗族更多的职能还是调处息讼，族规的惩罚也多以经济处罚和名誉处罚为主。

通过以上论述，我们可以看到这样一个概貌：清代在立法完备的前提下，形成了一个从中央到地方以各级政府为主体兼及民间乡保和宗族组织，按应有的原则和自身特点行事的庞大司法职能体系，我们多处用严而又密来形容它，实在不为言过其实。

第四节　清代地方司法的重要性

清承明制，在进一步加强中央集权、强化皇权、完善中央政府建设的同时，也非常重视和加快地方三级政府的建设。与中央强化皇权相对应，清代地方政府的建设呈现出这样两个特点：一是从实际和法典上确立了督抚为地方省级政府集全权的长官，代表皇权治理一省或二三省的体制；二是同时也将治权全部集中到地方各级政府的主官手里，省级集中于督抚，府级集中于知府、直隶州知州，州县集中于知州、知县，府、州县特别是州县的佐贰官形同虚设，甚至不设置。但是，这两个特点并未降低对全国治理的要求，而是恰恰相反，比以往更强调吏治，更重视法制。从全国的治理来讲，地方是三级政府，而且治权管辖臻于完善，在阶级矛盾、民族矛盾和社会矛盾相当尖锐复杂的情况下，可见清代对地方行政管理、地方治理的重视，特别是对州县治理的重视。清人为我们勾画出了地方治理的这样一条曲线：“自州县而上至督抚大吏为国家布治者，职孔庶矣，然亲民之治，实惟州县，

1　安徽桐城《桐陂赵氏宗谱》，“家约”。

而上皆以整饬州县之治为治而已。”[1]因“夫天下者，州县之积也”[2]，“天下治权始乎州县”[3]，“知州县之所以为治，即知整饬州县之治，而州县无一不治”[4]，“一州一邑治而一省无不治”[5]。所以，汪辉祖总结说：“天下治权，督抚而下莫重于牧令，虽藩臬道府皆弗若也，何者，其权专也。”[6]

地方各级政府的治权所涉范围当然是多方面的，但维护社会稳定、加强专制统治的司法却是其主要职能之一。从广义上讲，政府的行政行为都属执法，正如清人所讲：“今之有司莫不以法从事”，“法之意，必使民长官，必使官爱民。民不畏官，法有以治之；官不爱民，法有以治之，二者其具甚密。”[7]从狭义上讲，政府的司法职能，也就是清人所讲的“刑名”、保甲（“夫保甲也刑名类也”）[8]和“明刑弼教”的“教化（也可称之为普法教育）”。清初的肖震也为我们勾画出了清代司法的大体曲线：“今夫狱治于州县，定于府厅，覆于司道，成于抚按，而后闻之上，覆之法司，而狱治决”，“刑名之职掌，系重且严矣”。[9]可见，清代地方各级政府的治权与司法是完全一致的，并且按“国家设立法制，原以禁暴止奸，安全良善”[10]的思想，把地方司法提到了十分重要的地位。

以下我们从四个方面来论述地方司法的重要性：

1 汪辉祖：《学治臆说》自序。

2 汪辉祖：《学治臆说》自序。

3 《皇朝经世文编》卷二三。

4 汪辉祖：《学治臆说》自序。

5 方濬颐：《二知轩文存》卷一。

6 汪辉祖：《学治臆说》，“勤职”。

7 王祖源辑：《明刑弼教·读律心得原序》，“有司”即府州县官，清人将亲民之官称“有司”。

8 《福惠全书》凡例。

9 《皇朝经世文编》卷九三《洗冤录》合刻序。

10 《清圣祖实录》卷八四。

第一，一个简单的事实告诉我们，无论清代的立法何其完备，都主要靠地方政府，特别是州县政府来贯彻施行。陈宏谋任山西巡抚时讲："三晋民物，分治于州县，总治于府，监临于守巡道，统属于布政司，弹压于按察司，而本院则拊绥之者也。"[1]这在某种程度上比汪辉祖讲的地方治理曲线更为清晰，而州县仍是关键，是地方乃至全国治理与司法好坏的基础。因为州县是政府与人民的交汇点，是政权与社会的交汇点，"朝廷敷布政教，全赖州县奉行"[2]，"天下之治始于州县"，诉讼、狱治也自州县始。州县官俗称"父母"，陈宏谋在《从政遗规》中将知州知县的职能讲得非常清楚：

> 父母云者，生我养我者也。故……讼狱不平，我为平之；凶豪肆呈，良民含冤，我为除之；狡诈百端，愚朴受害，我为剪之；嫖风赌博，扛帮痴幼，我为刑之；寡妇孤儿，族属侮夺，我为镇之；盗贼劫窃，民生不安，我为弭之；老幼残疾，鳏寡孤独，我为收之；教化不行，风俗不美，我为正之；远里无师，贫儿失学，我为教之；仓廪不实，民命所关，我为积之；狱中囚犯果否得所，我为恤之；斛斗秤尺，市镇为奸，我为一之；贫民交易，税课滥征，我为省之；衙门秋蠹，狼虎舞民，我为逐之；吏书需索，刁勒吾民，我为禁之；征收无法，起解困民，我为处之；游手闲民，荡产废业，我为惩之；异端邪教，乱俗惑民，我为驱之；捏空造虚，起祸诬人，我为杜之；聚众党恶，主谋唆讼，我为殄之；火甲负累，乡夫骚扰，我为安之……是谓知此州，是谓知此县。[3]

1　陈宏谋：《从政遗规》卷上《明职》"督抚之职"。

2　《皇朝经世文编》卷二三。

3　陈宏谋：《从政遗规》卷上《明职》"知州知县之职"。

这包括了治理与司法的全部内容，不可谓州县之不重，而之上“皆以整饬州县之治为治而已”[1]。无论从《清会典事例》、《六部处分则例》，还是从《大清律例》上看，针对地方行政、司法的内容都要占一半以上，而州县的内容又占地方的一半以上。可见，清代地方行政、司法的重要地位。

第二，地方司法审判是清代整个司法审判活动的基础，务求详慎平允。州县自理民事案件，有权判决笞、杖刑事案件；督抚终结地方司法审判和司法事务，有权判决徒刑案件。从州县到督抚自成刑事案逐级审转复核的管理体系，与中央刑部复核、三法司、九卿会审、皇帝秋审朝审勾决相对应，形成一个相对独立的单元，是中央最高司法复核判决的基础。康熙二十年，康熙帝批览法司章奏，发现“议决重犯甚多”，并揭示其原因：首先，“愚民无知，身陷法网，或由教化未孚，或为饥寒所迫，以致习俗日偷，愍不畏法”；其次，“在外督臬司及问刑各官，审理重案有律例未谙，定拟失当，草率完结者；有胶执成见，改窜供招，深文罗织者；有偏私索诈，受嘱徇情，颠倒是非者。有一于此，民枉何由得伸”。[2]从反面证明了地方法制教育、司法审判的重要性。关于这一点，雍正帝也讲:“刑法上关天和，下关民命，实为政治之要”，一再要求地方大吏、有司“谳断必加详慎，务期当罪而得其平，惟明克允，所以体天心而重民命也”。[3]

第三，地方司法是消弭社会不安定因素，建立和维护封建专制统治秩序的关键。“天下之治乱，由于民生之安否。”[4]雍正帝强调:“国家立法，本以惩凶暴之徒”[5]，要求消弭社会不安定的因

1 《学治臆说》自序。

2 《清圣祖实录》卷九四。

3 《大清世宗宪皇帝圣训》卷二四，雍正二年六月癸未上谕。

4 《皇朝经世文编》卷一九，王命岳《论吏治不清皆由举劾不当疏》。

5 《大清世宗宪皇帝圣训》卷二四，雍正四年七月丁未上谕。

素，并指出："为政之道，以爱民为本。……从来言吏治者，不外兴利除弊二大端。……盖地方之害，莫大于贪官、蠹役之朘削，强绅劣衿之欺凌，地棍土豪之暴横，巨盗积贼之劫夺。此等之人不能化导惩戒，则百姓不获安生。假若为大吏、有司者图宽大之名，沽安静之誉，于贪图蠹役则庇护之，于强绅劣衿则宽假之，于地棍土豪则姑容之，于巨盗积贼则疏纵之，虽在己无残害百姓之实迹，而留此害之人，令百姓暗中受其荼毒，无可控诉。"[1]主张建立和维护一种使百姓赖以安居乐业的统治秩序，禁止超过限度的压榨和剥削，以避免老百姓铤而走险。所以，清统治者讲："凡事必期于便民，若不便于民，而惟言行法，虽厉禁何益。"[2]深知"水能载舟，亦能覆舟"的道理。这就是大学问家顾炎武所讲的："法制禁令，王者之所不废，而非所以为治也，其本在正人心，厚风俗而已。"[3]清王朝立法、司法的本意，就在于惩办不忠不孝、作奸犯科、凶暴盗窃、诬告健讼之人的同时，建立和维护一种循礼的封建专制统治秩序，"一代之兴，必有一代之法治"[4]，以达到一家天下长治久安的目的。地方司法是关键，从教化普法、保甲弭盗到审理自理、刑事案件及管理未决已决案犯，州县政府行使着全面的司法职能，督抚及以下州县上司都有司法监察审核管理之责。真可谓"州县官为民父母，上宣朝廷之德化，以易俗移风；次之奉朝廷之法令，以劝善惩恶；听讼者所以行法令而施劝惩者也，明是非，剖曲直，锄豪强，安良儒，使善者从风而向化，恶者革面而洗心，则由听讼训至无讼，法令行而德化亦兴之，俱行矣"[5]。

1 《〔光绪〕湖南通志》卷首之一，诏谕，雍正六年谕。
2 《清史稿》卷八《圣祖本纪三》。
3 《日知录》卷八《法制》。
4 李之芳：《李文襄公奏议》卷首"康熙二十六年十月初六日上谕"。
5 《钦颁州县事宜》。

第四，吏治好坏，地方司法也是关键。清代重视吏治，重视对职官的管理，统治者一再声明“国家德意，惟在有司实意奉行，始无屯膏之弊”[1]；也一再警告“贪赃枉法、徇私渎职，将严惩不贷”，并针对职官制定了严明详备的刑律和行政法规。刑名司法是地方各级政府的首要职能之一，被列为“大计”考核的主要内容，既包括对平民百姓的司法，也包括对职官的司法及司法行政处分。既有上司监察，揭参违法、失职下属，省政府还有“监司”专责纠察弹压。“本朝法治，重守令之职”[2]，知府有“承上率下之责，关系吏治民生最为紧要”，于刑名案件“尤为上下关键，务期明允公当，地方始无冤民”。至于知府统辖属员内“有一人居官不善，在知府分内即为一分旷职”[3]。布按两司及其派出机构守巡道合称“监司”，“监司之体在辨属吏之清浊”。[4]守巡道赞襄藩臬，“职居协理……凡府州县之廉洁、贪污，俱宜细加察访，不时密详督抚，以凭举劾；地方有土豪武断，尤宜禁戢剪除，卫民锄莠，乃称其实”。按察使司总汇一省刑名，“振扬风纪，澄清吏治”，“大计黜陟，由尔司详报督抚，宜以用刑明慎、执法不阿者为贤能，毋以善事督抚弗逆尔意者为贤能也”。布政使职居方伯，“所以绥辑群黎，希昭德意，实庶邦之喉舌，列服之纲维，任既重矣，责亦大矣。府州县官之贤不肖，最关民生休戚，当不时察核，治行务知其实，分别臧否以告督抚。……今计典之黜陟，特疏之荐弹，朝廷凭督抚之奏章，督抚凭布按之详揭。尔希政为官吏表式，自当益矢公忠。”雍正帝继位元年伊始，便向全国直省各级官员谆谆谕切，声明职责，剖揭时弊，晓以行政司法大义，督抚“参劾知府，例由司道揭报，参劾州县，例由司道府揭报，所以示公慎

1 《康熙御制文集》卷三〇。

2 王庆云：《石渠余记》卷二。

3 阮元等撰：《广东通志》卷一“训典一”，雍正八年上谕。

4 方苞：《望溪先生文集》卷六《与陈密旃书》。

无私之义也”[1]。《清会典事例》、《吏部处分则例》等详载有“大计”考核地方官的内容和程式，真可谓上通下达，法制严明，体制完备。可以说，地方司法职能发挥得好坏，是整个国家机器运转灵与不灵的机制所在，是清王朝专制统治盛衰的晴雨表。

1　《清世宗实录》卷三，雍正元年正月上谕。

第二章　清代州县政府的司法职能

为便于清晰、全面地考察清代地方政府的司法职能起见，从本章起，笔者拟用三章的篇幅，对州县、府、省三级政府的司法职能作分别论述。州县是清代地方政府中最基层的实体政权，既是国家政策、法令递达的末端，又是一切治理之起始，因此，我们讨论地方政府的司法职能，首先从州县讲起。

第一节　州县政府的司法组织结构

前面我们讲过，包括清代在内的中国古代社会，立法、行政、司法诸权合为一体，从来没有过独立于行政的“司法”机构，“司法”只是行政应有的主要职能之一。这里讲州县政府的司法组织结构，实际上也就是讲州县政府的行政组织结构，只是在论述中更加突出其司法的成分。再者，中国古代封建社会可以说是在皇权之下的官本位主义社会，各级政府的组成结构都以官为纲，正如陈宏谋所说:“朝廷设官分职，衙门各命以名，百官庶府，各顾名而思职，缘职而尽分，人人皆满其分量而天下无事矣。今天下无一事不设衙门，无一衙门不设官”，“有是事始设是官，官因事而设，事即待官以理者也”。[1]而对于办理具体事务的吏、役甚或幕友、长随等政府组成人员，则不入正典，既无政绩可考，也无升迁之路，仅为官之附庸。清人韩振对这一封建政府结构的总的特点，有一段精彩的论述：

> 自天子至庶人，未有不求助于人者也，上者辅德，次者辅事。天下之事谁为政，曰二显、二隐。何谓显？曰三公统六部，六部各统其曹，是谓内之显治；以司道察守令，以督抚察司道，是谓外之显治。何谓隐？曰内掌曹郎之事，以代六部出治者胥吏也；外掌守令司道督抚之事，以代十七省出治者幕友也，是皆上佐天子以治民事，而其迹不见者也。[2]

用“显治”和“隐治”来概述清代各级政府的组成结构，那是太形象不过了。官凭治绩而考，无论内外即为显职。书吏、差役、幕友、长随虽“皆上佐天子以治民事，而其迹不见”，无政绩可考，遂为隐职。不过，中央政府与地方政府在显职与隐职的结构上有不同的特点。中央政府各部院寺各主官及所属各官、书吏、差役多同衙办公，主官也不私聘幕友、长随辅佐政事；而地方政府则不同，主官与佐贰杂职官都分衙办公，各衙门均有相应的书吏、差役设置，即所谓“有官则必有衙，有官则必有吏”[3]，并且守令司道督抚等主官都私聘幕友、招用长随。所以，清代地方政府明显地表现为由职官、法定工作人员书吏、差役和主官私人幕友、长随三大类人组成的特点，而在地方政府中又以州县政府为典型。以下就从职官、吏役和幕友、长随三类组成人员来论述州县政府的司法组织结构。

1 陈宏谋：《从政遗规》卷上《明职》。

2 《皇朝经世文编》卷二五，韩振《幕友论》。

3 《皇朝经世文编》卷二四，“分发《在官法戒录》檄”。

一　职官

州县是指县和与县平行的属州。另外，清代还在少数民族与汉族杂居的地方及一些特殊之地设置厅，直隶厅视府，散厅视县，因厅设置较少，所以，一般“州县”连称。州县的职官包括正印官、佐贰官和杂职官，州的正印官称知州，佐贰官有州同、州判，杂职官有学正、训导、吏目、巡检、驿丞、库大使等；县的正印官称知县，佐贰官有县丞、主簿，杂职官有教谕、典史、巡检、驿丞、税课大使、仓官等。州县职官的品级和职掌，清代有法律规定，如《清史稿》卷一一六《职官三》载：

> 州，知州一人。初制，从五品，乾隆五十五年改直隶州正五品。州同从六品，州判从七品，无额。其属吏目一人，从九品。知州掌一州治理，属州视县，直隶州视府，惟无附廓县。州同、州判分掌粮务、水利、防海、管河诸职；吏目掌司奸盗、察狱囚、典簿录。
>
> 县，知县一人，正七品；县丞一人，正八品；主簿无定员，正九品；典史一人，未入流。知县掌一县治理，决讼断辟、劝农赈贫、讨猾除奸、兴养立教，凡贡士、读法、养老、祀神，靡所不综；县丞、主簿分掌粮马、征税、户籍、缉捕诸职；典史掌稽检狱囚，无丞、簿兼领其事。
>
> 儒学……州学正正八品；训导、教谕从八品，训导各县一名。……学正、教谕掌训迪学校生徒，课徒业勤惰，评品行优劣，以听于学校；训导佐之，例用本省人……

另外，州县均有把总、千总武职设置，虽涉治安、解粮、解犯、协缉等职责，但不属政府文官序列，因此不必赘述。

直隶州的建置沿自明代。凡不改府，而仍辖有属县的州，则隶于布政使司，为直隶州，其制同府，唯无附郭县，“其所治州，即以知州行知县之事”[1]，故亦有亲民性质。

清代州县的设置不时变化，或以事繁之县升为州，或以属州升为直隶州，或以事简之州改为县，或因地增治新设，因时因地因事裁置不定。乾隆时，全国设直隶州 65 个，属州 158 个，县 1257 个。[2]知州知县掌一州一县全权之治理，除掌辅州县刑禁之吏目、典史，掌儒学之学正、教谕、训导外，其他佐贰杂职官并非均设，悉视辖境之大小，事务之繁简而定。清代之县，除定顺天府属之大兴、宛平二县和奉天府属之承德县为京县，知县秩正六品外，清初，还依明制，按税粮多少区县为上中下三等，[3]“税粮十万石以下为上县，知县从六品……六万石以下为中县，知县正七品……三万石以下为下县，知县从七品……”[4]后虽废止，划一知县品级，但仍按冲、繁、疲、难四项标准，将县划分为要县和普通县。县之县丞，正八品，一般设于要县，是知县的主要辅佐官。但县丞又不是知县的下级，因而，县丞衙署又往往迁到一些离县城较远而形势重要的城镇。迁出县城至重要市镇后的县丞，即可独当一面，其职权也略等于一个小县知县。例如，雍正八年为便于开发四川省富顺县自流井、贡井的井盐，将贡井划属荣县，荣县县丞移驻贡井，负责该地区的全权治理。[5]又如，苏南历史名镇角直，界连昆山、新阳二县，支河叉港，四通八达，为宵小出没之所，地方紧要。乾隆二十六年，根据江苏巡抚的奏请，将原来角直镇巡检衙门改为县丞衙署。[6]巡检秩从九品、未入流不等，与州县之吏目、典史相仿，但吏目、典史衙署都与知州、知县同

1 《清朝通典》卷三四《职官十二》。

2 《清朝通典》卷三四《职官十二》。

3 《清史稿》卷一一六《职官三》。

4 《日知录》卷八。

5 丁保祯：《四川盐法志》卷五。又，《〔道光〕荣县志》卷七。

6 转引吴仁安：《清代的州县官》，《历史教学》1986 年第 5 期。

城，巡检则是驻扎离州县城较远的市镇、关隘，负责巡逻缉捕、维持社会治安的派出警察官，通常称为某地巡检司，非每州县均设，有的州县又甚至设几处巡检司。

州县主官及佐贰杂职，一部分来源于科举进士、举人、贡生；另一部分来自监生、生员、吏员、捐纳等杂途。州县主官佐贰官多为初入仕途的科举进士、举人、贡生，并且按回避制，均不在本省本地任职；吏目、典史、巡检、学正、教谕、训导等杂职、学官，虽可在本省做官，但必须在五百里以外州县任职。一般均三年一任，但我们在地方志中看到，州县职官任职有不到三年，甚至有不到一年就被调任、降级、革职或休致的。例如，四川天全州，从雍正七年（1729 年）至咸丰七年（1857 年）128 年间，知州 89 任，吏目 45 任；[1]四川荣县，道光二十三年（1843 年）以前共知县 79 任，县丞 68 任，典史 42 任，教谕 37 任。[2]可见，清代州县职官特别是主官和佐贰官的变动相当频繁。

清代州县政府主官拥有治理全权，特别是司法审判，主官负有专权。佐杂人员职位“系补佐印官，并非与印官分权”[3]。《刑部处分则例》规定:“佐杂人员不许准理词讼，遇有控诉到案，即呈送印官查办”；若擅受而审理，且致酿人命；或印官擅自将地方词讼批发佐杂办理者，佐杂、印官及失察上司均将受到革职以下处分。分驻地方之佐杂，“遇有窃盗、娼赌等犯，许其先行拘拿，随即解送印官审理”，不得“延不解送”；“佐杂官访有窃盗、娼赌等事实据，亦准移送印官查缉”，凭空捏造者革职。即使印官带印公出，详委佐杂代拆代行，“遇有地方一切应行拘提事件据报到日，即行出差拘提，分别保押，统候印官回署审办，如有滥差

1 《〔咸丰〕天全州志》卷四。

2 《〔道光〕荣县志》卷二七。

3 戴炎辉：《清代台湾之乡治》，第 623 页，台北联经出版事业股份有限公司，1979 年。

需索及延不解送事，照分驻佐杂之例议处”。[1]佐杂人连处决人犯的单独监刑之权也没有，“凡遇决不待时之犯，部文到日，正印官因公出境，即令同城之州同、州判、县丞、主簿等官合同本城之武职、兵弁代行监决。其无佐贰官之地方，吏目、典史官职卑微，不便令其监决，应令该知府派委府属之同知、通判、经历等官星速至该县，合同本城之武职官弁代行监决”[2]。一般说来，州县正印官的司法独掌权是神圣不可侵犯的，犹如清代皇帝的最高司法权神圣不可侵犯一样。但是，州县政府的佐贰杂职官虽没有司法审判之权，但我们从任何一部地方州县志中都可以看到，佐贰杂职官并不与印官同衙办公，且都有自己的衙署及相应的衙署设置，即“有官必有衙，有官则必有吏”。在他们的职责范围内，仍要参与司法事务，像吏目、典史、巡检等，其本身就是专为司法、治安所设置。正印官公出时，佐杂人员可受权接收词讼，出差拘提、保押人犯。也就是说，只要有一定的行政职责，也就有相应的司法职责。

由于知州知县亲理民事，权专职重事广，“虽曰国非可以一人兴也，非可以一人亡也，而其所兴亡必自于县令”[3]，确非一般士人科举入仕就能胜任。清统治阶级从上到下无不重视此职位的关键意义，注意培训、历练预备知州知县的才干。雍正三年，雍正帝曾颁布上谕:“从今科进士分派各省藩臬衙门，令其学习三年，即于派省分试用补授者……必有一长，于该进士大有裨益，即于该省分亦大有裨益也。”鄂尔泰进一步认为，州县官亲民细事，非藩臬二司所亲理，主张“分派学习，除藩臬衙门外，督抚粮盐道衙门亦应酌派，“总在省会，易于观摩”[4]。讷亲经过一番实地考

1 《六部处分则例》卷四七。

2 《清朝文献通考》卷一九七。

3 《皇朝经世文编》卷二一，张望《读史县令笺》。

4 《皇朝经世文编》卷一七，鄂尔泰《议新进士分省学习疏》。

察后，主张举人也应分部学习。他这样讲道："窃照州县为亲民最要之官，任兼教养，督抚与之共治一省，司道府之表率纠稽，皆以牧令为政教之所由起，一州一邑之事，官无不周知。臣此次奉差外出，于经过州县，询以地方事务，竟有茫然不晓者，问其出身，多系远科举人。"他认为"姑息在一人，则贻误在一方"，上疏请求恢复以前举人分部学习之例，"部务与外省体制不同，而所办即系各省之事，其理无不可通。学习人员即不能实有谙练，而出入闻见之间，自必知识渐开，举动稍娴，其于服官之资不可谓其无益！"[1]自捐纳以来，知州知县被列入了可捐纳之例，于是，陈廷敬提出考试正印官的主张。他这样讲道："与民最亲者，无逾于知州知县者矣。臣愚，谓亲民之官，其职至重，至于文移、簿书、期会、讼狱之事，皆身自经理，不得假手胥吏，使夤缘为奸，其势又甚难也。自捐纳以来，有未经考试之人，辄授正印亲民之官者。"因而上疏请求将"未经考职，遂行捐纳者，于补选之时仍行考试（八股文），文义略晓者，即与选补，否则且令肄业，听其再试"[2]。对于居官有声、治绩突出的知州知县，清统治者更是超擢任用，"原因有司乃亲民之官，谙悉民间利弊，得以据实指陈，有裨政治，且外官内擢，足以鼓人才，振兴吏治"[3]。康熙二十九年，清廷一次就超擢三河县知县彭鹏、清苑县知县邵嗣尧、灵寿县知县陆陇其等 12 名知州知县到都察院，以科道用。[4]明清有不入翰林不得入内阁为大学士的传统，而张望则认为不历州县不得为宰相，"君子之仕以为人也，至于辅弼佐理为宰相，为宰相必自县令起"[5]。大学问家、思想家顾炎武更是旁征博引、喻古

1 《皇朝经世文编》卷一七《请举人分部学习疏》。

2 《皇朝经世文编》卷一七，陈廷敬《考试正印官疏》。

3 《清朝文献通考》卷五五《选举九》。

4 《清史稿》卷一一六《职官三》。又，《清朝文献通考》卷五五。

5 《皇朝经世文编》卷二一，张望《读史县令笺》。

论今地阐述了他这样一个观点：科举进士授官不宜过高，“未历亲民，不宜骤擢……非经两任，不除监察御史”[1]。

可以说，清代对知州知县之职的重视程度，超过了以往任何一个朝代，清人撰写和编纂的州县治理指南或工作手册，如《福惠全书》、《钦颁州县事宜》、《学治臆说》、《佐治药言》、《安吴四种》、《牧令书》、《牧令全书》、《宦海指南》、《牧民宝鉴》、《牧令要诀》、《居官圭臬》、《牧令须知》等等，不计其数。

二　吏、役

吏，即书吏；役，即差役，是清代各级政府，特别是州县政府行政、司法的具体办事人员。蔡申之讲：“清代州县衙署之组织，有吏、户、礼、兵、刑、工六房，快、壮、皂三班。三班隶役充之，六房则胥吏充之。”[2]“抱案牍、考章程、备缮写，官之赖于吏胥者不少；拘提奔走，役之效力于官者不少。”[3]吏、役都属“职役”，吏办文案，主内勤；役“供拘提奔走”，跑外勤，是州县政府两大法定的办事组织系统，互相配合，相辅相成。尽管封建政府及各官都把他们当作附属职仆的局外人，但如果离开这两大办事组织系统，那将一事无成，整个政府乃至整个国家机器都将瘫痪。以下作分别论述。

吏，是官的秘书或文案办事人员，不仅州县印官衙门有六房书吏，佐贰杂职衙署均设书吏。州县之吏有典吏、攒典、清书、贴写等名目，统称“书吏”。清政府规定，州县各衙门的书吏由各衙官招募，报省布政使司备案，给予执照，即可承充。经制，州县可招募 8 至 15 名典吏，其中佐贰杂职衙署各一二人外，全在印官衙门供役。如巴县典吏十六人，其中分给县丞、木洞镇巡检攒

1　《皇朝经世文编》卷一八，顾炎武《出身授官》《京官必用守令》。

2　蔡申之辑：《州县故事》，单刻本，四川大学图书馆藏。

3　《皇朝经世文编》卷二四，陈宏谋“分发《在官法戒录》檄”。

典各二人，典史、儒学攒典各一人。[1]其实，州县各衙门招募书吏的总数远不止此数，少则几十，多则达二三百人。[2]因为只有典吏、攒典为正身书吏，而清书、小书、贴写之类，则为典吏、攒典请的帮办之人和所带的学徒，虽经州县官认可，但难以控制其人数。一般的州县印官衙门，书吏分吏、户、礼、兵、刑、工六房办公，犹如中央之六部，也有多达十房的，如四川省巴县衙门设吏、户、仓、礼、盐、兵、刑、工、承发、柬十房。[3]全据印官衙门事务多寡、繁简而定，如赵翼在滇中、贵西任知县，身边供役的书吏常常只有一二人。[4]

书吏，都是读过书但又举业无望的人，以官府供役为生。充当书吏，在清初是“按纳银多寡分送各衙门”，因弊病太明显，后来改为招募、考取，选“载粮民籍，身家清白，并无重役过犯违等弊”，且“文理通顺”，“熟于律例，工于写算”者充当。[5]中央政府各衙门书吏凭考录取，地方政府各衙门自行招募。[6]清政府规定，“凡在府州县书役，必取邻佑亲族甘结，地方官印结，方准著役”[7]；著役五年为期，期满开缺，改换姓名，借故滞留者，一经查出，要强行递解回籍。州县政府各衙自行招募书吏，程序可自行掌握，不必拘泥于清政府的规定。不过，一般都需承充人投呈承充状，正身书吏的保状，县批“准承”、“准保”即可。现在很难查找清代书吏的承充状了，笔者幸得在四川《巴县档案》中查到几份具保状，现抄录二、三份如下：

1 《清会典事例》卷一五〇。

2 《皇朝经世文编》卷二四，侯方域《额吏胥》：“今天下县以千数，县吏胥三百，是千县则三十万也。”

3 李荣忠：《清代巴县衙门书吏与差役》，《历史档案》1989年第1期。

4 赵翼：《檐曝杂记》卷四。

5 《清会典事例》卷一四六。

6 吴吉远：《试沦清代吏、役的作用和地位》，《清史研究》1993年第3期。

7 《清朝文献通考》卷二一。

具保状，吏书冯绍举今于太爷台前与保状事。遵依保得王意表，实系孝里七甲载粮民籍，并无过犯，每遇输班办公不得违误，中间不虚，保状是实。

（县批）准保

乾隆三十二年四月初五日[1]

又一份：

具保状，刑房典吏何承先今于太爷台前与保状事。实保得王芝朝在刑房勤字班书写学习，不得违误，中间不虚，保状是实。

准保

乾隆三十三年三月十二日

具保状人：何承先十[2]

再一份：

"具保状，刑房典吏陈正名、何承先今于太爷台前与保状事。情书等实保得刘权安在刑房办公，不得违误躲闲，中间不虚，保状是实。

准保

乾隆三十三年四月初三日

具保人：何承先十[3]

陈正名十

1　《巴县档案·乾隆朝》第1盘第13卷（缩微）。
2　《巴县档案·乾隆朝》第1盘第13卷（缩微）。
3　《巴县档案·乾隆朝》第1盘第13卷（缩微）。

这三份保状皆保获准，格式虽同，内容不一。第一份强调的是投充人的政治条件，看来是以“载粮民籍”直接投充“正身”典吏；但没见到投充状，不知承充何房典吏。第二份强调的是承充何类书役，“在刑房勤字班书写学习”，无疑是学徒性质的帖写类。第三份既没讲承充人的政治条件，又不是“书写学习”，那便是历年已久的帖写、清书申请承充“正身”典吏。这三份保状使我们清楚地看到，州县印官衙门各房不同名目的书吏承充，正身典吏保状，都需经印官认可，“准充”、“准保”，方能著役。同时可以发现，巴县各房典吏是分班轮流办公。另外，刑房典吏何承先一人两月中保结三人承充刑房书吏，可见，何承先势力很大，且刑房书吏的人数不下四人，十房便不下四十人，比经制吏额多出数倍。

按政府规定，书吏著役期间称职者，可考职从九品或未入流顶戴，候补杂职官，算是以“吏员”资格入仕籍。但这些规定多为一纸空文，不过是政府对书吏的一种安抚手段，并非人人都能考职，有幸考取者也仅能领到一纸空名职衔，而铨选无期。雍正二年才开始铨选康熙十七年至四十三年的候选者[1]，因此书吏在政治上并无出路。不过，书吏们也并不看重不可靠的考职出路，而是看重实际的利益。书吏不是官，当然没有俸禄可言，甚至因作弊太多，受到多方压制，连差役人等领取的“工食银两”也没有。从所见的史料看，书吏可以得到心红纸笔费、抄写费、饭食费等，而无正式收入。书吏收入看似不多，却仍吸引许多人争先恐后地纳银承充（请人担保均得交银），无非可“凭官府之威灵，肆行其纵恣”[2]，设法舞弊需索，贪赃渔利，获取各种名目的陋规而已。其实，他们的常年收入不下一千两白银。[3]对此，曾做过知

1 《清会典事例》卷一四六。

2 《皇朝经世文编》卷二四，储方庆《吏胥议》。

3 李荣忠：《清代巴县衙门书吏与差役》，《历史档案》1989 年第 1 期。

县的名幕汪辉祖就颇为同情，说:“吏无禄入，其有相沿陋习资以为生者，原不过于搜剔”，认为这是“在山靠山，在水靠水，有官法之所不能禁者，索诈之赃又无论已”。[1]

州县书吏的最大特点就是都为本地人，“生于里巷，执事官衙，于民间情伪、官司举措孰为相宜，敦为不宜，无不周知”[2]。所以，梁章钜说他们是“官民交接之枢纽”[3]。印官衙门书吏的组织无论是六房，还是多少房，在清代实际上成为一个系统、完备的政府机构序列。六房就是州县政府的“职能部门”，或按吏户礼兵刑工等业务分工，分班轮值；或按地域分管，平分事权。关于书吏承揽衙门事权，一般的结论是：科举出身的官员多“溺于制举帖括之业，苟且简陋，于律令格式每多阙焉不讲。间有博学多闻者，亦且鄙为申韩家言，不屑措意，一委之于幕客吏胥”[4]。但更为本质之点，正如郑秦博士所言:“从清代政治体制上讲，书吏六房是衙门（机关）的固定办事机构，已经形成为国家所认可的制度了。”[5]

州县衙门书吏虽分六房办理文案，但都要负责一定的司法事务，因各房都有涉及司法之事，尤以刑房为重。吏房承办有关诰封、官衔、印信、科目、捐照等词讼案件；户房承办田土房屋买卖租佃、粮税、关税、谷米等词讼案件；礼房承办祠祀、庙宇、家产、债账、婚姻、杂货、药材等词讼案件；兵房承办驿站、夫马、铺司、红船等词讼案件；刑房承办命、盗、抢、奸、娼、匪、飞走、凶伤、私宰、诈索、邪教等刑事案件；工房承办坟、埝、炭、木、工造、铜铅、硝磺、铸贩私钱等词讼案件，以及会房、

1　汪辉祖：《佐治药言》。

2　陈宏谋：《在官法戒录》卷二。

3　梁章钜：《退庵随笔》卷五。

4　刚毅：《审看拟式》自序。

5　郑秦：《清代司法审判制度研究》，第 113 页，湖南教育出版社，1988 年。

庙房、铺房等的逐搬、佃迁、押租词讼。从清代《巴县档案》中，可以看到各房之间及各房内部都有书吏们自订的承办司法词讼案件的明确分工。因为他们将承办词讼案件作为利薮。六房书吏承办词讼案件，主要职责为起草、缮写传唤案内人员的差票；缮写各种司法详文、禀文和命盗上报案件卷宗；填写自理词讼、治安等各种司法月报；堂讯值堂及验尸等录供；收管赃物赃钱及应缴赃钱物等。

役，即差役，也习称胥，原本是为封建国家无偿劳动的劳役制度。自宋王安石改劳役为雇役，演变至清，逐渐成为一种募役制度，役成为一政治群体的代称，在清政府各级各个衙门中是比书吏还庞大的一股统治力量。役与吏常被合称为“吏胥”或“胥吏”，梁章钜所说:“胥吏者，官民交接之枢纽”[1]，便是役、吏合称。其实，役与吏有很大区别。从政治地位、社会地位讲，役远不及吏。吏虽也被视为“贱役”，但毕竟具有齐民的地位，且还有考职入仕的一线希望，而役则在法律上就被定为贱役。《清会典事例》记载:“凡衙门应役之人，除库丁、斗级、民壮仍例于齐民，其皂隶、马快、步快、小马、禁卒、门子、弓兵、仵作、粮差及巡捕营番役，皆为贱役。”[2]从业务上讲，役主外勤，奔走于民间，更直接地体现官府的意志，因而“官民交接之枢纽”，更多地是针对差役而言，是单独一个组织系统。

一般以为，州县印官衙门的差役组织便为皂、壮、快三班，其实远不止此。此外，还有捕役、仵作、禁卒、盐差、粮差、弓兵、更夫、马夫、膳夫、轿伞夫、斗级、仓夫等。快班也还分马快、步快两班。“三班衙役”与“六房书吏”一样，只是个概称，并且除印官衙门外，佐贰杂职官衙署也都有相应的差役设置。以

1 《退庵随笔》卷五。

2 《清会典事例》卷一七。

下我们以四川天全州、巴县的差役设置为例，可见其概貌：

> 天全州（雍正七年改土归流）知州一员……额设衙役三十一名：内门子二名，皂隶十四名，马快八名，轿伞扇夫七名。又设仵作一名，随学仵作二名；设立民壮十八名；设立禁卒八名；又设铺司兵八名。
>
> 本州州同一员……额设衙役十名：内门子一名，马夫一名，皂隶八名。又设仵作一名，随学仵作二名；又设民壮六名。本州训导一员……额设门斗一名，膳夫一名。
>
> 本州吏目一员……额设衙役六名：内门子一名，皂隶四名，马夫一名。[1]

据不完全统计，一个小小的天全州就有各种额设差役 114 名，那么，冲繁之地的巴县又如何呢：

> 巴县知县一名……额设衙役一百三名……实在衙役二十九名：内门子二名，皂隶十二名，马快八名，轿伞扇夫七名。设仵作三名，随学仵作二名；又雍正七年奉设民壮二十名；额设禁卒六名，雍正九年五月内奉文……内添设禁卒十二名、更夫十名……又于雍正十一年正月内奉文，内添设捕役八名；又于雍正九年八月内奉文，添设斗级二名、仓夫四名。
>
> 本县县丞一员……额设衙役十名：内门子一名，皂隶四名，快手四名，马夫一名……实在衙役八名，改设仵作一名，随学仵作二名。
>
> 本县巡检一员……额设衙役二名：内门子一名，皂隶一名。又设弓兵六名。

1 《〔咸丰〕天全州志》卷二。

本县典史一员……额设衙役六名：内门子一名，皂隶四名，马夫一名。

本县教官二名……额设衙役十三名，实召募四名：内门子二名，膳夫二名。[1]

以上各差役加上159名铺司兵和搬夫、水手、饷鞘等差役，巴县各种正身差役不下500人。

州县各衙门正身差役，简称正役，可以上报户部报销工食银两。正役之外还有一种帮役，因违“定例”，不能报部，但总督、巡抚认可，可以申报省衙。另有一类差役不入“卯册”，称为白役，属“正身衙役”所私带之人[2]，即所谓“一名皂快，数十帮丁”[3]。清政府三令五申禁革白役，但地方不仅没有收效，反而越禁越多。道光十年，御史王玮庆上疏言：“山东州县差役，大县多至一千余，小县亦多至数百名，一省如此，他省可知。”[4]同年四川总督告示：“川省各厅州县衙门，向于额设正役及有名帮役之外，添用无名白役，动以千计，下至丞簿典史各署亦多挂名滥设。”[5]

州县衙门差役的来源，按清政府规定：“府州县奔走力役——祗候、弓兵、禁子等，也须在纳粮达二石至三石之良民中选拔”[6]，即须经“良民”递上自愿投充之状，正身差役保结，州县官批准，便可充当正身差役。这不是由“良民”入“贱籍”吗？看似不太符合情理。笔者在查阅《巴县档案》过程中，发现不少投充捕役的投状、保状档案，而未发现一件投充其他差役的投状、保状档案。因此，认为捕役非贱役。因捕役关系巡查、缉捕，职重事繁，

1 《〔道光〕巴县志》，赋役志。
2 《清会典事例》卷八二〇。
3 《〔道光〕诸罗县志》，蓝鼎元《治台必告录》。
4 《刑案汇览》卷七。
5 转引自李荣忠《清代巴县衙门书吏与差役》。
6 《清朝文献通考》卷二一《职役》。

需人多，油水也大，因而投充人较多。而其他差役怎样投充，笔者找不到应证的资料，不敢妄断，可能更多的是世代相传。现抄录巴县民陈洪、余龙自愿投充捕班二例如下：

> 具投充，正里七甲民陈洪为恳恩收录事。情蚁载册粮民，身无故犯，愿投充天案捕班，勤慎办理公务，以效犬马之力，不得推委，是以恳乞太老爷台前赏准，收录施行。
>
> 乾隆二十五年二月□日禀，投充人陈洪。
>
> 具保状，捕头姚章、万珍于台前与保状事：役实保得陈洪在役班内听候差遣，不致误公事，中间不致虚冒，保状是实。
>
> 准保　　乾隆二十五年二月二十一日具。

又一例：

> 具投充，太善坊余龙为恳恩收录事：情蚁父母俱在，妻刘氏在太善坊开设米铺，生理充当，并无过犯，亦无重役等弊。蚁情急投充天案捕班，效犬马征劳，不得有违公务，是以恳乞台前府准，赏收施行。
>
> 准充，乾隆二十五年十月二十日具　投允人余龙。[1]

显然，陈洪是当过一段时间帮役后，希望成为缺出的正身差役，经姚章、万珍两捕头保结，才由知县“准保”载入“卯册”的。而余龙则是一次性投充，大概家庭条件较好，知县也一次性“准充”，无需保结。据《巴县档案》现有资料统计，仅乾隆二十五年，巴县自愿投充正身差役者就有 11 人，三十四年六月二十八日

1 《巴县档案·乾隆朝》第 1 盘第 4、13 卷（缩微）。

更有投、保一状，田坤等五人一起获准投充捕役办公。[1]看来投充差役比承充书吏更简单，不一定非要一投一保，甚至无需正身差役保结，只要身强力壮就行，因为“差役有缉捕人犯、行刑、管解之责，非年未及壮、臂力轻弱者可以充当”[2]。差役一年仅六至七两“工食银”，却有不少人自愿投充，甚至“情急”投充，迫不及待。显然，投充正身差役能获得额外好处，除可以避免徭役、差役扰害索诈外，一年还可获得近千两白银的陋规收入。不然，像余龙这样“开设米铺，生理充当”的小商人是不会去投充捕役苦差的，而且一经获得正身差役资格，除非自愿辞退或犯罪缺出，一般都是供役到老。清政府曾规定差役著役三年为期，实际上并未执行。所以，与书吏一样，在档案中一直未查到期满开缺的档案。非常幸运的是，笔者在《巴县档案》中查到两例自愿辞退的捕役档案，现抄录一例如下：

> 具辞状，捕头小的万珍、姚章、余珍恳赏准辞退事。情因役等身充捕头，□兢守法，奈役□□□染旧疾，年以六十，举步难动，恐误差遣，只得恳请太爷台前赏准辞退。
>
> 准退　　乾隆三十八年六月十三日具。[3]

具辞状只字未提“著役三年”之说，三位捕头辞退的原因纯属生理自然：年老有病。另一例辞退的原因也属自然：充役二十余载，老母年高七十有八，急需回家奉养。可见，清代州县差役的著役并没有限期，进虽得完成一些手续，而退则是自然淘汰和犯罪缺出。州县以上的各级政府的差役也都是如此。

州县衙门的差役处于清代国家专制权力结构的最低层次，是

1 《巴县档案·乾隆朝》第1盘第4、13卷（缩微）。

2 《清会典事例》卷九八。

3 《巴县档案·乾隆朝》第1盘第14卷（缩微）。

专制权力下法制最直接、最野蛮的体现者，担负站堂、拘捕、行刑、验尸、禁犯、解囚、查赃、催科、征比、巡逻等差事，甚至还奉命去“调处”民间纠纷。“权之所在，不在大小”，“百姓视之，仅下天子一等耳”。[1]生活在闭塞的自然经济中的老百姓，正是从差役的活动中，感受到国家权力、法令的存在和威严。所以，在许多诉讼状上都“尊称”差役为“天差”。对他们，老百姓畏不敢怒，民谚说:“强盗咬一口，银子使一斗；捕役来一遍，地皮也抄转。”[2]地方官恨而不可缺，“捕役一项较他役为最黠，原系积年惯盗改恶作良而则充当捕役，地方官不得已而用之”[3]。差役这一专制国家权力的爪牙之所以存在的根本意义，就在于他们是最基层的“执法人员”。

三　幕友、长随

在州县政府中，职官、书吏、差役都是法定的国家机关组织人员，既是行政官员、办事人员，又是法官、执法人员。除此之外，在印官的衙门中，还有幕友、长随之类的法外组成人员，他们参与甚至支配州县政府的行政、司法事务。他们都是印官的私人，没有俸禄，靠印官养活，不承担行政、司法上的法律责任，但其作用为朝廷所默认，是清代政治体制中极其特殊的阶层。不仅是州县，清代地方各级政府的主要衙门也都是如此。

按国家法定编制来讲，一州一县一二十万人（一般情况），各衙门职官、书吏、差役加起来也不过 150 人左右（不算铺司兵等），应说是比较精简的了，不觉臃肿，只感不足应付。而且，清代政治体制还规定了一条天经地义的原则：地方各级政府主官负责制。一州一县的百姓，即知州知县之“子民”；一州一县之事，

1　《皇朝经世文编》卷一五，纪昀《拟请重亲民之官疏》。

2　四川民谚，参见庄吉发《故宫档案述要》，第 142 页，台北故宫博物院，1983 年。

3　《皇朝经世文编》卷四二，田文镜《请停分缉协缉疏》。

知州知县当无事不知，无事不晓，无权不掌；一州一县治理好坏，责任全在知州知县一人身上。然而，清代官僚政体对州县印官是否能收到治理实效，又存在这样三种不利因素：第一，知州知县多为初入仕途的科举人才，不谙吏事，尤其不熟悉主要职责的刑名司法、钱谷征收事务，虽有佐杂，但权限有限，分衙办公，难以信任；第二，知州知县均不在本省本籍任官，于所管地方人地两疏，甚至语言不通，无法即时把握民情风俗，衙内虽有书吏、差役，但都为土地视利之徒，长期盘踞衙门，互通声气，知州知县弄不好会受其欺骗、挟制；第三，任期有限，虽有超过一任三年者，但多不及三年便升、调、降、休、革职。因此，州县印官都要带一批私人上任，其中幕友、长随便是必带人员。以幕友为参谋顾问，辅佐全权治理，“夫在官之身百务丛焉，簿书期会之繁，势不能不分寄于幕宾之手，幕宾之责实在佐官以理民，顾号称‘名士’”[1]。以长随来联络官、幕、吏、役，协助主官处理政务，监督书吏、差役，“非在官之人，而所司皆在官之事”[2]。也就是梁章钜讲的，州县印官“治民不自民始，胥吏者，官民交接之枢纽；家丁、戚友又胥吏交接之枢纽。不治胥吏不能治民，不治家丁、戚友亦不能治胥吏”[3]。

幕友的名称很多，幕宾、宾客、夫子、西席等都是其类，远源于春秋战国时的谋士、食客、宾客。在后来的军府中多有幕府之设，但成为地方各级政府行政主官的固定私人顾问，据缪全吉先生考证，则起源于明代。[4]至清，便“自督抚以下司道府州县，衙门虽自不同，俱各延幕宾”[5]了。这是明清中央集权于皇帝，地

1 汪辉祖：《佐治药言》跋。

2 徐栋辑：《牧令书》卷四《用人》。

3 梁章钜：《退庵随笔》卷五。

4 缪全吉：《清代刑幕述要》，第319页，台北市：无出版者，约1967~1969年。

5 《钦颁州县事宜》，“慎延幕友”条。

方集权于各级政府主官的高度专制政体的体现。如果督抚司道府各衙门还可以不聘幕友的话，那州县印官衙门则非聘不可，因“州邑事繁，钱谷刑名书启自须助理之人。若地当冲刷，钱粮比较、词讼审理与夫往来迎送，非才长肆应，势难兼顾”[1]。州县幕友，其名有五：“曰刑名，曰钱谷，曰书记，曰挂号，曰征比。巨者需才至十余人，简者或二三人兼之”。书记、挂号、征比幕友可以不聘，而刑名、钱谷幕友则每州县印官必聘，因“刑名、钱谷实总其要，官之考成倚之，民之身家属之”[2]。

清代幕友可以是一般文士，也可以是科举进士、举人，甚至是国内名流、休致或失意的官员。正如万枫江所言：“幕中流品最为错杂，有宦辙覆车借人酒杯，自浇魂垒；有贵胄飘零，摒挡纨绔入幕效颦；又有以铁砚难磨，青毡冷淡，变业谋生；又有胥钞谙练，借楼一枝；更有剑不成铅刀，小试其中，优劣不一。”[3]汪辉祖谈到士人内心苦处言：“士人不得以身出治而佐人为治，势非得已”，幕职因“与读书（求治）近，故从者多。”[4]张廷骧又从入幕的素质方面讲道：“幕虽小道，非词达世情，周知利弊，焉能出而佐人。”[5]其实，清代的幕友还有文学幕友和专业幕友之分，直省督抚有点缀其风雅的文学幕友，但地方各级政府用得最多、最广泛的还是精于刑名案牍、钱粮会计之类的专业幕友。“绍兴师爷”、“幕学”都是针对专业幕友而言的。他们虽无显赫的官品，却行使着地方各级政府关键的权力，或出谋划策，参与机要；或起草文告，代拟奏疏；或处理案卷，代行批覆；或奉命出使，联络官员，对地方的政治生活产生着很大的影响。

1　《福惠全书》，《延幕友》。
2　汪辉祖：《佐治药言》。
3　万枫江：《幕学举要》。
4　汪辉祖：《佐治药言》。
5　《幕学举要》叙。

幕友在清代作为一个特殊的阶层表现出这样一些特征：第一，幕友不是国家官吏，而是主官的私人师友和宾客，非在官之人，理在官之事；第二，幕友是以主官名义聘请的私人顾问和帮办，没有品佚俸禄，由主人支付束修；第三，官幕是师友、宾友关系，而非上下属僚关系，“合则留，不合则去”[1]；第四，幕友学有专长，特别是主官不擅长的刑名律例、钱粮会计、文书案牍等，以自己的专业服务于官府；第五，幕友与书吏、差役的性质不同，吏、役是衙门的“工作人员”，而幕友则是主官的师友、顾问，受到主官的信任和倚重，以代主官督察吏、役，即所谓“幕友之为道，以佐官而检吏也”[2]。

清代幕友的身份是“佐官为治”，而最根本的职责却是“代官出治”，以保主官的考绩。正如韩振所言：“掌守令司道督抚之事，以代十七省出治者，幕友也。”[3]幕友与吏、役一样，都是治其事而“隐其迹”之人。幕友代官出治在司法事务中表现最为明显。我们看到，代表或代替地方官行使司法权力的是各级政府的幕友，特别是州县政府印官的刑名幕友。刑幕在州县政府的司法事务中负责批答司法案牍和拟律，在某种意义上也就掌握了司法刑案的决断权。

长随，又称家丁。是一种官奴仆，但又不是那种没有人身自由的“奴婢”，而是一批专门投身于官府当奴仆为职业的人。他们与主官是雇佣关系，人身依附性不强，可以自由择主。正如汪辉祖所讲：“长随与契买家奴不同，忽去忽来，事无常主，里居姓氏俱不可凭，忠诚足信百无一、二。得缺之日，亲友嘱托；到省之初，同官所荐，类皆周全情面，原未必深识其人根底，不宜一概滥收。”[4]他以切身经验，告诫知州知县勿滥收长随。但不是不收，

1 汪辉祖：《佐治药言》。

2 汪辉祖：《佐治药言》。

3 韩振：《皇朝经世文编》卷二五《幕友论》。

4 汪辉祖：《学治臆说》，“勿滥收长随”。

不是不用。早在康熙年间，黄六鸿收用长随就非常谨慎："选官之后，亲知遂有送家丁伺候者，或自央属长班、管家，至本官前怂恿收录者……凡有送投，但云家人不日便至，可无需此。……承亲友关切送至者，料非市侩欺以贻我，不妨留之。……验其可用，然后议定工食，给与装资，候将就道。……此外，不得已必欲收用，恐有犯罪逃旗务者，须谨慎，必要在京的确中保，酌量其长，给其工食，亲写投用契。……中保等务查真正姓名、花甲存据，以免后日之患。"[1]清政府规定："各州县官任用长随，须报上司备案，且数额不得超过二十人。"[2]然而，长随的人数在实践中难以用法律来限定，任凭州县主官根据需要招募，即所谓"用人不得不多，势使然也"[3]。实际运行中，州县印官所用长随往往多出定额几倍乃至十几二十倍。刘子章奏疏中讲道："臣见外任官员，除携妻子兄弟而外，其奴俾、长随有多至数百人者。"[4]阮葵生也讲："近日州县长随，多者数百人矣。"[5]长随在州县印官衙内的活动以上下左右传达、帮办公务为主。正如王植所言："长随非在官之人，而所司皆在官之事，乃胥役所待以承令而集事者也。"[6]

长随在州县印官衙门的公务有这样一些名目：门上、司印、签押、司仓、管厨、办差、跟班、税务、值堂等；其中门上又分为案件、钱粮、呈词、杂税、差务、执贴、传话；签押一项也依此类分，且添出号件、书禀二项来。种类可谓繁多，"其称号与幕友同，而职事又多于幕友。凡此头上加上，脚下添脚"[7]。每一类长随不一定都备，有的是兼差，但也可见其组织的庞大。长随

1 《福惠全书》，《募家丁》。
2 《清会典事例》卷九〇。
3 徐栋辑：《牧令书》卷四《用人》。
4 《皇朝经世文编》卷一六《节仆以省扰累疏》。
5 《茶余客话》卷四。
6 徐栋辑：《牧令书》卷四《家人》。
7 徐栋辑：《牧令书》卷四，谢金銮《用人》。

的地位卑下，连吏役都不如，更不能与幕友相提并论，但他们在州县公务中所起的作用却不能低估，是州县主官所不能缺少的得力帮手。长随与幕友、书吏、差役在职务上的分工在于：幕友在署内核议批拟，书吏在科房办理文稿，差役在大堂待差奔走，而长随则在官、幕、吏、役之间往来传达，一切呈词、文案、簿册、差务皆须经他们之手传递，犹如一台工作机组的转动纽带。

四　乡保

概要论述州县政府的机构设置、组成人员及其职责特点之后，还有必要对州县政府以下的准政权组织——乡保进行一番考察。因为它们不仅参与，而且直接发挥着州县政府的各种职能，特别是司法职能。通过下面一段史料，便可明白考察乡保人员的必要性及其重要作用：

> 地方一役最重，凡一州县分地若干，一地方管村若干。其管内税粮完欠，田宅争辨，词讼曲直，盗贼生发，命案审理，一切皆与有责。遇有差役所需器物，责令催办；所有人夫，责令摄管，稍有违误，扑责立加，终岁奔走，稍有暇时，乡约、里长、甲长、保长，各省责成轻重不同，凡在民之役大略如此。[1]

乡保之役是州县政府各衙门差役的延伸，都是最基层的“执法人员”。这就是戴炎辉先生所说的，“地保本质上系驻乡的差役与本衙的皂快壮班连紧者，均系所谓‘在官人役’”[2]。

清代乡间组织，继承明代里甲组织，于顺治元年置州县甲长、

1　《清朝文献通考》卷二一《职役》。

2　戴炎辉：《清代台湾乡治》，第667页，台北联经出版事业股份有限公司，1979年。

总甲长之役，“各府州县卫所所属乡村，十家置一甲长，百家置一总甲，凡遇盗贼、逃人、奸宄、窃发事件，邻佑即报知甲长，甲长报知总甲长，总甲报知府州县卫”[1]。顺治十二年才恢复明朝里甲制度，举行人户编审。也就是说，在尖锐的阶级矛盾、民族矛盾、权力斗争的形势下，清代一开始就推“总甲法”，突出里甲组织维护社会治安、社会稳定的功能。

里甲，在明代是一种徭役，所以称“里甲役”。它是按人户编审，以征收赋税钱粮为主，同时又是负责地方治安和进行纲常礼教、法制教育的民间行政组织。充当里甲长，也就是服徭役，所以是轮值。

清代继承了里甲的徭役性质，同时又赋予它以新的内容。清代社会矛盾突出，从一开始就重视民间社会治安的问题，康熙四十七年更是“申行保甲之法”:“一州一县城关各若干户，四乡村落各若干户，户给印信纸牌一张，书写姓名、丁男口数于上，出则注明所往，入则稽其所来，面生可疑之人，非盘诘的确，不许容留。十户立一牌头，十牌立一甲长，十甲立一保长，若村庄人少，户不及数，即就其少数编之。无事递相稽查，有事互相救应。保长、牌头不得借端鱼肉众户。客店亦立籍稽查，寺庙亦给纸牌。月底令保长出具无事甘结，报官备查，违者罪之”[2]。康熙五十一年公布“滋生人丁，永不加赋”和雍正初年实行摊丁入地的赋役改革后，里甲组织失去了编审赋役黄册的主要功能，州县以下基层组织逐渐向保甲转化。但是，自顺治朝到光绪朝，清政府都一再强调行保甲之法，可见，州县推行保甲法并不十分得力，里的单位在一些地区并没有消失。如在四川巴县，直到道光朝，县民仍称某里某甲，但又没有里长之设，而是甲设保长、乡约，镇设团首，场设客长。可见，自康熙朝以后，州县以下的基层组织是

1 《清朝文献通考》卷二一《职役》。

2 《清朝文献通考》卷二二《职役》。

里甲、保甲并行，以保甲为主体的状态。

州县以下基层组织的规模大小，不仅南北直省有别，即使南方各省之间也不大一样。河南巡抚于成龙推行的保甲是十家为一甲，十甲为一保，甲设甲长，保设保长；[1]而山东郯城知县黄六鸿推行的保甲法则是以十一家为一甲，以一家为甲长，一家为保正，以百家为一保。[2]显然是行保甲法之初，还未脱离里甲组织的窠臼。南方省区的保甲组织似乎要大一些。包世臣讲的江苏一带的保甲法则是:“保甲以十家为甲，十甲为里，十里为保，十保为乡。乡立乡老，无定额；保立保长一人，保贰一人；里立里正；甲有甲首，有直甲。”[3]将里甲包括于保甲之内。而四川巴县则更符合清政府康熙四十七年申行的保甲法要求：十家为一牌，十牌立一甲长，十甲立一保长。从“十家牌”可以清楚巴县里甲与保甲组织的关系。现抄录如下：

> 为编联保甲以靖地方事。照得弭盗安良须清牌甲，城乡市镇挨户联牌，不必拘定里甲，只就方隅次第十户立一牌，十牌立一甲长，互相联络，轮流稽查。遇有娼妓赌博、私宰、私铸、邪教、端公等类。倘一家犯罪，执牌具禀。如隐匿不首，罪九家。慎勿徇情容隐，务使地方宁谧。各宜凛遵毋违……[4]

实际上是寓保甲于里甲之中，里甲存其名而无其实了。因笔者查到一些巴县乡保的第一手资料，以下就以巴县为主来阐述清代州县以下的乡保情况。

---

1 《皇朝经世文编》卷七四《弭盗条约》。

2 《福惠全书》卷二一《保甲之制》。

3 《安吴四种》卷二八《说保甲事宜》条。

4 《巴县档案·乾隆朝》卷五一。

清代州县以下的基层组织一般分若干乡，或若干保，或若干里，如巴县分仁、义、礼、智、信、忠、孝、廉、正、直等十二里，里下再分若干甲。从巴县的档案看，没有认充、辞退里甲长的记载，乡约、保长、客长等倒是定期更换、佥选和保举。为表明乡约、保长、客长等乡治的权力来自州县印官，每一次认充、保举或辞退都要完成一些手续，并给、退执照。现抄录两件保长认充状如下：

直里四甲民石连崇今于太老爷台前与认状事：情有蚁甲内保长杨维新佥蚁承充保长在案，蚁今当堂具认，恳偿给执照，便办公充凭。中间不致虚冒，认状是实。

准认　乾隆二十四年八月初三日

具认状　石连崇十[1]

又一件：

具认状，孝里九甲徐哲咎今于太爷台前与认充事，情因蚁甲内旧保长沈荣华于十二月初八日以恳赏替换事，佥蚁保长，蒙批准验候。今蚁甲内乡约赵汉义与蚁说知，但公事合甲轮流办理。情愿赴案下赏验给照，庶公事有专承，认状是实。

准认，候给照　乾隆二十七年十二月初六日　具认充保长徐哲咎十[2]

这是巴县档案中众多保长认状中的两件，新任保长得由旧任保长推

1　《巴县档案·乾隆朝》卷三五、一〇五。

2　《巴县档案·乾隆朝》卷三五、一〇五。

荐或公举，按期替换，“轮流办理”一甲之公事，任期两年。[1]甲设保长，场镇设客长，城坊设坊长，职责相同，认充、替换也一样。

同时，甲内、场镇内、坊内都设有乡约。乡约是为宣讲圣训而设，一般由当地乡绅担任，社会地位比保长还高，也没有固定任期，但在乾嘉道时期其职责已与保、客、坊长相似。乡约都是经推荐、保举认充，而不是替换，如巴县直里七甲刘希武从乾隆十九年承充乡约，二十四年二月因父母年老，无人侍奉，与甲内绅士松公权等一同向知县推荐“家道殷实兼识书礼”的石壁接任乡约之职，得到知县“准签”的批覆。[2]乡约的设置，一甲、一镇、一党还不只一人，如嘉庆元年巴县县城朝天党只有乡约刘希圣一人，于是绅士简法、孙大川一同保举羊坊坊长简玉西、水坊坊长王成志充当本党乡约，获得知县“准举充，给照”的批覆。[3]但乡约的人数也不能太多，曾大魁于嘉庆九年六月承充巴县龙隐镇乡约仅一年半，因镇内还有陈明初等六人承办镇乡约事务，人浮于事，于是向知县递呈了辞退状。葛知县不仅批准他辞退，“缴照存销”，还作出这样的批覆：“查该镇乡约现保谁人承充，何须陈明初等六人之多，着另禀覆。”[4]

嘉庆年间，人民起义此伏彼起，社会动乱，“以致匪徒肆无忌惮，闾阎多受其害，虽派兵役巡查，奈匪徒出没无常而兵役不能到处安设，究不若地方自相稽查，协力防范，更为周密”。于是，在保长、客长、坊长、乡约之外，又有团首之设。[5]

乡约、保长、客长等乡保的职责，我们从发给乡约曾大魁、客长童玉乡的执照中可以一目了然。现抄录童玉乡客长执照如下：

1 《巴县档案·嘉庆朝》卷四四。
2 《巴县档案·乾隆朝》卷三五。
3 《巴县档案·嘉庆朝》卷四四。
4 《巴县档案·嘉庆朝》卷五一。
5 《巴县档案·嘉庆朝》卷五七。

为给照事，案据童兴场绅约周应鳌、陈维祯、袁彩荣等公举童玉乡承充客长前来，据此合行给照，为此照给童玉乡收执。嗣后凡遇场内一切大小公事，务须勤慎办理，仍不时稽查邪匪、盗贼、娼妓、赌博、私铸、私宰、违禁器械、外来可疑之人。许尔指名具禀，本县以凭拘究。该客长等毋得徇情容隐，一经查出或被告发，定行重究不贷。毋违，须至执照者。

右照给客长童玉乡收执

嘉庆三年九月初六日给[1]

又一张给乡约曾大魁的执照：

为给照事，案据直里一甲绅耆王国标、孙均光等举佥曾大魁承充龙隐镇乡约前来，据此合行给照，为此照给乡约曾大魁收执。嗣后镇内凡遇大小公事，务须协同客长勤慎办理，仍不时稽查痞匪、窝贼、掏摸、偷窃、娼妓、赌博、私宰、私铸、邪教、端公、违禁器械以及外来面生歹人，许尔查明，如果属实，指名禀送本县，以凭按律严究。该乡约毋得徇情贿纵、容留容隐，一经查出或被告发，定行一并重究不贷，毋违。凛之！慎之！须至执照者。

右照给乡约曾大魁收执

嘉庆九年六月二十日给[2]

从这两张执照看，维护社会治安是客长、保长的本职，而乡约则

1　《巴县档案·嘉庆朝》卷四九。
2　《巴县档案·嘉庆朝》卷四九。

协同客长、保长“勤慎办理”公务，并也具有维护社会治安的职责。保长的执照与客长相同。执照与包世臣说的“凡里正保长皆给与戳记”[1]有相同的效力。这两张执照只是规定了保长、客长和乡约维护治安的职责。其实他们的司法活动相当广泛，除治安之外，既有未讼前的民事调解，“一乡之中户婚田土，雀鼠争讼，为之剖断曲直，以免小民公庭守候之累；有不决者，乃送于州县”[2]；也有赴讼后承州县印官批覆调解：“凡赴讼者……系田土界址、雀角短长、户婚牵割、气性斗争等事，（州县）批副用印，仰原告持批投该保长协同里正至公所，唤集被告及证应人，详加研迅，保贰录两造口词。察其是非，判割清楚，务令输服判定，录为长单粘连，官批之后，用戳骑缝，连名判后并用戳记。……给被告持至，服词缴息。……而原告不服，长正公用戳粘单，给原告赴县重告；被告不服者，即给被告赴县跟诉词呈缴官，集讯如法。”[3]如此，则“凡户婚田土、词讼事件，不待证佐，已可息其大半”[4]。另外，乡约、保长还要对所管地方发生的命、盗案，即时禀报州县官。乡约、保长或里正、保长均有公所，巴县乡保的公所便是乡约所。乾隆四十四年十月二十日，巴县一乡约所就发生一起收押啯匪犯谭文福病故之事。[5]可见，乡保组织也具有一级准政府的司法职能。

通过以上对州县政府司法组织结构的论述，我们可以总结出这样几个特点：其一，州县印官对一州一县的治理拥有全权，特别是司法审判的独审权，佐贰杂职只负责一些辅助性的工作，形同虚设；其二，州县政府的行政便是司法，凡是行政机关组织便

1 《安吴四种》卷二八《说保甲事宜》。
2 徐栋辑：《牧令书》卷二，叶佩荪《饬行保甲》。
3 《安吴四种》卷二八《说保甲事宜》。
4 徐栋辑：《牧令书》卷三，龚景瀚《请设立乡官铎议》。
5 《巴县档案·乾隆朝》卷七四。

是司法机关组织；凡是行政人员便是司法人员，行政与司法一体；其三，州县政府既有法定的组成人员，又有起着重要行政、司法作用的法外私人组成人员。他们一面为主官的考成升迁参谋决断、上下奔走，又为自己的生计求得一席之地；其四，州县政府既有各衙门的吏、役“职役”，又有衙门之外的乡保“职役”，将州县基层政府权力延伸到更为基层的广大乡间，直至每一个家庭。总之，一州一县的司法组织结构就犹如一张由印官牵头，幕友、长随、佐杂官、书吏、差役、乡保一层一层组织的法网，又由一个个州县的法网组成全国的专制统治法网。清代的高度专制统治，就是靠一个个州县的司法职能为先导，来保证其行政职能、经济职能和社会控制的。

第二节　州县政府的司法职能

清代实行专制的各级政府主官全权负责制，直接临民的州县政府更是如此。知州知县既是行政长官，又是首席法官、检察长和警察局长，按今天的话说，是集行政、公、检、法大权于一身，除上司依《律例》、《会典事例》、《六部处分则例》督察外，同级没有监察机构，佐贰杂职、吏、役、幕友、长随等，不是助手，就是其私人顾问和帮手。正如清人所说：“天下治权，督抚而下莫重于牧令……何者？其权专也。”[1]州县衙门既是主官及其家人食宿之所，又是其审案等办公的场所（佐贰杂职官衙也类同）。我们可以形象地看到，州县的政务就是在这里主要以司法的形式进行处理的。

治安、司法刑名是州县政府的头等大事，也是州县官考成的

1　汪辉祖：《学治臆说·勤治》。

主要内容，所谓“牧令所司，刑名钱谷二事为先务”[1]，“查州县一官与民最亲，凡词讼全审理”[2]，正是清人对州县政府司法重要性的反映。清律规定：州县为“初审”，“凡军民人等遇有冤抑之事，应先赴州县衙门具控，如审断不公，再赴该管上司呈明，若再屈抑，方准来京上诉”[3]，这就从诉讼中明确了州县作为第一审级的地位和作用。州县官规避责任，擅不受理词讼案件是一种失职行为，《吏部处分则例》对此有追究惩处的条款。州县官身兼教化、治安与司法审判，有统管境内一切刑名事务的职责。“万事胚胎始于州县”，州县是清代全部司法工作的基础，民事词讼全权自理，刑事案件侦查、勘验、拘捕、初审，其问供笔录被层层转引，一直照录到督抚上报皇帝的题本中，而府、司道的审录可以略掉。为了全面系统地反映清代州县政府的司法职能，笔者拟从实施教化与“普法”、维护社会治安、全权审理民事词讼、拟律上报刑事案件、监禁与递解人犯和管理已决在配军流徒犯六个方面来加以论述。

一　实施教化与“普法”

中国古代封建专制法律到清已达到它的完备阶段，在政治、经济、军事、文化、社会生活等各方面无不有法可依，法制的规范性也远远超过了前代。但是，专制权力仍赋予封建法律以神秘色彩。“各问刑衙门止有律书一部”[4]，一般人见不到《大清律例》全文。清统治阶级要用法律为其专制统治服务，显然存在一个普法教育的职能。

普法教育或称法制教育的目的，就在使广大国民知法、懂法、

1　刚毅：《牧令须知》卷六。

2　《皇朝经世文编》卷九三，吴绶绍《请禁原官公审覆审疏》。

3　薛允升：《读例存疑》卷三九，诉讼、越诉。

4　《清朝文献通考》卷一九五《兵科给事中魏裔介奏疏》。

守法，以维护社会的稳定，政权的巩固。那么，清代法律又是一种什么样的法律呢？古代封建社会“出礼即入法”，违礼即违法，法律是在“礼”的最高原则下制定的。清代也不例外，且更加完备。所以，清代的法制教育包括这样两个方面：一是推行纲常礼教，二是进行法律条文的讲解，“法禁于已然，教施于未犯”[1]。早在康熙九年，康熙帝制圣谕十六条时就讲：“朕惟至治之世，不以法令为亟，而以教化为先。其时人心醇良，风俗朴厚，刑措不用，比屋可封，长治久安，茂登上理。善法令禁于一时，而教化维于可久，若徒将法令，而教化不先，是舍本而务末也。”[2]

教化即推行纲常礼教，历代封建统治者都将教化置于安邦治国、长治久安的首要地位，清代尤为重视。康熙二十年，康熙帝看到秋审“议决重犯甚多”，又特意上谕三法司：“帝王以德化民，以刑弼教，必听断明允，拟议持平，乃能使民无冤抑，可几刑措之风。近览法司奏章，议决重犯甚多，或愚民无知，身蹈法网，或教化未敷，或为饥寒所迫，以致习俗日偷，愍不畏法。”[3]百姓“习俗日偷，愍不畏法”，皆因“教化未敷”。教化无疑就是一种法制思想教育。仅“以德化民”还不够，还必须“以刑弼教”，即尽可能地让国民了解封建专制的法律条文。所以，雍正帝在《大清律集解》御制序中讲：“先王立法定制，将以明示朝野，俾官习之而能断，民知之而不犯，所由息争化俗，而致于刑措也。”他要求《大清律集解》刊出后，“官习之而能断，民知之而不犯”。清人赵冬曦也讲：“立法贵乎人尽晓，不必饰其文义。简其科条，请直书其罪，毋假文饰，凡以、其、准、加、减、比、附、量等字皆勿用，使愚夫愚妇闻之即悟。”[4]“明刑”毕竟是为了“弼教”。寓

1　徐栋辑：《牧令书》卷一六《教化》，陈宏谋《手札节要》。

2　《清圣祖实录》卷三四，康熙九年冬十月初一日上谕。

3　《清圣祖实录》卷九四。

4　阮葵生：《茶余客话》卷六。

法制教育于教化之中。这就是，清代不仅有一套因袭于明而完备的法律制度，而且还有一套上自朝廷，下至乡党保甲，对广大国民实施教化的制度。而且，教化的主要对象是闾阎百姓，自然主要由最基层的州县政府来实施教化与普法的职能。正如《大清律例总论》引用雍正帝的话说："若自通都大邑至僻境穷乡，所在州县仿周礼布宪读法之制，时为解说，令父老子弟递相告诫，知畏法而重自爱。如此，则听断明于上，谍讼息于下，风俗可正，礼让可兴。"从以下措施可以看出教化与普法的内在关系和本质。

宣讲圣谕也称讲乡约。从清初到清末相沿不改，"每遇朔望两期，州县官务须率同教官、佐贰杂职各员，亲至公所，齐集兵民，敬将圣谕逐条讲解，浅譬曲喻，使之通晓"[1]。圣谕内容，先为顺治九年圣谕六条，即孝顺父母，恭敬长上，和睦邻里，教训子孙，各安生理，无作非为。[2]后到康熙九年又发展成圣谕十六条，即敦孝悌以重人伦，笃宗族以昭雍睦，和乡党以息争讼，重农桑以足衣食，尚节俭以惜财用，隆学校以端士习，黜异端以崇正学，讲法律以儆愚顽，明礼让以厚风俗，务本业以定民志，训子弟以禁非为，息诬告以全良善，诫窝逃以免株连，完钱粮以省催科，联保甲以弭盗贼，解仇忿以重身命。[3]州县还在乡村巨堡及番寨设立讲约处所，选"诚实堪信，素无过犯之绅士"[4]充当约正，再择"朴实谨守者三四人"[5]值月分讲。王凤生甚至希望"圣谕广训颁发各乡绅士咸购一编，供于寺院或宗祠公所"[6]。州县官要不时亲自下乡督查，以重其事。宣讲上谕是一项大典，有一套严格的仪式，"如印官查集乡有仪注不合式者，或一亲谐较定讲

1 《钦颁州县事宜》，"宣讲上谕律条"。

2 《学政全书》卷一。

3 王嵩儒辑：《掌故拾零》卷一。

4 《钦颁州县事宜》，"宣讲上谕律条"。

5 《礼部则例》卷四九《乡约》。

6 徐栋辑：《牧令书》卷一六《厉教化》。

解，更见留心大典”[1]。曾做过知县的黄六鸿深有体会地讲：“我皇上（康熙帝）上谕十六条，其词约旨深……其间敦伦重本，睦族和乡，与夫崇教化以隆风俗，谨法以保身家，自家庭则及党里，由一己而推之天下”，并且认为“盖民不以教则不知孝悌礼义，而犯上作乱之事无所不为”。[2]这无疑是大清律例总纲的宣传教育。

具体法律条文的讲解，“明刑弼教”。法律条文并不是单独宣讲，而是将法律条文附于圣谕广训之后，在宣讲完圣谕后又接着讲解法律条文。而这附录法律条文，又不是《大清律例》全文，只是摘录了与民有关的条文。正如叶世倬所言：“律例帙繁，势难尽喻于民，而百姓囿于见闻之陋锢，于习染之污，有明犯爰书而习焉不察者，殊堪悯恻。兹于律例中择其地方易犯各条，略加注释，并以律载服制条目附于后，于宣讲圣谕后并讲一二十条，使愚民动色相戒。又令绅耆家购一编，暇日为子弟讲说，庶知遵守，不复误罗法网，则默化潜移，藉以保其身家。”[3]其实，早在顺治十二年，顺治帝便准魏裔介奏：“各问刑衙门止有律书一部，小民不得与闻，故犯法者众。令督抚将刑律有关于民者摘而录之，有司于春秋暇日为之讲说，并令学官为士子讲习。圣谕广训之后，即附律条，宣讲上谕之时，并将所刑律条亦为明白宣示”[4]，使之家喻户晓，“咸知法纪，雇惜身家，以远罪戾”[5]。

宣讲上谕都在乡约所举行，乡约所普遍置有“善恶簿”，“劝善簿”为红面，“纠恶簿”为黑面，对合于圣谕者记善簿奖之，而对“游惰、赌博、酗酒、打降、僭分、好奢、抗粮、唆讼、邪教为匪”者，则记恶簿戒之。至一年，选其始终为善者或免徭役，

1　《福惠全书》卷二五《刑部·讲读上谕》。

2　《福惠全书》卷二五《刑部·讲读上谕》。

3　徐栋辑：《牧令书》卷一六《教化》。

4　《钦颁州县事宜》，“宣讲圣谕律条”。

5　《皇朝经世文编》卷二三。

或表其门闾；对“屡为不善而漫无悛改者”，以杖笞惩罚。[1]这种“普法教育”还带有强制性。

官学义学，圣谕普法。清统治者为了加强对知识分子的思想钳制，要求府州县学生员除四书五经外，还必须诵习圣谕广训、附录律条、康雍等帝御制卧碑各条。[2]君主之言即为法，生员“功名所寄，”当率先作守礼、守法之表率。另外，为了使教化收到更好、更广泛的效果，州县官皆提倡绅士慷慨捐输，为本乡贫苦无力读书的子弟兴办“义学”。清统治者认为礼教、法制教育离不开起码的文化水平，“民不知诗书，士不畏王法，包粮健讼，结党成群，武断乡曲，皆平日漫无防检以束身心，是以放佚至此，急宜兴举义学”[3]，“诗书不事，教化不行而风俗喻薄”[4]。若一地皆是目不识丁者，则教化、普法无从谈起，正常的社会秩序也难以维持。所谓“兴学为善俗之方，蒙养为圣功之治，此人才之本、治化之源也”[5]，说明抓教育应从孩童时抓起。查阅地方志，可以发现清代多数州县都办有义学，并视之为“德政”。

衙门听断，审一儆百。“礼之用和为贵”，和睦无争即为礼，告状打官司即为“失礼”，即为“教化不行”，这是儒家正统观念对于一切词讼的看法。“听讼吾犹人也，必使无讼乎”[6]，这是循吏对待听讼的态度。宣传纲常礼教，普及封建文化和法律，就是为了塑造一个纲纪严明、礼义谦和、无争“无讼”的统治秩序，凡遇“冥顽不灵”之辈或教化不行之时，便用法之严刑峻罚。所以，州县官常常把衙门听断作为教化、普法的最佳场所，审一儆百。如名幕知县汪辉祖就讲:“内衙听讼止能平两造之争，无以耸

1 《皇清奏议》卷二五。

2 《礼部则例》卷五六《教官事例》。

3 戴兆佳：《天台治略》卷九。

4 《福惠全书》卷二五《办义学》。

5 裕谦：《勉益斋偶存稿》卷二《劝谕广设义学》。

6 汪辉祖：《学治臆说·听讼》。

旁观之听；大堂则堂下伫立而观者不下数百人，止判一事，而事之相类者为是为非，皆可引伸而旁达焉。未讼者可诫，已讼者可息……未受挞者潜惑黜化。”[1]李文耕也讲：“夫教化之最亲切者，莫切于放告鞫案之时。盖官之于牖民，原不能家喻户晓，其亲切见面者，惟在此时。”[2]清地方官经常劝告百姓不要打官司，如裕谦当知府时亲自制订“戒讼说”，公布于百姓，说“讼则终凶害多不测，小而结怨耗财，废时失业，大且倾家荡产，招祸亡身”，列举了诉讼“坏心地”、“耗财货”、“误正事”、“伤天伦”、“结怨毒”等十大坏处，并且多次重刊，令所属各州县广为宣谕，“以期兴仁耕让，俗美风淳，勉副本府劝民无讼至意”。[3]《钦颁州县事宜》中把审案听讼与教化的关系讲得很清楚：“州县官为民父母，上宣朝廷之德化，以移风易俗；次奉朝廷之法令，以劝善惩恶。听讼者所以行法令而施劝惩者也，明是非，剖曲直，锄豪强，安良懦，使善者从风而向化，恶者革面而洗心，则听讼以驯至无讼，法令行而德化亦兴之，俱行矣。”[4]这里的教化就是一种法制教育，但其目的并非要老百姓利用法律来保护其自身的利益，而是要求百姓在专制权力的法制淫威下成为驯服的被统治者。不过，客观上也为老百姓依法保护自身的利益提供了条件。从《巴县档案》看，清代的词讼并没有比以往朝代有所减少，特别是经济方面的诉讼比以往大大增加了，四川大学历史系冉光荣教授主编的《清代乾嘉道巴县档案选编》，其中编辑的有关经济方面的司法档案就达五十多万字，就是一个明证。

以上只是偏重于法制教育的论述，其实教化的内容还远不止

1　汪辉祖：《学治臆说·听讼》。

2　《皇朝经世文编》卷二二《与泰安各属》。

3　《勉益斋偶存稿》卷一《戒讼说》。又徐栋辑：《牧令书》卷一七《刑名》上，《戒讼说》。

4　《钦颁州县事宜·听断》。

这些。“州县设义学、荐科举、举孝行、行乡饮、下车入学讲书”都是教化的内容，因不特关考成，“泛泛行之，几同故事”。[1]一些视官位为传舍、逢迎取利的州县官多把教化当作迂腐、难见时效之事，敷衍了事。然而，也有一批循吏实心奉行，因而促成了清代社会相当长时间的相对稳定。

二 维护社会治安

乾隆十五年，秦倬获选云南江川知县，抵任不久就将自己的治事方略禀陈于上司，于社会治安方面讲道:“江川……至于士习民风，向称刁而好讼。某到任后，据法惩创，词状渐少，免为良善；他如弭盗贼，戒游惰，靖地方而民生，尤为某分内之事，敢不黾勉供职。”接着又讲述了其维护社会治安的具体措施:“……保正之法在在可行，是以谕令乡保将各村人户男女丁口，作何生业，并同居亲族、雇工姓名，按照门册详细开报；每户给牌一面，即照开报人数填载，编为一甲，另给一牌，其甲长按月轮当，平时稽查出入，失事则分别惩劝……务期奸匪难容，地方宁谧。”[2]“编查户口以严保甲，为政之急务也”[3]，这是州县官为维护清王朝专制统治秩序不可推卸的责任。

清代州县官的治安职能，一是组织建设，力行保甲之法；二是率领佐贰杂职、书吏、差役，督催各乡保完成禁盗匪、禁邪教、禁赌博、禁娼妓、禁打架、禁讼师、禁私宰、禁私铸、缉捕等日常性的治安任务。清朝皇帝认为:“为治莫要于安民，安民莫急于弭盗。诚以盗贼者，民生之大害，奸宄一日不除，则良善一日不获宁居也。”[4]州县官应做到“盗贼未起，防守为要；盗贼既起，

1 徐栋辑：《牧令书》卷一六《教化》，袁守定《图民录》。

2 《碑传集》卷一〇四，王昶《秦倬传》。

3 《皇朝经世文编》卷七四，李兆洛《风台县志论编查》。

4 《清会典事例》卷七八五。

擒捕为要”[1]，形成一州一县以印官为首的佐杂、吏、役、兵弁为经，保甲乡保为纬的治安网络。名臣鄂尔泰对此作过一番描述：“……缉拿盗贼，原有着落邻佑保结之例；查禁赌博，有责成佐贰转责乡甲逐户具结之例；调处词讼，则原有户婚田土细事先批乡邻公讲息结之例；编行保甲，原有户口牌细开名数并记簿稽察之例……”[2]可见，社会控制网相当严密有序。

州县政府维护社会治安的方针是：以“严其防范，力行保甲”为主，“严其缉捕”、“靖其根源”并重的十六字。

“严其防范，力行保甲”，使相邻十家为一牌，十牌为一甲，十甲为一保，牌立牌头，甲立甲长，保设保长，“无事递相稽查，有事互相救应。月底令保长出具无事甘结，报官备查”。[3]“今欲为尔等谋保护安全之计，莫如力行保甲”。河南巡抚于成龙为所属州县拟定了一份“力行保甲”的方案，“酌定条款，编帙成书，务使家喻户晓”。[4]其内容详备达十三款之多，防范之严，比康熙四十七年清政府“申饬保甲之法”的规定还要完备得多。清代社会矛盾极其复杂，为保高度集权的专制权力不动摇，历朝清统治者都十分强调“力行保甲”，“州县编查保甲，本比什伍遗法，地方官果实力奉行，不时留心稽察，游惰匪类自无所容，外来奸宄更无论迹，于吏治最为切要”。[5]知县黄六鸿就深有体会地讲：“保甲之设，所以弭盗逃而严奸宄，至善也”；“由一邑而推之一省，由一省推之天下，诚弭盗戢奸之善政也”。[6]然而，因“日久生玩类，以市井无赖之徒承充保甲长。……力行保甲之条，不过

1 《皇朝经世文编》卷二二，陈庆门《仕学一贯录》。

2 《皇朝经世文编》卷一八《议州县不必设副官乡官疏》。

3 《清朝文献通考》卷二二《职役·保甲》。

4 《皇朝经世文编》卷七四《弭盗条约》。

5 《皇朝经世文编》卷七四，胡译漘《敬陈保甲要疏》。

6 《福惠全书》卷二一。

具文”。乾隆十一年，乾隆帝亲自进行调整，作出新的规定：第一，令该地士民公举诚实识字、有身家之人承充保长、甲长，不得以市井无赖滥厕；第二，其一切户婚、田土、催粮、拘犯等事另设地方一名承值；第三，至于支更看栅等役，民间以次轮充，惟绅衿及衰废幼丁量免；第四，牌头不得减设，甲长不得免点，恐保正耳目难周，稽查不密；第五，以免滋扰，不得设立副约正和保甲房书吏；第六，甲长须公举，不得以十户轮充，恐无赖之徒滥厕。[1]这些规定不一定都能在全国施行，因“人情风土，各有异宜”[2]，但至少可以看出清统治者对保甲的重视程度。

“严其缉捕”。对于地方发生的命、盗重案，州县官要不论远近，不分风雨星夜，应立即带捕役、仵作、刑书合同营讯，飞赴出事之地，查验前后出入情况，当场讯取确供。在缉捕时，委派捕役，要给予优待，以资其用，并监禁其家属，以系其心，而使其在外不敢逍遥；按“所获名数给以重赏，鼓舞其志，而使之有所希冀”[3]。如乾隆三十年九月，合川县捕役李胜、易升捕获偷窃银 70 两以上贼犯，得到 18 两白银的奖赏。为此，四川分巡川东道李道台专札所属府州县厅，“遇有勤捕缉盗全获、操演壮丁等类，均宜奖赏，以示鼓励。”巴县知县也专拨银 30 两奖赏本县捕役。[4]如玩忽职守，贪财受赂，则监禁家属追问。对捕得“窃盗”、“罪人”，“照律刺字，使屡犯者不致漏网，使初犯者有所改过”。[5]对于谋反之事，更是严加对待。州县官得知有谋反之人，要迅速详细调查，然后率领壮快、捕役，协同防营密计擒捕。如谋反人多，则飞报上司。

---

1 《清朝文献通考》卷二四《职役·保甲》。

2 《皇朝经世文编》卷七四，黄中坚《保甲议》。

3 《钦颁州县事宜·严缉捕》。

4 《巴县档案·乾隆朝》第 1 盘，卷一〇。

5 《钦颁州县事宜·严缉捕》。

“靖其根源”。一方面对捕役严加管束，“捕役一项较他役为最黠，原系积年惯盗，改恶作良则充当捕役，地方官不已而用之”。“彼其平素与贼通，贼之窝线，彼无不知；贼之风声，彼无不晓”。饬令“各地方官遴选捕役之最黠而有家属者，大州县不过十余名，小州县不过八、九名……厚其工食，养其家口，所住之处，着令乡地邻佑具保看守，仍着落捕役联环互保之结”。[1]另一方面，开“密首之路”，使保长、里正、甲长、牌邻、族正各顾其家，而不敢相互庇护，并使他们不担心因报告官府而遭到报复。对“窝盗”、“贼线”加以重惩。“盗有盗窝，贼有引线；盗非窝无以存留，贼无线无以踏探，是窝线者盗贼之源也。州县除一盗贼不如除一窝家，获一伙盗，不如获一引线。”[2]黄六鸿用法律的角度来解释严惩窝线的意义:“律载‘凡强盗窝主造意，身虽不行但分赃者，斩；又不分赃者，杖一百流三千里。’夫窝主不行而分赃，亦与盗论者，恶其造意，又得赃也；造意者，谓其主意起谋为强盗也，若不行又不分赃，亦拟杖流，犹恶其造意；虽不分赃而行劫之谋，孰为之始乎？”[3]对于擒获窝线送交官府者，加以重赏，“则盗窝可除，而盗源自清矣”。[4]

州县政府日常性的治安工作是靠乡保长来完成的。黄六鸿讲：保长“选任至期，官升大堂，先备烧金银、花红绸、酒木榼、鼓乐，命约地等伴领新保长由东角门进至滴水簷下排立，鼓吹举乐，阴阳生为之簪花披红；县官起立，新保长行庭参后，四叩，县官出案傍答揖。礼毕，阴阳生执壶把盏捧榼，县官亲为递酒，斟之巡毕，新保长称谢，免行礼，鼓乐前导，由中门而出”[5]。州县官

1　《皇朝经世文编》卷四二，田文镜《请停分缉协缉疏》。

2　《钦颁州县事宜·弭盗》。

3　《福惠全书》卷一八。

4　《钦颁州县事宜·弭盗》。

5　《福惠全书》卷二一。

专为新任保长举行隆重的就任仪式。包世臣也讲："凡乡老保贰里正，官皆待以客礼"，并给他们"戳记，使白达于官"。[1]州县官对乡老、保长、里正相当礼遇，目的是让他们成为维护社会治安的忠实执行者，不仅力行保甲，而且邪教、匪类、赌博、娼妓、打架、健讼等禁令，都得靠他们稽查而"白达于官"。从前面我们所引的巴县乡约、保长执照中，就可看到他们所涉公务的内容。

"邪教"、"匪类"为清政府绝对不容，"邪教煽惑愚民，最为人心风俗之害，久经严禁"。[2]除清政府承认的佛、道、喇嘛、回回、萨满等几种宗教外，他如白莲教、天地会、天理教，哥老会等秘密宗教和会社，以及反对清王朝的言论、书籍，都属"邪教"之例，由此而形成的政治势力、社会群体，被统称为"匪类"。"地方遇有此事，州县官一经访闻……立即拿解，报明上司，据实具奏，严行按问惩治，以靖奸匪而安善良。""若州县讳饰不报，私自完结，即著督抚查明参处。"[3]州县各乡保要定期向官府汇报稽查情况，有无容留匪徒具结。如乾隆三十五年五月，巴县正甲八甲乡约、保长、客长乃至铺店都具结保证无容留匪徒、娼妓之事。[4]这样的具结状和"查禁啯匪"、"严拿匪徒"的告示、谕札在《巴县档案》中很多。有时，因社会治安十分混乱，几个州县联合派捕役在各交界市镇、关口巡逻、缉拿盗贼、匪徒，称"会哨照票"。道光初年起，巴县、壁山、綦江、合川等县连续十几年如此。[5]可见，清代对"邪教"、"匪类"之事相当重视，因为它们对清王朝的统治和政权的巩固危害最大。

赌博，属清代一直申禁之事，《清会典事例》有一卷专门责

1 《安吴四种》卷二八。

2 《清朝通典》卷八一。

3 《清朝通典》卷八一。

4 《巴县档案·乾隆朝》卷六三。

5 《巴县档案·道光朝》卷一八九。

成内外各官严禁赌博。“赌博者，盗贼之媒也，始而荡废家财，继而潜行偷窃，乃至胆大手滑，公然劫盗终矣。”[1]州县官将赌博视同劫盗，严加稽查。雍正帝对赌博更是深恶痛绝，雍正七年，他在上谕中讲道：“赌博最坏人之品。游惰之民，自昔治天下者之所深恶，若好为赌博之人，又不止于游惰而已，荒弃本业，荡费家资，品行日即于卑污，心术日趋于贪诈；父习之则无以训其子，主习之则无以制其奴，斗殴由此生，争讼由此而起，盗贼由此而多，匪类由此而聚。其为人心风俗之害，诚不可悉数也。”[2]这种认识应该是正确而中肯的，直至今天仍有借鉴意义。因此，他要求地方官严清其源，“若不严禁赌具，究不能除赌博之源。……将纸牌骰子悉行严禁，不许再卖，违者治其罪”[3]。《清会典事例》对州县官规定了不少严禁赌博的行政处分条例。州县官又要求乡约、保正、团首严加稽察、拿获，“如乡约不先驱逐、觉察，立拘乡约重究；如团首、场头禀获，即以赌博家所输赢钱，给赏拿获者”。如此，“则赌窝既绝，聚赌日稀，亦消弭盗贼之法也”[4]。然而，由于清政府控制太严，士民百姓无适当的娱乐活动，所以，赌博也是屡禁不止。

打架、娼妓也是为封建统治秩序所不容的，称为“败坏风气”的“恶俗”。乾隆元年三月，乾隆帝的上谕中就将盗贼、赌博与打架、娼妓称为四大闾阎之恶。[5]州县官“履任之初，访有此等，务先出示严谕，仍于审时密谕。壮役巡罗，遇有打架之人，立将凶器一并拿获，禀官究责、枷警，庶民刁恶之风可以渐息也”[6]。地

1　《〔咸丰〕天全州志》卷三。

2　《清会典事例》卷一三一《吏部处分例·赌博》。

3　《清会典事例》卷八二七《刑部·刑律杂犯》。

4　《〔咸丰〕天全州志》卷三。

5　《清朝通典》卷八一。

6　《福惠全书》卷一一。

方乡保要及时排忿解怨，保持闾阎和睦相处。

健讼，在清统治者看来也是一种很不好的风气。原因是有一批专门架词唆讼的“讼师”，因而从律例到民风治安都严加禁止。王有孚讲：“讼师教唆词讼，例禁甚严，总其播弄乡愚，恐吓良善也[1]”。其实，清统治阶级的理想是要达到太平无讼的统治秩序。在州县司法诉讼中，告诉状得由取得合法地位的代书誊写。雍正七年，清政府规定，州县官“务择里民之诚实识字者考取代书，凡有呈状，皆令其照本人情词据实誊写；呈后登代书姓名，该衙门验明方可收受；无代书姓名，即严行查究，其教唆增减者，照律治罪”[2]。清代的告诉状有一定格式，每个官代书盖上自己专用的“戳记”，呈词才有效而被州县印官衙门收受。“州县官考取代书，给人图记，原以杜讼之弊”，但是，仍有“劣衿莠民藐法唆讼，阳假代书之图记，实系讼师之捏词。”于是，又严饬代书，“务照本人情词据实开写，其有教唆增减者，照律治罪外，如有将讼师底稿嘱其誊写者，许令代书出首，按律治罪；如代书容隐不首，滥用图记，一体治罪；劣衿挑唆词讼，应加倍治罪”[3]。建立官代书制度的目的是想从根本上杜绝讼师的活动，然而，讼师暗中的活动多种多样，且与代书、官府里吏、衙役串通一气。康熙《束鹿县志·风俗志》云：“有奁生、豪棍及衙门胥吏假开店门，包揽词讼，号曰歇家。”从《巴县档案》中的告诉状看，上面都有歇家何处字样。歇家，实际上成为代书、讼师、吏、役联合健讼、谋取利益的活动场所。讼师禁而不绝的原因，从社会需求来看，则是由于清代人口激增，社会经济较前代大为发展，为此人们的法律关系也必然复杂起来。

清代州县政府以保甲法为主的治安工作，内容很广，远不止

1　徐栋辑：《牧令书》卷一八《刑名》中《一得偶谈》。

2　《大清律例》，《诉讼·教唆词讼条例》。

3　《清朝通典》卷八五。

以上这些。作为第一责任人的知州知县要定期向上司禀报境内的治安详情，也要不时回禀上司专项治安事务的催查。如同治初年，阮本炎署理阜宁知县，到任后不久便呈“上左季高爵相暨各大宪整顿阜邑情况禀”，对阜宁县的治安情形这样讲道：“阜邑民情不知有官法久矣。绅士之众，讼案之多，犯上不已，必至作乱，池鱼殃及，势且玉石俱焚”，已到“不辜一朝决裂，有不可收拾之虞”的地步。[1]典当铺主李振新提高当息，引起县民滋事，奉知府孙海岑弹压宪札，阮本炎又“覆淮安府孙海岑太守弹压阜典滋事呈文”，声明“奉委饬督开，既据该典商遵办，且有营汛驻防兵勇协同照料，两日来商民相安，似可无虞，自应回府销委”。将“滋事之李文燦等由县另文解府审究”，表示“至未尽善后事宜尚多，应由府督县随时查办”。[2]接到新任两江总督曾国藩“查询地方事宜二十四条饬”的宪札，阮本炎又呈“覆两江曾宫保爵帅查询地方事禀”，逐条详细禀覆，“匪徒出没靡常。防范尤不容稍解”。[3]清代到了末世，社会治安已千疮百孔，难以维持。其实，早在康熙年间就出现这样的现象：“凡州县无论保甲之设否，每朔望索取各地方乡屯无事甘结，视为具文”[4]，“行保甲而盗益横，讲乡约而不孝不弟益多，举俊秀而子弟益弃诗书，行乡饮酒礼而父老益卑贱，颠连失所……一言以蔽之，上下交征利而已”[5]。乾隆年间更是：编查保甲“日久生玩，有司视为迂阔常谈，率以具文从事；各乡设保甲长，……平时并不实心查察；虽督抚考课有力行保甲之条，不过故套相沿，毫无裨益”[6]。这大概就是密而反疏，各种反抗势力不断发展壮大，终于在乾隆朝大规模揭竿而起的外部原因。

1　阮本炎：《求牧刍言》卷一。
2　阮本炎：《求牧刍言》卷一、三。
3　阮本炎：《求牧刍言》卷一、三。
4　《福惠全书》卷二三。
5　《皇朝经世文编》卷七四，胡泽潢《敬陈保甲之要疏》。
6　《皇朝经世文编》卷一一，魏禧《论治四则》。

三　全权处理民事词讼

民事词讼，还包括轻微刑事或治安案件，州县有全权处理。《清史稿·刑法三》云："户婚田土及笞杖轻罪由州县完成，例称自理"，限二十日完结。以示与命、盗"案件"相区别。"自理民词，枷杖以下一切户婚、田土、钱债、斗殴细故，名为词讼。"[1]乾隆四十四年议定："凡遇旗民词讼事件，悉归州县审理。……原以州县管理词讼是其专责……旗员于刑名例案非所素习，强使听讼，必难保其明允。"[2]但寻常人犯，均要知会旗员拿解。对于自理词讼，州县官基本上有两种处理手段，一是责惩，即所谓"杖加发落"，一是训诫和调处息讼。州县审理完结，即可作为产生法律效力的判决、裁定或调解。

《大清会典》规定："凡依告状鞫狱，止许一告一诉，告状人止许告真犯真证"[3]，实行不告不理原则，民事词讼也不例外。清代州县的司法告诉状有一定格式，都分正、副状，黄六鸿讲当时郯城县的状式是"状刊格眼三行，以一百四十四字为率"[4]。而笔者查《巴县档案》所见状式，格眼则不止三行，字眼也不止一百四十四，且状尾都附刊有"告状十四不准"，即事在赦前及年远无凭者，不准；人命不开明伤痕、凶器、受伤时日并无约地报呈者，不准；告斗殴不开明受伤部位，不指明某人殴伤，混列行凶姓名者，不准；报强窃不开明被窃月日及出入情形，空治失单并无乡佐报呈者，不准；有职人员及贡监生、妇女无抱告者，不准；告赃物无年月日及无过付见证者，不准；非奸情，牵连妇女者，不准；夫男现在，令妇女出头者不准；被告过四人、干证过三人及无住址里数者，不准；告状只许一告一诉，如混绩投词，牵远原

1　包世臣：《安吴四种》卷三二。

2　《清会典事例》卷八五〇《刑部》。

3　也可参见《古今图书集成》卷一三三《祥刑典》。

4　《福惠全书》卷一一。

状无名之人者，不准；新词不开原词注语、批语，改易姓名膝混并以诉作告者，不准；告田土无地邻、债账，无中保人，不粘契纸者，不准；不遵格式，并行直写并无代书戳记及无副状者，不准。[1]也许各州县之间状式不一样，也许从康熙朝到乾隆朝，状式有所变化。这里还牵涉一个犯什么法、发生什么法律纠纷的问题。我们平常接触的都是有被害人作原告、行害人作被告或民事纠纷的私法案例，而对于犯公法，怎么起诉，很少见记载。清代没有公诉人之说，大概根据报案，由承审衙门自行立案。如乾隆三十七年十二月二十七日，巴县县民包子玉赶场捡回告示一张，被告官受审，最后被责打三十板示儆具结。[2]这一案似乎未见告状，大概是根据乡保报官立案的。这种报官方式称“具禀状”，而不是“具告状”、“具诉状”，状式不一样，但同样具有起诉的性质。大概康雍乾三朝的众多文字狱，都是由“具禀状”立案的。

州县官接到呈词后，命、盗重案也好，民事词讼也好，都要进行一番“准情度理”的审批工作，这就是白如珍所说的“批发呈词，要能揣度人情物理，觉察奸刁诈伪，明大义，谙律例。……善听者只能剖辨是非于讼成之后，善批者可以解释诬妄于讼起之初”[3]。对于角口、负气等细故民词，州县官可以批予“不准”，“少准勤审乃止讼之要法”。[4]批词一般由幕友拟批，印官画押，签押家人加印加朱，三日左右于头门发榜。正如何士祁所言：“幕友拟批于副状，官过目画押，然后墨笔幕友录于正状，过朱发榜，此通例也。”[5]州县一般规定逢三逢八日放告。其实，“地方官词讼无日无之，最足见居官者之明暗，而亦戒饬平反革薄从忠

1　《巴县档案·乾隆朝》卷八七。

2　《巴县档案·乾隆朝》卷六七。

3　徐栋辑：《牧令书》卷一八《刑名》中，朱“少准勤审”，白如珍《论批呈词》。

4　徐栋辑：《牧令书》卷一八《刑名》中，朱“少准勤审”，白如珍《论批呈词》。

5　徐栋辑：《牧令书》卷一八《刑名》中，《词讼》，陈庆门《仕学一贯录》。

之一大段工夫也”。[1]

根据《大清律例》所载，州县准理以下一些词讼后，有权实施以笞杖：

凡斗殴以手足或他物殴人，不成伤者，笞二十至三十；致伤者笞四十；殴人吐血、出血者杖八十。

凡偷窃未遂者笞五十，窃一两以下杖六十，十两以下杖七十，至四十两杖一百。

立业典卖不清，混行争告，照不应重律杖八十。

父母在世，子孙别籍异财杖一百。

立嫡子违法者杖八十；收养异姓子以乱宗族者杖六十。

子孙盗卖祖产五十亩以下，或盗卖义田，照盗卖官田律，每一亩杖七十。

凡典卖田宅不契，笞五十。

凡欺隐田粮笞四十至杖一百。

凡脱漏户口杖一百，隐匿成丁杖六十。

举人、生员欠纳钱粮，杖六十至一百；夏秋两季收粮拖欠限满不足额者，里正、户长杖六十至一百。

借贷取利，月息不过三分，长年息不过十分，违者笞四十至杖一百。

以上是引自“户律”、“刑律”的部分笞杖刑律文。但在户律和《户部处分则例》中还有单纯的民事法规，没有规定笞杖，如：

分家析产立“分书”已定，不许重分，告词立案不准。

卖产立有绝卖文契，不准找赎；文契未载绝卖，可以赎回。

1 徐栋辑：《牧令书》卷一八《刑名》中，《词讼》，陈庆门《仕学一贯录》。

父母健在，许令子孙析产者，听。

凡民人争告坟山，应以印契、山址字号、亩数等为凭证。

无子者，可以选同宗昭穆相当之侄儿继承。

定婚应两家情愿，写立婚书，依礼聘嫁，男娶女嫁应以父母主婚。

这些条款也是州县自理词讼的法律规定。可见，州县自理词讼除用刑罚手段调整民事法律关系外，还有从“积极方面”的禁止性规定。但是，从这些所引条款看，凡危害封建政府、国家利益以及违反封建礼义的轻微犯罪，都要予以笞杖惩罚。

州县政府在自理词讼中如何具体应用不同的法律规范，清律有一条极为重要的原则，即“断罪引律例”。自理词讼除一部分犯公法的轻微治安、刑事案件外，更多的民事纠纷本来不是犯罪，只是同样可以施以笞杖，也就称之为“笞杖轻罪”。说是轻罪，毕竟又与徒及徒刑以上犯罪有别，所以，州县自理事件就不必一定引用《律例》。清代《巴县档案》为我们提供了州县级审理的实证材料，展示了许多完整的自理诉讼案卷。档案材料说明，州县自理词讼的基本审理原则是责惩与调处相结合，具体到词讼中，犯轻微公法的词讼，则是责惩和训诫多些；而纯民事纠纷的词讼，则是调处的成分多一些。有的责惩，有的免予责惩，有的罚款、赔偿。《吏部处分则例》规定:“民间寻常词讼，所犯之罪本轻，地方官酌量示罚，以充桥、道、庙宇等工之用。”[1]这主要针对犯轻微公法而言，而纯民事纠纷的词讼，罚款、赔偿多予以受害一方，而不是官府。乾隆五十九年四月，巴县民龚涵兄弟祭坟放爆竹烧毁县民邓廷祥草房、谷物，查验赔偿一案，经县批乡邻调解，和息甘结，责令龚涵兄弟赔偿邓廷祥银六两，为置谷石零物之用；

1　《吏部处分则例》卷八七。

其草房数椽由原业主汪兰自行起造，不要龚涵兄弟赔偿，“以全两造之好”[1]。总的说来，民事词讼调处占有主要地位，即便责惩也伴随着训诫和调处。康熙帝在一首诗中写道：“齐民但示蒲鞭辱，报国应同竹节坚。莫恃才名轻庶物，冥冥中自有青天。”[2]他告诫地方官吏不要任情呈威，要省刑爱民，牧民只须轻拂“蒲鞭”就可以了。

州县自理词讼自然有一番审问两造、佐证，明辨是非曲直的过程，按循吏的标准是“当堂定谳”。“堂上定谳，是非曲直当下分剖。两造咸知招房书吏不敢添减，一切事后揣摩、乘机指撞、书役操纵揹索诸弊自绝，刁徒亦无觊觎翻改、渎告不休之争，最为理讼善策。”[3]然而，清代的司法程序对自理词讼只是强调“自行审理”，而对其结案形式并没硬性规定。因而，州县官在词讼审理终结时，经常的做法是由当事人或其监护人、调解人出具甘结、保结、禀呈，表示悔过、服输或和解，然后作出批示，即可结案。“甘结、保结加批示”，就是自理词讼的结案形式，这在《巴县档案》中大量存在。州县官的批示犹如皇帝在三法司斩绞重案题本上的“批红”，也就是一道判决书，通常称为“判词”。在档案中常见的判词有准结、准息、准保结、准销等名目。也有的判词数百上千言，如郝燕山误听房客之言，与弟郝鹤山互殴控官一案，经知县张船山审问，作了一道近千言的判词，判词的最后几句话是这样写的：

幸而对簿公庭，各知悔恨，相对哭泣，求恩曲予矜全。委婉禀陈，隐若至相庇护。念尔为兄者，实缘旁言之误听；

1 《巴县档案·乾隆朝》卷八七。

2 《康熙诗选》，“巡省江浙，见闾阎稍有起色，示诸臣省刑爱民”，第176页，春风文艺出版社，1984年。

3 徐栋辑：《牧令书》卷一八《刑名》中，“当堂定谳”。

为弟者，不过肆应之无方。两非有意寻仇，律可原情减宥。兹由郝燕山请将郝鹤山开释，即着当堂领回。兄兄弟弟，各安本业以为生；泄泄融融，共享皇家之雨露。若再因财起衅，逞急召凶，则王法森严，决不能为尔等宽也。切切，此判。[1]

可见，判词的格式不定，随情而判，形式多样。州县官对词讼的“批示”，还有一种可称为“批语”，是收词时或审理过程中批拟的，常见的有“候，即验伤拘究”、“着原差刻日拘究”、“看原调人协同词证理处”、“候提验”、“即押、随查带讯”、“收班候讯”等等，依情而批。批语与判词虽有区别，但也并非截然不同，经常起着一致的作用。

在州县的民事词讼的审理中，由印官主持和参与的调处息讼虽广泛运用，但法律也没有规定它的程序，所以，调处息讼的形式也是多种多样。郑秦博士经过深入研究，将清代州县民事词讼的调处息讼归纳总结出三个特点：其一，州县调处息讼带有一定的“强制性”；其二，州县调处息讼的“优先性”；其三，堂上堂下结合的原则。[2]这是很有见地的论断。调处息讼不仅是统治者为维护统治秩序所倡导的，而且也是符合封建礼教道德标准的。正如瞿同祖先生所言：“研究古代法律必礼书法典并观，才能明其渊源；明其精义。……后代编制法律时便将这些礼的规范采入法典中，礼加以刑罚的制裁便成为法律。”[3]违法即违礼，健讼打官司是一种不礼、不道德的行为。同时，我们也看到一些循吏、名幕也确实从两造的切身利益出发，来进行调处息讼。如汪辉祖从幕友的角度，力求省事，减少诉讼。他就词讼对两造的危害这样

1　高潮主编：《古代判词》，第 90 页，群众出版社，1981 年。

2　郑秦：《清代司法审判制度研究》，第 218、219 页，湖南教育出版社，1988 年。

3　瞿同祖：《中国法律与中国社会》第六章第三节，《以礼入法》，中华书局，1981 年。

讲道：

> 谚云："衙门六扇开，有理无钱莫进来。"非谓官之必贪，吏之必墨也。一词准理，差役到家则有馔赠之资；探信入城则有舟车之费；及示审有期，而讼师、词证以及关切之亲朋相率而前，无不取给于具呈之人；或审期更换，则费将重出。其他差房陋规名目不一，有官法之所不能禁者；索诈之赃，又无论已。……如乡民有田四十亩，夫耕妇织可给数口，一讼之累，费钱三千文，便须假子钱以济。不二年，必至鬻田，鬻一亩则少一亩之入，辗转借售，不七八年而无以为生。其贫在七八年之后，而致贫之故实在准词之初，故事非急切，宜批示开导，不宜传讯差提……少唤一人即少累一人。堂上一点朱，民间千点血，下笔时多费一刻之心，涉讼者已受无穷之惠，故幕中之存心，以省事为上。[1]

这里的重点主要针对自耕农而言，对当初的诉讼费用还能负担，其贫只在"七八年之后"。而对于收入更低的半自耕农、佃客、雇工等人户来讲，与人发生纠纷，就不得不考虑无底的诉讼费用而自动或经调解息讼了。

州县自理责惩"笞杖"词讼案件，对笞杖徒有收赎之权。"笞，赎止一两二钱五分，杖止五两；徒，则赎五两以上，每加等加二两五钱，止十七两"，[2]并且有无力、稍有力、无力之别。此律例为保有力之人的体面，以钱来逃避法律惩罚，而贫苦"无力"百姓就只能甘受责惩，体现了清律的阶级性。[3]

州县自理词讼在每年四月初一至七月三十日农忙时节停讼，

1　汪辉祖：《佐治药言·省事》。

2　《福惠全书》卷一二，也可参见《大清律例》卷首《赎刑图》。

3　参见拙作《清代的赎刑与捐赎》，《历史大观园》1993 年第 11 期。

但“遇有坟山地土等项及自理案件事关紧要，或证佐人等现非务农，俱仍勘断”或“若查勘水利界址等事，现涉争讼，清理稍迟，必致有妨农务者，即令各州县亲赴该处审断速结。其余一切呈诉无妨农业之事，照常办理，不准停讼，仍令该管巡道，严加稽察”。[1]民事法律与农业生产紧密相连，不得违背，体现了清代“以农为本，工商为末”的思想。

州县自理词讼终结后，虽可即时发生法律效力，但必须报上司查覆，接受上司的司法监督。《清会典事例》载:“州县自理……案件，限二十日完结者，各设立循环簿，于每月底将准告审结事件，填注簿内，开明已未结缘由，其有应行展限及覆审者，亦即于册内注明”，送该管上司查覆。[2]包世臣也讲:“州县自理词讼，例载按月折报，由道员、知府查核。……该管上司详记档案，于岁底汇查功过，以为劝惩。”[3]以此作为州县官政绩的依据之一。州县印官大计考核时，“政事”一项以通达明治为上等，讼清狱结是其重要标志，“自理词讼随到随审，虚衷剖断，从不稽延拖累”[4]的州县印官，可获大计一等——卓异的考评，从而得以升迁。这种考核标准若严格公允，当然也能促使州县印官把审结、调息词讼及按月上报作为自己出治为政的追求。

四　拟律、上报刑事案件

凡境内发生的十恶、人命、盗劫、拐骗、邪教、土匪、窝赌、私铸、私盐、衙蠹等应判处徒刑以上的一般和重大刑事案件，州县印官都应作出审判意见，“自斥革衣顶问拟徒以上，例须通详招解报部，及奉各上司批审，呈词须详覆本批发衙门者，名为案

1　《清会典事例》卷八一七《刑部·刑律·诉讼》。

2　《清会典事例》卷一二二《吏部处分例》。

3　《安吴四种》卷三一。

4　档案《顺天府全宗》第12号，《通永道大计清册》。

件”[1]。其具体职责，一是侦查、缉捕、查赃、勘验现场、检验尸伤、强制措施；二是初审。州县初审不是“预审”，而是一级正式审判，要根据和引用《大清律例》的条款定罪量刑，称为“拟律”或“拟罪”。拟律不是发生法律效力的判决，但却是省、中央两级政府司法定案的基础。州县办理刑事案件也有法定的限期，据《清史稿·刑法三》载:“直省寻常命案限六阅月，盗劫及情重命案、钦部事件并抢夺、掘坟一切杂案，俱定限四阅月。其限六月者，州县三月解府州……其限四月者，州县两月解府州。如案内正犯及要证未获，或在监患病，准其展限或扣限；若隔属提人及行查者，以人文到日起限。”越限，州县官将受到行政处分。

雍乾时的河南巡抚、曾三任知县的王士俊，讲过他任州县官时如何处理命盗案件的经验。于此，我们可以对州县如何处理刑事案件一开始就有个概略了解，现抄录如下：

> 余三任知县，所定命案不下百余，惟于当场研取确情，从未在堂录囚。一遇命案，单骑前赴，兼裹数日粮，从仆二人、刑书二人、干役二人、快头一人、仵作一人、皂隶四人，不令远离一步，以杜私弊。公案离检所不过丈余。至则先问两造口词，即令仵作同两造及地保公同检验，不厌其详。所报伤迹，详录草单，候三词合同，方余至检所逐一加验，稍有疑惑，令仵作再验，果见伤迹凶具相符，然后亲注伤痕。如犯证俱齐，即先录邻佑口词，再录证人，再录死者之亲，众供画一，始取凶犯口词，或一人或两三人，细细研鞫，别何人造意，何人先下手，何人伤致命，务求颠末了然，确定首从，不可模糊。所伤械物，迅即追起，不可姑缓，果无遁情，再复问各犯，翻驳尽致，果无反覆，令刑书朗诵口词，

1 《安吴四种》卷三一。

与各犯仔细倾听。书押毕，即将凶犯重杖，其不行解散助殴加功者，亦加重杖，以纾生者之忿，以慰死者之心。各犯应释者释，应保者保，应羁者羁，务于当场研决，不得迟滞牵累。返署后，即行申报，密即串叙招看。覆妥协，候宪批下日，即行点解。[1]

这一段话不排除夸大自诩的成分，但确实是完全按法定程序办理命盗案件的经验之谈。也就是说，州县审理刑事案件，首先要有报案的告状或禀状。经准理后，或差快壮、捕役、书吏，或州县官亲往，或侦查、缉捕，或查赃、勘验现场，或检验尸伤，或当场研鞫，或堂上录因，查得实情，并同时对各犯采取相应的强制措施。或释或保，或杖或羁，作出决断。回署或退堂后，由刑书起草案情详文，画押用印通详上司。[2]同时又由刑幕根据案情、引用律例，作出审判的“拟律”意见。俟上宪批覆下日，立即将案犯、证佐、凶器、案据、审录一同点解知府衙门。一件刑事案件就这样在州县基本审理完结。如“拟律”有误或不当，再加复审，或上司派委员一同会审。

一般刑事案件，如窃盗、拐骗、邪教、私铸、私盐、窝赌，甚至部分强盗、过失人命，经报案准理后，多由州县官用信票或传票的形式，差捕役或快役与乡保合同调查、拘拿、传唤案犯、干证。现抄录乾隆二十三年巴县信票一件如下：

本年四月二十七日，据船户彭林具报，伊挠夫陈荣在船头失足落水溺死等情。同时又据同船挠夫郑士富、余朝英等

1　《皇朝经世文编》卷九四，王士俊《谳狱》。

2　《六部处分则例》卷四一、四三：“地方盗案，州县官于会营诣勘之后，即用印文通详”；“地方人命案件，州县官于亲诣相验之后，即用印文通详”。从内阁刑科题本中也可见州县审录必有“照例通报，奉批饬审”语。

> 报同前由，各等情，据此合行饬差打捞。为此票差该役前去协同船户、同船人等即速沿江打捞溺便陈荣尸身，分获禀报，本县以凭亲临相验。去役毋得需索迟延，如违，重究不贷，速渎票。
>
> 巴县　快头　杨洪搭
>
> 乾隆二十三年四月二十七日差　定限　日销。[1]

又，乾隆二十五年信票一件：

> ……本年八月二十二日，据杨纪供出擅行刺字之罗老七等缘由，据此合行差拘，为此票差该役前去高山寺地方。即拘后，开有各匪犯伙，连随票赴县，以凭讯究。去役毋得迟延需索，如违，重究不贷，速渎票。
>
> 计开匪犯：罗老七、戴老满、罗胡子、邬文使、老公。
>
> 正堂王行
>
> 乾隆二十五年八月二十八日刑房王建用承稿。[2]

此两件信票，后者为差拿案犯杨纪供出刺字啯匪回衙，“以凭讯究”拟罪；前者为打捞陈荣尸身，“以凭亲临相验”。信票发出后，一般定日收回销毁，但在《巴县档案》中还有少量保存。

清代俗有“人命关天”之说，“强盗必除”之谣，州县应对命盗重案十分慎重。《刑部处分则例》要求，凡境内发生命盗重案报官，州县印官必须亲往检验尸伤、勘查现场。[3]但是，这里又存在一个问题，州县司法权的第一责任人印官事必躬亲，如果境内同时发生几起命盗案重案，相验、勘查均不能拖延，又该怎么

1 《巴县档案·乾隆朝》卷二四五。

2 《巴县档案·乾隆朝》卷五四。

3 《六部处分则例》卷四三、四一《刑部》。

办？《大清律例》或《清会典事例》都没正面回答这一问题，但规定了几种特殊情况的处理办法：第一，许委佐贰往验，“相验尸伤及斗殴伤重之人，如离城窎远及公务繁冗，州县官不能逐起诣验者，委佐贰往验，仍听州县官填注伤单详报”；第二，请邻邑印官代验，“相验尸伤，本邑邻邑相距不过六十里，本邑官公出，即请邻邑印官代验”；第三，请邻邑印官委佐贰代验，“邻邑地远不能朝发夕至者，许别委佐贰代验，代验之员必系同知、通判、州同、县丞等官”；第四，令杂职官往验，“印官公出，同城并无佐贰，又距邻邑遥远者，即令该吏目、典史验立伤单，申报印官覆验，如印官不能即回，申请邻邑代验，填图通详”。[1]州县官如果“牒到托故不即检验，致令尸变，及不亲临监视，转委吏卒；若初覆检验官吏相见挟同尸状及不同心检验，移易轻重增减，尸伤不实，定执致死根由不明者”，将受到惩罚，“正官杖六十，首领官杖七十，吏典杖八十；仵作、行人检验不实，挟同尸状者，罪亦如之”。[2]通过这些措施，大概能解决境内同时发生几起命盗重案的问题。同时，也就不难理解因自缢、路毙之案，仍要求州县官亲临验尸、销案了。[3]

刑事案件的审理或在衙门大堂、后堂，或在出事现场，按汪辉祖的话说，听断一要勤，二要慎，三要公。[4]州县官可以采用各种方法，甚至刑逼，讯得本案“实情”，即可引律例断罪。“凡断罪皆须具引《律例》，违者笞三十”，“不为定律者，不得引比为律，若辄引致断罪有出入者，以故失论”。[5]断罪引律令与成案比附为清代州县司法审判的一个基本原则。

1 《清朝文献通考》卷二〇七。

2 《清会典事例》卷八五一《刑律断狱》。

3 《巴县档案·乾隆朝》卷二四九。

4 汪辉祖：《学治臆说》。

5 《清会典事例》卷八五二《刑律断狱》。

凡窃盗不满四十两、匿父母及夫丧不举哀、祖父母或父母故杀子孙、雇工人骂家长、白昼抢夺人财物、尊长被人杀而卑幼私和、奴婢告家长等等，[1]州县官即可拟徒刑上报，由督抚作出终审判决，“寻常徒罪，各督抚批结后，即详叙供招，按季报部查核”[2]。徒刑从徒一年至三年分为五等，用以惩处那些不严重的普遍刑事犯罪。徒刑犯一般“发本县驿递，其无驿县，分发各衙门充水火夫各项杂役，限满释放”[3]。

凡犯私盐、带军器、谋叛正犯之父母祖孙兄弟、窃盗至一百二十两、奴仆不遵束约傲慢酗酒、白昼抢夺财物并伤人、强盗已行未得财、书吏伪造印信诓骗财物等等，[4]州县可拟流刑上报。清代的流刑分为流二千里、二千五百里、三千里三等。从流刑派生出的还有充军和发遣。充军有附近、近边、边远、极边、烟瘴，从二千里至四千里分为五等。这样，如果满流三千里加充军附近二千里、充军近二千五百里，反而由远而近了，于是才又有了充军的加重刑“发遣”的名目。地方各省无权终审军、流案，须报刑部终审。军、遣、流人犯虽按等有发配里数，具体发往何地，清初并没有硬性规定。据所见史料看，多发往东北宁古塔、三姓等地当差、为奴。至乾隆八年，刑部纂编《三流道里表》，乾隆三十年，兵部纂编《五军道里表》，“凡发配者，视表所列”，才按规定的里程、地点、时间起解。[5]其实，乾隆二十年平定新疆后，又有不少充军之犯发配到乌鲁木齐、伊犁等地。

凡十恶、命盗等重大刑事案犯，州县可拟死刑。《大清律例》中死刑罪名有四百多条，包括斩、绞两正刑和称之为极刑的凌迟，

---

1 《清会典事例·名例律》。

2 《清史稿》卷一四三《刑法三》。

3 《清史稿》卷一四三《刑法二》。

4 《清史稿》卷一四三《刑法二》。

5 《清史稿》卷一四三《刑法二》。

还有枭首、戮尸等加重刑。一般命盗死刑案较多，枭首主要用于强盗得财，凌迟主要惩处谋反、大逆等十恶重犯，一经皇帝裁决，就立即执行，所谓“决不待时”。斩、绞死刑也有“立决”与“监候”之别，重者立决，轻者监候。现抄录一件巴县拟斩决案件：

> ……饶锡珍应比照杀一家并非死罪二人，及杀三人而非一家者，应拟斩决例，应拟斩决，奏请定夺。……凶器斧头随招解验，是否允协理合，连犯解候宪台府赐……[1]

又一件，安徽蒙城县县民胡忠用刀扎伤罗洪亮倒地身死，拟绞监候一案：

> 胡忠合依斗殴杀人者不问手足他物、金刃并绞律，拟绞监候，秋后决处。黄太村因胡忠索添粉条不善言理论，辄向推跌斥骂，致肇衅端，殊属不合。黄太村应照不应轻律笞四十，折责发落。李洪仁等救阻不及，均毋庸议。无干省释，尸棺饬埋，凶刀解验，案结贮库，是否允协，理合解候府审。[2]

这是清朝每年几千件死刑案件中非常普通的两件。前者仅为州县初审后，上报给重庆府，还未经解府，凶犯饶锡珍就染病先死于巴县狱中的案件，所以，审录宗卷保留在了《巴县档案》中。后者是安徽巡抚的具题中原封保留蒙城县知县审录的案件。我们可以看到，“比照杀一家非死罪二人及杀三人而非一家者，应拟斩决例，应拟斩决”，“合依斗殴杀人者不问手足他物金刃并绞律，拟绞监候，

1　《巴县档案·乾隆朝》卷二五五。

2　档案《刑科题本》斗殴类第 132 号。

秋后处决”，都是州县的“拟律”。州县审理的死刑案件经督抚具题后，如不被驳回重审，地方上的审理程序即告一段落。

“凡拟人之罪最贵原情，事有关于纲常名教，或强盗、叛逆为法之不容贷者，是其犯罪本情。”[1]刑事案件经州县初审，“拟律”解府，还必须附上所有材料，如失单、尸格、审录、凶器以及人犯等。在州县作出“拟律”的审录中，还必须审明案犯是否独子，是否符合存留养亲和存留承祀的法律规定。在“拟律”之后，要表明是否准其存留养亲或存留承祀的意见。[2]法律规定的定案标准是：“凡狱囚，鞫问明白，追勘完备，军流徒各从府州县决配；至死罪者，在内三法司定议，在外听督抚审录无冤，依律议拟，法司复勘定议奏闻。”[3]“鞫问明白”、“审录无冤”即取得犯人“服输口供”是结案的必要条件，“夫折狱凭口供，而平反凭案卷”。[4]由于口供的重要性，刑讯逼供也就在所不免了，许多冤错假案都是从州县初审刑讯开始而“锻炼成狱”的。乾隆三十九年，安徽英山县僧广明因奸致死杜得正一案，知县倪子谟不能审出实情，一味严刑逼供，“率以凌迟重辟，又复改两次，控词捏作”[5]，转将尸子杜如意诬拟极刑。这样在刑讯逼供下的悲惨事实是经常发生的。

按照清律，刑讯是合法的，最常用的是笞、杖、枷等刑具，其尺寸、重量都有“定制”，命盗重案用夹棍、拶子。此外，拧耳、跪链、压膝、掌责也是“准其照常行用”的法定刑种。[6]所谓滥刑是与“合法”刑讯相对而言的，指不当用者用刑，或私制刑具、刑种以及用刑无度。当然，也有慎重刑讯，用其他更好的方式获得实情，拟律讲“经义”，讲“法有一定，而情则千端”、

1 《福惠全书》卷一二。

2 可参见拙作《清代刑法中的存留养亲制度》，《历史学习》1995 年第 3 期。

3 《清会典事例》卷八四四《刑部》，刑律断狱，有司决囚等第一。

4 《清朝文献通考》卷二〇七。

5 《清朝通典》卷八四。

6 参见拙作《清代的刑具及用刑》，《历史大观园》1991 年第 10 期。

“罪疑惟轻，功疑惟重”[1]的州县官。如汪辉祖佐治任官近四十年，全部民案批词均蒙上官同意，刑案则仅一案所拟罪名与臬司成见不合，二三案所定刑量经巡抚略为更改而已。[2]这样的州县官在清代州县司法中也为数不少。

五　监禁与递解人犯

州县政府作为清代最基层的实体政权，监禁、管理和递解人犯也是其司法职能不可分割的部分。探讨这一问题，可以使我们接触到清代州县政治生活中专制与法制相结合的最为黑暗的角落，揭示州县政府司法职能的行使是以成千上万人的悲惨生活乃至生命为代价的事实。

清代“凡内外大小问刑衙门设有监狱”[3]，“徒流以上人犯及窃贼，俱应收禁”[4]。监狱一般设有内外两监，“强盗并斩绞重犯俱禁内监，军流以下俱禁外监，再另置一室以禁女犯”[5]。州县政府的监狱尤为重要。州县政府监狱关押的人犯可以分为两类：一是初审徒刑以上刑案未结的现审案犯需要关押，而笞杖轻罪案犯不必关押；二是徒刑以上案犯经府审转，省臬司、督抚复审咨部、具题后，一般都要押回原审州县监狱关押，等候部文。部文到日，斩绞立决立即执行，军流徒犯在两月内起解配所，斩绞监候犯继续监禁，等候秋审。另外，地当驿道的州县还需暂时监禁其它州县解囚路过的人犯，所以，省、府首县的监狱就更大。因为徒刑以上人犯都要府、省审转、复审，府监、省臬司监关押不了，往往就关押在首县监狱里。不过，可以看出，不论州县监狱，还是府

1　汪辉祖：《佐治药言》、《学治臆说》。

2　张伟仁：《良幕循吏汪辉祖——一个法制工作者的典范》，《台大法学论丛》1990 年 12 期。也可参见汪辉祖《梦痕录》或《梦痕录节抄》。

3　《清会典事例》卷八三九《刑部·刑律刑狱》。

4　刚毅：《牧令须知》卷六。

5　赵舒翘：《提审备考》卷一。

监狱、省臬司监狱等，关押的都是未决犯。州县“凡司狱，吏目、典史专管禁囚”[1]，也就是说，州县的监狱由吏目、典史专管，印官为第一级监临官，具体禁囚由狱卒执行。清律规定了关于监狱管理的各种制度，如戒具、囚衣、囚粮、医药、亲属探视、监狱修缮、值宿查夜、警戒、提审、监狱循环簿、监狱交代等等。《律例》也规定：“凡牢狱禁系囚徒，年七十以上、十五以下，废疾、散收，轻重不许混杂。锁杻常须洗涤，席荐常须铺置，冬设暖床，夏备凉浆；凡在禁囚犯日给仓米一升，冬给絮衣一件，病给医药。……有官者犯私罪，除死罪外，徒流锁收，杖以下散禁；公罪自流以下皆散收。”[2]在《巴县档案》中，也确实发现乾隆三十一年、三十七年等冬季发给监犯棉衣、工料银的记载。[3]监犯生病，禁卒报吏目、典史，吏目、典史再禀报知州知县请求医治；监犯病死，吏目、典吏甚至要禀明知府相验。如乾隆二十二年七月十一日，巴县监犯胡君美患病身死一案，典史王谟向知府这样禀道：

> 本年六月十一日，据禁卒徐鹏著禀前事禀明情年月，三月二十日收犯人胡君美系盗案，四月初四日得染时疫病，初六日禀在案。请医调治未癒，至五月二十日转痢泻病，二十九日复报在案。医治不效，于本月十一日酉时病故，役只得报明等情。据此，卑职查验无异，理合具文详报宪台府赐相验，为此备由，缮册同申，伏乞照详施行，须至册者。
>
> 右具　　乾隆二十二年七月十二日
>
> 典史　　王谟[4]

1　《清会典事例》卷八四一《刑部》，《刑律断狱·狱囚衣粮》。

2　《清会典事例》卷八四一《刑部》，《刑律断狱·狱囚衣粮》。

3　《巴县档案·乾隆朝》卷二一、二三四。

4　《巴县档案·乾隆朝》卷二四五。

紧接着第二天，知县王行又将验尸报告、禁卒甘结、仵作甘结、同监犯人甘结，“具文通报宪台府赐查核批示，除报总督部堂并详报督部堂摄抚宪既臬、道二宪外，为此备由，申乞照详施行”[1]。

监犯越狱潜逃，禁卒、典史、州县印官都要受到处分。如道光八年六月二十一日，浙江武康县监狱流犯李万和、王再兴等四人一同越狱脱逃。巡抚刘彬士在奏折中讲：“该典史马文馨专司监狱，乃不知加意防范，以致同案监犯同时脱逃至四名之多，非寻常疏忽可比；该知县疏篔平时督卒不严，亦属怠玩”，请求将马文馨革职，将疏篔摘去顶戴，勒限三个月缉获逸犯解究。[2]即使越狱犯即时抓获，禁卒、典史、知县也同样要受处分。如嘉庆十六年八月初五日，广西临桂县监即将行刑之斩决犯黎梆河、李时秀二人一同逃出监狱，又被更夫、禁卒、兵役当场擒获，但专责之人仍逃不脱处分。巡抚成林在奏折中这样讲道：

> 专管之禁卒刘福虽无贿纵情事，惟不能防守严密，几致重犯脱狱，未便因其当时拿获稍为轻纵，应先于监门前枷号两月，满日重责四十板，革役。……临桂县典史钟淦疏于防范……咎实难辞，相应请旨交部严加议咎。署监桂县事柳城县知县朱沆失于查察，亦有处分，相应声明，候部议。[3]

可见，清代州县监禁、管理人犯相当严密。

由于在刑事诉讼中，不仅案犯，还有乡邻地谊、干连佐证甚至事主、尸亲都要处处随审。清律规定：“除监禁重犯，其余干连并一应轻罪人犯，即令地保保候审理。”[4]其实，这些人一经到官，

1　《巴县档案·乾隆朝》卷二四五。

2　《朱批奏折》，法律类，监狱护解，第 15 包。

3　《朱批奏折》，法律类，监狱护解，第 2 包。

4　《清会典事例》卷八三九《刑部》，《刑律断狱》“故禁故勘平人条”。

即处于一种羁押或半羁押的状态。但是，如果把他们与徒流斩绞人犯一起关进监狱，又有不妥，于是，便出现了“班房”，黄六鸿美其名曰“便民房”[1]。

班房，各地叫法虽不一，实则相同，性质就是州县差役私设的“看守所”。班房，原是三班差役的值房，发展而成为羁押未决人犯、干连佐证的处所，以致后来人们就用班房泛指监狱了。清代严禁设置班房，但在州县却普遍设置。道光年间，广东南海县“私设馆凡十余处”，香山县有“十余所”，顺德县公开标号的就有从“一羁”到“八羁”之多。[2]班房羁押人犯没有限期。道光年间，福建晋江等县的差役“欺慢”县官不懂方言，班房内“无论原被告，每押至八九百人，竟二三年不得见本官之面”。[3]嘉庆年间，广东南海、番禺二县的官吏“听任衙役私设班馆多处，滥羁人犯，其中竟同黑狱，甚至将各案女犯交‘官媒’收管，设立‘女馆’，致有逼令卖奸之事”[4]。

班房中有一种叫卡房，是为递解人犯，一日不能到县监收禁，在驿路中途设的临时禁所，即所谓“人犯招解必须收卡，以昭慎重”[5]。所以，巴县知县一面奉文禀明：本县“并无蠹役私设班房”[6]，一面又在遵照川东巡道的饬札，修造巴县至长寿、壁山、铜梁、合川、綦江等县驿路中途的卡房。[7]然而，道光二十八年，四川臬司张集馨看到的四川各州县卡房的情形却是：

卡房最为惨酷，大县卡房恒羁禁数百人，小邑不下数人

1 《福惠全书》卷一一。
2 《清宣宗实录》卷二五一、一九一。
3 《清宣宗实录》卷二五一、一九一。
4 《朱批奏折》，《内政》，职官第170号，百龄奏。
5 《巴县档案·乾隆朝》卷三三。
6 《巴县档案·乾隆朝》卷一九。
7 《巴县档案·乾隆朝》卷三三。

> 及十余人不等，甚至将户婚、田土、钱债细故被证人等亦拘禁其中，每日给稀糜一瓯，终年不见天日，苦楚百倍于囹圄。[1]

整个境内四至的卡房都变成了现行监狱。

清代监狱，特别是州县的监狱和班房是封建社会中最黑暗的地方。清人对狱断多有论述，黄六鸿讲："犴狴之设，原以禁重囚，非是不可轻监。"[2]然而，"查各府州县于监狱之外更设有仓铺，有所栅，有店，各处地方名目不同，其名虽将犯人暂寄公所，实则高墙密禁，杻锁巡防，与监狱丝毫不异。况监中重囚经上司稽查开放，尚有定期，惟在羁禁仓铺者，操纵全在本官，索诈任于胥役，至有淹系数年，死而后已者"[3]。连最高统治者也不得不承认狱政之弊，康熙九年，康熙帝上谕刑部曰："监犯逾限不行速审，以致狱毙者甚多。"[4]嘉庆十二年的上谕中也讲："州县滥行收押，胥役勒索凌虐，或致人证负屈轻生，无干拖毙。"[5]监狱和班房中的人犯生活悲惨，生命也得不到保障。嘉庆年间，吴骞的一位朋友在浙江因事系狱，不久获释，讲述了一番切身经历："天下之狱未有惨于此者。人初入牢，头例索贿，谓之常例钱。金多者处净室，或自构精舍以居；否则置一狱，曰'套监'，周遭树木栅，地秽湿，覆以腐草，郁蒸之气是生恶。罪人械而入，卒持其两手系于栅上，使不得便。须臾，虫触人气，千百钻集人体，自耳鼻缘入衣械，凡属有穴，虫满其中。经昼夜，壮夫生者十不得一二。"[6]道光初年，四川丰都县监生陈乐山因故卷入一场讼案，被充军到安徽省太湖

1　张集馨：《道咸宦海见闻录》，第 95 页，中华书局，1981 年。

2　《福惠全书》卷一三。

3　《皇朝经世文编》卷四四，周清源《清狱省刑疏》。

4　《清朝文献通考》卷一九六。

5　《清仁宗实录》卷一〇。

6　《皇朝经世文编》卷九四《与秦小岘廉使书》。

县，在四川、湖北、安徽各省州县监狱、班房、捕卡辗转十几年。他推算“四川每年‘牢死’达六七千人，安徽也有三四千人，全国会有几万人”[1]。就在陈乐山入狱不久，任四川按察使的张集馨推算全省每年瘐毙不下一二千人。[2]所谓“牢死”，清律用语称“瘐毙”，就是法不当死而在狱中被折磨致死。清朝每年死刑案件也不过三千件左右，而瘐毙者竟上万人。可见，清代州县政府的狱政是以瘐毙成千上万人生命为代价的。

州县政府的狱政弊端，清统治者不是不清楚，《大清律例》、《清会典事例》中关于狱政的法律、法规和不时颁布的禁令并不少。然而，这些法律、法规和禁令不过是一纸空文，州县官吏有各种办法虚以应付而不认真予以理会。正如一位曾任知县的人所言：“州县班房久干例禁，然遏人命、窃案未定案之前，及屡传不到要犯，或枷犯、或应追公私欠项、或初次贼犯，既不应收禁又无人取保，岂任在外不能不管押者？”[3]实际上是支持私禁，所以，班房“弊窦丛滋，虽屡经内外臣工参奏，不能革也”[4]。究其根本原因，在于专制权力下的法制和治乱关系本身就代表着暴力和黑暗。

递解人犯是清代地方政府特别是州县政府的一项重要司法职能。自唐代确立笞、杖、徒、流、死五刑以来，押解徒、流刑犯人至配所就成为地方政府的重要司法职能。清代押解人犯比前代繁忙得多且更加严密，除押解徒流人犯至配所外，还得将徒刑以上人犯来回随审。押解人犯除初审州县差原解役外，沿途各驿站所在的州县都有“接递护解”的任务，所以称为“递解”。

递解人犯与监禁人犯相对应而存在，无论刑事案犯初审后在府、司道、督抚间来回审转、复审，军流徒犯的决配，还是每年

1 庄吉发：《故宫档案述要》，第142页，台北故宫博物院，1983年。

2 张集馨：《道咸宦海见闻录》，第95页，中华书局，1981年。

3 文静涵：《自历言》。

4 《清史文稿》卷一四四《刑法三》。

斩绞监候犯的秋审，以及捕获邻邑案犯，州县都有递解人犯的任务。也就是说，州县递解人犯的任务可分为三类：一是徒以上新犯招解，包括捕获邻邑案犯的解送；二是斩绞监候人犯的秋审招解；三是已决军流徒犯的递解配所。无论哪一类，都是原州县一犯差两名解役，所过州县也得派两名差役或弁兵护解，因为如果人犯脱逃，所路过地方州县官也有责任。递解人犯上路先得将人犯严加锁铐，解役身带公文，计程每日 50 里，每过一州县都要投递公文，当地州县官进行一番清查，然后派差护解。刚毅在《牧令须知》中给我们展示了一个州县递解人犯的概貌：

> 具报府道，递解人犯，查明解役是否正身及人貌与文册是否相符，解役有无短少；寻常遣、军、流均应派解役二名，又拨营兵二名，接递护解，按程计限，催取回照。站长之州县，护解重犯一日不能抵程收禁者，中途有巡检、营汛衙门，报明点验，添拨兵役，协同原解收营。……奉旨提解要犯，不准借病逗留。[1]

冲、繁要道之州县递解人犯的任务更为繁重。

新犯招解有承审限期，“分限审解”，督抚在题本中要“将州县府司起解年月日期于疏内声明，以便查覆”。[2]清初，无论离省城远近，州县新犯都要经府、司道、督抚层层审解，由督抚终审或具题后，官犯关押在臬司监狱，其余人犯仍押回原审州县监狱监禁，等候部文。钦部案件，还得将人犯招解至京城刑部监狱。正如包世臣所言：“至于招解人犯，已由本州县研讯得情，命案有凶器尸伤，盗案有械具正赃，方始定谳招解，众供确凿，备载书

1　刚毅：《牧令须知》，《兵房》。

2　《清会典事例》卷一二二《吏部处分例·外省承审事件》。

册，解到府司，不过核对正犯供词是否与原审无异。”[1]于是，后来又规定距省城遥远的各厅州县刑案由巡道“就近审转”报司，[2]不必一律招解至省。新犯招解层层审转“虽例有任意扣展严议之条，而外省总得以委审驳审挪移迁就，故一案招解到省，往返总以半载为期。一犯所费以五七十金为率，凡此费用皆由原役赔垫”[3]。

递解人犯是一项出力不讨好的差事，原役不愿在省城守候又垫钱，而往往在点解后雇人解犯。原役在家筹资送省，“又复指案索票，至再至三，择肥而噬”。州县官不得不给予照顾，“该役既赏票之后，持票下乡，鱼肉小民，情状万端”。所以，包世臣愤慨地讲：“胥役贿搁源于解犯之赔垫，解犯之赔垫源于发审之展扣。”[4]

每年秋审是州县招解人犯最繁忙的时候。清律规定：“各省每年秋审，臬司核办招册。”[5]招册即案犯清册，核办招册是秋审的前期工作，因监候人犯一般都关押在初审州县，所以造册首先得从州县开始。州县造册也就是对所押斩绞监候人犯进行一次复查，这一工作完成后，就指派解役将人犯连同清册一起解赴上司衙门层层核审。清初，不论新案旧案，秋审人犯一律解至省城，并且像新发案一样，由州县到府道到臬司，层层审转。为了避免道路迂回延误时间，乾隆三年定例，改由“州县径行解（臬）司”[6]，不再经府转。后来解犯的规定又有一些变化，旧案人犯“初则三次后才准停其解勘，嗣后则改为二次”，[7]至乾隆二十五年定例，“缓决人犯解审一次之后，情罪无可更定者，只令有司叙由详报，

1 《安吴四种》卷三一。

2 《清会典事例》卷一二二《吏部处分例·外省承审事件》。

3 《安吴四种》卷三二。

4 《安吴四种》卷三二。

5 《清会典事例》卷八四五《刑部》，《有司决囚等第二》。

6 《清会典事例》卷八四六《刑部》，《有司决囚等第三》。

7 《清会典事例》卷八四六《刑部》，《有司决囚等第三》。

停其解勘”[1]。但新案人犯因其初次纳入秋审，所以坚持一律解省。也就是一犯在本年的二月判决斩监候，刚解送回州县不久，又解省秋审，一年两次解送省城。秋审人犯解至省城即押在臬司狱中，如人犯太多，也可押在首府首县狱中。待审完再由州县解役解回。至于一些距省城遥远的州县，秋审人犯不必解省，而由该管巡道就近代为审核，然后报臬司、督抚复核。[2]

州县新招解人犯和秋审人犯押回后，接到部文，七日内即将决不贷时和秋审勾到人犯押赴刑场处决，两个月内起解军流徒犯至配所。清初，军流徒犯等按等有发配里数，但具体发往何地并没有硬性规定，军流犯多发往东北宁古塔、三姓、乌拉等地种地，或给披甲旗兵为奴。[3]徒犯多发犯事地方驿站充徒，也有安插奉天、直隶者。[4]乾隆元年，开始较正规地将汉人充军人犯发往烟瘴地方。[5]乾隆八年，刑部编纂《三流道里表》，乾隆十五年兵部编《军卫道里表》，乾隆三十七年兵部编定《五军道里表》，“嗣后各省军流均按照《军卫道里表》及《三流道里表》分别等次，改发别省，至是并除编发直隶府州县地方充军之例”[6]。但乾隆二十年初，又平定新疆后，又定军遣犯发巴里坤之例，后来逐渐延伸，发乌鲁木齐、伊犁等地种地、当差或给披甲人为奴。《大清律例》律文载：

> 凡徒役各照应徒年限，并以到配所之日为始，限满释放；流犯依本省地方计所犯应流道里，定发各处荒芜及濒海州县安置；应迁徙者，迁离本土一千里外；徒五年等发本省

1　《清会典事例》卷八四六《刑部》，《有司决囚等第三》。

2　《清会典事例》卷八四五《刑部》，《有司决囚等第二》，及《六部处分则例》卷四八《刑部》，《审断》下。

3　《清朝文献通考》卷二〇二至卷二〇四。

4　《清朝文献通考》卷二〇二至卷二〇四。

5　《清朝文献通考》卷二〇二至卷二〇四。

6　《清朝文献通考》卷二〇二至卷二〇四。

驿站。[1]

这里在律文中没有对发遣、充军作规定，只是在条例中作了补充。大概从乾隆二十年以后，清代军遣流徒犯的发配格局是这样的：第一，职官、满洲人、十恶等军遣流徒犯主要发往新疆乌鲁木齐、伊犁等地当差、种地、为奴，其次是发配东北吉林、黑龙江将军所属地方；第二，一般汉人军遣流犯按《三流道里表》和《五军道里表》，发往内地各直省安置；第三，徒犯发本州县、本省驿站充徒。

从清初起，发往各地的军、遣、流犯除官犯外均要在面部或手臂上刺字，妻子愿意随从的，还要合妻一同发配。军遣流犯一般均从州县起解，一犯派长解差役两名，沿途府州县派兵役护解，“起解省分预行咨明，应发省分督抚先期定地，饬知入境首站州县，随到随发。其解犯兵牌内填明解赴某省入境，首站某州县遵照定地转解配所，投收申缴字样”[2]。如在途中遇盛暑六月或十月初一后的隆冬，就地收监，停止递解，俟六月已过或初春已开，才继续递解。如犯人途中染病，报名所在地方官及督抚，就地医治，但总限期不得超过一百天；如犯人在途中死亡，无虐掠情弊，报官免议，否则长解及有关责任之人将受到依法惩治。[3]军、遣、流犯解至配所后均要杖一百或责打四十板。

无论哪一种递解人犯，中途人犯脱逃，长解、协解兵役及原解州县官、脱逃所在地方官均逃脱不了受惩处的责任。例如，雍正五年八月，江苏高邮州初审拟绞人犯王子言在招解到扬州府审转后，由府解至苏抚的途中句邑山凹地方脱逃无踪。原差解役孙

1 《大清律例汇纂》卷二，《名例下》《徒流迁徙地方》。

2 《大清律例汇纂》卷二，《名例下》《徒流迁徙地方》。

3 《清朝文献通考》卷二〇四、二〇五。

惠、朱升二人均因故未亲解，而是雇请白役奴武公代解。“历审虽无贿纵情弊，疏脱之咎难辞，孙惠、朱升俱依律杖一百徒三年，奴武公依律杖九十徒二年半。……佥差不慎职名系前任高州知州、今升江宁府知府李如兰，该管原任扬州府知府、今调宁波知府吕大云，不行查察……系现知州黄廷铨，相应附参，听候部议。”[1] 又如，福建顺昌县斩决犯黄孔鼎刚由福建巡抚钟音核审具题，于乾隆二十二年五月初十日在押回顺昌县的途中南平县境吴坑地方白日脱逃。据南平县知县王沂然报称：“有顺昌县斩犯黄孔鼎自省发回，递解过境，随即令差杨升、林俊，并拨头役李德，协同顺昌县解役二名，又移营拨兵二名，于五月初九日当堂点验，发回转递。”[2] 长解、短解各役及营兵达七人之多，共押一犯，居然让其白日脱逃。钟音实在想不通，在奏折中请求将南平县知县王沂然革职，留于该地协同接任官勒限缉拿，俟一年限满能否拿获，照例分别办理；长解佥差不慎之顺昌县知县汪家禄虽已离任，调取引见，也声明附参；严提各解役兵丁赴省，究审有无贿纵实情，再作具体惩办。[3] 再如，山东昌平州免死发遣新疆官兵为奴人犯王四、李才、王五，道光十年四月初三日行至陕西安定县，验明刑具，会营差役傅乾、杜发祥、阎登科管解王四、李才，另差兵役朱世奎等押解王五。初四日天不亮，行至五里许，地方遇上暴风雨，王四、李才、王五乘机扭断镣铐，分路脱逃无踪，报县缉获王五。陕甘总督杨遇春经审理重上题本：“王五合依未伤之人伙监，原系免死发遣之犯，脱逃被获，即行斩决例，拟斩立决。解役傅乾等各减盗犯本罪二等例，于王五遣罪上减二等，俱拟杖徒。”[4] 安定县知县、昌平州知州自然又是一番处分。显然，职责所在，

1　档案《内阁刑科题本》第 40 盘，卷二三三二，第 6 号。

2　档案《朱批奏折》，法律类，监狱护解，第 2 包。

3　档案《朱批奏折》，法律类，监狱护解，第 2 包。

4　档案《内阁刑科题本》，一般案件，第 259 卷，道光十年。

有关州县官、解役兵丁惧怕递解人犯脱逃，然而，“办事懈弛，毫无振刷”的现象又普遍存在。递解人犯是苦差事，具体担负递解任务的解役兵丁百般索诈，虐待人犯，以致在解途中人犯想方设法脱逃的现象很多。

递解军、遣、流犯至配所，有两个地区需要注意，一是东北，一是新疆。除一般平民百姓被判以军遣流罪发配至此而外，大量文武官员、满洲旗人犯军遣流徒罪，也发往东北、新疆效力、当差、种地。康雍乾几朝的文字狱，都有大批被判以军流的人犯发配至东北、新疆。这些被发配到边疆效力、当差、种地、为奴的“犯人”，统称为“流人”。这些“流人”有的是士大夫，有的是平民，其中还有不少受牵连的无辜老幼家属以及随配妻室儿女。他们在递解途中戴枷连铐，历尽艰辛和解役的折磨，有的病死解途，有的瘐死监所。到达配所的数以万计的“流人”在失去自由的条件下，却对我国东北、西北地区的开发作出了历史的贡献。

六　管束在配人犯

上面我们讨论到州县递解军、遣、流、徒犯至配所的问题，并且确认，乾隆元年，特别是乾隆八年编定《三流道里表》后，一般汉人军、流犯普遍发配到各直省州县。也就是说，州县也成为军、流犯的配所。徒犯发本州省或本省驿站充徒，或在本州省各衙门充当水夫杂役，或发盐场、冶炼场应役，期满释放。这个我们容易理解。那么，州县政府又是如何来管束在配的军流徒犯呢？东北、新疆的各配所不在本文的讨论内，暂且不论。《大清律例》规定：“流犯依本省地方，计所犯应流道里，定发各处荒芜及濒海州县安置。”[1]其实，后来的军流配所不限于直省的荒芜及濒海州县，而是遍布直省各州县。如地处冲、繁之地的四川巴县，

1　《大清律例汇纂》卷二《名例下》《徒流迁徙地方》。

乾隆三十一年十一月，新旧任知县办移交时，就开有“任内经管军流人犯十八名清册”一份，现摘录如下：

> 一名何尚选，年七十一岁，妻杨氏，系云南普洱府思茅县人，为禀明事案内，在思普、元新等处叛逆拟流，于乾隆四年四月十三日到配，安置乡约所。
>
> 一名刘桂，年五十四岁，系江西瑞州府上高县人，为报明事案内殴死张琪拟绞减流，于乾隆十一年五月十五日到配。安置乡约所。
>
> ……[1]

以上军流人犯多来自云南、江西、广东等省。清代文献对州县如何具体管理在配军流人犯没有作硬性规定，也没有详细记载，但是，我们从零星的文献、档案中，确实发现清代州县政府有管理在配人犯的司法职能。

军流人犯从另省州县递解到定配省州县后，由该州县负责押解至具体的配所。这配所可能在州县城里，让军流人犯在各衙门充当夫役，[2] 由州判、县丞或吏目、典史等佐杂收管；或在乡约所，交地保看管，让其“佣工度日”[3]。不过，从所获资料看，交地保看管，让其“佣工度日”的现象是主流。也就是说，州县政府又将管束在配军流犯的职能下放到了地保身上，甚至有让配所流犯头目管束充军人犯者。如湖北孝感县人吴么，因伙窃拒伤捕差，拟以近边充军，递解到浙江嵊县安置，“于乾隆四十年正月间到配，交流犯头张科管束”[4]。州县政府在配所为军流犯定有简

1 《巴县档案·乾隆朝》卷一九。

2 《清会典事例》卷一二四《吏部处分例·提解人犯》。

3 《驳案续编》卷一。

4 《驳案新编》卷一。

易的住房，或乡约所公房，或祠堂旁空房，或空庙供其居住。[1]似乎军遣犯与流犯在待遇上有一些差别，军遣犯多不安于配所生活，逃亡现象在档案中随处可见，而流犯多安于配所生活，很少有逃亡现象。不知是否可以这样认为：流犯是流放他乡安置为民，无论在县城充役，还是安置乡约所，都有一定的收入，或充役给一定报酬，或分给一点土地耕种。而军遣犯则是流放他乡安置为终身苦役，除有不能填饱肚子的一口饭吃外，无其他任何收入，所以他们在脱逃后又被拿获时都口称“穷苦难度”[2]。州县的配所一般是集中安置，管束军流人犯，一个配所往往不只安置一名人犯。如广东南海县人朱亚兆，因犯凶恶棍徒拟军，发配到安徽亳州，又因在配脱逃被获，改发河南武安县安置，于嘉庆六年正月二十七日到配，交地保曹金看管，佣工度日。嘉庆七年二月十五日，朱亚兆又与同配遣犯杨题名、李泽爱、周亚亮、陈燕堂伪造赦文、印信逃走。[3]一同在配有五名军遣犯。又如道光十五年九月二十九日，四川巴县拿获从云南元谋县配所逃来的朱亚名、刘亚池两名军犯，他们同在一个配所，同受保户冯级山看管。[4]

州县将军流犯押至配所，照例责杖一百后，一般除去他们的械具，交专管官吏或地保看管，犯人的自由度也就比监狱犯人大多了。朱亚兆等五名军遣犯在武安县配所起意逃走，还有一番“赴街上潜揭该县告示”，在所住空庙雕刻假印，伪造赦文、印信，销毁刺字的过程，一直到逃走得无影无踪，配所移会沿途州县协缉，才将朱亚兆拿获，而其余四人却迟迟未抓获。奉天府承德县人冯相因行窃拟极边烟瘴充军，嘉庆十四年十一月发广西西林县

1 《巴县档案·乾隆朝》卷一九所见军流犯安置乡约所；档案《内阁刑科本》，一般案件第259卷所见广西西林县配所军犯冯相等居祠堂旁空房；《驳案续编》卷一所见河南武安县配所军遣犯朱亚兆等居空庙。

2 《巴县档案·道光朝》卷二三二。

3 《驳案续编》卷一。

4 《巴县档案·道光朝》卷二三二。

安置，与军犯李金山等人同配。嘉庆十五年九月初八日晚，冯相因饮酒至醉，在住宿地旁的文昌祠与在那里坐歇的城守兵丁冼正义等四人发生斗殴，用刀划伤其三人。[1]可见，对在配人犯的看管并不怎么严，从大量军遣犯自配所逃回原籍继续作案，[2]或逃往他方，长期缉拿不获，[3]也可看出管束在配人犯的弊病不少，特别是乾隆朝中期以后。

乾隆朝之前，军流犯发配在直省州县的也有，只是还不正规，充军犯还要注军籍，没把管理权完全交给州县。雍正年间的一件军犯脱逃案，可以说明这一点。现抄录河南巡抚孙国玺题本的贴黄如下：

> 武五儿系江南苏州府民于庄六偷卖纸牌案内，刑部议照造卖纸牌为首例发边卫永远充军之犯，前准兵部咨解来文，经前督臣田文镜饬司转发河南府弘农卫，照例折责，著伍充军，取具收管，咨覆在案。嗣据永宁县知县兰乔桐申报：武五儿于雍正十一年正月二十五日夜逃走。批据按察使卢焯详称，武五儿远飏无踪，尚未弋获。疏纵职名系永宁县知县兰乔桐、兼辖河南府知府刘兆鑶，相应题参。[4]

军犯武五儿虽著军籍，但又把看管权交给了具有司法职能的州县政府。军犯在配脱逃，地方官难逃疏纵之责。还有这么一个案例：杨士士系福建福州府永福县人，因殴死欧先拟绞减流；王智系山

1 档案《内阁刑科题本》一般案件第259卷，嘉庆十六年五月。

2 档案《内阁刑科题本》盗案第230卷，道光十年十二月。浙江钱塘县人陈幅违犯教令，发配广西象州充军。在配脱逃，潜回钱塘行窃，后被审拟绞监候。

3 档案《内阁刑科题本》第41盘，卷二三五二，第6号。军犯武五儿在河南弘农卫配所逃走，"尚未弋获"。

4 档案《内阁刑科题本》第41盘，卷二三五二，第6号。军犯武五儿在河南弘农卫配所逃走，"尚未弋获"。

西太原府心州人，因刨宛平县新庄坟墓拟军。两人俱咨解山东安置。后来两人都从配所逃走，又都被拿获，先后被解回山东照例枷责加徒，杨士士被发长清县岗山驿，王智被发长城驿充徒。两驿只设驿丞一员，驻扎长城驿，驿内额设两名驿皂，杨士土与王智由驿皂李全看守。不料两犯于雍正十年闰五月二十四日一同脱逃无踪。驿皂李全、专管官驿丞戴那翰、兼辖官长清县知县王鳌都难辞疏忽之咎，相应受到惩处。[1]军流犯逃脱拿获按后来的惩处办法是加重拟罪，而这里反由重改轻，显然是发配地方的军流犯还不多，相应的法律制度还不健全之故。

军遣流犯一般是终身流放他乡或边外，但清律例中也有赦免专条。凡遇新皇登极、万寿节等喜庆典节以及统治者根据形势，不时颁发包括斩绞监候在内的赦免减等“恩诏令”，但原罪属“十恶”类及被认为严重危害封建统治秩序的犯人不在赦免之列。军流犯在解配途中或到配以后遇到大赦诏令，主管的州县衙门要严格核实起解公文内的案情、首发处所的日期，凡符合条件者均可赦免减等，解回重新发落。在配所多年，遇赦令甚至可以全免其罪，押回原籍交地保看管。嘉道时期，社会动荡，阶级矛盾尖锐，清政府一面大力惩治各种违反封建法律的“匪徒”、邪教等，一面又为缓和阶级矛盾，放宽赦免条件。嘉庆元年，释免章程规定：“各省军流人犯，查明到配三年实安静守法及年逾七十者，释放回籍”。刑部奉恩诏查办时，又作了进一步的援免解释，现抄录如下：

曾经臣部酌拟到配军流各犯内，如有关十恶及情节重大者，虽在配无过，应不准释回。其余到配虽未满三年而现年已逾七十，并现犯军流以下已未审结，及起解中途，尚未到配各犯，俱经奏明，分别核办。至窃赃满贯及共殴案内讯无

1　档案《内阁刑科题本》第41盘，第2347卷，5号。

> 谋故重情拟绞之犯，业经奏明援赦释免；而此等同案问拟军流人犯，因到配未及三年，不得与拟绞之犯同邀旷恩，似未平允，亦经奏蒙恩准，一律释免。……其因窃问拟军流以下应行释免各犯，无论从前曾否得免并计，俱一体准其起除刺字，如再有犯，应从初犯论。至已未到徒犯，无论总徒、准徒，概行释放。除逃军逃流分别核办外，逃徒并免，缉拿枷杖以下悉予宽免。[1]

可见，这释免的条件较宽，范围也较大。又如道光八年十一月的赦免恩诏规定:“在京刑部及直省军流以下人犯并著加恩，概予减等发落；凡流徒人犯在流处身故，其妻子情愿回籍者，该地方官报明该部，准其各自回籍。”[2]无论已未审结的军流徒犯，还是在配的军流徒犯的恩赦减等发落、释免等，都需承审州县衙门和配所所在州县专管人员、印官衙门来具体办理，然后层层上报。刑部覆准后，配所所在州县政府还要负责在配人犯解回原籍。嘉庆七年正月，山东巡抚和宁在《军流徒犯奉恩减等汇册》中就讲:“据按察使陈钟琛详称，据各州县将已未起解军流遣犯造册，由各府州呈送核办到司。除在配军流遣犯及应行减释徒犯另册造报外，覆查本省犯事及外省递籍未经起解及起解在途军流各犯内有卢岱等共一百十二名，核其情罪，并非有干不赦，应请准其累减。”[3]州县政府是所有司法职能的基础，自然都得从州县办起。军流徒犯或期满、或释免回籍，原籍州县政府仍要指定地保看管，不得使其任意出走，更不能再次作案，若犯法将重惩，地保也要受到惩处。[4]

1　《刑案汇览》卷首。

2　档案《内阁刑科题本》，发遣第257卷，道光十年。

3　档案《内阁刑科题本》，军流发遣第189卷，7~8号。

4　《清会典事例》卷一二四《吏部处分例·提解人犯》及《六部处分则例》卷四六《刑部·提解》。

在配军流徒犯滋事、受虐致死、疏脱或私役徒犯等，专管官吏、地保和兼管印官等都要受到严厉处分，滋事、脱逃的人犯拿获也要从重惩办。[1]尽管将有妻室、子女的军遣流犯随同妻室、子女佥发配所，但由于配所生活既无自由，又无生活保障，还经常受到专管官吏、地保、差役的虐掠，因而脱逃现象很多，特别是无牵无挂的单身军流徒犯脱逃现象更多。

以上我们从六个方面论述了清代州县政府的司法职能，不难发现，这一最基层的实体政府的司法职能具有全面、完备、系统而规范的特点。同时，在专制权力之下，州县司法职能对州县政府乃至整个清代社会起着一种运行机制、强化统治的作用，州县政府乃至全国的行政职能、经济职能、社会职能无不在州县司法职能正常行使与否的情况下体现出它的优劣。

1 《清会典事例》卷一二四《吏部处分例·提解人犯》及《六部处分则例》卷四六《刑部·提解》。

第三章　清代府级政府的司法职能

清代，地方三级政府的政权体制趋于完善，府作为“承上率下”[1]的一级中间政府，无论从行政管辖区划，还是从运行机制上讲，都是必要而合理的。根据行政管理的原理，各级政府的行政职责有所不同，而一级政府的行政管理幅度也不宜太大，过大则有指挥控制不灵之虞。在这一点上，历代统治者无不处心积虑。清代地方的最高行政长官为督抚，若每个省的督抚都直辖百余州县，是很难周全而抓出实效的，“督抚为省大吏，统辖全省、属官多至数百十员，察核贤否，自难人人确当”[2]。雍正帝认为，设府一级政府既可解决督抚因辖区过大而不便管理的困难，又能起到整肃吏治之效，“一府所属，其多者不过十余州县，耳目易于周知，始能与督抚同心协力，则举劾悉当，吏治自然肃清”[3]。所以，乾隆十二年，乾隆帝在晓谕府政府长官知府的铨选时，这样讲道：“从来亲民莫切于县令，而知府表率一郡，职任尤重，欲望政平讼理，易俗移风，非久于其任不可。……知府贤则属县各修其职。监司体制虽隆，所职不过分巡转核，或专司盐粮，转不若

1　席裕福辑：《皇朝政典类纂》卷二四六《职官九》。

2　阮元等撰：《广东通志》卷一《训典》。

3　阮元等撰：《广东通志》卷一《训典》。

知府之责有专成，与属县较为亲切。”[1]嘉庆年间的两广总督蒋攸铦也讲:“去民较近，察吏最亲，承上达下，以佐督抚耳目之不逮，则道府之任更专，而知府为尤要。”他认为地方设府一级政府是十分必要的，“外官莫要于知府”[2]。

在清代，与府同属一级的政府还有直隶州和直隶厅。直隶州已在上一章谈及，在此不再赘述。厅，本非固定的行政单位，原为知府的佐贰官同知、通判的办事处所，清代因府的佐贰官同知、通判多分派出去管理某一地区，也就逐渐形成为固定的行政单位。又有在新建治的地区（主要是少数民族聚居区或汉族与少数民族杂居区）设置府州县都不相宜，乃设厅，派相近府的同知或通判为长官。一般的厅称“散厅”，多属府所辖，如雍正七年设打箭炉厅，隶属于四川雅州府。[3]有的厅直属布政使司，名为“直隶厅”，因此，直隶厅是与府、直隶州同级的行政单位。散厅也有由属道或将军管辖者。[4]厅的长官为同知、通判，同知正五品，通判正六品，无论散厅、直隶厅，品级皆同。因清代地方中间一级政府以府为主，因此多以府代表这一级政府，清代府与州县一同被称为“有司”。笔者在本文中也以府作为论述的重点，兼及直隶州和直隶厅。

第一节　府的建置沿革及清代府的组成结构

一　府的建置沿革

中国古代地方行政区划以府命名，始于唐代，而府一级政府的长官称“知府”，则开始于宋代。“隋以前，未有府之名。其以

1 《清朝文献通考》卷五七《选举十一》。

2 《皇朝经世文编》卷一三《蒋攸铦疏》。

3 《乾隆打箭炉厅志》。

4 厅的隶属情况见光绪《清会典》卷四。

京都称府者，自唐始。”[1]唐代的府有三种：京都府、都督府和都护府。都督府为军区性质，都护府则是为一些少数民族地区专设的最高军政机构，此二者与后世的府无因缘关系，唯有“京府”可视作后世府之源。在唐代，京府的含义有两种：一种由州升为府，最初因其为首都或陪都所在，故称州而冠以府名，如雍州称京兆府，洛阴称河南府，并州称太原府。进而皇帝所曾驻或备作行都之处亦称府，如岐州称凤翔府，益州称成都府，荆州称江陵府，梁州称兴元府等。另一种为州名未废而因其为都督府所在地，亦升为府，如夔府、广府之类。[2]府的长官牧、尹并置，或只置府尹，实际政务由府尹主持。府尹秩从三品，掌宣教化，岁行属县，观风俗，录四囚，恤孤寡，成为与州平级的地方最高行政长官，且地位高于州。因府逐渐取代了以往郡守的地位，在唐宋时期成为地方最高行政单位，到明清又成为固定的地方中级政府，因而其长官在清代俗称“守”；而当时与府同级的州则地位不断下降，至明清则更多的降为与县同级的基层政府。州的行政长官“牧”与县的行政长官“令”，在清代也就连名俗称“牧令”了。

五代时期，升府之州逐渐增多，至宋则益加推广，凡皇帝未即位前所曾得之官爵、封号有与州名有关者，皆升为府，因此，所设之府遍及全国。鉴于五代以来地方官多用武人，他们恃兵跋扈、不谙政事而祸国殃民的教训，宋太祖改以中央文臣出理地方。文臣出理府事者，称“知某府事”，简称“知府”。如带二品以上或带中书、枢密院、宣慰使之职衔者则曰“判某府事”。宋代与知府平级的还有“知州”、“知军”、“知监”。也就是说，府、州当时同为地方最高政府，唯以设府之处地位为崇，且已有“知府”领“知州”事例了。[3]为了防止地方官权势坐大而威胁中央，宋代

1 《钦定历代职官表》卷五三。

2 黄本骥：《历代职官表》，第78页，上海古籍出版社，1980年。

3 赵秀玲：《论清代知府制度》，《清史研究》1993年第2期。

在府、州都设复职，特简“通判”、“州判”来分别制约知府、知州。地方公事必须知府与通判、知州与州判联署，方能生效。通判、州判本身有行政职责，又负有监督知府、知州的职能，反而使知府、知州成为傀儡，造成地方行政失调。有鉴于此，明代正式确定知府、知州为一府一州的唯一行政长官，通判、州判仅为知府、知州的辅佐官，任此职者，必须“以安静为事”[1]，被视为“闲曹”。

辽、金沿袭宋制，地方实行府州、州县两级政府制度。不过，有两点值得注意：其一，从宋代起，又开始有京府与散府之别，京府长官称“府尹”，地位比散府尤崇，且一直沿袭至清。其二，宋代在府州之上还有十五个监察区划的路，并陆续在各路设转运使、安抚使、提点刑狱、提举常平四司，统称“监司”。这四司有向地方最高政权转化的趋势。辽、金亦相仿。

古代地方郡、县两级政权转化成省、府、州县三级政权制，经历了漫长的演变过程。元朝正式在地方设置行中书省，开始了地方三级政府的历史。但因处于初期，元代地方三级政权体制还很不完善。一是行省区划过大，行省体制不完善；二是中间政府复杂，有一百八十五路，三十三府，三百五十九州。[2]府比宋、金时还减少了，而路则由以前的监察区变成了与府同级的中间政府，又在路、府之上全国设二十二道监察区。[3]府的正官为府尹或知府，但无实权，因其上设有蒙古掌印官“达鲁花赤”，拥有裁决、监临之权，是真正的长官。实际上，元代地方中间政府的建设很不完善。

明初，“改诸路为府。洪武六年，分天下府为三等：粮二十万石以上为上府，知府秩从三品；十万石以上为中府，知府正四

1　陈宏谋：《从政遗规》卷上《明职》。

2　《元史·地理志》。

3　《续文献通考》卷六〇《职官十》。

品；十万石以下为下府，知府从四品。已，并为正四品。计天下府凡一百五十有九”[1]。明代，地方三级政府的建设才走上正轨，府作为中间级政府也开始完善起来。除两京（北京、南京）所在府长官为府尹外，其余诸府一律以知府为长官。其佐贰官有同知、通判、推官，无定员，分掌清军、巡捕、管粮、治农、水利、屯田、刑名等具体事务，一府大政决于知府。此外，府政府还设有经历、知事、照磨、检校、司狱、税课大使、仓大使等首领杂职官和儒学教授、训导，亦无定员。经历司经历、知事掌收发文移；照磨所照磨、检校典勘理卷宗、文书效率；司狱司司狱负责府狱禁囚；税课司大使掌税收事务；仓大使负责仓庾钱粮出入；儒学教授、训导负责教诲、约束生员。府专设一推官，正七品，负责一府刑名，相当于行省的按察使，所以，沈家本讲：“(明）知府掌一府之政，宣风化、平狱讼；推官理刑名，赞计典。”[2]也就是说，明代知府的权力还不是十分集中，佐贰官同知、通判、推官还分掌相当部分权力，对知府也有牵制作用。如成化三年八月，巡按御吏言：“江西赋繁官少，催征不力，逋负者多，请增设司府佐贰官，俾专督理。”于是，明政府增设江西省布政使参政一人，南昌、吉安、抚州、临江、袁州、饶州、瑞州七府同知各一人。[3]又如成化十三年，江西吉安知府张锐奏：“江西大家结党为非，吉安尤为健讼，盗犯至数千人。官少，不能决断，请增设推官一员。”此奏亦获准。[4]推官专责理刑名，万历末，李应升授南康府推官：“出无辜十九人于死，置大猾数人重辟”，士民服其公廉，为之作歌谣传颂：“前林后李，清和无比。”“林”即晋江林学曾，亦以清慎著称。[5]府的佐贰官各有专

1　《明会要》卷四一《职官十三》。

2　沈家本：《历代刑法考》卷下。

3　《明会要》卷四一《职官十三》。

4　《明会要》卷四一《职官十三》。

5　《明会要》卷四一《职官十三》。

责，也各有考成，知府只是总一府大政之成而已，所以，知府的地位在明代相对较高，尚书、侍郎可出为知府，知府亦可入为尚书、侍郎。如洪武六年七月，以户部侍郎陈则为大同知府；[1]洪武十一年三月，擢西安知府李文焕为户部侍郎。[2]知府的任用，一般由大臣会推和吏部推举。明代的府已改变了唐宋时代分曹办事惯例，而是分吏、户、礼、兵、刑、工六房办事，置书吏、差役等负责草拟文书、收贮档案及拘提奔走。

清初完全继承明制，并进一步完善地方省、府、州县三级政权。顺治年间，府一级政府的建置完全同于明，仍设推官专理刑名。如顺治六年，李之芳开始步入仕途，授浙江金华府推官，掌理刑狱。十一月，李之芳到任后，感到自己责任重大，对人讲："倘一事颠倒是非，一人负冤不白，何以施颜面于吏民。"[3]因此，他实心任事，清理积案，"决判如流"[4]，于是"讼狱以平"。由于他在金华府任推官期间，勤于职守，居官"卓异"，顺治帝赐蟒袍以示褒荣。后李之芳升官至大学士。康熙朝在逐步完善省一级政府的建设，正式确立督抚为地方行政长官，集地方各权于一体的同时，府一级政府的权力也向知府集中，于康熙六年裁掉府的佐贰推官，将刑名专理大权收归知府。[5]从此，若府的佐贰官同知、通判不派出地方设厅，则形同于虚设了。经过雍正、乾隆两朝的调整，乾隆十八年，在等齐划一守、巡道品级为正四品的同时，将知府由正四品降为从四品。从此，府政府的建设才成为定制。

1 《明会要》卷四一。

2 《明会要》卷四八《选举二》。

3 程光裕：《李文襄公年谱》。

4 《国朝名臣言行录》卷二。

5 《清史稿》卷一一六《职官三》。

二　清代府级政府的组成结构及其特点

清代府的设置数额多于明代。《清朝通典·职官十二》载乾隆时期全国设府 194 个（包括顺天、奉天二府），《清史稿·职官三》载全国设府 215 个。其数量之大增乃是当时政治、经济、文化等方面发展的需要。根据赵秀玲先生的考证，清代府增设的途径大致有这样五种：[1] 第一，明代的直隶州大量升府。这些州或地当冲要，或经济事务繁杂，而知州不足以控制。如雍正年间，天津直隶州因“五方杂处，事务繁多，办理不易”[2]，升为府等。第二，明代的卫所改为府。卫所为明代军事机构，又兼理一些民政，不适宜清代统一管理和经济发展的需要，所以雍正年间将卫所大量改为府治。第三，变土府为流官府。土府由原土司或头人世袭知府，世居其地，带有严重的割据性，不利于中央集权。雍正时开展改土归流，派流官为知府，对原土司地区进行直接统治，如云南东川土府改为东川府等。第四，新增之府。随着新地区的开发和新省份的建立而增设。如康熙二十三年统一台湾，增设台湾府；清末新疆建省，随之增设府。第五，由直隶厅升府。直隶厅本为府的佐贰官同知、通判分派出去专辖一些特殊地区，随着这些地区的开发，下属建置的增多，事务的增繁，地位的提高，亦升为府。如乾隆时巴里坤地方“向设同知一人，不足以资弹压”，改置镇西府，设知府一人，通判一人；[3] 贵州南笼直隶厅亦升为府[4]。

清代的府分为特别府与普通府两种，特别府指顺天、奉天二府，其长官称府尹；其余的府为普通府，其长官称知府。普通府又按不同的标准分为不同的类别，主要有：第一，首府与一般府。凡省会所在地之府皆为首府，其余则为一般府。第二，最要、要、

1　赵秀玲：《论清代知府制度》，《清史研究》1993 年第 2 期。

2　《皇朝政典类纂》卷二四六《职官九》。

3　《皇朝政典类纂》卷二四六《职官九》。

4　《皇朝政典类纂》卷二四六《职官九》。

中、简府。普通府又可按冲、繁、疲、难四项标准划分为不同的类别。冲，指地理位置重要；繁，指赋税等经济事务繁多，人口密，赋役重；疲，指民情疲玩；难，指民风强悍难治。凡合四项标准或其中三项者，为最要府，或要府。如直隶省天津府合四项标准，则为最要府。合其中两项者为中府；合一项者为简府。首府都为最要府或要府。第三，烟瘴府，即设于我国西南极边地带之府，是流放烟瘴充军人犯的地区，如广西太平府等。[1]第四，苗疆府，即设于云、贵、川、湘、桂、粤等省苗、彝、壮、瑶等少数民族地区之府，如云南元江府、永昌府等。[2]

清代府政府的组成结构与明代大体相同，同时，也具有州县政府由显治、隐治的职官、书吏、差役、幕友、长随组成的特点。关于府的职官设置，《清史稿·职官三》载：

> 府，知府一人，初制正四品，乾隆十八年改从四品。同知正五品，通判正六品，无定员。其属：经历司经历正八品，知事正九品；照磨所照磨，从九品，司狱司司狱从正九品，各一人。又江苏检校、贵州长官司吏目，各二人。知府掌领属县，宣布条教、兴利除害、决讼检奸；三岁察属吏贤否，职事修废，刺举上达；地方要政日督抚，允乃行。同知、通判分掌粮盐、督捕、江海防务、河工水利、清军理事、抚绥民夷诸要职；其直隶布政使者，全国二十有二，制同直隶州；或隶将军与道员，各因地酌置。经历、知事、照磨、司狱所掌如两司首领官。自同知以下，事简者不备。

府的长官为知府一人；佐贰官为同知、通判，无定员，比明代少

1 《清会典·兵部》，《五刑充军》。

2 《清会典·兵部》，《五刑充军》。

了推官；经历、知事、照磨、司狱为首领官。另外，还有税课大使、仓场大使、巡检等杂职和学官。比州县政府的机构要庞杂得多。但结构特点与州县完全相同，知府“掌一府之政，统辖属县，宣理风化，平其赋役，听其狱讼，以教养万民；凡阖府属吏皆总领而稽核之”，佐贰官只是“以佐知府之政治”。[1]知府握一府之全权，佐贰形同虚设，所以常分派出去专辖一地，未分派出者则要求他们“以安静为事”[2]。首领、杂职等官则是为知府办理某一方面的具体事务，“各守其职，以分理府属之事”[3]。府的职官虽也分衙办事，各有衙署设置，但各衙都很集中，形成以知府衙署为中心的办公区。如安徽宁国府的府治衙门措置是这样的：

> 府署在陵阳山第一峰之麓。……中为府堂，左经历司，右照磨所，东西吏典房科各四（东勘合科、吏、户、礼房；西承发、兵、刑、工房）；前石箴亭，仪门（中、东、西三门）；门外东捕厅，西督粮厅，仪仗所、土神祠、寅宾馆；……府署东同知、通判宅，西经历、照磨宅，旁为兵器库；堂西北为吏确廨。此郡中署置大校也。[4]

宁国府的首领官除司狱司在知府衙署东、军储仓右外，经历司、照磨司均在府署之内办事。这里没有明指同知、通判各衙署在何处，但从清代地方官食宿、办公即在一处的惯例，同知、通判的衙门就在知府衙署东西两旁，即督粮厅、总捕厅。

清代顺天、奉天两特别府也属地方官的范围。之所以特别，在于它们也称府，但地位比普通府高得多，视同督抚，且组成设

1 《清朝通典》卷三四《职官十二》。
2 陈宏谋：《从政遗规》卷上《明职》。
3 《清朝通典》卷三四《职官十二》。
4 《〔嘉庆〕宁国府志》卷一五。

置也不同于普通府。两府的长官都称府尹，正三品。雍正元年以后，顺天府由六部尚书或侍郎内特简一人兼管府尹事；乾隆三十年后，也由盛京五部侍郎一人兼领奉天府府尹事。顺天府内设有府丞、治中、通判、经历、照磨、司狱各 1 人，府学教授、训导各 2 人，吏员 61 人。除府学教授、训导有满员 2 人外，其余都是汉人。奉天府内设有府丞、治中、驿巡道、军粮同知、经历、司狱各 1 人，书吏 19 人。除府尹为满员外，自府丞以下都是汉人。顺天府下属分设东、西、南、北路四厅同知，分管所属二十四州县。[1]顺天府所属各州县除直属的大兴、宛平二京县外，其他各州县地方事务都要分别汇报顺天府和直隶总督查核。特别是所属州县的司法案件由顺天府府尹和直隶总督双重负责，而以直隶总督为主。四路厅相当于外省之府。所以，顺天府的司法管辖则为州县报四路厅，厅再上报直隶按察使司，直至直隶总督。奉天府下又设二府、四厅、五州、十四县。所属各府、厅、州、县，分设知府、同知、知州、知县等官。其地方事务及官属考察，都要汇报奉天府府尹查核，是府上之府。

普通府的知府、佐贰官、首领官、杂职官和学官都实行回避制度，且有任期，一般三年一任，乾隆十二年曾有知府久任之议。[2]府各职官的除授、升迁、黜革，清官制都有明确规定，一般都不是初入仕途之人。

清代府的吏、役编制也有定额。知府衙门一般设典吏十余人至二十余人不等，佐贰同知、通判衙门有典吏二三人，经历、照磨、司狱、儒学、库大使、仓大使等衙门设攒典一人。[3]实际上，府各衙门的书吏亦属自行招募，与州县一样，人数也是经制定额的数倍乃至十余倍。只是清人的视线重在州县，而对府的书吏谈

1　《清史稿·地理一》

2　王庆云：《石渠余记》卷二。

3　《清会典事例》卷一四八至卷一五一。

得不多而已。与州县一样，知府衙门的书吏都按吏、户、礼、兵、刑、工分房办事，往往又在此基础上增设一些房科。如宁国府增加勘合科、承发房，共八房科；顺天府则增设堂房、本房、承发房，共九房。[1]视事多寡、繁简而定。各房书吏的分配亦如此。府各衙门的差役设置也有定额，如属于最要府的四川重庆府，差役设置的人数就很庞大。重庆府知府衙门额设衙役 51 名：内快役 26 名、皂役 16 名、门役 2 名、轿伞扇夫 7 名；另额设仓夫 4 名、斗级 6 名、更夫 26 名。同知衙门额设衙役 29 名：内快役 12 名、皂役 8 名、门役 2 名、轿伞扇夫 7 名。通判衙门额设衙役 29 名：内与同知衙门同。经历司衙门额设衙役 6 名：内门子 1 名、皂隶 4 名、马夫 1 名。照磨司与经历司同，司狱衙门额设衙役 2 名。教授衙门额设衙役 4 名：内门斗 2 名、膳夫 2 名。[2]据不完全统计，重庆府各衙门的定额差役不下 200 人。而属于要府的浙江绍兴府，差役设置也少于重庆府。知府衙门设门子 2 名、马快 10 名、步快 16 名、皂隶 16 名、轿伞扇夫 7 名、禁卒 12 名、库子 4 名、斗级 6 名。同知衙门设门子 2 名、步快 8 名、皂隶 12 名、轿伞扇夫 7 名、捕役 8 名。通判衙门设门子 2 名、步快 8 名、皂隶 12 名、轿伞扇夫 7 名、马夫 1 名。经历衙门设门子 1 名、皂隶 4 名、马夫 1 名。照磨衙门与经历同。司狱衙门设皂隶 2 名。教授衙门设斋夫 3 名、门子 3 名。柯镇巡检衙门设皂隶 2 名、弓兵 25 名。三江、钱清、曹娥三场大使三员，设皂隶 6 名。东江、金山二场大使二员，设皂隶 4 名。绍兴盐仓批验所大使衙门设皂隶 2 名[3]，共设差役 199 人。府各衙门仍存在帮役、白役等问题，实际的差役人数比定额要多得多。

总的来说，清代地方政府的各职官衙门的书吏、差役是根据

1 《清会典事例》卷一四七。

2 《〔乾隆〕巴县志》卷一九《赋役志》。

3 《〔乾隆〕绍兴府志》卷一二《田赋四》。

品级高低和事务繁简来编制定额。一般来讲，知府衙门的定额书吏、差役人数比州县长官衙门要多，但实际上供役的书吏、差役人数，那就不一定了。因为州县长官是第一亲民官，事无巨细，皆须亲理用人，而知府毕竟是管官之官，更多的是起到承上启下的督促、查核作用。

府的长官、佐贰官仍雇佣长随，知府也要聘请幕友。康熙二十五年议准，知府可带家人 30 名，同知、通判可带 20 名。[1] “家人”即长随。府的长随分类、分工、特征和作用都与州县长随相同，“非在官之人，而所司皆在官之事”[2]。知府握一府之全权，特别是所属州县的刑名、钱谷事务皆得经知府中转、查覆。如宁国府“凡六邑岁输及杂赋、诸赎金、悉储之”于永实库，出纳掌于知府，“以候缺吏一人同攒典司其簿牒”。[3] 所属州县自理词讼簿、刑具、监狱簿需知府查核，自徒刑以上案件需知府审转，教化、治安也需知府督促，知府自然需要心腹佐理之人，聘请幕友。知府衙门所聘幕友的分类、人数，少有人论及，但刑名、钱谷、书启等类幕友想来是必聘的。何士祁就讲：“幕友如刑名、钱谷、发审、书启、征收、挂号、朱墨、帐房及一切杂务之属，皆佐官治事者也”，官宜待之以礼，否则，“委曲相就而心已离矣”。[4] 汪辉祖更多的是受聘为州县幕友，但也受聘过知府幕友。[5] 因长随与幕友皆属私人，所以也易于勾通为奸。道光十八年七月，张集馨从塑平府知府调署太原府事。他就讲：“前守王有壬……公事概交委员并家人王成经管，遂得因缘为奸。积案数百起，拖累动辄数年。幕友吴姓盘踞把持，高下其手。”[6] 刚把这些积案清理完毕，

1 《清会典事例》卷九〇《吏部处分例》。

2 徐栋辑：《牧令书》卷四《用人》。

3 《〔嘉庆〕宁国府志》卷一五。

4 徐栋辑：《牧令书》卷四《用人》。

5 汪辉祖：《梦痕录节抄》。

6 张集馨：《道咸宦海见闻录》，第 37 页，中华书局，1981 年。

又遇上“家人陈祥，勾通幕友熊姓”，将介休县一件民事纠纷提省审问，山西臬司又将此案发交首府审理。[1]府的幕友、长随与上下都有勾结，越往后，对府政府的作用和影响也越大。

府政府的组成结构及其特点，与州县政府相同，只是职责的范围和特点不完全相同而已。

第二节　清代府级政府的司法职能

府级政府的长官知府对一府之政务拥有全权，其他的组成人员都在他的统一领导之下工作。陈宏谋在《从政遗规》中对知府的职责作了一番通论：

> 一尺之地不属某州某里，则属某县某里，未有曰属某府地土者；一丁之民，不属某州某籍，则属某县某籍，未有曰属府人民者。然则府不虚设而无用乎？曰无用而为有用之资者，府是已。何者？府非州县，而州县之政，无一不与相干；府官非知州知县，而知州知县之事，无一不与相同，是知府一身，州县之领袖，知州知县之总汇也。今之为知府者，廉爱严明、公诚勤慎，便自谓好官，而课知府者，见其能是，亦以好官称之矣。不知此八字者，知州知县之职，而非知府之职也。……为知府者，或奉院司之科条，董督寮属，或酌郡邑之利病，细与兴除。所属州县掌印正官及佐领合属一切大小官员，有用刑不当者，持己不廉者，政不宜民者，怠不修政者，昏不察奸者，涂饰耳目者，虚文搪塞者，前件废格者，阿徇权势者，差粮不均者，催科无法者，收解累民者，窃劫公行者，奸暴为害者，风俗无良者，教化不行者，仓库

1　张集馨：《道咸宦海见闻录》，第42~43页，中华书局，1981年。

> 不慎者，狱囚失所者，老幼残疾失养者，听讼淹监者……衙役纵横不禁者。属官如是，知府皆得以师帅之；师帅不从，知府得以让责之；让责不改，知府得以提问其首领、吏书；提问不儆，知府得以指事中呈于两院。……所属州县有一不肖之吏，有一失所之民，有一不安之事，不能安辑而处置之，尚得谓之宪府乎？务俾所属之吏廉爱严明、公诚勤慎，如我一身；所属之政，废兴坠举，弊革奸除，如我一堂。所属之民无一不得其所，所属之物无一不得其理。循良署以上考，无论卑微；不肖者署以下考，无附炎热。使属知有府之可畏，不敢不守官；知有府之可服，不患不共命。如是，而千里之封疆，凛凛风生，万井之黎民，瀼瀼雨润。知府之职，不当如是乎？[1]

将知府的职责阐述得何等详细、明确！不过，还是雍正帝提纲挈要：

> 刑名案件，知府尤为上下关键，务期明允公当，地方始无冤民。不可听属员恳求，亦不可畏上司驳诘而草率苟且，以致讼狱颠倒，下结民怨，上干天和。至于催科一节，国有考成，若果遇有水旱灾荒，当据实申详，加意抚恤。不可隐匿以图省事，亦不可捏报以滋弊端。夫宽大惠爱者，乃为政之要道。……知府与知县不同，知县为一邑之宰，果能殚竭心力，使四境之内民人乐业，便是良有司。至于知府则有统辖属员之职，若各属之内有一人居官不善，在知府分内即为一分旷职。不可云洁已谨守，遂可无忝黄堂之任也。[2]

1　陈宏谋：《从政遗规》卷上《明职》。

2　阮元等撰：《广东通志》卷一《训典一》，雍正八年上谕。

雍正帝将知府的职责主要归纳为督促与考察地方刑名、钱谷两个方面，注意力主要在于所属职官的居官行止、居官好坏。为了使知府“尽心民事，吏畏其法，民安其业”，早在清初，魏裔介就建议知府行久任之法，“自今督抚按荐劾开列贤否，自下而上尤必先责之知府，庶事权一，而职掌明于久任之良法，愈有裨益也”。[1]

清代府政府的司法职能大致可以从以下几个方面来论述：

一　督促所属州县实施教化，维护社会治安

浙江金华人叶君新从雍正五年到乾隆八年一直在四川任官，因办事干练，善断狱讼，从知县迁至雅州府知府，后以母忧归。乾隆十一年，服除，授江西建昌府，“以简静为治，先教化而后刑罚，修盱江书院，招引文学之士，复南城黄孝子祠，以励民俗”[2]。“法禁于已然，教施于未犯。”[3]想要有所作为、干出一番政绩的知府，无不从全方位来考虑一府的治理，首先自然是从思想、法制、文化教育为主的教化入手，以建立和巩固封建经济基础和专制统治秩序，以求得所属地方的长期稳定和发展。当然其在具体措施和为政作风上，也往往带有个人的特征。比如何源濬出知绍兴府，史称“宽严互济，刚柔允协，励属以廉，待绅士以礼，治民以惠，驭下以法，教化旁洽，政行俗美”[4]。而李铎以兵部武选郎中出知绍兴，则是“为政尚严，甫下车，廉得奸人十余辈，笞杀之，民惴惴侧足，无敢忤者”[5]。也正如陈宏谋所言：“官其地者，当与其地之人情苦乐，风俗美恶，有不容已之情谊，有必当尽之职守，早夜孜孜求所以转移化诲之道，戒之用威，董之用休，善政于是

1　《皇朝经世文编》卷一八，魏裔介《知府久任疏》。

2　《清代吏治丛谈》卷一。

3　徐栋辑：《牧令书》卷一六，陈宏谋《手札节要》。

4　《〔乾隆〕绍兴府志》卷四三《人物三》。

5　《〔乾隆〕绍兴府志》卷四三《人物三》。

乎出；国奢示俭，国俭示礼，善教于是乎兴。所谓有不忍之心，斯有不忍之政也。”[1]得根据不同的情势，采取相应的措施和体现出相应的作风。

不过，府一级政府在教化、治安方面，主要起督促作用。督促州县设义学、荐科举、举节孝、行乡饮、下车入学讲书、朔望宣讲圣谕、联保甲、勤理词讼等。同时，有直辖临民之责的府、直隶州、直隶厅，也负责具体施行。这种督促作用多表现为承上启下，即部、督抚、司道层层咨、札至府，再由府札催、札饬所属各州县。这类情形，在《巴县档案》中到处可见。比如，乾隆五十九年四月，重庆府发了这样一道札文：

> 特授四川重庆府正堂察札发事。乾隆五十九年三月二十二日奉阁督部堂孙宪札，照得本阁部堂饬禁倡教骗钱、聚众滋事告示一道，已经饬司刷印齐全，合行札发，为此仰该府官吏，即将发来告示转发所属州县，饬令约保人等裱糊结实，务于城乡市镇遍行张挂晓谕……仍将贴过处所缘由具文申报，毋违等因。奉此合就札行。为此仰县官吏查照来札事理，即将发来告示饬约保人等裱糊结实，务于城乡市镇遍行张挂晓谕……
>
> 计发告示　右札巴县
>
> 准此　乾隆五十九年四月初九日[2]

又嘉庆二十一年十月初一日，重庆府奉臬司、川东巡道各宪札饬，照抄转发宣谕化导节性防淫黜邪论说告示一道：

1　徐栋辑：《牧令书》卷一六，陈宏谋《手札节要》。

2　《巴县档案·乾隆朝》卷五八。

……为遵札宣谕化导事。照得川省濒江之地重庆最为繁杂，五方杂处，五货交通，贾舶行舟往来停泊，游民结队，百十其群。至如商辏之区，肩摩踵接，暮去朝来，其交易非相识之人，其居处亦无一定之所，即欲穷其踪迹，究其来由，而萍飘梗泛。迁徙靡常。地方官即严密稽查，实有编排所不能到者。故川省难治之区重庆为冠，其毗邻之泸州、叙州情形大略相同。通衢大邑，事杂言庞，欲别莠良，先分品类，查远方来处之人；其列于衣冠者，无论为士为商，未有不联络乎土著；其有结盟拜会，引类呼朋，所称盟弟兄、干亲家之类，名不雅，行追回邪，最为人心风俗之害。……已富庶之区尤不可不防其渐，且防之之术，官为之防，不如民自为防之……[1]

不过都是依样画葫芦的中转。所以，作为巡抚的陈宏谋告谕知府，“务视州县之事，皆切己之事，上下文移，悉心核阅，毋以率转率行，了承上启下之故事，且不时轻骑减从周历届境，得以体访境内土俗民情，并以察州县之留心地方与否，词讼之疑难，积蠹之把持，均可就近提究。阖属士民，必以太守之惠至为有益，唯恐太守之不常至者。如此，乃不愧邻郡之职守”[2]。

知府根据所属情形，也不时作出自己的举措，以体现自己的政风。如道光十六年，张集馨授山西朔平府知府，到任后发现“文风纰缪，绝无师承，合郡并无书院，士子欲读书而无人就正”。于是他首倡捐廉300两，每年再捐廉30两，“函商各属，一体量捐”，经半年便建成“玉林书院”，并专门建立“玉林书院碑记”，以育人材、正风俗，也以自矜。[3]又如，知府裕谦为劝民息讼，专

1　《巴县档案·嘉庆朝》卷二。

2　《皇朝经世文编》卷二二，陈宏谋《谕各道府书》。

3　张集馨：《道咸宦海见闻录》，第31~32页，中华书局，1981年。

门制“戒讼说”，列戒讼十条，令所属州县官多次重印，务使属民深晓：“本府为尔民好讼者计，与其伺候公庭，受隶卒之呵斥，何若优游井里，乐妇子之团圆。平得一分心，便积得满家福；忍得一分气，便省得几多财。”[1]乾隆五十三年七月，重庆府赵知府根据所属无故喊冤情形较多，因坏风俗、扰乱治安，札饬严禁，并出示晓谕：

> 特授四川重庆府正堂赵为严禁无故喊冤、以安良善事。照得民间冤抑，原许控官伸诉，是以各衙门设立代书，据情宣陈，按期投递，果有不平，地方官断无不为伸理，岂容事出无端，平空扰累。乃渝郡地方往往有等无赖刁民串通胥役，朋比为奸，动辄假捏事故，赴署喊冤，各衙门见此迫不及待之状，势必事关重大，即行出单差唤。试思命盗重情，尚须具呈控告，何以事无影响，反致呼吁无门。揆厥由来，若等本无受屈之情，岂有准理之案，不过藉名喊冤，实希索诈，迨至对质公庭，非玑踞微嫌，即无聊图赖。泾渭攸分之际，而守分良民已受无穷之荼毒，此等恶习若不严行禁革，奚使善良安业？除分移严拿外，合就札行，为此仰县官吏即便出示晓谕，并移行县丞衙门一体遵照。……具文报查，毋违此札。[2]

府作为一级中间政府有制定政策的权力。不过，处于以自然经济为主的清代，府政府的职能更多还是体现在上下文移承上启下，率转率行的督促作用上。

除上下文移的承上启下外，府政府也大量参与维护所属地方

1　徐栋辑：《牧令书》卷一七《刑名上》，裕谦《戒讼说》。

2　《巴县档案·乾隆朝》卷二三七。

的社会治安，直辖地方的府、直隶州、直隶厅就更不用说了。地方发生自然灾害，知府应委员协同州县覆勘，甚至亲往勘查灾情，上报两司、督抚，以作为蠲免与救济的依据。[1]地方发生盗窃案，乡保报州县，州县报知府，知府查实，转报督抚。户口清册、治安状况，乡保按月报州县，州县按季报府，年终由府转报两司。[2]府的佐贰官通判，称“捕厅”，负有缉捕、协缉所属州县要犯、逃犯之责，并且还负责府属地方社会治安的日常事务。如顾元揆在乾隆年间为绍兴府通判，“应宿闸启闭，吏胥多不如法，元揆日夜躬访”[3]。又如张集馨任朔平知府时，属县有一位姓任的保正，专为人作离婚书，从中渔利，闻拿逃窜，后经府缉获，“交县重惩之”[4]。

府对所属地方的社会治安虽没有直接的责任，但编查保甲，所属州县奉行不力，以致地方不宁；缉捕要犯、逃犯，所属州县久缉不获，以致命盗案积年不结，牵累多人，知府等官均有失察处分之例。所以，相当部分知府不能不为了自己的前程，实心任职，如梁章钜说他任外官府道十余年，“棋酒二字竟束之高阁，非不为也，实无暇也”。他认为外官过日，“须以五分之三以治公事，一以读书，一以将息”。[5]李二曲曾言：“教化为政之首，然言教不如身教之易以感人。”梁章钜对此还专门讲了一个故事，说清河太守房景伯“力行教化，务以身先”。有一次，一位妇人告自己的儿子不孝。景伯召自己的妻子侍奉自己的母亲膳食，让那位妇人的儿子在堂下观看自己供母食，“每上食亲捧虔拜，母食毕，然后退食”。不几天就感化了这位不孝之子，其母也撤回诉讼，母子感泣而回。[6]看这个故事颇觉房景伯很迂腐，但也说明清代的知府等地

1　《清会典》卷八〇。
2　《皇朝掌故汇编》内编，卷五三。
3　《〔乾隆〕绍兴府志》卷四三《人物三》。
4　张集馨：《道咸宦海见闻录》，第33页，中华书局，1981年。
5　梁章钜：《退庵随笔》卷四。
6　梁章钜：《退庵随笔》卷六。

方官也确有忠于职守，讲求实效之人。即使到了清朝衰败的道光朝，也还有像张集馨这样勤职的知府。道光十八年，张集馨任山西朔平府，接到两司饬各属设立窝铺，护送行旅，并另筹缉捕章程的宪牌后，在禀复文中历述自己的治安措施，以及缉捕中存在的问题和解决办法。[1]虽不免有自诩之处，但从他考评卓异、升迁迅速来看，说他勤职、治事有方，实不为过。大概与他从翰林院出任地方，还存一番正气和冲劲有关。正因为他在腐败的官场有不识时务之处，不时受到中伤，升至布政使也就再也无法升迁了。

二　审理直辖民词与复查所属州县的自理词讼

与府同级的直隶州无附郭县，直隶厅少有属县，均亲辖地方，即使是府也有无附郭县，亲辖地方者。如贵州省的贵阳、石阡、黎平、都匀、镇远、思南、思州、铜仁、安顺、兴义、大定等诸府均无附郭县，亲辖地方。[2]这些亲辖地方的府州厅在司法管辖上，既是第二审级，同时又是第一审级，有自理民词的责任。府州所属州县上控的词讼，也包括在府的自理民词之内。所以，清代习惯上连称府县长官为“守令”，并统称“有司”。

《清会典事例》规定：“州县自理户婚、田土等项案件，限二十日完结者，各设立循环簿，于每月底将准告审结未审结事件填注簿内，开明已未完结缘由；其有应行展限及覆审者，亦即于册内注明，送该管知府、直隶州知州查核，循环簿轮流注销”；“各省有知府亲管地方审理事件，概照州县应得之限审解”；“知府、直隶州自理案件，逾违二参，将督催之道员，亦照知府行”。[3]对州县自理案件的规定很清楚，而对府、直隶州的自理案件规定得很模糊。大致是府、直隶州自理亲辖地方的户婚、田土等项案件，

1　张集馨：《道咸宦海见闻录》，第35页，中华书局，1981年。

2　《清会典事例》卷一二二《吏部·处分例·外省承审事件》。

3　《清会典事例》卷一二二《吏部·处分例·外省承审事件》。

照州县限20日完结，仍设立循环簿，每月送该管道员查核。与州县一样，府、直隶州的佐杂无审理词讼、案件之权，亲辖地方的民间词讼需知府、知州审理。审理的原则仍然是调处和责惩相结合，而以调处息讼为主；调处的特点也与州县相同。另外，所属士民首告州县不准或审理不公而至府、直隶州上控的词讼，也属府、直隶州的自理案件。这样的词讼虽不多，但审理须非常慎重，《大清律例》要求知府亲自审理，或委员审理，而不得批回原审州县审理，[1]以示回避。

大概自理民词不属府、直隶州的主要职责，清律例规定模糊，清人也少以论及。查核所属州县的自理案件似乎更为重要，每月要提取号簿、查核督催，以作为考评州县官的部分依据。此外，该管道分巡所至，还要将“该州县每月已结未结若干件，摘取简明一单，行知该州县，勒限完结续报，并将一单移知两司，申详督抚查核”[2]。以与府、直隶州的查核、考评相对照，由督抚最终作出对州县的评语。这看似严密的双重监督，其实恰好无查核专责，形成府、道两层不认真查核所属州县自理案件的局面。加上民间词讼系州县自理，不像命、盗案件特关考成，所以也漫不经心，任意积压不审。这种自理案件州县积压不审，府、道无凭查核的情况，到乾隆中期以后更为严重。

按规定，州县应将自理词讼准理、审结时间及未结缘由详记循环簿内，以便上司查核。遇新旧交代时，也应“将任内自行审理户婚、田土、钱债等项案件粘连卷宗，钤盖印信，造入交盘册内，仍汇录印簿，摘录事由，照依年月，编号登记，注明经承姓名，随同卷宗交代，并将累连递交之案一并检齐，加具并无藏匿抽改甘结，交与接任之员。交代完日，照例报明上司查核”[3]。而

1　《清朝文献通考》卷二〇七《刑法十三》。

2　《清会典事例》卷一二二《吏部·处分例·外省承审事件》。

3　《清会典事例》卷九一《吏部·处分例·外官案卷交代》。

实际上并没按此执行，包世臣在《安吴四种》中揭示了当时的真实情况，不妨抄录如下：

> ……至自理词讼各件，则从无遵例按月册报各上司者。州县交代案册申送，然皆仿照前届交册原册，略增数案，各上司收受文册，从不核对驳回，绝不问有无隐匿遗漏，揭参之事，及民人上控，亦不提交代案件册查核此案曾否造入。即州县审结自理各案，亦从不遵例申送，各上司无凭查核；其卷宗除奉文提审之案，从不粘连用印，是以日积月累，词讼积压及千累百，恬不为怪。视民瘼若儿戏，玩条例如弁髦，相习成风，牢不可破。今若以数十年积弊而一旦绳以一切之法，则外省大小各官无不被议，势必仍前朦混，不肯使真情显露。[1]

这就是乾嘉时期地方司法的一个写照。连嘉庆帝也不得不在上谕中承认："近日各省不能实力奉行。州县承审大案于通详时报有起限日期，尚知虑干参处，不敢迟延；其自理词讼多不详报起限，往往任意延阁。"[2]他执意要大力整肃，严立条例，以期成效。封疆大吏也"皆知听讼为恤民之首务，积案为病民之大端，飞檄交驰，饬属清厘；又派委员分赴各郡专驻帮办"。然而，嘉庆帝未定以章程明示赏罚，"州县词讼，无册籍详报可稽，印官、委员勤惰能否，漫无觉察，故印官奉檄文若具文，委员安坐郡城，略不事事。上以名求，下以伪应，吏治民风毫无起色"[3]。不仅州县词讼久延不结，督抚、司道衙门的词讼也久延未结。嘉庆十二年的上谕中讲道："(江西) 巡抚衙门未结词讼即有六百九十五起，藩司衙门未结者有

1 包世臣：《安吴四种》卷三一至卷三二。

2 《清会典事例》卷一二二《吏部·处分例·外省承审事件》。

3 包世臣：《安吴四种》卷三一至卷三二。

二百六十八起，臬司衙门未结者有五百八十三起，盐粮各巡道未结者六十五起。试思省城附近已有一千六百余起未结之案，则其余府厅州县未结词讼，当有若干，殆不下万余起。似此案悬不结，拖累日多，无怪小民等冤案莫伸，而健讼刁翻伎俩，抑且因此滋长也。”[1]嘉庆帝似乎也很着急，痛指阙失，感叹万分。然而，整个机体已经腐坏，连运转机制的司法也失去了效用，嘉庆帝只好徒唤奈何，把积重难返的局势留给他的后人，也就更难有起色了。

三　审转所属州县徒刑以上刑事案件

清代地方府一级政府的一个重要职责，就是审转所属州县自徒刑以上刑事案件，根据不同的案件，分别定限二十日、一月、一月半、二月不等审核完备解司。[2]府一级的审转，不仅是文案上的查核，而且要对州县解到的人犯、佐证、案据进行一次重新开堂审理，审核州县卷宗是否齐备，犯证口供是否一致，有无刑逼，拟律是否允当。若无异情，便作“与县审无异”的批语解司；[3]若犯证翻供或拟律不当，便一面详报臬司、督抚，一面发回原审州县重审或遴委他员覆审，得出实情，改正拟律解司，并揭参原审州县官。另外，案已由督抚复审具题，经刑部驳回地方重审，该管督抚一般不再发回原州县，而发回该管府，令知府组织人覆审。

亲辖地方的府、直隶州既是第二审级，又是第一审级，其初审的徒刑以上案件，或由该管道审转，或径自解臬司审转。如“贵州贵阳、石阡二府亲辖地方命盗等案，由粮驿道审转；黎平府

1　《清会典事例》卷一二二《吏部·处分例·外省承审事件》。

2　《清会典事例》卷一二二《吏部·处分例·外省承审事件》。

3　康熙五十四年以前，府、司道审转的审录招供均尽行全载，以致在督抚的题本中也如此。康熙五十四年规定：“该府、司道所审若与州县各官历审皆同一语，止将州县初招并督抚等大吏审拟之处叙明本内足矣。”于是后来府、司道的审转，无异情上解批语便变成了“与州县无异”，或“与府、州审无异”等。参见《大清圣祖仁皇帝圣训》卷二八。

亲辖地方命盗等案，由贵东道审转。该府照州县例扣限，该道照知府例扣限，其都匀、镇远、思南、思州、铜仁、安顺、兴义、大定八府亲辖案件，径解臬司审转”[1]。乾隆三十年规定：直隶厅“同知承审命盗等案，解道覆勘”；“各省直隶州承审命盗等案例，解道审转；惟离省窎远各设同知管地方承审事件，径自解司”。[2]审限、处分一律按州县例要求。

徒刑以上案件，特别是命盗等案，关系重大，甚至每一案都关系着府州县官的前程，不仅所属州县必须认真办案，而府的审转也不能马虎从事。如在府、州县佐幕刑名的汪辉祖讲："当官诸事宜勤，而命案尤不可刻缓。昔余佐幕，主人相验归，有疑窦者，深夜必令覆鞫，亲于堂后听之，禁押保释，鞫讫即是，其应保存，必俟取有保状方寝，以免羁累。三十年藉刑名糊口，惟此一念可质鬼神。”[3]做过地方官的包世臣亦讲："查外省问刑名衙门，皆有幕友佐理，专以保全居停考成为职，故止悉心办理案件，以词讼系本衙门自理之件，漫不经心。”[4]府州县官之所以首聘刑幕，原因在于徒刑以上案件办理有误，处分很重，且特关考成，故而需人专门佐理。至于自理词讼则可“漫不经心”。

《大清律例》定有官司引律不当、出入人罪、辨明冤枉的详细律例，[5]初审之州县，审转之府、直隶州首当其冲。清代也存在立法与司法严重脱节的问题，特别是司法行政的监督方面，司法的残酷和黑暗不亚于以往朝代，但是，在重大案件的复审、监督的力度方面也超过了以往朝代，府州县官因不能审出实情、引律不当、出入人罪，而受到处分、惩办的案例不胜枚举。乾隆三十一

1 《清会典事例》卷一二二《吏部·处分例·外省承审事件》。

2 《清朝文献通考》卷二〇七《刑十三》。

3 汪辉祖：《梦痕录节抄》。

4 《安吴四种》卷三一。

5 《清会典事例》卷八四三《刑部·刑律断狱》。

年勾到秋审官犯内，就有两名知府因审转回护而判处死刑。一案是浙江省诸暨县书吏侵粮，知县黄汝亮因染指，重罪轻判，知府高象震审转回护，先被判绞监候勾到，后乾隆帝参照另一知府回护案，以“承审时受人朦混，不能审出实情，继复固执己见，仍照前详率结，昏愦无能，尚属无心之过”，又改为“发军台效力”。但初审未能审出实情的知县黄汝亮“即行正法”。另一知府回护案发生在湖南，知府饶俭“明知十串较册浮多，恐干失察处分，欲图回护，授意知县改换印串，以符征数，几至重犯漏网，实属骫法欺朦”，于法实无可贷，由湖南巡抚监刑，将他即行处决。[1]乾隆三十八年，湖南永顺县潘文科与彭氏通奸，杀死本夫一案，经县初审，府、司、院审转、复审，均拟潘文科“依斗殴条律绞监候，彭氏拟以枷责”。经部驳覆审，究出实情，将彭氏依律拟以凌迟，潘文科拟斩立决。照遵驳审出实情前例，错误之巡抚、按察使、知府、知县均免查议，但从此重定新例，“驳审后，改为凌迟，并较绞立决者，将承审、核转之府、州县均照斩绞重犯不能审出实情例，降一级调用”[2]。府、州县为一体，州县出入人罪，知府不能审出实情，同样受到惩办；州县不能审出实情，或将犯人拷打、监逼致死，知府不能辨明冤枉，或疏于督察，均要受到惩处或失察处分。如嘉庆十九年，广西临桂县知县田皖承审抚署窃案，并不虚心研鞫，辄将毫无指证之郭升等刑逼多伤，又押毙一命，将知县发往新疆效力赎罪。道光三年，河南延津县知县黄家绅，于缉获窃贼许二保、明林妮，因其狡供，叠用竹板、荆条毒打百余下，致许二保、明林妮受刑过重，先后身死。二犯窃赃、拒捕本罪不过一绞一杖，无故致二命。于是黄家绅被照监临官因公非法殴打致死律，杖一百徒三年。这两案所涉知府均遭革职处

1 《清朝文献通考》卷二〇八《刑十四》。

2 《清朝文献通考》卷二〇一《刑七》。

分。[1]清代因司法不当或贪赃枉法而受到处分、惩办的地方官比例也比以往朝代大，经常有一“官犯”群。

对于能辨明冤枉的州县官、知府、直隶州知州，清政府则大加奖赏。如雍正三年，湖南黔阳县生员黄振裘挟仇诈财，诬控族戚傅廖氏与何纶有奸，用药毒死伊夫傅淑楫、伊翁傅泰、伊子傅轴学三命，并诱逼婢女诬证，贿嘱仵作捏伤妄报。署县陈焕拘讯廖氏与何纶，俱诬服。经接任知县冯应正审得实情，将黄振裘照开棺见尸律拟绞监候。雍正帝亲降谕旨，著将冯应正交部议叙，“以示嘉奖”。前任陈焕误定量罪，草菅人命，著革职。[2]又如，乾隆三十九年，安徽英山县知县倪存谟枉断杜如意斧砍伊父杜得正，问拟凌迟一案。经直隶州知州倪廷模审转，讯出凶僧广明诱媳成奸，碍翁管束，连砍杜得正毙命。知县倪存谟任听串供捏饰，一味刑逼，转将尸子杜如意拟以凌迟，几成冤狱。案子直接送到乾隆帝的御案上，御判倪存谟发新疆伊犁充军，永远不准回籍，并谕称：“此案若非该州倪存模讯出实情，几令奸僧漏网，尸子衔冤。倪廷模可谓能事者，即送部引见。”同时，乾隆帝宣谕各省，定知府、直隶州平反审转重案送部引见例：“向来各省地方有拿获邻省监犯尚令引见录用，以示奖励，若为知府、直隶州者，能将审转之案虚衷研鞫，立于平反，则所属可无冤民，较之实心缉盗，尤有益于吏治。嗣后凡知府、直隶州有将关系生死出入大案审出实情，改拟得当，经上司核定，题达部议准行者，交部查明奏请，送部引见，著为令。”[3]

清统治者表面上似乎非常重视“人命”，雍正帝讲：“刑法上关天和，下关民命，实为政治之要。”[4]要求地方官一要慎刑，二要

1 《刑案汇览》卷六〇。

2 《清朝文献通考》卷二〇七《刑十三》。

3 《清朝文献通考》卷二〇八《刑十四》。

4 《大清世宗宪皇帝圣训》卷二四。

审断允当，民无冤怨。然而，对于伙盗、叛反、抗清起义的镇压，可就完全改变了这一副“慈祥”的面孔，虽无就地正法的律例，但对这类事件的处理往往是将被获者就地正法，或杖毙于堂下，已再没有正常的司法程序了。雍正十二年十二月，江宁布政使李兰奏报：“访得宿州有‘采花会’、‘大刀会’，寿州有‘五岳会’，定远县有‘拾天会’，南陵县有‘三乘会’。各会或十数人，或数人不等，皆无赖棍徒，或衙役子弟，酒食宴会联为一气，学习枪棒，打斗行凶，或吓诈富户，或威胁乡民，稍不遂意，群相殴詈，甚至调戏妇女，欺侮幼童，强霸客货，抗拒官差，恣意妄行，无恶不作。现已拿获二十余人，分别究审。但受害者多畏首畏尾，不肯质证。拟俟查实，为首者即于当地杖毙，为从者分别发落，有自首者可以从宽。”我们对此折内容的真实情况姑且不论，就将为首者于当地杖毙而言，雍正帝并没有指责江苏省地方官草菅人命，而是在奏折尾朱批了四个字“此奏可嘉”，显然是赞成这种处理方法。乾隆朝及以后各朝社会阶级矛盾尖锐，这种“就地正法”的处理方式用得就更加频繁了，以致到咸丰朝正式在法典中写入“就地正法”的律例条文。这种非常事件，用非常的方式来处理，还可以从某个方面给予理解。而正常的司法案件中每年刑毙、监毙的犯人成千上万，无论清统治者怎样三令五申地训谕禁止，却始终解决不了问题，反而越禁越严重。看来，从深层次检讨，是根本制度上出了不治之症；从直接责任者来讲，地方司法官吏并没尽职，也没有把它当着“上干天和”的大事。

作为地方中级政府的长官知府，是地方司法监督、查核的第一个关口，也是一个重要关口，他们的审转查核活动又是怎样运作的呢？包世臣为我们提供了一段论述，可以回答这一问题，现抄录如下：

至于招解人犯，已由本州县研讯得情，命案有凶器，盗

> 案有贼具正赃，方始定谳招解，众供确凿，备载书册。解到府司，不过核对正犯供词是否与原审无异。如州县有刑求捏饰、贿嘱等弊，该犯一见上司势必鸣冤，就供指摘，果其冤抑有状，轻则驳回再审，重或提案亲鞫，方足以得其真情，而昭平允。今解犯到府，必发附郭，附郭与外县谊属同寅，谁无情面，假有翻异，专事刑逼，全依原供，不问事理之虚实，唯以周旋寅谊为心，或经附郭以原勘解府，该犯于过府堂时复翻者，又仍发回附郭，则拷讯酷烈更甚于前。查知府之事，较县为简，附郭政务又较外县为繁，彼既须自理其民，又代各外县鞫狱，模棱于发件，既抛荒本务。况每府一年招解之案，不过数十起，而该府尚不能自审得情，必倚重于附郭，是岂知府之当逸，抑知府之必愚耶！[1]

原来知府找到了一条“当逸”的捷径，那就是将审转事务交给了附郭县，而自身往来于上司的交结之中，并不实心任事。包世臣在乾隆、嘉庆之际正好任过首县知县，所言绝非乌有。难怪乾隆三十九年要定知府、直隶州平反审转重案送部引见例，实由知府、直隶州知州审转敷衍了事，平反、改正之案少。也难怪包世臣感叹:“今以各府谳定之狱，而使首县复之，是以县监府也。”[2]

四　监察所属州县的司法行政事务

清代府一级政府的长官与司道、督抚一样，俗称“宪台”。“宪”者法也，宪台即护法之官。中央的御史台或都察院在古代就别称“宪台”。清代府及以上主官都俗称“宪台”，意思是说这些地方官都是管官之官，不仅负有行政管理职能，还负有监察职能。

1　《安吴四种》卷三一。

2　《安吴四种》卷三一。

因为清以前各朝中央经常向地方派遣临时或常驻的巡察御史、监察官，而清代则是将其与地方官合二为一。地方官上级对所属下级负有监察职能，是中国古代政治的一大特点，在清代体现得尤为明显。

知府在司法方面，除对所属州县招解来的案件负有审转、查核的职责外，还对广泛的司法行政事务负有监察职责。主要包括监察所属州县招募的差役是否正身、刑具是否合格、衙役是否私设班房、监狱是否牢固、家人是否干预公事、已决军流徒犯解配所是否按时，以及官吏、差役有无贪污、受贿等犯法行为等等。

乾隆三十一年，四川巴县仵作任世贤病故，知县将学习仵作任世学预补为正身仵作，又招颜尚仁为学习仵作，上报重庆府查核。重庆府接到禀文后，发现不合规定，便给巴县发来一牌：

> 府查，仵作病故顶补，应按原奉部咨，造具册结，详府核转录用，验文通报。殊属不合，合行驳饬。为此，仰县官吏即便造具籍贯清册，取具亲供里邻甘结，加县印结。……详报本府，以凭转详。毋违须牌。
>
> 右牌仰巴县　　准此
>
> 乾隆三十一年九月　府　定限　数日[1]

仵作相当于现在的法医，是为州县验检尸伤而设的技术性较强的差役。清律例规定，“大县额设仵作三名，中县额设二名，小县额设一名，仍于额设之外，再募一二人，令其跟随学习，预备顶补，每名给发《洗冤录》一本”[2]。仵作的检验尸伤关系定案实情，因此，清政府对仵作的招募、顶补非常重视，必须得完成一

1　《巴县档案·乾隆朝》卷一二。

2　《清会典事例》卷八五一《刑部·刑律断狱》。

定手续，巴县知县漫不经意，因而遭到重庆府的这一牌饬。

清代对行刑表面上也很慎重，要求州县按季制造行杖竹板，送府验烙，并将行杖皂役姓名按月造报，以凭府查考。至于监狱门墙更是要随时培修，要管狱官及老诚家丁严密防范，知府不时查验。[1]乾隆四十年正月，因巴县未按“行杖竹板按季制造，送府验烙，饬发应用”的规定执行，重庆府知府又发出一牌：

> ……今春秋在迩，未据该县申送前来，合填预印空白饬取，为此行县官。查照来牌事理，即便遵式制造行杖大小竹板各二块，专差申送本署，府以凭验烙，檄发应用。毋违，速速须牌。
>
> 右牌行巴县　　准此
>
> 乾隆四十年正月十九日，府　行[2]

巴县不送来验烙，重庆知府只好发牌去要了。乾隆三十一年正月，巴县就未按月造报行杖皂役姓名清册，在接到府的牌饬后，造申赍册一本，“计开一名张机，一名张仕佗，一名岑秩然，一名蒋秉聪。以上皂役四名，操练熟习，理合登明”[3]。

班房是禁设的，但乾隆五十六年正月重庆府札饬各属，“查有无蠹役私设班房、擅设刑具”[4]，而川东巡道（驻重庆）又札饬各属补修驿路各处卡房[5]。卡房与班房具有同一性质，其危害程度前一章已述及，一禁一修，反映出清代司法的不一致性，也给差

1 《巴县档案·嘉庆朝》卷三九，重庆府札饬巴县，随时培修监狱门墙和管狱官及老成家丁严密防范卷。

2 《巴县档案·乾隆朝》卷二三五。

3 《巴县档案·乾隆期》卷一一。

4 《巴县档案·乾隆期》卷一九。

5 《巴县档案·乾隆期》卷三三。

役舞弊作恶以可乘之机。

乾隆三十八年，清政府规定了官员子弟干预公事，借端营私之禁例。“凡官员随任子弟，听其借办公事，与人接见，致有营私滋弊等事，干涉本官者，即照应得罪名革职、治罪；如虽未营私滋弊，而听其与人接见，出入无忌者，照约束不严例议处。”[1]清代地方主官权力集中，当官的公事也为私事，私事也为公事，要禁其子弟、家人不干预公事是很困难的，干预公事而不营私滋弊，那又是不可能的。俗话就讲，“千里为官只为财”[2]。不过，表面文章还是要做的。嘉庆二十一年又发现一个严重问题，地方官承缉各员纵令家人干预捕务，藉端招摇扰累。为了杜绝冤滥，刑部咨文各省督抚，督抚又宪札臬司，臬司又宪札各府州。重庆府知府接到宪札，为通行事，转抄部咨、各宪札，又札饬所属各州县，[3]以虚应故事。

府也有监狱，负有监押、管理和递解人犯的职责，但府更为主要的还是监察所属州县的狱政。乾隆元年，刑部议准：“嗣后各省各府设立循监簿，饬令所属州县将每日出入监犯名姓填注，按月申送该府遂一查阅。其有不应收监而滥行监禁，及怀挟私仇故禁平人者，均照律拟罪；虽系应监人犯，如有吏卒借端需索者，以枉法从重治罪。该管官照失察衙役犯赃例议处，故纵者，照纵役犯赃例，革职。”[4]兼管官知府失察，也要受到议处。因为州县的一切公事都要详报上司，而知府是第一道监察官。如嘉庆初年，因四川卷入苗民、白莲教两次大起义的浪潮之中，重庆府巴县深受其影响，以致人犯递解都不敢轻易起程。大概到嘉庆三年，情况一时有所好转，重庆府便札饬巴县，“嗣后遇本省递籍收管，并解配充徒各犯，无

1 《清朝文献通考》卷二〇一《刑七》。

2 李宝嘉：《官场现形记》第二回。

3 《巴县档案·嘉庆朝》卷三。

4 《清朝文献通考》卷一九八《刑四》。

匪滋扰之区，仍照常发遣”[1]。在专制集权程度很高的清代，地方的治理，各级政府主官个人的因素往往起着决定性的作用，体现在司法行政监察方面更是如此。知府这一职位，说重要也确实关系吏治民生，说不重要也就不过率转率行。陈宏谋曾要求知府“不时轻骑减从周历属境，得以体访境内土俗民情，并以察州县之留心地方与否，词讼之难疑，积蠹之把持，均可就近提究”[2]。看来情况并非如此，知府往往不是周历属境，而是“借称公事，逗留省会，冀博上宪之欢心”[3]。总的来看，知府十分称职者少。

府这一级政府之所以重要，在于主官知府不仅拥有司法全权和督征、盘查所属州县钱粮的权力，而且拥有委署州县与考评僚属的权力。康熙六年规定，“委署州县，宜专责成于知府，而行保举连坐之法”，也就是“令知府于所属，慎择贤能之吏，详呈督抚，严行考核，果堪称职，方准委用。倘有徇庇，将知府并劾”。[4]“大计”之年，州县佐贰杂职，令州县主官开造贤否事实，申送知府填注考语，送上司查核。[5]州县主官及府佐贰杂职，亦由知府注考，送管道员查核，由布、按两司转呈督抚。[6]督抚参劾知府，例由司道揭报，参劾州县，例由府、司道揭报。[7]州县以刑名、钱谷为主的一切政务都属知府考注、参揭的范围，也非大计之年知府才注意所属政绩贤否，而重平时的监察存案。比如张集馨刚上任山西朔平知府不久，接到布政使查所属亏短仓库数目、属员贤否、秋收分数的宪饬，上报了这样一篇禀文：

1 《巴县档案·嘉庆朝》卷一〇五。

2 《皇朝经世文编》卷二二《谕各道府书》。

3 史松、林铁军主编：《清史编年（雍正朝）》第四卷，第607页，中国人民大学出版社，1991年。

4 《清朝文献通考》卷五五《选举九》。

5 《清会典事例》卷八〇。

6 《清会典事例》卷八〇。

7 《清世宗实录》卷三。

禀者，本月十二日接奉钧函，饬将朔平各州县仓库核实、属员贤否、秋收丰歉确实情形密禀等因。遵查府属各厅州县，现在各牧令本任尚无大亏，惟接前任漏卮流摊弥补名目，处处皆有。……至牧令丞倅之贤否，如朔州许牧，人甚老成，惟在任日久，官民习熟，呼应不灵；左云贾令，性情崛强，民情爱戴；平鲁杨令，听断明析；右玉杜令，初次署缺，事体尚生；宁远齐倅尚未会面，尚须察看；粮捕同知祥丞，心地欠明；其余佐杂各员，均无上控之案。至本年郡属收成，不过五分有余耳。以上各情，俱系实在情节，伏乞查察。谨禀。[1]

禀文对所属钱粮亏短及各官贤否情况作了一次基本汇报。州县征收钱粮，由知府督征；盘查州县仓库钱粮亦专责知府，如有不肖知府需索州县，许州县随时报司道督抚题参。[2]知府、直隶州知州亦有仓库，向由该管道员盘查。[3]亏空钱粮，是有清一代地方官的通病，早在雍正六年，雍正帝就讲："钱粮亏空之弊，积习相沿。"[4]越往后越严重，到道光时已几达不可收拾的地步。"亏空"也就是地方官吏挪用、贪污公款、公粮。清代贪污案特别多，乾隆朝因贪污杀掉的三品以上大员就达三十多名，由知府揭发出来的州县贪污案不少，而揭发出来的知府贪污案也不少。

清代府一级政府的长官知府、直隶州知州是监察所属州县监守自盗、贪污亏空的重要官员，对其在这方面的职责要求也很严，若所属钱粮有亏空，著令知府、知州与州县均米分赔。这是清代处理亏空贪污案惯用的办法。但是仍有很多府、州县官在追赔的

1　张集馨：《道咸宦海见闻录》，第 33~34 页，中华书局，1981 年。

2　《清会典事例》卷八〇。

3　史松、林铁军主编：《清史编年（雍正朝）》第四卷，第 347 页，中国人民大学出版社，1991 年。

4　史松、林铁军主编：《清史编年（雍正朝）》第四卷，第 315 页，中国人民大学出版社，1991 年。

定限内往往因亏空太大而无法弥补，除受到行政革职处分外，还受到刑惩。雍正五年底，直隶大名府秀才窦相可上控知府曾逢圣居官劣款，布政使张适为之袒护，将窦相可严刑毙命，诈称在监病故，引起极大影响。案子一直通到雍正帝御案上，成为钦命大案。雍正帝责直隶总督宜兆熊、刘师恕"负朕任用之恩，甘蹈徇隐之咎"；责张适杀一人以箝众口，惨酷之行，世所罕见；责按察使魏定国专司刑名，何以任张适恣意妄为，草菅人命？命将张适、魏定国革职，遣福敏、史贻直前往严审。经福敏等查明，曾逢圣在吴桥县任内四年，入己赃银 13600 两，应处斩。张适、魏定国问案时将窦相可夹棍毙命，按律应正法。最后，雍正帝网开一面，以张适系大学士张玉书之孙，从宽发回原籍，交地方官严加管束，令其出银 1000 两给窦相可之家；将魏定国发往黑龙江当差；只将曾逢圣处斩。[1] 曾逢圣从当知县时就大肆贪赃枉法，居然还升任知府，可以想象他怎样当知府了。雍正十年十月，福建总督郝玉麟在奏折中揭报："泉州知府叶祖烈居心奸险，狡诈百出，贪婪不法。被参后，不知愧悔，倚借棍徒，聚众保留。经查，叶祖烈贪黩殃民，以书办、地棍为爪牙，每月放告之期，每期收状千余张，每张干连一二十人，以致刁讼之风四起，且不时勒借富户，善良士庶绅衿莫不侧目……"[2] 雍正帝朱批"著严审，尽法以惩"。虽未看到最后审判结果，应该难逃死罪。雍正朝还算是清代吏治较好和贪污不严重的时期，知府就如此贪婪不法，到乾隆朝就不得不向地方大吏大开杀戒来惩贪了。惩贪而贪风愈盛，以致到嘉道时的颓败之势，贪风就更可想象了。清代的谚语"三年清知府，十万雪花银"，将贪赃枉法的重点指向知府，应该是有深意的。也就是说知府这一职位最易于贪赃枉法。换句话说，府一级政府在司法上也是最薄弱的环节。

---

1 《清世宗实录》卷六五。

2 《清世宗实录》卷一二四。

第四章　清代省政权建设的完善及其司法职能

自元代在地方确立行省制以来，地方省、府、州县三级政权的建设至清才趋于完善，特别是省级政府的一些重要体制，是到清代才正式确立的。清代省政府的组成与明代亦有所不同，除正式确立督抚为地方的军政长官即省长外，职能部分由明代的三司变成了布、按两司，提督基本上不在省政府的序列之内。另外，明代与守、巡道并列的提学道，到清代改为提督学政，地位高出守、巡道，成为省政府的重要衙门。

清代省政府的人员组成特点与府、州县一样，由显职的职官和隐职的吏、役、幕友、长随组成。再细分，还可将隐职分为属国家法定的吏、役办事系统和属各衙门主官私人的幕友、长随办事系统。但从机关的组成特点看，省政府则与府、州县两级政府大不相同。府、州县的佐贰官虽各有衙署，但职权暗弱，形同虚设，而省政府的两大职能部门布政使司、按察使司则职权重大，统辖一省的民政财政和刑名监察，与督抚一同称为“地方大员”，连从布政使司分出的分守道和从按察使司分出的分巡道也称“方面官”。

清代省政府的督抚、两司、守巡道等主要衙门都负有重要的司法职能，特别是按察使司和督抚的司法职能尤为重要，甚至连提督学政也具有一定的司法职能。从司法程序上，有人将省政府分为按察使司、督抚两个司法审级，甚至还有人将道也作为一司法审级。笔者这里从行政管理的角度出发，根据中国古代司法亦即行政的特点，省政府集成全省行政、总管一省职官的职能，认为省政府的司法职能是一个整体，无所谓几个审级，只是司法行政管理的分工和程序不同而已。雍正帝曾在上谕中这样讲道："朕惟直省大小狱讼民命所关，国家各设按察司以专掌，一切州县申详至尔司而狱，凡督抚达部题奏事件皆由尔司定案，任岂不重。"[1] 按当今的话说，按察使司可以比拟成一省的高等法院，而地方案件的决断权又掌握在督抚手里，且由督抚题奏达部，所以，省高等法院的院长又不是按察使，而是督抚，按察使只可算作综揽一省司法事务的省高等法院常务副院长。从按察使司分出的巡道，可称作省高等法院的副院长或分庭庭长。布政使有自理案件，又参与秋审，起着陪审的作用；提督学政负有参革举、贡、生监顶戴功名的职责，对有功名的人的司法案件起着地方检察院的作用。这样比喻，也许不完全恰当，因为这些职官除各自的司法职能外，对所属职官又有行政系统内的监察职能，而且这两方面又往往结合在一起。考虑到本书主要讨论地方政府的司法职能，就姑且这样比喻吧。

由于清代地方省级政府各主要衙门职能的分工程序有所不同，根据从下到上的顺序，我们还是先从司道讲起。

第一节　司道的组成结构及其司法职能

从地方省级政府机构的名称来讲，布政使司、按察使司早于总督、巡抚，而道又早于布、按两司，所以，我们讨论行省的设置沿革，还得从道讲起。

1　《清朝文献通考》卷二〇七《刑十三》。

一　司道的设置沿革

可以说，清代省级政府各机构和职官的名称都是与最初中央将地方分成道的监察区，向地方派遣官员巡察演变来的，或与此有关。

在中国古代，地方行政区划以道相称，最早产生于汉代。《汉书·百官公卿表》载："县有蛮夷曰道。"汉代在少数民族聚居区所设置的县称道，但不是正式以道命名的设置。最早以道命名的设置是中央御史台对地方百官的监察区划。唐贞观初年，因山河形势之便，分全国为十道，开元二十一年（733年）增为十五道，置采访处置使，职掌与汉武帝所设置的十三部刺史略同，监察地方百官吏治。从此，道或路一直是中央对地方的监察区划。发展到明清，御史台改为都察院，但仍以地方最大行政区划行省为单位，设十三道御史或十五道御史。明清时期的守、巡道实质上也是一种监察区划，是地方省级政府对府、州县两级政府的监察，同时又变成了地方官，要协助布、按两司处理相应的行政事务。

不过，明清时的守、巡道与之前的道或路有很大的区别。明清时的守、巡道是比较固定的机构设置，其主官称道员，而此前的道或路只是一种区划，派遣的官员称呼不一，或称观察使、处置使、安抚使，或称承宣使、按察使等等。明初始设承宣布政使司、提刑按察使司，实源于自唐起的以道为监察区划的所设官名。明代从初期开始逐渐向地方派遣监察官员为巡按、巡抚、总督。到明末清初，巡抚、总督正式成为地方行省的最高军政长官。所以说，监察地方吏治的道是明清省政府各主要机关的源头。

《续文献通考》载："臣等按，马端临考，'有承宣使始于唐，迄于宋，似同于今之承宣布政使'。然考政和时改观察留后为承宣使，实非今之布政使司比也。今之布政司防于明初行中书省。"[1]

1　《续文献通考》卷六〇。

也就是，承宣布政使司仍源于道，只是与监察吏治的道的设置联系不是那么紧密。在唐宋时曾设置过承宣使，而宋徽宗政和年间改观察留后为承宣观察使，就转化成后来发展为提刑按察使的监察设置了。明清的承宣布政使司是明初沿袭元代行中省后才正式设置的。

明初，中央和地方的行政体制承袭元朝。中央设中书省，置左右丞相，地方设行中书省，置平章政事和左右丞。中书省是“百司纲领，总率郡属”；[1]行中书省总揽一省军、政、司法。不久，朱元璋发现丞相和行中书省的权力过大，有尾大不掉之势。为了集权，朱元璋决心加以改革，首先就从行中书省开刀。洪武九年改行中书省为承宣布政使司，罢行省平章政事、左右丞等官，改平章政事为布政使，秩正二品，洪武十三年改秩正三品，置左、右布政使各一员，洪武二十二年定秩为从二品。布政使只管民政和财政。另设提刑按察使司管司法，都指挥使司管军队。三者合称“三司”，或布按并称则曰“藩臬二司”。[2]三司互不统属，相互牵制，分别对皇帝负责。从明中后期起才逐渐形成督抚为省政府长官的制度。

按察使司作为地方省政府的行政机构设置始于明，但作为官名则起源于唐，其演变要比承宣使复杂得多，并始终与将全国分为道或路的监察区划紧密地结合在一起。

唐初分置十道按察使，成为巡察地方的常设官员。开元二十一年改称采访处置使，乾元元年（758年）又改称观察处置使，实为各州郡的上级，权力仅次于节度使，凡有节度使之处亦兼带观察处置使衔。宋代不再设节度使，而是将全国州郡划分为十五路，陆续在各路设管财政兼监察地方官吏的转运使、管司法兼监察的

1 《明太祖实录》卷一四。

2 《明会要》卷四〇，也见《续文献通考》卷六〇。

提点刑狱、管军事兼民政的边境安抚使和管常平仓救济及农田水利的提举常平等四司，统称“监司”。提点刑狱司就是明清提刑按察使司的前身。

辽金仿宋制，将全国州郡分为道或路的监察区。辽有五京道和诸路，各道、路“分司官平理庶狱，采摭民隐”，官不常设，有诏则选材望之官担任。[1]辽圣宗统和九年（991年）“命刑抱朴等五人，马守瑛等三人分决诸道滞狱”；开泰五年（1016年）“遣刘泾等分路按察刑狱”[2]。辽还在南面中京路设按问使司，五京道设处置使司，“分司官有决诸道滞狱使；按察诸道刑狱，又有采访使”[3]。金则陆续在全国各路置转运使司、按察使司、安抚使司。泰和八年（1208年）十一月，“以转运使权轻，州县官不畏，不能规措钱谷，遂诏诸按察使并兼转运使，副使兼同知，签按察兼转运副使，添按察判官知事一人，知法二人”[4]。至宣宗贞祐三年（1215年），罢按察司使，“止委监察采访按察一员，正三品，掌审察刑狱，照刷案牍，纠察滥官污吏豪猾之人，私盐、酒麴并应禁之事，兼劝农桑，与副使、佥事更出巡察。副使正四品，兼劝农事”[5]。可见，以上转运使、按察使、处置使、采访使等还主要不是地方行政职官，而是中央派驻地方的监察官。

在我国封建社会国家行政管理中，中央官制可以说进行过三次大的演变，即从三公九卿制到三省六部制，又从三省六部制到内阁六部制或军机处六部制；而地方官制只有两次演变，即从郡县两级政权到省、府、州县三级政权体制。我们知道，秦始皇统一六国，建立中央集权的封建专制政体后，地方行政体制长期实

1 《辽史·百官志》。

2 《辽史·百官志》。

3 《续文献通考》卷六〇。

4 《金史·章宗本纪》。

5 《金史》卷五七《职官三》。

行郡县两级政权制。但是，在地方两级政权向三级政权体制演变的长期过程中，中央不断向地方派遣监察职官，其中，监察地方兼管司法的按察使始终是其主流，并逐渐向地方行政官转变。

元代正式在地方实行行中书省制度，开始了地方三级政权的历史。但正因为是初始，所以，元代省级政权的建设还很不完善。元初便在行省与路、府之间，将全国陆续分为二十二道，各道设提刑按察司。至元二十二年（1285 年），“立按察司巡行郡县法，除两人留司，副使以下每年二月分莅按治”，“以提刑按察司兼劝农事”。至元二十八年，改提刑按察司为肃政廉访司，每道设肃政廉访使、副使各一人，佥事四人（两广、海南只两人），所属经历、知事、照磨兼管勾各一人。可见，元代的提刑按察司还不完全同于明清时期省政府两大职能部门之一的提刑按察使司，而是中央常驻地方的监察职官，不过已具地方官雏形，相当丁明清分巡道的职能。元代的道远比明清时的巡道大，有的甚至就等于明清的一个省辖区。

吴元年（1364 年），朱元璋在应天即吴王位，仿元制置各道提刑按察司，监察地方吏治兼管司法，设按察使、副使、佥事，洪武十三年罢。洪武十四年设各行省提刑按察使司，并置各道按察分司。[1]从此，省政权的机构建设开始完善，布按两司正式成为地方大吏，分别职掌一省的民政、财政和司法，都兼监察府、州县吏治。同时，布、按两司又分出守、巡道，分掌布、按两司的职能。从此，道也成为地方省政府的机构组成部分。也就是说，守、巡道成为布、按二司的属官，要比布、按二司成为督抚的属官早得多。

根据《明史·职官四》载，明代布、按二司的机构设置及职掌为：“承宣布政使司左右布政使各一人，参政，参议无定员，所属

1 《续文献通考》卷六〇。

经历司经历、都事，照磨所照磨、检校，理问所理问、副理问、提控案牍，司狱司司狱，库大使、副使，仓大使、副使各一人；又杂造局、军器局、宝泉局、织染局各大使、副使各一人（所属衙门各不同）。布政使掌一省之政，朝廷有德泽、禁令，承流宣布以达于有司；凡僚属满秩，廉其称职、不称职，上下其考，报抚按以达于吏部、都察院。”“提刑按察使司按察使一人，副使、佥事无定员，所属经历司经历、都事，照磨所照磨、检校，司狱司司狱各一人。按察使掌一省刑名按劾之事，纠官邪、戢奸暴、平狱治、雪冤抑，以振风纪，而澄清其吏治；大者暨都布二司会议，告抚按，以听于部院。”布政使“掌一省之政”，为一省最高行政长官，俗有“藩伯”之称，所以机构特别庞大。

明代以布政使司分出守道，分掌布政使的职能，始于明成祖时期。“永乐间，每令方面官巡视民瘼。后遂定右参政、右参议分守各属府州县。”[1]从按察使司分出巡道，要比分守道早，大概是因为分巡道更多地体现了监察官与地方行政体制结为一体的特点。明初，朱元璋十分注意吏治。“恐守令贪鄙不法，故于直隶府州县设巡抚御史，各布政使所属设试佥事。”[2]洪武十四年恢复各道按察分司，洪武十五年又置天下府州县按察分司，以儒士王存中等五百三十一人为试佥事，每人按二县，凡官吏贤否、军民利病，皆得廉问纠举。洪武十六年尽罢试佥事，而于洪武二十九年改置按察分司为四十一道，“此乃分巡之始也”[3]。明初，各道按察分司还有中央派遣的性质，到洪武二十九年才正式纳入各省提刑按察使司属官的序列。明太祖非常重视地方监察官。洪武二十五年，定王府筵宴按察佥事坐次，曰：”佥事方面官，宜入殿，

1　《明会要》卷四〇《职官十二》。

2　《明史》卷七五《职官四》。

3　《明史》卷七五《职官四》。

坐长史上。”[1]佥事正五品，坐次在长史正四品之上，可见监察官在明初的地位和重要性。

明代道的设置十分芜杂，布政司参政、参议分司诸道的有：督粮道十三（十三布政司各一员，俱驻省城）、督册道二（江西、陕西等首设）、分守道六十一；按察司副使、佥事分司诸道的有：提学道十四（湖广二人）、清军道十二（江西布政使兼清军）、驿传道七（浙江、山西、陕西、福建、广西、贵州清军道兼驿传）、分巡道六十八。此外，还有整饬兵备道四十二、协堂道二、水利道一、屯田道三、管河道一、盐法道十三、抚治道二、招练道一、监军道因事不常设。[2]两直隶均无参政、参议、副使、佥事衔，而是将道衔寄于周围省份，北直隶寄山东、山西之道有十，南直隶寄衔于山东，浙江、江西、湖广之道有九。不仅从布、按二司分出众多专职道，而且分守、分巡、兵备三道在一地多重复设置。这就是所谓“参政、参议、副使、佥事分守、分巡道及派管粮储、兵备、提学、屯田，清军、驿传、水利，抚民、招练、监军等事分司协管”[3]。

兵备道初设于弘治年间，大都设在边方近夷地方。“正德间流寇起，中原替设立矣。嘉靖末年，东南倭事日棘，于是，江、浙、闽、广之间凡分巡者多带整伤兵备衔……但是，承平日久，仍如守土之吏，无兵可练，无饷可支，虽云兵备，而问其整饬者何事？即当局也茫然也。”[4]其实，兵备道也形同守、巡道，具有监察、分司、守土之责。

明代在地方各行省设置守、巡道，是君主集权加强在地方行政体制中的体现，也是建设、完善地方省级政权的重大措施，以

1 《明代典则》，也见《明会要》卷四〇。

2 《续文献通考》卷六〇《职官十》。

3 《续文献通考》卷六〇《职官十》。

4 沈德符：《万历野获编》，也见《明会要》卷四〇。

加强对府州县有司的监督管理。中央有行政系统之外的都察院御史监察百官，地方有布、按二司及其所属守、巡道的监督、考核。尽管明代道的设置种类繁多，相当混乱，而且各道因带衔不同品级各异，参政道从三品，副使道正四品，参议道从四品，佥事道正五品。参议、佥事道辖府，其官品反不如知府正四品高。但是，分守、分巡道始终是主流，在总共二百五十九道中，守、巡道占56.76%，达一百四十八个。而且，守、巡道逐渐形成一种制度，既是布、按二司的辅佐官，又主要负有考核、监察所属府州县吏治的职能，成为固定的地方官，常驻一地或省城，建衙置署，以库大使等为首领官，置吏、役办理日常事务。道官的选用一是来源于中央各部院司员，如“永乐十二年（1414 年）三月，诸曹郎、给事中出为监司者二十余人”[1]；一是由府州县官升迁。守、巡道之间也有升迁问题，而且上下品级流动幅度很大，“内地监司率序迁，其后亦多超迁，不拘次，有一岁四五迁，由佥事至参政者”[2]。总之，守、巡道和总督、巡抚一样，明代设置演变成地方官，刚形成制度，还很不完善，机构重叠，相互掣肘。整个省政权的建设，到清中叶才遂告完善。

二　清代守、巡道的组成结构及其司法职能

清代守、巡道制度是在沿袭明代守、巡道制度基础上的进一步完善。

（一）守、巡道制度的完善

清代基本上承袭明制，地方行政管理继续实行三级政权制，并根据自身的特点，进一步加强省级政权的机构、职能建设和调整。总督、巡抚正式成为总揽一省军政大权的封疆大吏，从而对

1　《明史·陈士启传》。

2　《明会要》卷四〇《职官十二》。

布政使司、按察使司两大职能部门也进行了一些变革，精简机构、扩大职能，特别体现在守、巡道经历了一个大的调整变革。

清初，于各省布政司、按察司置正、副官。不久，改置布政使左右参政、参议为守道，按察使副使、佥事为巡道。当时，守、巡道或只辖一府，或数道同辖一府。顺治十六年谕："各道兼带布、按二司衔，著为例。"[1]康熙六年裁守、巡道一百零八员，后来又渐次复置，有统辖阖省者，有分辖三、四府者，"省置无恒，衔额靡定，均视其升补本职为差"[2]。可见，清初承袭明制，守、巡道设置的数量也很大，管理上的混乱，职能上的掣肘等，基本上与明代相似。但是，从康熙朝开始，清政府便对守、巡道进行一些调整，到乾隆朝趋于完善。明清两代比较，可以看到清代守、巡道制度有这样一些变革：第一，减少不必要的专职道设置，突出守、巡道的地位和作用。不再设置清军、驿传、水利、屯田、监军、协堂等专职道，粮储道、盐法道也大大减少，且多兼守、巡道，如陕西盐法道兼凤邠巡道，督粮道还统辖"西、乾、鄜三属地方"[3]；由守、巡道兼理驿传、水利、屯田、河务等，如山东济东泰武临分守道兼驿传、水利，湖南岳常澧分巡道兼驿传、商埠、关务。[4]第二，利用兼职来减少守、巡、兵备三道的重叠设置。巡道多带兵备衔，守道也有一半带兵备衔者，剩下的就是为数不多的几个边境兵备道了，而且纯粹的守、巡道也不多。第三，从充分发挥考核、监察府州县吏治的职能出发，减少守道设置，扩大巡道的数量。据《(光绪）清会典》卷四所载，全国只设守道 20，而巡道却达 72 个。《清史稿·职官三》所载的情况更是如此，全国守道减为 13 个，而巡道却增加到 81 个。四川、广东、云南、

1 《清史稿》卷一一六。

2 《清史稿》卷一一六。

3 张集馨：《道咸宦海见闻录》，第 77 页，中华书局，1981 年。

4 《清文稿》卷一一六。

江西、湖南、浙江、江苏等省除粮道、盐法道外，不再设守道。守、巡道逐渐在全国形成这样一种分布格局：守、巡道不再同辖一地区，在各省腹地钱粮等事务繁难处设守道，在省境四方或新开发地区设巡道兼兵备，且守、巡道的职能渐趋一致。第四，裁去参政、参议、副使、佥事等衔，划一各道官品。清初由京堂等官补授者为参政道，从三品；由掌印给事中、知府补授者为副使道，正四品；由科道补授者为参议道，从四品；由郎中、员外、主事、同知补授者为佥事道，正五品，守、巡皆同。乾隆十八年，以“钱谷、刑名二司分任，道虽兼衔，事难越俎，且知府为道所辖，而参议、佥事衔者，阶级反较知府为卑，不足以表率”[1]。于是，清政府下令裁去兼衔，定守、巡道皆为正四品，而改知府为从四品。这在很大程度上减少了道与府间的掣肘。第五，清代道的数量大大减少，且重点突出。专职道、守道的设置大减，而巡道的设置却有所增加。如四川省，明代设有粮道一、盐法道一、守道五、提学道一、清军道一、驿传兼屯田道一、巡道四、兵备道六，共二十道，[2]而清代只设茶盐道一、巡道一、巡道兼驿传、兵备者四，一共不过六道。可见，清代的守，巡道制度更为合理，其职能也更便于发挥。

（二）道衙的组成结构

清代的道，不是一级政府，而是省政府布、按二司的辅佐官或佐贰官，单独建衙，或驻一地，或驻省城，分掌布、按二司的职能，其衙内组成结构相应比较简便。各道除设道员一员外，视事务多寡，有的还设首领官库大使、仓大使等。“各道库大使，直隶、山东、江西、福建、浙江、湖北、湖南、云南各一人；仓大使，陕西、广东各一人。库仓大使掌藏仓庾，皆因所掌之事，先后设定员额。”[3]库仓大使显然为守道的首领官，巡道似乎没有

1　吴振棫：《养吉斋丛录》卷三。

2　《明会要》卷四〇《刑十二》。

3　《清朝文献通考》卷三四。

首领官。不过，都法定有“抱案牍、考章程、备缮写”的书吏和“供拘驱使”的差役。据《清会典事例》记载，各道衙门均设有典吏，多者达十九人，少者一二人，[1]亦视事务多寡而定。各道衙署的额定差役，大典不载，地方志中记载也不集中，如《宁国府志》载宁国府的留存开支：徽宁道员下编俸银四十七两五钱；徽宁道员下皂隶六名工食银三十六两，轿伞扇夫工食银二十一两；南陵县负担徽宁道门子二名工食银十二两。[2]徽宁道驻跸宁国府，但不仅辖宁国府，所以从一府方志还计算不出徽宁道的额定差役，大概有四十名左右。不过，一般衙门的设置，书吏与差役成比例，差役是书吏的三倍左右。书吏少的道员衙门，差役也可能有一二十人，因差役的设置，除视事务而定外，还与官品、官威高低有关。守、巡道分掌钱谷、刑名兼监察，幕友也是必聘的，延请多少，视事务繁简、收入多少而定。如道光二十二年，张集馨出任福建汀漳龙巡道，他讲:“道署向请三幕，每席一千六百元修膳。余核道署入项甚微，无力照办，因只延一席。署中审讯事少，而批判事多，余遂将呈词详稿自行批核，令幕友专办日行事件。”[3]显然，巡道多聘刑名幕友，守道多聘钱谷幕友。外任官员，除携带妻子兄弟外，还允许带家人、长随，准“道府带三十名”[4]。由此，道署也能组成一个偌大的衙门。

清代道员正四品，对督抚、藩臬二司来讲是辅佐官、首领官，但分掌一地考核、监察之事，单独建衙后，则成为一衙之长官、知府之上级。按清代官制，各道道员例由六科掌印给事中、给事、各道御史中外转者补授，也可由各省知府升任；各道员例应升按察使，依次升布政使、巡抚等，也可升太常寺少卿、鸿禄寺卿、

---

1 《清会典事例》卷一四八至卷一五一。

2 嘉庆《宁国府志》卷一七《食货志》。

3 张集馨：《道咸宦海见闻录》，第60页，中华书局，1981年。

4 《清会典事例》卷九〇《吏部处分例》。

太仆寺卿、通政司参议、光禄寺少卿等，平调的时候也很多。各道库大使秩从九品，例由吏员考选，或由京外县典史、驿丞、河泊所所官及各闸闸官升任；其例应升府知事、县主簿。仓大使秩未入流，例由吏员考选；例应升巡检、府税课司大使及京、外县典史。书吏、差役由道员自行招募，报上司备案。幕友、长随由道员私人聘请和雇佣，也需报上司备案。

（三）道的司法职能

关于道的职能，清代与明代一脉相承，但又有一些差异。明代从布、按二司分出的道，有负责专项行政事务的专职道，还有以考核、监察所属吏治兼司法的守、巡道。守、巡道是明代道的主流，也是后来清代道的主体，因此，我们主要考察守、巡道的职能。

明代的考课制度分考满与考察二法，“考满、考察二者相辅而行。考满，论一身所历之俸，其目有三：曰称职，曰平常，曰不称职，为上中下三等；考察，通天下内外官计之，其目有八：曰贪，曰酷，曰浮躁，曰不及，曰老，曰病，曰罢，曰不谨”[1]。根据明代地方省政府布、按二司的职能，一般布政使司负责地方官吏的考满，按察使司则负责考察。所以，根据所带职衔，守、巡道的职能也有明确分工，也就是守道分掌布政使考满的职能，考核所属府州县官吏的政绩、品级，汇总于布政司；巡道分掌按察使考察的职能，按考察八项标准监察、纠劾所属府州县官吏，汇总于按察司、布政司。因“考满、考察二者相辅而行”，所以，守、巡道的职能也是相通的，正如朱元璋训谕新任按察副使、佥事时所讲：“风宪之没，在整肃纪纲，澄清吏治，非专理刑名，尔等务明大体，毋拘绳墨之末。”[2]

1　《明史》卷七一《选举三》。

2　《明会要》卷四〇《职官十二》。

明代守、巡道的职能如何运作？弘治元年（1488年），马文升在奏议中这样讲道：

> 我朝设按察司以总理各道，以肃清郡县。其分巡、分管官常驻在外，遍历所属，接受词讼，禁革奸弊，是以贪污知所警惧。……今后布、按二司分巡、分管官，每年春二月中出巡，七月中回司；九月中出巡，十二月中回司，务要遍历所属。……凡贪官污吏、蠹政害民及一切兴利除害之事，有益地方者，务在举行。每季终，分巡官将一应合行事件，各开报抚按处查考。[1]

根据这段材料，我们大体可以归纳出守、巡道职能的两种运作方式：一是不时巡视所属府州县，亲临考核，监察其行政事务和司法案件办理情况，甚至亲自处理所属的行政事务和司法词讼。二是坐镇考核、监察所属府州县官呈报的政绩及其所办行政、司法等方面的文案，并都要定期汇总于布、按二司，且“报抚按处查考”。

清代的考课制分京察与大计二法，已不同于明，道的设置亦更偏重于巡道，且多兼专职，所以，清代道的职能不仅趋于一致，而且更加广泛。关于道的职能，《清通典·职官十二》载：

> 分守、分巡及粮储、盐法各道或兼兵备、或兼河务，或兼水利，或兼学政，或兼茶马、屯田，或以粮盐兼分巡之事，皆掌佐藩臬，核官吏、课农桑、兴贤能、厉风俗、简军实、固封守，以倡所属而廉察其政治。[2]

1 《明臣奏议》，“马文升奏议”。

2 《清通典》卷三四。

讲得还是比较笼统，雍正元年正月，雍正帝在特别针对地方官的上谕中，对守、巡道讲道：

> 尔等官历佥司，所以赞襄藩臬，承流宣化者也。分守、分巡职居协理……如守巡两道首洁己惠民，凡府州县之廉洁贪污，俱宜细加察访，不时密详督抚，以凭举劾，地方有土豪武断，尤宜禁戢剪除，卫民除莠，乃称其实。[1]

实际上把守、巡道的职掌归纳为三个大的方面：一是考核、监察所属府州县之“廉洁贪污”、吏治好坏；二是监督乃至亲理所属府州县的刑名司法，并以此为主要职责之一；三是负责某些专项行政事务，形同当今省政府各厅副厅长的分工。凡守、巡道加兵备衔者，即可节制所辖境内之都司、守备、千总、把总等武职，成为“简军实、固封守”的文武地方长官。

曾长期担任地方督抚的陈宏谋对守、巡道的职能做过一番近乎动态的理论概述，现抄录如下：

> 守巡两道非止为理词讼之设也。一省之内，凡户婚田土、赋役、农桑悉总之布政司；凡劫窃斗杀、贪酷奸暴悉总之按察司。两司堂上官，势难出巡，力难兼理，故每省计远近设分守、分巡道，令之督察料理；所分者总司主事，所专者一路之责。凡一路之官吏不职，士民不法，冤枉不伸，奸蠹不除，废坠不举，地粮不均，差役偏累，衣食不足，寇盗不息，邪教不衰，土地不辟，流移不复，树蓄不蕃，武备不修，城池不饬，积贮不丰，讼狱不息，教化不行，风俗不美，游民不业，鳏寡孤独、疲癃残疾之人不得其所。凡接于目者，皆

1 《清世宗实录》卷三。

> 得举行；听于耳者，皆得便宜。应呈者呈，请两院施行；应牌劄者牌劄，各州县条议。督责守令，详密如主婆；守令奉法，恐惧如严师。务使一路风清弊绝，所部事理民安；入其疆无愁叹之声，见其民无憔悴之色，然后尽守巡之职。[1]

所有地方应行、应兴之政，无不关守巡道之责。可见，清代守巡道职能的广泛性。不过，在这广泛的职能之中，守巡道的主要职能还在于关系社会安宁与否和统治稳定与否的刑名司法方面，这是守巡道监督、考察、考核所属吏治的重点，所以，才有“守巡两道非止为理词讼设也”之说。

守巡道的司法职能大致可以分为以下三个方面：

1. 教化、治安和司法行政管理上的监督

我们讲清代的道，一般就指守巡道。在《清会典事例》和《六部则例》中，常见府州县“该管道”的失察处分规定，也就是说在司法职能等方面，清代守、巡道已没有明确的分工，因其中巡道又占主流，所以在有的地方专门有“巡道”职能的专条。清代的道对所属府州县的教化实施、社会治安、缉捕逃犯及狱政，用刑、递解人犯等司法行政管理均有监督、查核之责。康熙末年任江南粮储道道员的王缥就讲:“教化，监司责也。”[2]康熙五十一年，田呈瑞任陕西临洮道兼理全省驿站事，“遇饥荒赈恤，公策马亲行郡县山谷间，恐豪右、胥吏为弊，无及民之实，于是，稽察严饬，民赖以生”[3]。乾隆四年，叶士宽任杭嘉湖道，“严保甲守望之令，盗贼屏息”；第二年移金衢道，“衢州地势高，西安、

1 陈宏谋：《从政遗规》卷上《明职》。

2 《碑传集》卷八一《故江南按督察使司按察使王公缥墓志铭》、《参政田公呈瑞家传》。

3 《碑传集》卷八一《故江南按督察使司按察使王公缥墓志铭》、《参政田公呈瑞家传》。

龙游诸筑坝蓄水以溉田。商人入山伐木，私开坝行，水日涸。乃严其禁，民称便”。他曾曰：“欲为民本计者，其唯修水利乎。”[1]兴修水利，劝课农桑，保护小农经济，是实施教化、维护社会治安的基础。优秀的地方官对此的深远意义都非常重视，曾任十几年地方府道司官的梁章钜就讲：“今课农虽无专官，然自督抚以下孰是不兼此任者。”[2]黄六鸿也讲：“近于迂阔而实系本计者，如劝农是也。”[3]在《巴县档案》中也能见到不少分巡川东道（驻扎重庆）督察所属社会治安、司法行政管理等方面的宪札。如乾隆三十年九月到十月，为鼓励捕役勤捕获盗，分巡川东道李道员两次札饬所属州县呈报实心捕务、缉盗全获的捕役，“以便临时酌赏”[4]。又如五十三年四月，因“人犯招解，如一日行走不到邻封，必须于中途收卡，以昭慎重”，川东道札饬各属具“补修各处卡房”。[5]如所属府州县出现重大治安、司法行政管理的问题，该管道也将受到失察处分，甚至受到刑事惩办。

2. 查核所属府州县的自理词讼

《清会典事例》规定：“州县自理户婚、田土等项案件，定限二十日完结，设立号簿，开明已结未结缘由。令该管府州按月提取号簿，查核督催；该管道分巡所至，将该州县每月已结未结若干，摘叙简明案由，将未结之案汇开一单，饬令该州县按限完结申报，并以一单移知两司，申详督抚查核。”[6]以此作为大计考评府州县官的依据。陈宏谋也讲：“自理词讼，原奉部议定例，责成该管巡道稽查督率。巡到州县地方，即将讼案号簿提到查核，勒限催审。

1 《碑传集》卷八三《中宪大夫浙江分巡宁绍台道叶士宽墓志铭》。

2 梁章钜：《退庵笔记》卷七。

3 《福惠全书》卷二六。

4 《巴县档案·乾隆朝》卷一〇。

5 《巴县档案·乾隆朝》卷三三。

6 《清会典事例》卷一二二《吏部·处分例·外省承审事件》。

有关积贼、刁棍、衙蠹及胥役弊匿等情，立即亲提究治，仍将未完几件开列，移司报院。如玩延不结，即行详参。知府、直隶州未结词讼，亦即照此办理等因，法至善也。”[1]然而，巡历之事后来渐废，乾隆朝已不多见，嘉道时期就更少巡历了。所以，乾隆初年，任督抚的陈宏谋这样告谕各道：“监司原佐两司所不及，钱谷专任于藩，刑名专任于臬。与闻易至越俎，不闻又觉尸旷，然使勤勤恳恳，体察讲求，设诚致行，委曲求济，则两司方喜其相助为理，必不以搀越为嫌。况夫巡历所至，事事可以稽察平反，故两司所不能亲历者，巡道皆得亲历，官役有所顾忌，士民有所倚赖，此官不同虚设，出巡不同闲游。”[2]

此外，该管道还要审理所属民间上控词讼，以及上控至藩臬、督抚的批发民间词讼。如定远县贡生邹英等就向川东道上控差役丁荣等滥食勒措钱文及典史纵役害民，经道员审理，详参典史，惩处差役。[3]道光三十九年、四十年，善断狱讼的张集馨两署山西雁平道，除清理完衙门及所属词讼、案件外，还多次审理督抚、藩臬二司的批发事项，所以他称“道乃苦缺，非人所羡也”[4]。不过，一般来讲，道的承审事件不是很多，也正如张集馨任福建汀漳龙道时所言：“署中审讯事少，批判事多。”[5]

3. 审转直隶州及窎远府州县的招解、秋审案件

清代府一级政府，除府外，还有直隶州、直隶厅。州县承审的案件经府审转便直接解司，但是，直辖地方的府、直隶厅承审的案件，一开始便直接解司，由按察使审转。后来为减少按察使的工作量，又规定一部分直辖地方的府、直隶厅承审事件可由该

1 《皇朝经世文编》卷二〇《饬巡道清查州县词讼檄》。

2 《皇朝经世文编》卷二二《告各道府书》。

3 《巴县档案·嘉庆朝》卷一三。

4 《道咸宦海见闻录》，第51页，中华书局，1981年。

5 《道咸宦海见闻录》，第60页，中华书局，1981年。

管道审转，再行解司汇总，经按察使司再一次审转，而呈报督抚。[1]至于直隶州及所属承审事件，“向例由道审转”[2]。如嘉庆六年八月十一日甘肃省秦州直隶州民刘宝幅子，因陕民冯仲德欠钱逃走至冯家川地方冯登业饭铺斗牌，寻找至此，在约兼管之朱查沟门地索欠争吵，将冯仲德用刀扎伤，于是夜身死一案。经直隶州知州王赐场验尸、初审，拟刘宝幅子绞监候，秋后处决，连犯解候勘转到巩秦阶道，“该代理巩秦阶道事巩昌府知府元福审看无异，移解到司。该甘肃按察使蔡廷衡提犯覆讯，核拟俱与该州道审看无异”[3]。直隶州的命盗案件经道审转后，还须经按察使一次覆审，再解督抚。

乾隆朝，道审转、覆勘所属府厅州县承审、秋审案件的任务逐渐加重。到嘉道时期，关于初审招解审转，《大清律例》规定：“凡距省城窎远府厅州所属之各厅州县承审案件，除罪应斩绞及命案内量减军流人犯仍解省勘办外，其寻常遣、军、流、徒各犯均归该巡道就近审转，径详督抚，并移知臬司备案，免其解犯赴省。”[4]如果有鸣冤翻异，才“分别提审解省”[5]。关于每年覆办秋审人犯，也规定：“距省城窎远之府州县所属秋审人犯均免其解省”，由该管道“各于巡历时逐一亲加研鞫，造册加结，移报院司汇覆”。[6]“倘有鸣冤翻异者，即将本犯解省，听候院司覆审。”[7]巡道从乾隆朝起司法职能扩大的趋势，可以从三个方面来理解：第一，到这时守、巡制度趋于完善，巡道在司法及监察所属司法行政的作用越来越大；第二，从乾隆朝中叶起社会矛盾、阶级矛

1　《清会典事例》卷一二二《吏部·处分例·外省承审事件》。
2　《清会典事例》卷八四五《刑部·刑律断狱·有司决囚等第二》。
3　档案《内阁刑科题本》，嘉庆朝，斗殴，顺序号 22。
4　《钦定六部处分则例》卷四七《刑部》。
5　《清会典事例》卷八四五《刑部·刑律断狱·有司决囚等第二》。
6　《钦定六部处分则例》卷四七《刑部》。
7　《清会典事例》卷八四五《刑部·刑律断狱·有司决囚等第二》。

盾更加尖锐，加上人口剧增，社会关系、法律关系越来越复杂，司法案件也成倍增加，总揽一省刑名司法的臬司不胜其繁，需要辅佐的巡道分掌更多的司法职能；第三，由于政治腐败，社会动荡，初审招解、秋审递解人犯经常出现逃脱现象，为减少来回解犯的行政负担和避免人犯中途脱逃，由分驻一地而代表省政府的巡道来完成鸾远府州县的初审审转和秋审覆勘，是再好不过的良策。

总之，清代道的司法职能主要在于辨冤昭雪，清理积案，察吏之清浊贤劣，正所谓“监司之体在辨属吏之清浊”[1]。雍正年间，曾因各道主监察之职而准其专折向皇帝奏事。乾隆四十一年，命道员署布、按二司者，乃许向皇帝封奏。至嘉庆四年，复以“道员职司巡察，与在京科道有言责者相等”，准许“各道道员均著照藩臬两司例，密折封奏”。[2]无论司法职能，还是监察职能，都是协理藩臬二司，同时又负有鲜明的自身职责，都是在行使和完善省政府的职能。

三　按察使司的组成结构与司法职能

按察使司是明清地方省政府的两大职能部门之一，与布政使司合称“两司”[3]，主管一省的司法与监察，“以中台不便于察外吏，乃设按察司为外台，弹压百僚，震慑群吏，藩司以下皆得觉举，实与御史大夫表里构权”[4]。实际上，按察使司是集中央刑部与都察院的职能于地方。清承明制，按察使司的组成结构及其职能都没大的变化，只是清代根据地方集权的自身特点，相应扩大了按察使司刑名司法的事务性职能，而决定权则操于督抚之手。

1　方苞：《望溪先生文集》卷六《与陈密旃书》。

2　《清朝续文献通考》卷一三四。

3　《清朝文献通考》卷八四。

4　陈宏谋：《从政遗规》卷上《明职》。

（一）按察使司的组成结构

按察使司的机构全名为“提刑按察使司”，一般称为“按察司衙门”。但“按察司衙门”又主要指按察使衙门，按察使之下还有经历司经历、照磨所照磨、司狱司司狱等首领官，他们一般又有自己的办公衙门。按察使司按察使，一般称“臬司”，即司法主官，但按察使在清代只能算作省高等法院的常务副院长，因地方省政府的司法最后决定权并不在按察使手里，而在督抚之手。按察使司在清代属省政府的职能部门，机构相应比较庞大，仅次于布政使司。

从按察使司的组成结构看，清代与明代没有多大变化。要讲有变化，那就是清代增加了几个省。顺治十八年分江南省为江苏、安徽两省；康熙二年分陕西省为陕西、甘肃两省，康熙三年分湖广省为湖北、湖南两省。清初，直隶不设臬司，以大名巡道兼河南按察使衔，通永、天津道俱兼山东按察使衔，霸昌、井陉道俱兼山西按察使衔。康熙六年增置山东、河南、山西三省按察使，康熙八年增置直隶巡道一人综理刑名，雍正二年改直隶巡道为直隶按察使。[1]这样，全国直隶、山西、山东、河南、江苏、安徽、江西、福建、浙江、湖北、湖南、广东、广西、四川、陕西、甘肃、云南、贵州十八个行省，均设按察使一人。

按察使正三品，为省政府一大职能部门的主官，“掌一省刑名按劾之事，振扬风纪，澄清吏治”[2]。其具体职能可以概括为四个方面：第一，办理全省刑名案件，勘核词状，管理人犯，负责保甲治安；凡较重大的案件，则须会议布政使办理，并报于部院；每年秋审则充主稿官。第二，每三年乡试，由按察使充任监试官。第三，每三年“大计”考察官员，由按察使充任考察官。第四，

1　《清史稿》卷一一六。

2　《清朝通典》卷三四。

管理全省的驿传事务。清代监察大权已归于督抚，按察使名义上以刑名和驿传为主要职能，但实际上全省的一切政务，仍与布政使共同负责，并一同参与督抚、两司、学政会议重大政务。按察使例由各省运使、道员升任，例应升通政使司副使、大理寺卿及各省布政使。

按察使下设有经历、照磨、司狱等首领官，其设置各省不一。经历司经历除安徽、湖南、甘肃、贵州四省按察使司下不设外，其他十四省按察使司下均设经历一人，江西还加设知事一人；照磨所照磨则只有安徽、福建、浙江、湖南、甘肃、广东及贵州七省按察使司下各设一人，他省不设；司狱司司狱除甘肃不设外，其余十七省按察使司均设司狱一人。[1]经历司经历秩正七品，掌出纳文移诸事。知事秩正八品，掌勘察刑名。照磨所照磨秩正九品，掌照刷卷宗。司狱司司狱秩从九品，掌臬司监狱系囚。经历、照磨、司狱等都听命于按察使，负责各方面的具体事务，但一般不与按察使同衙办公。如四川省省会在成都，按察使司署在城东大街，经历署在司署左，司狱署在司署后科甲巷，狱在司狱署内。[2]又如湖北省省会武昌，按察使司署在平湖门内，黄鹄山南，经历司署旧在按察使署左，后移武当宫前；司狱司署在按察使署右，经历署后。[3]但他们的办公署均在按察使署周围，或左右，或前后，以免呼应不灵。

按察使司各衙门均有书吏、差役设置，具体办理文案和供驱使。各省按察使司的额设书吏，以四川省为最多，设典吏 56 人，另经历司、司狱司还各设攒典 1 人；以江苏省为最少，仅设典吏 6 人，经历司、司狱司各设攒典 1 人。按察使衙门的书房无疑仍分

1 《清朝通典》卷三四。

2 《〔嘉庆〕四川通志》卷二五《舆地·公署二》。

3 《湖北通志》卷二六。

房办公，如雍正十三年，江宁布政使李兰奏报："布政司署有书吏十七房，并满文，及差、快、皂、库等役，共五百余人。"[1]又如《湖北通志》载：按察使署"大堂及二三堂客厅、书斋、科房"[2]。以科房为办公室，分房办公，是清代书吏的组织系统。按察使衙门书吏的分工不见记载，或许按刑部体列，分地区负责。按察使衙门的差役设置更是一本糊涂账，政典、地方志、私人笔记均不记载，各额设多少？设哪几类差役？均不详，省政府督抚、布政使司各衙门亦如此。不过，据上述李兰的奏报，按察使署应设差、快、皂、狱卒等几类差役。

按察使身为省政府一大职能部门的主官，并且主管"人命关天"的司法刑名，责任重大，幕友是必聘的，长随按习惯也是要招的。按察使主要聘请刑幕帮办佐理，聘请多少，视事务多寡、繁难而定，一般都在五六人以上。如乾隆年间，有幕友浙江人徐掌丝、卢培元等弟兄亲戚长期盘踞在湖北省城，徐掌丝在臬司沈作朋署内，其弟徐登山在总督爱必达署内，其妹夫卢培元即在巡抚汤聘署内，彼此串通一气，与地方官交接往来，致使"地方大吏承办重案，竟至颠倒是非，行私罔上"[3]，经乾隆帝亲自过问，才辩白了冤案，惩办了劣幕。地方省政府各主要衙门均有相应的司法职能，而尤以臬司为重，对幕友的依赖性也越强。如道光帝讲："四川刑名之繁，甲于海内……每年勾到时，四川一省就要占住一天，缓决黄册堆积满地。"[4]张集馨主稿四川秋审三年，"每次俱七八百起，情实百余起，为各直省未有"[5]。每年数百上千案件的审理、勘核，不仰仗于幕友，按察使一人显然是难以应付的。

1 《宫中档雍正朝奏折》第二十四辑。

2 《湖北通志》卷二六。

3 《清会典事例》卷九七《吏部·处分例·严查幕友》。

4 《道咸宦海见闻录》，第 88、113 页，中华书局，1981 年。

5 《道咸宦海见闻录》，第 88、113 页，中华书局，1981 年。

其中衙门内的上下左右传达之人——长随亦不可少。清律例规定：除携带兄弟妻子外，准“藩臬带家人四十人”[1]。

（二）按察使司的司法职能

按察使司为一省“刑名总汇”[2]，主持一省的刑名事务，可以说是省政府的专门司法机关，分掌一省的主要司法职能。细分起来，大致有以下几个方面：

1. 主管保甲、维护一省的社会治安

社会安定与否，是封建统治巩固与否、政治腐败程度如何和政府司法职能是否正常行使的表象。保甲制度是清代维护社会治安的重要制度，清人就讲：“夫保甲，也刑名类也”[3]，将保甲制度纳入刑名司法之中。按察使司为一省“刑名总汇”，自然要主管一省的保甲事务。大概在相当长时间内，保甲事务不由臬司主管，而由督抚总管。到嘉庆三年六月，清政府才谕令重申：“保甲事务改由臬司办理。”[4]按察使没有向皇帝上题本的权力，但有密封奏闻的资格，可以向皇帝报告地方治理的一切情况。不过，按察使的密折多结合自己的职责，向皇帝报告一省的司法案件审办情况、民风及治安情形等。如乾隆三十一年六月，因江南一带名胜古寺的树木常遭人砍伐，安徽按察使闵鄂元向乾隆帝密奏道：

窃查江南为山水名胜之区，古寺丛林，名贤胜迹，所在多有，其间苍松翠柏，古干虬枝点缀河山，悉成胜境，自应以时培护，禁止砍伐。顾或有不肖僧徒及奸胥地棍往往勾通射利，盗砍盗卖，即经地方官查出，亦不过以一枚了事，势将使历来胜迹、百尺良材斤斧相夺，无所底止。以应严立科

1 《清会典事例》卷九〇《吏部·处分例·外官携带家口》。

2 《清会典事例》卷八四八《刑部·刑律断狱·有司决囚等第五》。

3 《福惠全书》凡例。

4 《巴县档案·嘉庆朝》卷四〇。

条，以杜戕贼……[1]

这一建议得到乾隆帝的基本认可，朱批“该部议奏”。按察使在社会治安方面，更经常的事务是札饬所属，催缉案犯，督编保甲，以及查核所属上报的治安详册。如张集馨讲他任四川按察使的治安措施：

各属盗案，近因整顿，不敢讳匿，而缉捕则有能有不能。余谕各属州县先查明境内，共计若干村堡，四至毗连何处，各场堡责令乡保场头，随时稽察，遇有形迹可疑之人，盘诘送官，究追来历。一遇报案，场头告同坐场差役，跟踪先去；县中接禀，立刻派干捕给以盘费，星飞前往；一面轻骑减从，亲诣履勘。平日四至了然胸中，派捕追贼，当往何处，心中便有主宰。勘毕，再行加差。无论是盗是贼，总须缉捕，若待报勘后，是盗是窃方出捕票，盗已不知所之矣。各属依吾法者，案必破获，否则徒被吏议耳。[2]

保甲弭盗和缉盗是地方治安的重要工作，张集馨在到任时与四川总督的对话中就讲：“方今啯匪横行，民不安枕，非设法惩治无以安民，愚以为以缉捕为先。”[3]若按察使接到府州县强盗或谋反的速报，得立即会商督抚，加派营兵前往镇压。

2. 审理自理案件

大清律例中有“按察使自理事件，限一月完结”的规定，但哪些属于按察使自理事件，却没有明确规定。根据有关规定，笔

1 《朱批奏折》卷六三，法律类，盗案。

2 《道咸宦海见闻录》，第 113 页，中华书局，1981 年。

3 《道咸宦海见闻录》，第 93 页，中华书局，1981 年。

者认为，按察使司的自理事件大致有这样两个方面：一是审理督抚、藩司、学政、提督及本司等衙门书吏、差役、幕友、长随等人的轻微刑事案件，犹如刑部审理京师五城的刑事案件一样；二是审理所属州县上控的民间词讼。州县民间词讼，如州县、府、道不准或审理不服，可向按察使司具控，以至到督抚衙门具控。以往凡州县上控按察司、督抚的民间词讼，往往被批发回原州县审理，或发邻近府州县会办，因原审州县回护前失和邻近府州县官官相护，造成许多冤案和长年不结的积案。乾隆四十九年定例："各省民间词讼，经州县审断不公，复赴上司衙门控告者，各省督抚亦应令原审之州县回避，或亲提研鞫，或派员审办，方足以昭雪民冤。"[1]上控至督抚衙门的民间词讼，常发按察使司审理，上控至按察使司的民间词讼，除自理外，也发首府审理或批委员办理，如张集馨署山西省府太原府知府时就审理过不少臬司批发的民间词讼。[2]

这里有必要谈一谈清代职官犯罪的审理问题。"官犯"在清律中是一个特殊的法律名词，对官犯的审理和管理特别慎重。职官犯罪有因公、因私之分，因公有滥刑枉法等，因私有侵贪挪移等。布、按二司以下职官犯罪，例由二司揭报，督抚题参。也就是说职官犯罪必须革去其职位、官品、功名后，才能审理。对于职官参革发审案件，臬司具有主审和主稿覆审的职责。《大清律例·职官有犯条例》规定："凡参革发审之案，查明被参之人如系同知、游击以下等官，遴委知府审理；系道、府、副将管官，遴委道员审理，统令就近提齐款证，秉公确讯。其案内牵连被害之人，无关轻重者，该道府审明录供之后，即分别保释，止将重罪要犯带至省内，由臬司覆审，解院审拟完结。"[3]但另一条例又规定：

1 《清会典事例》卷一二二《吏部·处分例·外省承审事件》。

2 《道咸宦海见闻录》，第40~44页，中华书局，1981年。

3 《大清律例汇纂》卷一《名例》。

“凡参审之案，督抚于具题后，即行提人犯要证赴省，其无关紧要之证佐及被害人等，止令州县录供保候。俟奉旨到日率同在省司道审理，其有应行委员查办之处，亦即就近酌委。”[1]这两条条例前后矛盾，看来可以这样理解，上引的第一条条例主要是针对职官的一般犯罪而言，而对于职官的重大犯罪则是一律提省，侵贪挪移大案由藩司主稿，督抚率同在省司道审理；滥刑枉法大案则由臬司主稿审理。而第二条条例是乾隆十八年定的新例，是为慎重职官犯罪审理起见，将所有参审之案都提省审理，侵贪挪移案仍由藩司主稿，滥刑枉法案由臬司主稿。由藩司、臬司分别主稿审理常发生掣肘，所以，乾隆二十九年才又定例，参革发审案件“嗣后不论侵贪那移以及滥刑枉法等案，统由臬司主稿，会同藩司审勘招解，以专责成”[2]。从此，官犯不仅由臬司主稿发审，而且都监禁在臬司监狱中，连秋审册也专辟一“官犯册”，以示“官犯与常犯有别，亦所以示廉耻等级之意”。[3]

3. 覆审全省刑案

清代各省徒刑及徒刑以上刑案，经府州县初审，府或道审转，都需招解臬司覆审或查核（嘉道时期，窎远府州县承审的一般军流以下刑案，由该管道覆勘，案犯不必解司，但案件卷宗必须送司汇总核查)。这是按察使司司法职能中主要而经常性的工作，按察使覆审的意见，基本上代表省政府的意见，正如雍正帝所说："朕惟直省大小狱讼民命所关，国家各设按察司以专掌，一切州县申详，至尔司而狱成，凡督抚达部题奏事件皆由尔司定案，任岂不重。”[4]按察使对上报来的徒刑案卷进行复核，对招解来的军流、死罪案犯、证佐进行复审。如发现案情有疏漏、供证不符或

1　薛允升：《读例存疑》卷四八。

2　《清朝文献通考》卷二〇七《刑十三》。

3　《清朝文献通考》卷二〇七《刑十三》。

4　《清朝文献通考》卷二〇七《刑十三》。

犯证翻供，就会对州县进行驳斥，或发回重审，或发首府、首县或调他县更审。如发现承审官审不出实情、出入人罪，除进行驳斥外，还要对承审官、监察官进行揭报。从清史料中看，经常出现更审之事。因缺乏省政府臬司的直接档案资料，对臬司驳斥的情形难以见其全貌，但是康熙年间知县黄六鸿的这段自白，很能说明问题：

> 大约据招供以序事，依律例以断罪，辨论精详使无驳寔，能事毕矣。辨论精详，使无驳寔是矣。但系申详上司之案，未有不驳者。若系钦部事件，愈驳而其案愈可定也。每有招看极安，以无可驳，而上司必寻一渗漏处驳之，故有司比拟既当。于不紧要处故留一破绽，使为驳地，再详则为批允。否则，恐将律例来相允协，或供招尚属含糊驳下，未免从头审理取供，虽仍照原拟具申，不久多费精神而烦纸笔乎？此又不可不知也。[1]

对于州县来讲，申详的案件几乎每案必驳，上司为了显示其存在的权力，必然对每一刑案发表一点自己的意见，而行使驳审权力最多的，一是臬司，一是刑部。州县招解的刑案遇到臬司驳回重审之事，是非常尴尬的，不仅来回周折，要费很多精神，还会给上司留下办事不力的印象。所以，州县又自然有一套避驳之术，重聘刑幕的深意就在于此。汪辉祖做刑幕、任知县近四十年，所理民词、刑狱无数，很少遭上宪驳回重审之事，可称得上是一位防驳专家。但是，有一案遭到臬司固执己见的强驳，使他终生耿耿于怀。乾隆四十九年，汪辉祖在浙江龙游县知县王晴川幕中做刑幕，正月十三日发生一件县民卢标与余某

1 《福惠全书》卷一二。

争道互殴案，余某踢伤卢标小腹，致卢标不能言语，报县。当时王晴川公出，由典史代验，取保延医调治，至二十八日伤痊送归。卢标二月初二日赴文昌神会，饮酒醉归，得伤寒病于初九日病故，报验，由邻邑汤溪何知县代验，录供申详。因得伤寒病请汪姓医病情节未曾诘实，拟罪不当，遭臬司李封驳回。王晴川回县覆审，汪辉祖以卢之死距踢伤二十七日，在保辜正限之外，卢病死伤寒属实，余某应从轻发落。经反复会审，何知县仍坚持初详。最后，由臬司李封亲自检验尸骨定案。因李封与何知县有旧，欲迁就初详，而王晴川则倔强不服，虽经多次会审，仍以臬司意见，“以方骨黑色为小腹阴伤”，令将余某拟抵。委员竟以方骨为证，拟余某以绞。[1]这一类不以实情定案，而以臬司的成见为臧否的刑案，在清代比比皆是。

清代臬司的覆审有限期，每案必驳，也不是每案就发回重审或更审，对于不紧要处的破绽，无须重审或更审，只须文移驳斥更正就行了。甚至徒罪人犯不必由府解司，只将案情详报核批；军流罪人犯也不必由司解院，只将案情详报。所以，薛允升讲：“向来各府州县承审案件，斩绞重罪，由司转解巡抚审理，军流则将案详报，其人犯止解按察司，而不解巡抚衙门；徒罪以下人犯则归各府州县自行审理，不过将案情详报核批，其人犯即臬司衙门亦不解审，此向来办法也，而无明文……徒犯解府而不解司，军流解司而不解院，办理最有区别。”[2]不过，有关人命、强盗案内的徒罪人犯仍坚持解司，军流人犯也要由司解督抚覆审。臬司驳正停当，便可加上“审供无异”的看语上报督抚。解来的军流徒人犯、佐证可发回原审府州县，而死罪人犯则留待督抚覆审，案卷则不论死罪，还是军流徒一概报送督抚。

1　汪辉祖：《梦痕录节抄》。

2　薛允升：《读例存疑》卷四八。

4. 主办全省秋审事务和管理全省狱政

清初继承明代的朝审制度，并将它推广到全国，到康熙十二年正式建立起了秋审制度。这一年十一月丙寅，康熙帝谕刑部：

> 各省秋审本内止有节略，观览未能明晰……以后各省秋审应会照在京朝审例，预期造册进呈，亦著九卿、科道会同复核，奏请定夺。[1]

自此以后，各省秋审不但不再遣官审录，而且须像朝审一样经三法司、九卿复核。地方各省奉旨“监候秋后处决”的案件也就成了秋审案件，每年都要从下到上对监候死罪案件进行一次秋审，这是中国历史上独特的死刑复核制度的完备形态。

秋审是地方省、州县两级政府的重要司法职能。清律规定：“各省每年秋审，臬司核办招册”[2]，即由按察使主办一省的秋审事务。但“招册”即案犯清册，得从州县做起，因监候人犯一般都关押在初审的州县监狱中。各省办理本年度秋审的下限有截止日期，截止期以后批复的死刑临候案件则入下年度秋审。截止期是以距北京远近为序，最远的云贵两广是年前封印日，依次为四川、福建、湖北、湖南、陕西、安徽、江苏、山东等，最近的直隶省的截止期是三月三十日。道光二十年二月初二日，直隶省臬司札饬全省州县核办秋审事宜道：

> 某某州县官吏知悉：照得秋审人犯情罪略节，向系本司衙门饬发该县缮造呈造，本司填写会看详题。兹查本年秋审将届，所有新案略节，合亟札发……遴选能写书手用洁白官

1 《清圣租实录》卷四四。

2 《清会典事例》卷八四五《刑部·刑律断狱·有司决囚等第二》。

> 连纸张遵照所颁册式□□照缮三十番，每番尾后留空白书册五十页，磨对清楚，悉行草钉。此外每起另备书册五百张，大官连纸二百张，以备临抽换装钉……

宝坻县接到臬司札饬后，即于二月十四日申禀臬司：

> 计申送旧案秋审免解囚犯张赵氏等（人名略）共七人，每人略节册二十本；新案应解秋审囚犯李幅恒，略节册二十本，空白书册八百张，官连纸一百二十张。新旧案犯均毋庸留养。[1]

各州县接到臬司的札饬后，便立即着手秋审的准备工作：对监候囚犯一一审录，确查应否留养，填造新旧案人犯清册，选派书手缮写和准备纸本册。州县将新旧案犯清册准备完备，便将清册连新案人犯一同径行解司。

清初，不论新事旧事秋审案犯一律解省，并且像新发案一样，由州县到府、道到司，层层审转。乾隆三年定例，为免道路迂回延误时间，改由"州县径行解司"[2]，不再经府审转。后来解囚的规定又有一些变化，旧事案犯"初则三次之后才准停其解勘，嗣后则改为二次"[3]，至乾隆二十五年定例，"缓决人犯解审一次之后，情罪无可更定者，只令有司叙由详报，停其解审"[4]。所以，除新事案犯因其初次纳入秋审，坚持一律解省外，旧事人犯一般不再解省。不过，还有一些例外，也是从乾隆年间起的规定，某些距省城遥远的府州县秋审人犯无论新事旧事都不必解省，而由该管巡道"冬季巡历"时代表省政府去审录，再将审录所做的册

---

1 档案《顺天府全宗》第55号，转引自郑秦《清代司法审判制度研究》，第173页。

2 《清会典事例》卷八四四《刑部·刑律断狱·有司决囚等第一》。

3 《清会典事例》卷八四五《有司决囚等第二》。

4 《清会典事例》卷八四五《有司决囚等第二》。

表报送臬司、督抚复核。[1]

秋审案犯解至省城便押在臬司狱中，如人犯太多也可押在首府首县狱中。案犯招册则送臬司衙署，由臬司审录新解省人犯，核办新旧事招册，先期定稿各案的看语略节。而后会同藩司、在省道台一起商榷定案，联衔向督抚具详。清律要求臬司“会同在省司道”不过是一种形式，实际上全由臬司包办，而先期定稿又实际上操纵在臬司私聘的刑幕手中。省政府的秋审审录分两步进行，由臬司主持的先期定稿就是关键的第一步，而后再由督抚会同司道再进行一次形式上的会审，实际上就是走过场。

臬司的审录是关键和基础，其任务是将秋审犯人审录分别录入官犯、常犯、服制三种不同的秋审册中，在每册中又将犯人分为情实、缓决、可矜、留养、承祀五大类。[2]案犯入于哪一册哪一类关系极大，决定着他们的生死命运。但是，入于何册何类并不是根据案犯在押时的“态度”，而是根据他的案情。

正因为每年秋审臬司的工作至关重要，所以责任也大。如经督抚具题的秋审案件被九卿拟改过多，“每降旨申饬”，甚至受到处分。[3]而受到申饬、处分的第一责任人却不是督抚，而是臬司。如乾隆四十年，刑部进呈勾到册内四川省从缓决改入情实者共有五起之多，受到乾隆帝的申饬:“秋审为臬司专责，该省臬司李世傑现在章谷办理军粮等事，臬司印务该督应委熟习刑名之杜玉林署理，而乃委顾光旭署理，以致所办舛谬，若此然未有学养子而后嫁者，不可不加惩戒。顾光旭著交部严加议处。至文绶身为总督，于秋审事率行核转，本属非是，但念其现办军需诸务，经手事多，难以专心秋谳。文绶从宽交部察议。”[4]署理臬司的顾光旭

1 《清会典事例》卷八四五《有司决囚等第二》。

2 《秋谳辑要》卷一。

3 《清会典事例》卷八四九《刑部·刑律断狱·有司决囚等第六》。

4 《清朝文献通考》卷二〇八。

因办理秋审案件“舛谬”，首先受到严加处分。可见臬司在每年秋审中的作用。

按察使既是一省“刑名总汇”，同时也是“通省刑狱总司”，[1]统管一省的狱政。臬司下有全省最大的监狱，称司监，代表省政府的监狱，由臬司管理。乾隆三十三年后，官犯均收禁于司监，处决官犯也由臬司监刑。按乾隆帝的说法，“各省官犯于定案时即在按察使司衙门收监，既与齐民犯罪者稍示区别，而臬司狱禁更为周密，亦可免疏虞替代诸弊，于防微杜渐之中，仍寓仁至义尽之意”；由臬司在省城监刑处决情实官犯，“于体例既为画一，而省会之地共见共闻，如此立法森严，益可使官寮共知儆惕”。[2]司监虽有司狱直接管理，但第一责任人却是臬司。乾隆三十五年，应发新疆改发烟瘴之窃犯陆贵珑在广西司监越狱脱逃，虽经拿获正法，但按察使曾曰理、司狱华烁均被革职，广西巡抚熊学鹏等也“著交部分别议处”[3]。乾隆四十四年，广西司监又发生官犯革职道员自缢身死一案，署理臬司黄邦宁、司狱宋绂被“一并革职审拟”，巡抚熊学鹏“即著革职，发往川省办理军需奏销事务”。[4]可见，清代的狱政从立法和司法上都很严密，但实际状况又非常糟、非常黑暗。府、州县两级政府都有监狱，两级政府的印官、管狱官负有直接的责任，但臬司监管通省刑狱，对府、州县监狱都有监管之责。所以，张集馨上任四川按察使后才对全省的卡房状况倍感忧虑。严檄通省，“凡寻常词讼人证，立刻提卡保释；而窃盗、棍徒、啯匪为从并未杀人者，查明案情分别军、流、徒、杖，一概发落；犯人即由道、府过堂，听候部咨，定地起解，卡房全行拆毁”[5]，对卡房严加整

1　《清会典事例》卷一三五《吏部·处分例·禁狱二》。
2　《清朝文献通考》卷二〇一。
3　《清会典事例》卷一三五《吏部·处分例·禁狱二》。
4　《清会典事例》卷一三五《吏部·处分例·禁狱二》。
5　《道咸宦海见闻录》，第 96 页，中华书局，1981 年。

顿。卡房即私禁监狱，臬司的整顿只能起一时的表面效果，因清代人事调动相当频繁，立法靠人来执行，而个人的因素虽在集权人治的社会里起关键作用，但又往往使立法与司法变得苍白无力。司法行政管理时效强，而无连续性，一两位尽职的臬司大员对普遍存在的狱政弊害和黑暗也无济于事。这就是在中国古代集权专制下司法本身就带有黑暗的特点。

四　布政使司的组成结构与司法职能

清代继承明代，在省政府设承宣布政使司，简称布政使司。但与明代相比较，清代布政使司无论从体制上讲，还是从组成结构及其职能上讲，都有较大的变化。明代布政使是地方最高长官，而在清代则成为督抚的属官、省政府最大职能机构的主官；清代布政使司机构相对精简，而职能反而又扩大了。

（一）布政使司的组成结构

清代的布政使司最初完全沿袭明制，经历了一个相当长的变革调整时期。

布政使司布政使，一般称“藩司”，又称“方伯”，因其表率各府州县，犹如古之藩镇，故有“藩司”之称。[1]黄本骥在《历代职官表·简释》中讲明代设布政使的用意为：“前此历代对于府州以上之大行政区，多仅以临时性质之军政长官负责，而无常设之总机构。……惟元代之行中书省始为大行政区之政务中枢，与中央机构无异，不直接兼任地方官。此种制度如任其发展，必致形成分离独立之局面，故明代既不能不于府州之上定一最高级之行政区，又不能不防止离心倾向，因而特设布政使司……使其专任方面，而不临民。且以都指挥使掌军事，按察使典纠劾刑名，而布政使复分为左右，以防其专擅。”清初，顺治三年也定制，各省设

1　《历代职官表》卷五二。

承宣布政使司，置左右布政使各一人，下还设经历司、照磨所、理问所、库大使、仓大使等。顺治十八年，分江南省为江苏、安徽二省，以右布政使徙苏州，左布政使仍驻江宁分治安徽。康熙二年，分陕西省为陕西、甘肃二省，右布政使迁巩昌，分治甘肃。康熙三年，分湖广为湖北、湖南二省，以右布政使徙长沙，分治湖南。康熙六年，改江南右布政使为江苏布政使，左布政使为安徽布政使，并确定去左右系衔，各省只设布政使一人。[1]

最初，直隶省不设布政使，以口北守道兼山西布政使衔，总司直隶钱谷诸事，雍正二年才改设直隶布政使。又，原驻江宁的安徽布政使理安徽钱谷诸事不便，于乾隆二十五年迁驻安庆；又因江苏省钱粮繁重，江宁一带政务，另设江宁布政使，划江宁、淮安、扬州、徐州、海门、通州六府之地归其管辖。从此，清代布政使司才成为定制，除江苏省设两个布政使外，其他十七省各设布政使一人。

布政使为从二品官，与巡抚品级相同。布政使“掌一省之政事、钱谷出纳；朝廷有德泽禁令，承流宣布以达于有司，阖省僚属以时颁其禄俸，满秩廉其称职、不称职，报督抚以达于吏部；十年会户版，均税役、登民数田数以达于户部；凡诸政务与督抚会议经画而行之”[2]。布政使的职掌主要在于民政、财政以及铨选、考核下属职官，但仍要参与重大案件的审理和每年秋审，特别是职官犯罪案，甚至成为主审官。

明代，各省巡抚、总督为非常设地方官，布政使为一省之首领。清代各省设巡抚，又有总督，并逐渐演变为常设的地方最高军政长官，布政使则成为督抚的属官。布政使虽仍有统属府、厅、州、县的职能，但失去了行政上的独立性。乾隆十三年议准：“外

1　《清史稿》卷一一六《职官三》。

2　《清朝通典》卷三四。

官官制，向以布政使司领之，但总督总制百官，布、按二司皆其属吏、应首列督抚，次列布、按。”[1]列出了各省职官的明晰序列，布政使的职位也更明确了，相当于今天的省分管人事、财政、税收、监察、民政各厅的副省长。按清代官制，布政使缺出应开列具题，例应由各省按察使升任。布政使应升太常寺卿、光禄寺卿及其他各省巡抚（本省布政使可署理本省巡抚或总督，但不能升任本省巡抚）。

布政使司为各省最大的职能部门，机构也最为庞大。布政使司布政使建一大衙署，内有法定的书吏、差役设置。各布政使衙门的额定典吏，以四川最多，设 72 人；以江苏最少，两个布政使衙门一共才 25 人，其余各省设 29 人到 66 人不等。[2]差役的额设不详，从州县来看，差役的数额是书吏的两三倍，但地方各衙门招募的书吏、差役一般都超过定额人数数倍，甚至十倍，所以，雍正十三年，江宁布政使李兰奏报：“布政司署有书史十七房，并满文及差、快、皂、库等役，共五百余人。”[3]江宁布政使署算是布政使中的小衙门，像四川市政使衙门实际的书吏、差役人数肯定超过 1000 人。布政使为布政使司长官，布政使下还设有首领官，各省设置不一。经历司经历，除甘肃、湖南、江苏、江宁四布政使司外，其他十五省均设经历一人，福建、河南布政使司还设都事务一人；经历秩从六品，都事秩从七品，均掌出纳文移诸事。照膳所照磨，山西、浙江、福建、湖北、甘肃、四川、广东七省布政使司各设一人，秩从八品，掌照刷宗卷事务。理间所理间，直隶、江西、浙江、湖南、陕西、江宁、江苏七布政使司各设一人，秩从六品，掌勘核刑名；库大使，十九个布政使司各设一人，秩正八品，掌管钱粮库藏账籍；仓大使，唯江宁布政使司设一人，秩从九品，

1 席裕福等辑：《皇朝政典类纂》卷二四四。

2 《清会典事例》卷一四八至卷一五一《吏部·各省吏额》。

3 《宫中档雍正朝奏折》第二十四辑。

掌稽检仓庾。[1]各司、所、大使衙门也设有一两名攒典不等和相应的差役，以协助各司、所、大使官办理各项事务。

布政使司的各司、所、大使官，虽听命于布政使，但都有自己的衙署，与布政使不同衙办公。如四川省承宣布政使署旧在城北武担山东，乾隆二年布政使窦启瑛迁建于城东梓潼街，广济库在司署内；经历司署在司署左，照膳署在经历署后，库大使署在司署后，铸钱局在贡院后，名曰宝川局。[2]它们都环列在布政使署周围，其联络靠布政使私雇的长随上下传达。

布政使职掌全省赋税钱粮，又参与重大司法案件的审理，自然要聘协理的幕友，且以钱谷幕友为主。至于布政使延聘多少幕友，其幕友又分几类，则不详。布政使招雇长随，政府有规定，准“藩臬带家人四十人”。家人即长随，实际招雇的长随绝不止此数。

（二）布政使司的司法职能

我们一再讲到中国古代社会司法即行政，行政与司法不分，但我们的先人在国家行政管理方面又显示出相当大的灵活性和相当高的水准，除各级政府的长官握有全权外，以下又有行政职责的分工。中央自然是皇帝握有全权，但从秦开始，中央就设有主管司法的廷尉，到隋唐进一步设立刑部，一直到清代都是如此。地方三级政权开始于元代，而省级政权的建设明代才走上正轨。明代的省政府有主管司法的提刑按察使司，府政府有推官。清代裁府的推官，司法全权归入知府手中，而省政府总揽一省刑名事务的按察使司不仅未裁，反而加强了它的职能。在清代，一省钱粮总汇的布政使司似乎与司法无关，但是，司法既然也是行政，省政府的职能部门虽有大体分工，遇上重大司法案件，特别是户

1 《清朝通典》卷三四。

2 《〔嘉庆〕四川通志》卷二五。

婚、钱粮大案和职官犯罪案，仍然要求布政使参与案件的审理，因为这与布政使司主管全省民政、财政和铨选、考核职官的职责有关，更何况布政使掌一省之政，凡一省的重大政务都与之有关。

布政使司的司法职能大致可以分以下几个方面：

1. 兼管全省教化与治安

治安由臬司主管，但治安关系社会之稳定，藩司也不能不有责，至少要与督抚、臬司会议商讨这方面的事务，在奏折中常提到地方民情风俗、治安好坏状况；教化属一种泛意的职能，省政府各衙门的主官都有兼管之责。陈宏谋在《从政遗规》中讲“布政司之职”，其中一部分讲道:“凡关系军民利病，地方安危，风教盛衰，政治得失，无不由焉。……兴礼教以端士习，定社学以正蒙养，重乡约以善风俗，崇节孝以兴行谊，严保甲以弭窃劫，简词讼以省劳费，修祀典以事鬼神，严乡饮以示观感，广收鳏寡孤独、疲癃残疾而设法存活，以哀茕民，各道不率循者规正之。”[1] 可见，布政使之职相当广泛，教化与治安自然兼理。如乾隆年间刁承祖任广东布政使，“粤山多田少，岁偶歉，市直踊贵。公恐常平不足给，建议请发币金十万，增糴仓谷，民仰以济。滨海之地潮壅沙成田，多为豪强大驵侵占，其弊百出，穷甿往往中其害，讼牒如山，历任不能厘正。公选廉吏履亩亲丈之，不数月而清。琼南黎人不识文字，轻犯法，公檄守令设馆选士教以诵习诗书。吏之来见者，反覆训诫，不少假颜色，皆进而惧，退而感，久乃渐致于理”[2]。这是作为一例布政使的典范来记颂的。从中可以想象刁承祖在广东布政使任上救济、抑强、兴教、率吏的社会功能。

2. 参与户婚、田土、钱粮重大人命案件和职官贪污大案的审理

户婚、田土、钱粮重大人命案关民政、财政，经州县初审、

1 陈宏谋：《从政遗规》卷上《明职》。

2 《碑传集》卷八二《通奉大夫广东布政使司刁公承祖墓志铭》。

府审转解省，应由臬司会同藩司覆审定案报督抚，有的甚至由藩司主稿覆审报督抚。如嘉庆十二年，嘉庆帝在上谕中讲到金光悌接任江西巡抚的奏报："巡抚衙门未结词讼即有六百九十五起，藩司衙门未结者有二百六十八起，臬司衙门未结者有五百八十二起，盐粮各巡道未结者有五十六起。"[1]藩司衙门未结词讼二百六十八起就属于这类案件。清代的钱粮多亏空，经常发生职官贪污挪移大案。职官考核、钱粮收藏都关系布政使司的本职，职官贪污挪移大案自然要求布政使参与审理，甚至在相当长的时间里是由布政使主稿发审。如雍正六年，直隶大名府秀才窦相可呈告知府曾逢圣居官贪污劣款，便由布政使张适主稿发审。张适袒护曾逢圣，反将原告窦相可严刑毙命，诈称在监病故。经钦命大臣会审，审出曾逢圣入己赃银达 13600 两之多，拟斩决。布政使张适包庇罪犯，刑毙原告，按律应正法；陪审的按察使魏定国"专司刑名，任张适恣意妄为，草菅人命"，也难逃干咎，被发往黑龙江当差。[2]由于布政使主发审职官贪污大案常与按察使覆审全省刑案发生掣肘，乾隆二十九年才改定参革发审案件俱由臬司主稿例，"嗣后不论侵贪那移，以及滥刑枉法等案统由臬司主稿会同藩司审勘招解，以专责成。倘藩司以事非己责，并不实心会鞫，或臬司因事由自主，偏执己见，以致罪有出入，督抚查参，交部议处"[3]。

3. 参加每年的秋审

秋审是各省每年的重大司法审判，也是各省每年的重大政务，虽由臬司主稿，但臬司主持的审录先期定稿和督抚主持的审录具题，藩司都要参加。不过，藩司的参加只是一种形式，并不说明他对秋审案件能发挥多大作用。

---

1 《清会典事例》卷一二二《吏部·处分例》。

2 《清世宗实录》卷六五。

3 《清朝文献通考》卷二〇七。

由于清律对布政使司的司法行为和司法职能没作明确规定，其他政典、档案资料记载也不多，只能根据有限的零星史料略论至此。

第二节　提督学政的司法职能

提督学政在清代地方职官排列顺序中，仅次于督抚，而排在布、按二司之前，是省政府的重要组成衙门的主官，主管一省的教育、科举事务和贡监生员的功名兴革。一般地方官制的论著多将学政排除在省政府之外，法制史也绝少讲学政的司法作用，这都是一种误会。如果将提督学政排除在省政府的组成结构之外，不仅省政府的建设不完备，清代地方政府的职能也不能充分展示。其实，提督学政“掌学校政令，岁科两试；巡历所至，察师儒优劣、生员勤惰，升其贤者，斥其不帅教者，凡有兴革，会督抚行”[1]。主管一省精英知识分子贡监生员的教育、功名及言行，顺治十年就题准，“生员犯小事者，府州县行教官责惩；犯大事者，申学官黜革，然后定罪。如地方官擅责生员，该学政纠参”[2]。学政对这部分特殊阶层的司法起着重要作用。所以，笔者拟在本文作一概略的论述。

一　提督学政的设置沿革

提督学政原名提学道，始设于明正统元年。明代提学道地位较低，带按察使司佥事衔，仅为提刑按察使的属官。[3]清沿明制，初各省并置督学道，仍带按察使司佥事衔，以各部郎中由进士出身者按其资俸深浅擢用，称为学道；唯顺天、江南、浙江设提督

1 《清史稿》卷一一六。

2 《钦定学政全节》卷三四《约束生监》。

3 《续文献通考》卷六〇《职官十》。

学政，以翰林官充任，称为学院。自康熙三十九年以后，定各省学差翰林官和部属官并用，不论省分，凡由翰林、科、道出身选补者，即为学院；凡由部属各官开列者，则为学道。雍正四年定，“各省督学并更名学院，凡部属任者俱加编修、检讨衔，自是无提学道衔矣”[1]。从此，提督学政的地位才大大提高，从以前督察学官的按察使属官，变成省政府主要衙门的主官、督抚的属官。提督学政与府、厅、州，县儒学的教授、学正、教谕及训导逐级为一个系统，上下贯通，成为清代管理地方学务的专职官员。

清代学政除直隶、甘肃二省外，顺天、奉天二府和其他十六行省各设一人。直隶学务由顺天府学政兼管；甘肃学政为光绪二年才增置，原甘肃岁科两试及一切学务，由陕西学政兼理；奉天学政例由府丞兼理。各省提督学政，以进士出身的郎中、京堂、翰林官、詹事、科道及部属官充任，各带原衔之品秩，三年简任。

在清代，学政虽为一省之大员，凡通省兴革的重大事宜，都要与督抚藩臬会商以行，但其职掌仅为考课、约束、黜陟贡监生员，考核所属学官，没有更多的具体事务。所以，其衙门设置极为简便，除书吏、差役设置外，没有首领杂职官设置，而且书吏、差役设置也是省政府各大衙中最少的。乾隆三十二年议准：“学政衙门书吏，按照定额八名召募应役，五年役满，另募接充，仍将现役姓名、年貌、籍贯、三代及著役时期，备造清册，取具该衙门并无违碍印结，于每年底报吏部查核。”[2]但是，根据《清会典事例·各省吏额》记载，书吏的人数并不像这样整齐划一定额八名，而是根据各省学务繁简定额不一，少者二三人，多者十五六人不等，[3]皆为学政的文秘、档案管理人员。至于差役设置则不详。学政虽不聘幕友理刑名、钱谷，但要聘文幕阅卷。乾隆元年，

1　《清史稿》卷一一六。

2　《钦定学政全书》卷一〇《学政关防》。

3　《清会典事例》卷一四八至卷一五一。

因一些学政不延或少延幕友，而致使阅卷发案迟误，受到乾隆帝的指责，“盖学臣不能早为阅卷发案者，皆缘见小惜费，不肯多延幕友所致。应通饬各该学政实力妥办等语。国家所给学政养廉本属丰厚，原以资其办公之用。若于延致幕友靳惜廉金，不肯多延名幕，以致人少误公，已昧人臣敬业之事……嗣后各省务须通晓大体，多择工于阅文之幕友，即极小省份亦不得不及五六人，并著督抚留心稽察”[1]。乾隆帝下令要学政多延幕友，且多延名幕。既然学政衙门有书吏、差役、幕友，自然雇有长随，只是雇佣多少不详。总地来讲，学政衙门是省政府最简略的大衙门。

二　学政的司法职能

学政掌一省学校、士习、文风之政令。各级儒学生员由其考课；岁科二试，巡历所属府、州，考查诸生、贡监文才、品行，学习勤惰，优者奖赏，劣者申饬、黜革；并对所属学官进行考核。凡岁科二试，学政以次按临，各府、州设棚考试。府以知府为提调，直隶州以知州为提调，一应收发文移、催买供应、究治不法等事，均由提调经理；提调、教官等不得私谒学政，有事则当堂面议；学政不得收接私书，非公事不得接见官吏师生，不准泛受民词，不得对无关学校学务之事投文发告，试毕亦不得探望乡绅故亲。学政亦负责考送贡生。岁贡考准，恩贡需以正次贡移咨改注者，由学政换给贡单；其特准或各氏子孙为诸生者，由学政考验文行兼优者，送国子监做恩贡。优贡则由各学密报文行兼优之生员，三年任满之时，由学政会同督抚考试解礼部磨勘，经朝考录取者，由礼部带领引见，列一、二等者以知县、教职二项录用，列三等者以训导选用。拔贡由学政考试，会同督抚复试，由学政给单送部。总之，学政的主要职能在于考试选拔人才，管理约束

1　《皇朝政典类纂》卷二四四。

贡监生员这一社会的特殊低功名知识分子阶层，同时也负责考察所属学官。

在注重“崇儒重道”的清代，一开始就非常注意学校教育和贡监生员的管理，重视学官之职。康熙二十九年议准：“学官关系文教，凡官民等经过者，皆下车马。”[1]学校不仅关系文教，而且“天之治乱系人才，人才之邪正关学校”[2]。管理全省学校、贡监生员的学政成为地方最清要的官职。雍正四年后，其地位仅次于督抚。

从上述可见，提督学政的职责确实主要不在于司法，更没有接受民词、审理案件的权力。但是，贡监生员文字拙劣、品行不端以及扰害犯法的处理，都与学政有关。所以，我们不能不说学政具有一定的司法职能。《大清律例》条例规定：

> 荫生有犯，应题参处分者，听各衙门题参；其文武生员犯该徒流以上等罪，地方官一面详请斥革，一面即以到官之日扣限审讯，不必俟学政批回，始行究拟；其情罪本轻，罪止戒饬者，审明移该学教官，照例发落，详报学政查核。贡监生有犯同。[3]

清代把贡监、文武生员都列入了“职官有犯”的律例中。也就是说，贡、监、文武生员是还未在任的后备官。在任的职官犯罪，须经督抚题参批覆后，才能审理；不在任的后备官贡监、生员犯罪，地方官也须详报学政，由学政褫革功名后，才能审理。但学政的司法职能还不止在于贡监生员有犯，褫革其功名上。

1 《钦定学政全书》卷一《学官事例》。

2 陈宏谋：《从政遗规》卷上《提学道之职》。

3 《大清律例汇纂》卷一《名例》。

清代学政、学官对贡监生员自有区别流品、举报优劣之责。也就是说，褫革功名，不一定都是因贡监生员违犯刑律，但是，贡监生员犯徒刑及徒刑以上罪，则必须由学政褫革其功名。大体说来，学政的司法职能可以从这样几个方面来考察。

1. 查核、责扑行为不端的贡监生员。最先由学臣约束的只是文武生员，后来正额贡士、监生和捐纳贡监生逐渐增多，且也归学政约束，于是，雍正十二年议准，“将诸生二学易为贡监生员”[1]。清代虽将贡监生员视为“士子人才”，但禁止他们随意出入公门，且不许他们承充杂役，只要求“专心学举业，娴习技艺，以图上进”[2]，为“百姓之观瞻”[3]。顺治八年就题准：

> 该管有司官于诸生进见，须设立门簿，或公事入，或私事入，悉登姓名；或自构讼，或为人讼，或自为证，或被牵证，全载情节。其有事不干己，辄便出入衙门，乞恩网利，议论官员贤否者，许即申呈提学官，以行止有亏革退。

又题准：

> 生员与武职兵丁有争，听学臣处治，不许武职擅责；武职兵丁，该管衙门处治，不许生员结党争抗。[4]

贡监生员行为不端，不仅要受到责惩，而且还可以革退其功名。所以，顺治十年明确规定：“生员犯小事者，府州县行教官责惩；犯大事者，申学官黜革，然后定罪。如地方官擅责诸生，该学政

1 《钦定学政全书》卷二四《约束生员》。

2 《钦定学政全书》卷三一《区别流品》。

3 《钦定学政全书》卷二七《举报优劣》。

4 《钦定学政全书》卷二四《约束生员》。

纠参。"[1]这就是"生监不满百，免其褫革，的决照例纳赎"，[2]但必须详报学政查核的最初法律依据。

雍正年间，清政府将贡监生也纳入学臣的约束之内，"令州县官设立门簿，凡贡监出入衙门，逐一填造，每月申报督抚学政，严加查核"[3]。情况又有一些新的变化。雍正年间对贡监生员控制较严，六年议准：

> 直省学臣，通行各儒学，每年十一月取生员结状，五人主结一人，结得并无抗粮包讼等事，汇送学臣查核。监生亦照此例办理。

又议准：

> 生员有切己之事，赴州县告理者，先将呈词赴学官挂号，该学官用一戳记，州县官验明收阅。倘有恃符健讼，重则斥革，轻则以劣行咨部。[4]

所以，到乾隆年间才明确将戒饬与黜革分开，贡监生员所犯，"有戒饬者，地方官会同教官，将事由具详学臣，酌断批准，然后照例在于明伦堂扑责。如有不行申详学臣，不会同教官而任意呵叱，擅自饬责者，听学臣查参"[5]。地方官擅责生员，"照违令律，罚俸九个月"[6]。

1 《钦定学政全书》卷三四《约束生监》。
2 《大清律例汇纂》卷一《名例》。
3 《饮定学政全书》卷三四《约束生监》。
4 《饮定学政全书》卷三四《约束生监》。
5 《饮定学政全书》卷三四《约束生监》。
6 《大清律例汇纂》卷一《名例》。

2. 黜革犯徒刑及徒刑以上罪贡监生员功名后，地方官才能审理定罪。顺治十年就作出文武生员犯大事，“申学黜革，然后定罪”的规定。雍正六年又议准：

> 文武生员，缘事斥革审讯者，如系具题之案，部文到日，即行移会学臣；如系外结之案，承审官于事结后，限一月内即抄招录案，申报学政，分别开复、除名，以杜弊端。如承审官迟延不报者罚俸一年。[1]

这里有一个问题需要说一下，文武生员缘事审讯，功名被黜革，但并没有除名，如果审明例应开复者，还可恢复其功名；如果审明犯罪属实，则永远除名。具题之案是指徒刑以上案件，外结之案则指徒刑案件。文武生员缘事黜革、开复、除名之权完全操于学政之手，但对贡监生则不同。雍正五年议准，捐纳贡监“嗣后有应行褫革者，令地方官申报督抚、学臣，其事属督抚者，督抚移咨学臣；其事属学臣者，学臣移咨督抚，即褫革发审，再具文报部”[2]。显然，贡监生的褫革需督抚与学政会商，虽然仍由学政批覆，但“其事属督抚者”与“其事属学政者”不明确。所以，乾隆二十年才将贡监与生员黜革的审批权分开，“嗣后贡监缘事，督抚批革后，即行究审，于季终摘叙简明事由，应斥字样，汇册报部”[3]。贡监虽仍由学政戒饬、察核，但其缘事褫革其功名的批覆权则转入督抚手中。

3. 纠参擅责贡监生员的地方承审官和纵容贡监生员违法不仁、举报优劣不实的学官。贡监生员属士人之列，为百姓表率的领袖，拥有法律上的特权，州县官对于贡监生员违法不仁的审理

1 《钦定学政全书》卷二四《约束生员》。

2 《钦定学政全书》卷二四《约束生员》。

3 《钦定学政全书》卷二四《约束生员》。

是件头痛的事，必须谨慎从事，立案后必先详报学政、督抚，然后才可行刑审理，否则将受到学政的纠参，招来不期之祸。嘉庆四年，江苏吴县生员吴三新被债主杨敦厚控告，知县甄辅廷未经申详学政革其功名，即行杖责，引起该县诸生罢考，两江总督采取高压手段，囚禁和斥革生员多人，想把这场风波威慑下去，诸生更加不服。最后，经学政纠参知县，嘉庆帝两次派钦差大臣查处，惩责知县甄辅廷才了事。[1]这类事件在有清一代时有发生。省政府没有儒学，儒学俱设在各府、州县，学政只是监临之官，对儒学生徒及贡监的直接约束由府、州县学官会同府、州县长官负责，如学官容隐贡监生员犯法乱纪，或举报优劣不实；府、州县长官详革不实或不造报其行迹册，均要受到学政的指参。雍正七年，雍正帝在上谕中就讲："犯法乱纪之士子，皆从前学臣、教官之未开报劣行者，其间情罪，虽难一一追究，然即此可知其中之容隐不少矣。嗣后若教官沽名邀誉，纵容劣生，不行举报者，经学臣察出，立即指参，将教官照溺职例革职。若学臣瞻徇情面，不行纠参者，一经发觉，将学臣照徇庇例降级调用。"[2]然而，"查捐纳贡监照依生员举报优劣，已有成例，但各省督抚、学臣未能实力奉行，以致该贡生妄自尊大，甚至为害地方"[3]。看来，清代有关约束贡监生员的规定执行情况并不理想。

总之，学政的司法职能只是辅助性的，但它却关系着封建社会骨干成分的士习民风与社会治乱关系的敏感问题，这一职能发挥得好坏是社会稳定与否的关键，所以说，学政的司法职能又是非常重要的。

1　《〔同治〕苏州府志》卷一四九《杂记》。

2　《钦定学政全书》卷二七《举报优劣》。

3　《钦定学政全书》卷二七《举报优劣》。

第三节　督抚的司法职能

在清代，督抚是地方最高的军政长官，也可称为兼管地方军务的省政府的省长，代表皇权节制地方百官，有无所不统之权。在司法上是地方最高、最大的法官，握有一切司法之全权，刑案必经督抚之手才能结束地方的审理，吏治民生关系至为重大。所以，本文拟以此为重点之一来加以论述。

一　督抚体制沿革及其在清代的特点

督抚制度是明清两代独有的地方政治制度，是中国封建社会即将走到尽头，君主集权加强在地方政治体制中的体现，也是封建国家行政管理的一次重大变革和完善。笔者倾向明代督抚已成为固定的地方最高长官的观点，[1] 只是督抚体制在明代还处于初期，不尽完善，比如一省有设数个巡抚者，总督的设置多以军务为主，且多设在辽东、沿长城一线及中原农民起义多发之区。总督的设置临时差遣的性质还很重，特别是明末纷乱动荡的时期更是如此。明代的巡抚、总督有必要作分别讨论。这一现象在清初也保持了相当一段时期，直到康熙中叶才基本固定设置八个总督，每省一巡抚（总督只辖一省者，例由总督兼巡抚），且在雍乾时期，总督的设置还经过几次调整。

在司道一节中我们讲到，明清省政府的机构和职官都是由中央按监察区向地方派遣监察官员演化而来的，作为明清地方最高军政长官的督抚也不例外。先前由以道为监察区的中央监察

1　王跃生在 1987 年《历史教学》第 9 期上撰文《关于明清督抚制度的几个问题》，提出“明代督抚已成为固定的地方最高长官”的观点，认为：明代督抚制度未受到应有重视的一个重要原因，是资料不足和明代典章制度对此记载的某些不妥所造成的。

地方设置，适应朱元璋加强君主集权的需要，中央罢宰相，地方罢行中书省平章政事，完善地方省政权建设，置承宣布政使司、提刑按察使司和都指挥使司，三司并立。道反而成为布、按二司的分支机构，分掌布、按二司的职能，同时仍行使监察府州县官的职能，成为地方上的“监司”与中央科道相对应的体制。然而，明初地方省政府三司并立、互相牵制的结构虽可避免出现尾大不掉的局面，但其互不统属，各自为政，又助长了彼此推诿的弊端。就在洪武年间这种状况已显露出来。所以，为了督促地方政务，朱元璋于洪武二十四年令太子巡抚陕西。明代“巡抚”之名始见于此。[1]朱元璋不仅派太子巡抚地方，还设天下巡抚都御史，巡视各省，但“太祖不欲以重臣令典钱粮兵马”[2]。直到永乐十九年，成祖朱棣才“敕尚书、侍郎、都御史、少卿等第官十三人，各同给事中一人巡行天下，是谓巡抚”[3]。基本上以布政使辖区为单位，“分历州县，抚安军民，洞察所苦，凡利之未兴者兴之，害之未革者革之，诸司官吏蠹法厉民者黜之，守法爱民者旌之”[4]。此后，洪熙年间也曾向南直隶、浙江等处派遣过巡抚。这一时期的巡抚纯粹是中央向地方派遣的监察官，有事即派，“事毕停遣”[5]，并且“事完或得代则回理院事”[6]，仍以负责部院事务为主。尽管如此，巡抚在地方已起着相当重要的作用，明人赵南星就讲:“洪熙时，地方可以救民者莫过于巡抚，而此官甚不易作，必德望威稜使贪官解绶而后可耳。”[7]到宣德时期，明代巡抚就显示出定设的端倪，“部佐、卿、寺、藩、臬迁

1 《万历野获编》卷三二。
2 《春明梦余录》卷二八。
3 《春明梦余录》卷二八。
4 《明太宗实录》卷二三六。
5 《续通考》卷一三五。
6 《春明梦余录》卷二八。
7 《春明梦余录》卷二八。

转巡抚者，不复归院”[1]。

正统至嘉靖年间，巡抚作为地方最高长官，身兼行政、监察、军事等职权，统摄省政府三司的体制，渐成定制。成化年间，各省基本上已设立巡抚，并成为固定的地方长官。巡抚可带妻室、家人于任内，由当地官府“量给本处官俸仓米，以赡其家”，以解室家悬隔之苦。[2]弘治时，“除浙江、福建外”，各省巡抚“悉有常置”。[3]嘉靖末年，浙闽二省也建立了巡抚。巡抚逐渐成为集监察、军事及部分行政职权于一身的地方官员、封疆大吏，担负着“寄一方之纲维，任百官之休咎”[4]的使命。万历二十一年，明政府又赋予巡抚以一定的司法权，刑部奏请:“即于巡按每岁审录外，再立澄清囹圄之法，师两京会审之规，为巡抚会疏之例。”[5]按察使司、巡道有“死罪矜疑，军徒笞杖情有可原宥者，许各详抚、按，抚、按会疏以请”“罪轻径自发落，重罪听候部覆”。[6]地方上遂形成抚、按统属司、道，司、道统属府、州、县的职官行政管理系统，所谓“乡大夫谓抚台、布政司官及府、州县，宜以部民礼趋旁门，走东阶；见巡按、按察司，入牛门，走角道，以守土与持宪者有分别也”[7]。巡抚作为地方最高行政长官，又兼司法、监察、军事等诸职，代表皇权统摄一省的体制已经确立。也就是说，在明代地方三级政权中，正式确立了巡抚作为省长，统属省政府三司的体制。

至于总督在明代是否已成为固定的地方官，值得进一步讨论，不能与巡抚连在一起笼统地谈，而应该分别讨论。巡抚在明代已

1 《明宣宗实录》卷七〇。

2 《春明梦余录》卷二八。

3 《典故纪闻》卷一二。

4 《明英宗实录》卷二四四。

5 《明通鉴》卷八〇。

6 《明通鉴》卷八〇。

7 《万历野获编》卷二二。

成为固定的地方最高长官已无疑，而总督则不然。学术界争论的误区，就在于笼统地讲明代督抚作为地方握有全权的最高长官已成为定制，或者讲还没有，明代的督抚仅属“因事而派，事毕而返”的临时差遣。这两种观点均不足取，在明代巡抚、总督的始设虽有相似的性质，但也有很大的不同。巡抚始派是为整肃地方吏治，防止省政府三司彼此推诿，演变成地方最高长官易而顺理成章，而总督始设纯粹是为军事所需，是补巡抚节制数省军务之不便。定设总督也是明末四境告急之时，军事职权之重不言而喻。总督虽节制巡抚，但不能说明总督具有直接的地方行政、司法之权。所以，明代的总督还不能或不完全算是固定的地方官，只能算作战时状态下的大军区司令员。总督与巡抚职权互相渗透，趋于一致，完全形成督抚体制，则是清康熙年间实现的。

总督始于明正统六年，明政府为镇压麓川地区的农民起义，派兵部尚书王骥前去协调东南诸省参战的 15 万大军。事完之后，随即撤销。此后，“或变出於腹里，或衅起于边陲，而边境诸省一时抚臣不能振联系之策与讨伐之师，保境以自全，撄城以固守”[1]，为解燃眉之军务，以补巡抚统摄数省军务之不便，不时派重臣前往出事地方总督军务。“有难则令制之，难已则散而归之。”[2] 到嘉靖、万历年间，南倭北虏，边警四起，担负一般军事活动“节制”之任的巡抚难以应付，需要“节制”权限范围更大的官员长期驻守一方。于是，先后定设了陕西三边总督、蓟辽总督、宣大总督、两广总督和凤阳总督等。明代总督虽定设，但数量少且多在边陲；虽节制所属巡抚、三司、总兵，但只就军事、监察而言，却无直理地方行政、司法之权，应为军事所需的开府驻节一方。我们讲巡抚在明代已成为固定的地方最高长官，即拥

1 《明会要》卷三四《职官六》。

2 《明史》卷七五。

有全权的省长，也是从一般意义上讲的，巡抚也有专为军事设防而置的，如辽东、顺天、大同、延绥、偏沅、天津、密云、昌平、山海永平等巡抚。[1]也就是说，明代总督虽已定设边陲，但仅为军事所设，还未成为固定的地方最高长官；而巡抚尽管已基本上成为固定的地方最高长官，一省之长，但其体制还不完善。这大概与军事设防有关，明代是单轨，而清代则是八旗、绿营双轨交叉设防，明代总督和一部分军事巡抚类似于清代的八旗设防。

清代继承明代巡抚和总督的制度，最初基本上把明末设置的巡抚都继承了下来，经过一段时期的调整，到康熙初年江南、湖广、陕西分省后，每省才定设巡抚一人，共设 15 个巡抚，直隶、四川、甘肃巡抚例由总督兼任。清初的形势与明末相同，战乱纷纷，总督也为临时专派，但很快各省都为总督所辖，且逐渐向集军事、监察、行政、司法、意识形态诸权于一身的地方最高长官转化，到康熙年间全国基本上定设八个总督，乃为统辖一省或数省的封疆大吏，完成了督抚互相渗透、职权趋于一致的体制建设。但是，总督却更多继承了明代临时差遣和重军事的性质，所以，在雍乾时期还因事因人有过几次变动。如西北、西南用兵，四川、陕西、甘肃所设总督几经分合；又如雍正年间重臣田文镜、李卫分任河南、浙江巡抚，一度两省均改为总督。直到乾隆二十五年定设陕甘总督和四川总督后，全国定设的八个总督为直隶、两江、闽浙、两广、湖广、陕甘、四川、云贵。直隶、四川总督例兼巡抚，陕甘总督驻兰州，兼甘肃巡抚，另有山东、河南、山西三省不属总督所辖。

清代总督、巡抚均照明例兼衔，总督例兼兵部尚书和右都御史衔，巡抚例兼兵部右侍郎和右副都御史衔，巡抚还加提督衔。巡抚从二品官，兼衔后为正二品；总督正二品官，兼衔后为从一

1　吴廷燮：《明督抚年表》。

品。《清朝通典》把总督的职掌概括为："总治军民，统辖文武，考核官吏，修饬封疆"；巡抚则为："宣布德意，抚安齐民，修明政刑，兴革利弊，考核群吏之治，会总督以诏废置；三年大比献贤能之书则监临之，其武科则主考试。"[1]其实，总督与巡抚在法律上无固定分权，其初设之意在于"互相稽察，所以示维制防恣横"[2]，使其互相牵制，以防止尾大不掉，造成彼此权力相互渗透，职责不清。所以，除管辖区域上有明显区别外，很难将督抚的具体职责明确划分清楚。就总督与巡抚谁是地方省政府的最高行政长官问题，郭松焘曾作过一番考证：

> 推原立之始，地方吏治，归各省巡抚经理，听节制于总督，而总督专主兵。是以河南、山东、山西专设巡抚而不复设提督，为不欲使武臣主兵而巡抚又不得统辖提督，故为巡抚兼衔。直隶、四川专设总督，仍兼巡抚衔，大致以兵事归总督，以民事归巡抚，此国家定制也。[3]

《清朝文献通考》也载：

> 我朝则巡抚各有定员，分寄以守土之责，以京朝官之衔兼统民事，略如古之行台省及元之行中书省。其有专设总督者，亦必以督臣兼巡抚之事。至于布政使司，但与按察使司分理钱谷刑名，自不应专书于各省之首。且如江苏一省，以两布政司而总隶于一巡抚，势不得更将两布政分列也。[4]

---

1 《清朝通典》卷三三。

2 薛福成：《庸盦全集·叙督抚同城之损》，也见《清朝续文献通考》卷一三二《职官十八》。

3 《清朝续文献通考》卷一三二，郭松焘同治五年奏折。

4 《清朝文献通考》卷二六九。

显然，唯有巡抚“于一省文职无所不统”[1]，为一省的最高行政长官，即省长。但是，巡抚也管军事，总督对所辖之巡抚民事也无所不统。所以，人们常把总督与巡抚连称“督抚”，其体现的地方政治体制也被习称为“督抚体制”或“督抚制度”。

清代督抚体制的完善是与皇权进一步加强相对应的。也就是说，清代督抚体制是加强君主专制集权统治在地方政治体制上的体现。归纳起来，清代的督抚有这样几个特点：

第一，既是地方官，又是京官。清代督抚是坐镇地方的封疆大吏，统揽一省或数省之政，同时又是皇帝在地方的直接代理人，所以，与一般地方官不同，其使用关防作为权力的凭证，而不是官印，带有钦差性质，像朝中官员一样参加“京察”考核。督抚对地方重大事务的处理，必须秉承皇帝意旨进行，而清朝皇帝为了保证“惟以一人治天下”[2]，采取陛辞与陛见和颁发谕旨等措施对督抚发布指示，并加强对督抚的控制，进而通过督抚将“煌煌圣旨”贯彻于地方。同时，督抚坐镇地方，身为一省或数省的最高军政长官，除通过正式公文——题本向皇帝汇报地方事务的处理意见外，还必须通过与皇帝的私人信件——密折的形式，随时把地方发生的事情禀报皇帝，以便皇帝及时准确地了解地方状况，然后指示方略。一旦各省督抚“奏事较前减少”[3]，皇帝就要追究原因。

督抚既为封疆大吏、地方最高行政长官，又被冠以部院大臣之衔，代表皇帝统辖一方，除不管民事的驻防八旗将军、都统外，没有可与督抚职权、品级相埒的地方官。并且，为了保证督抚的职权得以充分发挥，清帝一开始就采取措施来消除或限制对其职

1　《清朝文献通考》卷八五。

2　故宫养心殿雍正帝亲书对联云：“惟以一人治天下，岂为天下奉一人。”

3　王先谦：《东华录》卷一七。

权的发挥易产生掣肘的力量。比如撤销巡按制度，[1]禁止钦差大臣干预或侵犯督抚事权，[2]禁止驻防八旗将军、都统干预督抚地方事务等，从而形成以督抚为主的地方次政治中心，依督抚的地位和作用达到前所未有的程度，直接关系一方治理的好坏，“得其人则事治、民安；非其人则丛奸滋弊，民受其害”[3]。

第二，无所不包的地方职权。清代督抚的兼衔不是可有可无的表面装饰，而是确实体现其有那方面的职权。督抚除具有地方最高的行政决策权、司法审结权和思想文化的控制权外，其监察权、军事职责都非常重要。督抚的监察权包括三个方面：第一，对所属文官布按两司、学政以下，武官提督以下的各级官吏行使考核权，对其所属文武官员缘事独具具本题参之权。第二，对文职道府以下，武职副将以下官吏的题调权。这是皇帝赋予督抚的直接人事权，可以不经吏部任命地方官员，只报部备案。题调的范围因时因地而异，一般在50%左右。[4]第三，行取知县和向中央推荐各种官吏。督抚赋有经常性向中央推荐官吏之责；每三年一次，督抚还得将有守有为、声名卓著者“送京担任科道等官职，以收得人之效”[5]。可见，地方各级官吏升迁黜贬的命运在很大程度上操于督抚之手。在军事方面，总督、巡抚都有各自的直属部队——督标、抚标。总督是一省或数省绿营兵的最高统帅，有直接指挥权；不设总督省份由巡抚负责。平时督抚要定期对绿营兵进行操练检阅，“营伍之中兵马、钱粮、甲胄、器械，皆宜事事

1 巡按制度始于明代，由中央向地方派遣巡按御史监察一切事务，权势极大，直接影响督抚的职能发挥。清初亦加以沿袭，因其易使“属吏仰承左右启隙端”，顺治十八年将其撤销，将其原先所领事务“尽属抚臣”。

2 清代一般不轻易向地方派遣钦差大臣，即使为执行特殊使命派出，也必须与当地督抚会商而行，而不是将督抚撇置一边。

3 王先谦：《东华录》卷二一。

4 罗尔纲：《绿营兵志》，第316页，中华书局，1984年。

5 《清朝文献通考》卷五五《选举九》。

留心”[1]。战时，总督亲自或指派辖区内提督、总兵指挥参战；巡抚则主要负责后勤供应，保障军用物资之需。此外，督抚还有制定地方政策、法规即省例之权。可见，清代督抚集地方行政、司法、监察、军事、思想、文化等诸权于一身；进一步说，督抚的职权可谓无所不包，无所不统。

清代地方行政管理，正由于在中央之下形成为数不多的督抚次政治中心，综理一省事务，然后把大大精简了的事件上报皇帝，才为身处金銮宝殿中的君主一人治天下创造了条件。清代皇帝只要控制住了二十几位督抚，便可收纲举目张之效，使成千上万的地方文武官僚俯首听命。正所谓“欲百姓之安，其莫先于慎择督抚，督抚者，守令者倡也”[2]。

第三，既统又不统。清代督抚在地方有无所不包，无所不统之权，阖省文武属官无不对其俯首听命。然而，督抚则不以处理琐屑、繁杂的地方日常事务为己任，对地方事务只起决策、控制之效，即“正己率属，察吏安民”[3]才是其主要责任目标。督抚作为地方政治中心的长官、省政府的首领，一切地方事务的处理都须督抚用正式公文——题本向皇帝汇报。也就是说，只有督抚有权与皇帝正式联系地方政务，但具体的事务则由省政府的各职能部门处理。赋税钱粮、有司贤与不肖，“藩司主之”，督抚只“察其侵挪、加派之弊”，有司贤否得当；刑名司法，纠劾有司，“则臬司主之”，督抚只察其徇枉贿赂之弊及是否超限，至于“律疑似非则不一一顾及”；[4]“养育人材、士习民风，学政之责，督抚只察其旌表节孝、举报优劣之弊”[5]；营兵操练、军纪士气，提督、

1 《清会典事例》卷一一三《吏部·处分例》。
2 《清史稿》卷三六〇。
3 《皇朝经世文编》卷一五。
4 《皇朝经世文编》卷一五。
5 《钦定学政全书》卷二七。

总兵主之，督抚只察其剋扣、扰民之弊。这样，督抚才能洞观全局，节制各方。反之，如若督抚详于苛细而失于重大，将任“重大之精神材智尽耗竭于苛细之中”，就会“终日头绪纷纷，料理部件之指摘而不暇”。[1]因而“无暇讲究民间利害之源流，审查官吏才品之优劣”[2]，也无法集思“水旱盗贼何以销弭，士农工商何以缓解”[3]，势必成为一个忙忙碌碌的事务性官员。可见，督抚的职能特征是“既统又不统”。

再者，地方省政府的学政、司道、提督、总兵，虽不及督抚的品级高、职权大，但亦不完全是督抚的属官。他们皆由皇帝特简，各有办事衙门，且可就各自职责范围内之事及一切地方事务直接向皇帝专折奏闻。他们也是重要的地方大吏，督抚不能完全统之。

第四，精干的办事衙门。督抚“既统又不统”的职能特征，使其办事衙门得以实现精干的特点。说其精干，不是指督抚衙门办事人员少，而是指衙门定设的官少。督抚衙门中的正式官员只有总督或巡抚一人，连办事首领官也不设。但是，督抚“职任封圻，政务殷繁”[4]，综理一省或数省军政大事，有大量的公文案牍需要处理，仅靠一人自然是难以胜任的。不过，国家法典为他们规定了定额的文秘书吏和供奔走的差役等办事人员。各总督衙门书吏人数，闽浙最多，定额 59 人，湖广最少，定额 20 人，其他各督衙 20 人至 46 人不等。除直隶、两江、四川三督外，其余各督均在兼管省份设行辕，将书吏分为两处办公。各省巡抚衙门书吏人数贵州巡抚为最多，定额 40 人，其他巡抚定额 20 人至 30 人不等。[5]另据《清朝文献通考》卷八四载，直隶、云贵二督衙额设

1　《皇朝经世文编》卷一五。
2　《皇朝经世文编》卷一五。
3　《皇朝经世文编》卷一五。
4　王先谦：《东华录》卷八。
5　《清会典事例》卷一四八至卷一五一。

笔帖式各一人，陕甘、四川各二人；山西抚衙额设笔帖式二人，陕西一人，其他督抚衙门均无。又据光绪《清会典事例》卷四一载，各省督抚衙门均额设笔帖式，但其名额不详。笔帖式属满文翻译的办事人员，这样说来，各督抚衙门应均有定设。各督抚衙门的差役定额人数，想来总在100人开外，只是不见记载。而且，督抚衙门招募书吏、差役的实际人数绝不少于定额的两倍。仅书吏、差役，各督抚衙门的办事人员就可达数百上千人之多。书吏分房办事，差役则分事、分地奔走。

另外，督抚衙门中的私人办事人员数目也相当庞大。清政府允许督抚“延请幕友以资协理”，招雇长随以供驱使。督抚延幕不比州县官延幕晚，并且所延幕友更为庞杂。万枫江在《幕学举要》自序中讲:“幕中流品最为错杂，有宦辙覆车，借人酒杯自浇块垒；有贵胄飘零，摒挡纨裤入幕效颦；又有以铁砚难磨，青氈冷淡变业谋生；又有胥钞谙练，借楼一枝；更有剑不成铅刀，小试其中，优劣不一，力能赞襄，识者未尝不加敬礼。”集各类出身的幕友于一衙，大概只有督抚衙门才具备这样的条件。并且，督抚有人事权和推荐人才的权力，对科举已中举人、进士和官场失意丢职的人来说，有很大的吸引力，即使是专业刑名、钱谷、文案等幕友也可得到不尽好处，乃至受到青睐得以请功补缺。督抚综理地方一切事务，公文往来、文案处理、刑名钱谷需要多人协理，甚至还需要文人墨客为其点缀风雅。历任乾嘉道三朝督抚的阮元不就招揽一大批文人幕友，吟诗作赋，山集编书吗？越往后，督抚幕府的地位和作用则是越来越高，越来越大。嘉庆初年，“各督抚多有挑取属员入幕之事”[1]，林则徐出仕之前也曾在督府幕中历练多年。到了近代，督抚幕府更是人才荟萃，曾国藩、左宗棠、李鸿章、张之洞等几大幕府中的人，无论在幕时，还是由幕起家，

1 《清会典事例》卷九八《吏部·处分例》。

对社会的进程都起着左右局势的作用。连左宗棠、李鸿章也是从幕起家的。督抚衙门招雇的长随人数也相当可观。康熙二十五年议准："外任官员，除携带兄弟妻子外，仅督抚准带家人五十名……至旗员有边疆差遣之事，非民官可比，督抚所带家口不许过五百名，乾隆二十五年改不许过一百五十名。"[1]家人、家口绝大多数就是雇佣的官奴长随，并且督抚实际招雇的长随人数远比定额多。督抚衙内长随的分工和作用与州县相仿。督抚衙设书吏、差役一般为本地、本省人，"官有去留，而胥吏则无更易"，但幕友、长随属督抚私人，则可随督抚调动。这就是清代督抚衙门官员精干，办事人员数量庞大的实况。

督抚衙门的这种设置，缘于督抚具有钦差性质，流动性大，便于随时调遣。加上督抚的职能特征是综地方事务之大成和发布指示、命令，不处理具体事务，要求工作效率极高，一般不允许有久拖不决的事件搁置，一旦接到调令，短时间内便要启程动身。不像藩司那样："遇开任交代时，必将其任内收放粮钱"，经"督抚亲自盘查，如果侵挪亏欠者即行题参，如无亏空者即并无侵挪甘结，送部查核"，然后方可离任。[2]

清前期，督抚多为满人和汉军旗人。康熙时，汉人任督抚者"十无二三"[3]，乾隆时，巡抚满汉各半，总督多为满人或旗人。到太平天国以后，汉人任总督才多了起来。清代督抚在地方权势很大，为防止他们长期坐镇一方而形成尾大不掉的局面，需要对督抚作频繁的调动。有清一代，特别是前中期，督抚的任期一般在二至四年间，有的甚至一年内数次调动，只有个别皇帝特别欣赏者才有较长任期。如陈宏谋在乾隆朝任巡抚、总督达 31 年，经

1　《清会典事例》卷九〇《吏部·处分例》。
2　《清会典事例》卷二八三。
3　福格：《听雨丛谈》卷三。

历了12个省，调动达21次，约一年半一任。[1]这大概就是督抚衙门结构的意义。

二 督抚的司法职能

我们一再讲到清代督抚的职能特征是“正己率属，察吏安民”，“既统又不统”，握地方一切事权之纲，向所属发布政策、指示、命令及监察、督促、控制所属司法，最后综理地方事务之大成。所以，督抚的司法职能的真正意义并不在于它对刑案的覆审每案都必须审清案情、重新拟律定罪，而是从总的方面监控一省的士习民风好坏，社会安宁与否，所属各承审衙门有无徇私枉法、出入人罪之弊，以及从司法行政管理上对每一刑案作出地方的最后审结审理。因为刑案发生后，审出实情、拟律定罪是初审州县的事，并且在案发后的州县一再申详中，督抚已对案情有了把握，再经招解府司审转，解到督抚案下不过是完成地方的最后一道审理程序而已。可是，督抚拥有地方最高的司法权，监控所属司法，完成刑案在地方的审结、裁决和处理，在清代整个司法和政治生活中的作用和影响绝不可小视。督抚的司法职能主要体现在以下几个方面：

（一）监控教化的实施与社会治安

我们在第二章中专门讨论过实施教化与普法教育的关系问题。谈到教化的实质是进行经常性的封建统治思想的广泛宣传教育，内容极为广泛，目的在于建立和确保一个尊尊亲亲、君君臣臣、父父子子、上尊下卑、名分明确的封建统治秩序，并且在教化中晓之以利害，“明刑弼教”，所以，这种礼法结合的教化也是法制教育。教化虽迂阔难行，久难见效，但这种用思想为武器的统治手段自然要比赤裸裸的酷刑严法高明，且易能收到长治之效，所以清代皇帝

1 《清史稿》卷三〇七。

非常重视教化，除康熙帝一再强调，“善法令禁于一时，而教化维于可久，若徒将法令而教化不先，是舍本而务末也”[1]外，历朝皇帝无不通过上谕等方式一再强调教化的重要性。早在顺治十三年，顺治帝就上谕礼部：“今天下渐定，朕将兴文教崇经术，以开太平。”[2]雍正元年的上谕将教化的目的讲得非常明白而直接：“致治之要，首在风化，移风易俗莫先于鼓励良善，使人人知彝伦天则之为重，忠孝廉节之宜，敦古帝王劳来匡直，所以纳民于轨物者，舍是无由也。每遇覃恩诏款，内必有旌表孝义、贞节之孝，实系巨典。”[3]煌煌圣谕，督抚不仅要立即札饬所属各官，一层层传达到州县，甚至家喻户晓，而且要督促、检查所属州县的实施情况。

细分起来，督控教化的职能又可分为这样几点：第一，监督风俗教化。乾隆十六年，乾隆帝指出：“凡督抚大吏暨监司守令俱有教斯之责，当以移风易俗为己任。”[4]督抚要定期检查地方府州县宣讲圣谕广训的情况，注意以当地民风淳悍来考核官吏。第二，兴办教育。中国封建社会的教育实际上就是政治文化的教育，灌输的内容不外儒学的统治思想文化。所以，康熙帝讲“国家建立学校，原以兴行教化，作育人材，典至渥也”[5]。学校教育在清代实际上已成为教化的一种重要手段，“移风易俗莫过读书”[6]。因而督抚除对所属府州县官学留心整饬外，还要利用条件兴办书院等教育机构。雍正十一年正月，雍正帝为各督抚拨专款1000两，让其于所在地兴建书院，以供士子群聚读书，并特意强调“封疆大吏等并有化导士子之职，各宜殚心奉行，黜浮崇实，以广国家

1 《清圣祖实录》卷三四。
2 阮元等撰：《广东通志》卷一《训典一》。
3 阮元等撰：《广东通志》卷一《训典一》。
4 《清会典事例》卷二九三。
5 阮元等撰：《广东通志》卷一《训典》。
6 《清会典事例》卷三九七。

箐我湾朴之化"[1]。第三，树立封建秩序的楷模，使百姓有所效仿。雍正元年四月的上谕就告诫督抚，"国家敦励风俗，首重贤良，举髦士以励秀民，实为政体之大端，封疆大吏宜善体此意，广询博访，不可视为具文，漫不加察也"[2]。督抚要对地方上出现的孝子、义士、贞女、节妇等及时给予表彰。但这种考义贞节的旌奖由州县教官申详，印官加结，省学政具体办理，督抚察核。如发现举报优劣有假，督抚应立即题参质审。乾隆三年，直隶总督孙嘉淦在奏折中讲到这样一件事：雍正四年九月正定县绅衿吴方来等公举武生李蕃孝友端方，应与旌奖。该县教谕穆元肇，署训导任之正据此呈详，知县李伯正加结申请，当时的学政吴襄批准，予以旌奖。后来经李蕃胞兄李芬揭发，发现"李蕃既不孝于其父，又见疾于其兄，大节有亏，而教官滥请旌奖，不无受贿情弊"，"此名教所不容"。孙嘉淦请求将京营千总李芬，正定县学教谕穆元肇、署训导任之正均令解任，与案内人犯一并质审，"务期虚实明而是非判，使人知孝弟之当重，而举报优劣亦不敢蒙混草率"。[3]第四，严控反清的异端思想、学说。康雍乾几朝制造的一起起文字狱，禁毁了一大批文化典籍，督抚在其中起了先锋干将的作用。就是雍正初年禁止耶稣会传教士的在华活动，也在很大程度取决于地方督抚纷纷揭发。如雍正元年十二月，闽浙总督觉罗满保在奏折中言："西洋教人在各省起盖天主堂，潜住行教，人心渐被煽惑，毫无裨益。请将各省西洋教士除送京效力外，余俱安插澳门。"[4]

教化的实施情况直接关系社会治安的好坏和发案率的高低。社会治安实际上是社会治理的综合表现，清代在重视实施教化的同时，更重视社会治安，并为此制定了一套弭盗、缉盗、整肃统

1 王先谦：《东华录》卷二二。

2 王先谦：《东华录》卷二三。

3 孙铸：《孙文定（嘉淦）奏稿》卷一《严核优劣疏》。

4 王先谦：《东华录》卷三。

治秩序的制度，即保甲制度。清代历朝皇帝无不强调地方力行保甲、弭盗缉盗的重要性。地方保甲虽由臬司专办，却由督抚总管。督抚要对地方的安宁负全权责任，不仅要督促所属有司防范一切有碍社会稳定的因素，还要随时向皇帝奏报地方的治安状况。四川《巴县档案》中可以发现不少总督为整肃地方治安的各种札饬、告示。道光后期，任四川臬司的张集馨就讲，总督琦善“严饬各属极力缉捕，又派游击张定川、桂风鸣等拿获啯匪多起，即在节署派员讯供，由院定罪，司中未曾与闻”[1]。道光年间社会治安已很坏，督抚难以按既定的司法程序来整肃社会治安了。有时督抚对所属州县的治安、司法状况进行全面的查询，要州县一一禀报。如同治年间，任两江总督的曾国藩为查询地方事宜，一下列了 24 条，札饬所属各州县“即逐条详细禀覆核夺”[2]，内容包括治安、司法状况的各个方面。督抚向皇帝的治安奏折，有的是专项事务奏请，有的则是整个一省或数省地方治安状况的汇奏。如乾隆初年，直隶总督孙嘉淦屡见文移内称，京师“五城地方旗民人等迷失子女者甚多”，于是，他在向乾隆帝的奏折中讲：

> 臣细阅其年貌，皆系八岁以上十五以下，非孩提无知迷路，必有打花拐带之人。计此等人窃携幼子女何能即时远遁，必有窝藏歇宿之地。常细询之寮属，佥云大城南城居民铺面俱有保甲，尚可清查，惟城外四乡大小坟茔之内皆有看坟人户，墙高树密，易于藏奸，而看坟人户不隶保甲，不服地方官稽查，且房屋闲空，往往容留过客，此中或有不肖之人窝藏匪类，亦未可定。[3]

1　张集馨：《道咸宦海见闻录》，第 94 页，中华书局，1981 年。

2　阮本炎：《求牧刍言》卷三。

3　孙铸：《孙文定（嘉淦）奏稿》卷一《为稽查匪类以靖地方事》。

虽还不敢肯定那里就是窝藏迷失子女的地点，但至少发现了一个原先忽视的治安漏洞，因而决定迅速采取措施，“令有坟之家开明姓名、男妇几口，报明地方官，并令出具保结，不许容留匪类，编入附近村镇内，令村镇头甲长不时稽查”[1]。又乾隆五十七年十一月，湖南巡抚姜晟为遵例汇奏事：

> 伏查衙蠹最为地方之害，而私设班馆、刑具尤属肆虐殃民，不容不严行防禁。臣每予所属详办各案，俱随时查察，遇有关涉书役之事，必严饬确审究办，重示惩创，并于接见属员之时即饬以约束书、役，峻立防范，使知所儆惕，不敢阳奉阴违。兹据臬司恩长查明，现在并无设立班馆、私立刑具等弊，循例详请汇奏前来。臣覆查无异，除仍不时督率司道等官严查办理，禁止日久玩生、稍有纵驰外，所有乾隆五十七年分，各属并无设立班馆、私置刑具缘由，理合会同督臣毕沅恭折具奏。[2]

我们之所以不惜笔墨地抄录这些奏折，是想展示一下督抚对地方社会治安的管理方式，是“查察”、“严饬”、“即饬”、“督率”所属“严查办理”；获得的情报是由所属“申详”、“汇奏”前来，在做出相应措施的同时，要具奏皇帝，有总督所辖的省，治安、司法事务由巡抚主稿，会衔督臣“恭折具奏”。

(二) 对地方刑案的审结、终审

这里讲的地方刑案是包括徒刑案在内的以上案件，即徒、流、军、遣、死刑案件都须经督抚审结或覆审具题，才能结束刑案在地方的审理。地方的徒刑案由臬司复核后，由督抚判决便可发生

1　孙铸：《孙文定（嘉淦）奏稿》卷一《为稽查匪类以靖地方事》。

2　档案《朱批奏折》卷三《法律类·律例》。

法律效力。清律明文规定:“寻常徒罪，各督抚批结后，即详叙供招，按季报部查核。”[1]所谓寻常徒罪即不涉及人命者，督抚批结就可结案执行。而涉及人命的徒刑案犯则要像军流案一样，“督抚专案咨部核覆，仍令年终汇题”[2]。档案《顺天府全宗》中的徒刑案例可以说明其审结程序:

其一，道光十一年四月初二日宝坻县陈德元控王仁和殴伤案，因买卖土地，争执地价，王用小刀划破陈手。宝坻县初审王仁和拟徒，并逐级详报转核。八月十二日，直隶总督批示:“如详，饬将王仁和发容城徒一年。”九月二十九日，王仁和从宝坻县起解赴容城充徒。[3]

其二，道光二十五年八月宝坻在配徒犯情罪底册:“徒犯一名郝大成，因伙同贼犯田九抢夺事主张书凌首饰等物，拟以杖一百徒三年，系带铁杆之犯。于道光二十五年二月十六日准衡水县，奉督宪饬解到配。”[4]

可见，督抚的批结极为简单，就两个字“如详”。不过，在批结之时，还须决定发配地方。清律规定，“徒犯发本县驿递，其无驿县，分拨各衙门充水火夫各项杂役，限满释放”[5]。如无驿递，一般不发徒犯于本县充徒，而是发往本省他县。所以，才有直隶总督决定将宝坻县的徒犯发配容城县，衡水县的徒犯发往宝坻县之事。

一般的军流案经臬司覆审后，案犯不必解司，只将案卷宗报督抚，这就是薛允升讲的“徒犯解府而不解司，军流解司而不解院，办理最有区别”[6]。督抚复核卷宗案情无异，便可咨报刑部。

1 《清会典事例》卷八四五《刑律·断狱·有司决囚等第二》。
2 《清会典事例》卷八四五《刑律·断狱·有司决囚等第二》。
3 档案《顺天府全宗》第98号。
4 档案《顺天府全宗》第63号。
5 《清史稿》卷一四三《刑法二》。
6 薛允升:《读例存疑》卷四八。

流、军、遣案虽由督抚结束地方的审理，但无最终判决权。流、军、遣案的判决权在刑部，刑部批结后便可发生法律效力，咨复地方督抚执行。[1]清律例中有一条明文规定，“军流人犯解司审转，督抚专案咨部核复”[2]。如道光二十一年七月初二日，顺天府宝坻县拿获合伙盗回民王四等人，经初审查明，王四原是在逃徒犯、惯窃，拟充军。经层层审转到直隶总督，直隶总督以“回民行窃结伙三人以上，但有一人执持械器者，无论绳鞭小刀棍棒，俱不分首从，不计赃数次数，改发云贵两广极边烟瘴充军例”，将王四拟军，咨报刑部。刑部于二十二年三月二十三日咨复：“应如该督所咨办理，仍令照例汇题。”[3]直隶总督接到刑部咨复，便可按“五军道里表”择地充军了。

但是，涉及人命、反逆、赌博、留养的流、军、遣案就不是这么简单了。[4]督抚不仅要一一进行人审录供（核与原供有无翻异），而且不是咨报刑部，而是向皇帝具题。大概因为案件重大，或危害很大，或关系孝道，得让皇帝知道或由皇帝决断，刑部办理。档案中的案例可以证明：

其一，雍正十一年四月二十五日黄昏，河南省某县民刘思聪杀死债主僧人衣堂师徒三人，搜取银钱布匹而逃。后被拿获，研讯供认不讳，县初审拟凌迟，其妻拟流。经层层审转，至河南总督。总督王士俊覆审无异，以“刘思聪依杀一家非死罪三人律，凌迟处死，照例刺字；该犯之妻子均流二千里”。谨题请旨。[5]刘思聪之妻子均流二千里是未犯罪，而被牵连获罪，应属不合情理。此条律例后来有所变化。不过，因涉命案的流、军、遣犯在题本

1　清代各省督抚与中央各部院平级往来公文用“咨”，而不用“题”和“饬”。

2　《清会典事例》卷八四五《刑部·刑律·断狱·有司决囚等第二》。

3　档案《顺天府全宗》第63号。

4　留养，即存留养亲，以尽孝道，清律例中有专门条文，凡符合独子、家有老父母无人奉养，或寡母守节二十年以上等条件，犯徒、流、死各罪均可申请留养免刑。

5　档案《内阁刑科题本》卷二三五五，第4号（缩微）。

中很多。

其二，雍正十年九月，福建某县民林仲禧、郑圣治造买纸牌被拿获，历审供认不讳，福建巡抚赵国麟以“林仲禧、郑圣治俱合依造卖纸牌为首例，发边卫永远充军；保长蔡伯元失于觉察，应照容隐不报例杖一百革去保长；邻佑王可典、周子翰、陈锡行各因生理外出，实不知情，应予免议”，具题。[1]雍正朝严禁赌博，对造买赌具治以重罪，因而得“专案具题”，并且拿获案犯的有功人员都要“列名议叙”具题。后来各朝已不见造卖赌具“专案具题”。

其三，乾隆十六年十二月二十一日，江苏淮安府山阳县民张必玉误伤胡龙，冒风身死，经县审查明，张必玉应拟杖一百流三千里。但因张必玉系独子，且有一八十岁老母，张必玉虽有一子，仅六岁。老母靠他奉养，众证明白。因而县审又以存留养亲招解，经府、司审转无异，招解到苏州巡抚。巡抚庄有恭验审，“伤供并确，究系误伤身死，并无别故”，照录县初审拟律，“如蒙圣恩准其留养，将张必玉照例枷责发落，存留养案”，谨题请旨。[2]存留养亲、存留奉祀，因关系尽孝、传宗接代之名教，清代司法中对此类案件十分慎重，除军流、死刑案“存留养亲”、“存留奉祀”要“专案具题”外，对徒刑案的“存留养亲”也需如此。

一般的徒、军流案，督抚只是进行案卷审核，最后完成批结、咨报，并不对案犯进行一一审录。但是，对地方死刑案件经层层审转后解到督抚，还须进行一一审录，无疑议才具题皇帝。如属枭首、凌迟、立斩等案犯，一经皇帝裁决，便立即通知督抚执行，所谓“决不待时”。清律中对某些过失杀人、误杀和职官因公犯罪等应处死刑者，称为“杂犯死罪”，其死刑并不执行，照例减等改

1　档案《内阁刑科题本》卷二三五〇，第1号（缩微）。

2　档案《内阅刑科题本》（乾隆朝），卷二三四，第5号（缩微）。

为徒五年纳赎，叫作“准徒五年”。死刑中最多的人命、强盗两大类，依情分别斩绞，因而清代习惯上将死刑案件称作“命盗重罪”或“命盗斩绞重犯”。一般命盗案的斩绞又有“立决”与“监候”的区别，重者立决，轻者监候，秋后处决。督抚对命盗案的审录和具题重在定罪量刑的“拟律”，具题中必须特别申明是“立决”还是“监候”。请看下面二例。

一件立决案例：乾隆十八年正月十五日，四川通江县民吴浩家与小功堂叔吴万仰家因买房退房发生斗殴，吴浩将小功堂叔吴万仰打伤殒命。时值该县知县因公赴省，报经该县典史张大魁，牒请巴州州判王会铣代验通详，奉批饬审。经王会铣初审招解，府、司审转无异。四川总督黄廷桂覆审无异，与县、府、司审供相同。吴万仰系吴浩小功服叔，吴浩“合依卑幼殴本宗小功尊属死者斩律，应拟斩立决”，以此具题。[1]

一件监候案例：贵州施东县民李岗父死母改嫁，留下兄弟四人。李岗为长，老二、老三李谓、李合外出谋生；老四生而双瞽，手足全瘫，又兼疯病时发，靠李岗抚养扶持。乾隆十七年十二月初四日晚，李岗因生业难堪，将疯病复发的老四致死。经乡保报县验讯，拿获李岗到案，县初审，府、司审转，招解至巡抚定长处。定长亲审无异，以李岗“依杀期亲弟，照故杀大功弟绞监候例，应拟绞监候，秋后处决”，具题请旨。[2]

这是清朝每年几千件死刑案件中的两件。督抚的具题就算是地方死刑案件的“结案报告”，如不被驳回重审，地方的审理程序即告终结。地方发生命盗死刑案，在州县的多次申详中，督抚对案情和定罪量刑已经了解，并且还通过奏折向皇帝汇报审理情况，商讨如何定罪量刑。最后解到督抚审录、具题不过是一种形式，

1 档案《内阁刑科题本》（乾隆朝）卷五，第1号（缩微）。

2 档案《内阁刑科题本》（乾隆朝）卷二三〇，第5号（缩微）。

以表明督抚在地方具有最高的司法权。徒、军流案的批结、咨报也是如此。真正由督抚驳审的案件很少，因为驳审的工作早由臬司做好了。而且，督抚往往将该自己审拟的案件交由省城的候补官员审理，所以，乾隆三十五年的上谕中指责这种渎职的行为，“外省督抚每遇应行审拟之案，动辄委员查讯，最为恶习”[1]。大概大案都须督抚最后进行一次审拟，有些精力不济，后来实际上承认了委员代审的作用。

(三) 参革质审官犯和秋审汇题

我们前面讲到绅衿犯罪得申详学政革除其功名才能审理，职官犯罪则由督抚题参后质审。对于参革职官的审理，乾隆三十年奏准：

> 凡总督参劾之员，令该巡抚审理；巡抚参劾之员，令总督审理。其湖南、陕西、浙江、江西、山西、广西、贵州等省督抚所参之员，即令原参该督抚自行就近审结，该布政、按察两司审转时，备详隔省督抚稽核，仍令审理之督抚将审案移会隔省督抚，合词具题。无总督之省份亦令巡抚自行审理。[2]

也就是说，对官犯的审理是极为慎重的。这条规定不是说督抚充当第一审，还是地方最后审理，只是在督抚间有所分工，并且要交隔省督抚稽核。不仅是官犯，就是无职的绅衿犯罪也很慎重。官犯、绅衿犯即便是杖责，也须由督抚具题皇帝，以肃士风、官风，亦示与齐民犯有别。再请看下面两例：

一参革知府质审案：雍正十年，广西原任思恩府知府刘斌纵

1 《清会典事例》卷一二二《吏部·处分例·外省承审事件》。

2 《清会典事例》卷一二二《吏部·处分例·外省承审事件》。

酒肆刑，多次苦打差役，又勒借土司银两，有玷官箴。经广西巡抚金镇访闻，与两广总督会疏题参，奉旨确审，刘斌“合依监临官吏求索借贷所部内财物，计赃准不枉法论，各主者通算折米科罪，五十两杖六十徒一年律，应杖六十徒一年。系旗员，照例解部发落”。以此具题。[1]

一举人包揽钱粮案：雍正六年，直隶故城县参革举人饶赈、饶有义包揽沈天银、杨守禄钱粮，收受赃银。经审理，署直隶总督何世琪以“饶赈病故不议，饶有义照例枷责，沈天锡等重杖折责。饶赈、饶有义多收赃银并包揽正银，沈天锡等历年与之银一并照追入官”。具题。[2]

这是两件极平常的官犯、绅衿犯案，对特权阶层司法的重视，反映了清代法制的等级性。

每年的秋审，督抚都要进行一次最后审录，实则是在地方举行一次由督抚主持的定期秋审大典。乾隆二十六年以前是督抚率同司道和首府首县到臬司衙门举行，臬司衙门要“预备陋规”供应，督抚所带的吏役往往乘机索诈。为杜绝这种弊端，乾隆二十六年奉上谕，各省秋审，督抚的会审一律改在巡抚衙门进行。[3]总督辖二至三省者，总督轮流分赴各省抚衙参加会审。

督抚的秋审会审大典本应非常慎重，督抚在定期举行之前均要具题汇报参加会审的各官起行日期。乾隆二十六年前，江苏省的秋审大典既不在臬司衙门举行，也不在巡抚衙门举行，而是另择常州府为会审之地。乾隆十八年四月二十二日，江苏巡抚庄有恭具题恭报各官赴常州秋录日期：

窃照秋审大典岁一举行，前经檄行苏州按察使司将应入

1　档案《内阁刑科题本》卷二三四八，第7号（缩微）。

2　档案《内阁刑科题本》卷二三三五，第9号（缩微）。

3　《清会典事例》卷八四六《刑律·断狱·有司决囚等第三》。

> 秋审各犯照往例提集常州府适中地方，听候会勘。去后，兹据苏州按察使许松佶呈报，应审各起重犯已经解常等情。因署两江总督臣鄂容安须回江西办理本省秋录，不及来常会审。臣即于本年四月二十一日自苏起行前赴常州府，率同司道等官会审，所有微臣起行日期相应题报。[1]

表面上似乎相当重视，也很小心。其实，秋审册早由臬司主持的审录先期定稿，督抚主持的秋审大典不过是走过场，所以有“肆筵设席，征歌演剧者”[2]。雍正十三年，雍正帝曾指责这种草率的陋习：

> 闻外省会审之时，不论案件多寡，悉于一天定议，均听督抚主张，司道守令不敢置喙。究其实，督抚亦未必了然，不过幕宾略节贴于册上，徒饰观瞻而已。[3]

但是，后来的情况并未因雍正帝的指责而有多大改变，会审完毕，仍“往往继以演戏、宴饮”[4]。乾隆十四年，各省秋审招册经九卿改定之案就很多，其中，由缓决改入情实者，四川八名，湖北四名，江苏八名，河南、山东各五名，山西六名，直隶七名，受到乾隆帝的申饬：“督抚身任封疆，为国家明罚敕法，岂宜出入。”[5]

督抚审录完毕后，就应正式向皇帝具题。“秋审实、缓、矜、养后尾，各督抚务遵定例于五月中旬具题到部，如有迟至六月者，刑部照例题参。”[6]秋审题本不像新案题结，一案一题，而是全省

1　档案《内阁刑科题本》（乾隆朝）卷六，第1号，《秋审朝审及汇报处决》。

2　史松、林铁军主编：《清史编年（雍正朝）》第四卷，第650页，中国人民大学出版社，1991年。

3　《清会典事例》卷八四六《刑律·断狱·有司决囚等第三》。

4　吴振棫：《养吉斋丛录》卷六。

5　《清会典事例》卷八四七《刑律·断狱·有司决闪等第四》。

6　《秋谳辑要》卷一《总类》。

秋审案犯汇题。现节录乾隆五十九年山西巡抚蒋兆奎的秋审题本如下：

> 谨题为慎刑奉有恩纶事，例请画一，以重民命，以广皇仁事。……所有山西省乾隆五十九年分，免解应解共三百三十五起……各厅州县免解各犯查叙案由，由本管道府州核转，并将应审各犯委员亲身押解前来。臣随同布政使善泰、按察使祖之望、冀宁道张曾谊、太原府知府邓希曾、太原府同知梁世治、太原府通判德晖、署阳曲县知县李会观在于臣署将旧案会同确核，并提（新事应审各）犯逐细审明，除问语、口供遵照定例不叙外，如一起为活杀父事……（三百三十五起案犯分为实、缓、矜、养四大类各简叙案由），优乞皇上睿鉴，敕下之三法司核复施行。为此，具本谨题请旨。[1]

这是很厚的一件题本，各省秋审题本都如此。督抚秋审题本奏上后，本年度地方的秋审程序即告结束。如果遭刑部驳审，督抚则重议上报，若无驳审则候中央秋审的谕旨。

各省秋审题本都要备副本送刑部，另外还要缮造黄册奏报。黄册与题本不同，是转录成册的，以备皇帝浏览。奏折制度广泛推行后，督抚又常于具题前后，用奏折密报秋审情况，如乾隆十八年，贵州巡抚开泰具奏本年秋审：

> ……窃照黔省现入秋审罪囚有从前夏如春等谨为不轨案内人犯，除陆续在监病故拾名外，尚存黄忠义即阿一让等三十八名，分寄于贵筑县、黔西州、修文县各监。查此案首逆及情重各犯夏如春等三名先经凌迟处死，刘帝检等十三名并

1　档案《内阁刑科题本》（乾隆朝）第19包，《秋审朝审》。

经斩决，又附和纠众之余成龙等嗣经于乾隆十二年秋审正法，所有黄忠义即阿一让等三十八名核其供情，原案皆系被已故并已正法之周壁、周应朝、陈应宗、王忠良、熊忠、罗有名等用言吓逼承认当夫运粮。原题援案拟遣，部议改照妖言惑众律拟斩监候。乾隆十二年秋审均拟情实，奉旨著牢固监候。十三年秋审部覆改为缓决，自后节次循办理。今年秋审，臣将各犯拟入缓决已汇疏具题在案。查各犯内惟田登明一名系黔西州民，其余黄忠义等三十七名俱系黔西州修文县花苗及猓猔狆家猓猪等苗。……惟是历令秋审六次皆拟缓决……臣之愚见，与其监禁本地，似不若遣徒遐方。……合否，仰恳圣裁。特敕将黄忠义等三十七名解部，照强盗免死之例发船厂、黑龙江等处给披甲人为奴。苗性安土重迁，俾令远离乡井，既可悲顽，即伊等同类，如其终身不能复还，亦足以昭示炯戒矣。至田登明系属民人，应例监候。是否妥当……伏祈皇上睿虑训示。为此谨奏。[1]

在汇题秋审人犯的情况之外，还对秋审人犯中的特殊人犯提出不同的处理意见。乾隆帝对此大加赞赏，朱批“此人何必另办，即同其众，则苗民心服矣，照所议行”，同意此意见，并将民人田登明也一同纳入遣徒之例。这是斩绞监候多次秋审后的一贯处理办法。

(四)　统管地方已决未决人犯

军流案犯，督抚接到刑部的咨覆后，在两个月内得定地发配起解；斩绞立决和秋审勾到人犯，督抚接到部文后，得立即转饬关押人犯的各承审衙门执行处决。死刑犯在未正法之前监毙或病故，督抚要具题上报或奏折密报；处决之后，也得于年底汇题。

1　档案《朱批奏折》，法律类，审办，第10包。

如乾隆十七年，湖北巡抚恒文的决过重犯题本：

> 谨题为汇请题报事：该臣看得决过一应重犯例应年底汇报。兹据湖北武昌按察使明德将乾隆十七年分奉旨处决重犯余氏、叶士龙……楚荣杰、王氏四十八名口决过日期及段云高一名剉尸日期，并监刑官职名：武昌县知县杨玉麟、署嘉鱼县事武昌府同知辰铉、蒲圻县知县孙穆……（共三十五人）职名开报前来，经臣覆核无异，臣谨具疏题报。[1]

督抚不监刑，监刑的事务和决过开报事务均由臬司安排、办理，但最后要由督抚汇题。

对于已结军、流、徒犯的解配和未决新事人犯的招解、递解，以及未决人犯的监禁，督抚都不具体负责管理，其职责仍是总其成。人犯越狱，或在解途、配所脱逃、病故，直接负责的官员都须及时向督抚禀报，督抚一面严饬限期缉获，一面具题或具奏上报；人犯病故或被监毙，也要具题上报；年底还要将全省军流及人命案内徒犯汇题。现抄录越狱、脱逃二案如下：

其一，乾隆十七年七月十一日，江苏徐州府丰县人、重僻监犯任三在更夫王连中的帮助下，伙同其他三犯越狱成功。但后来任三被缉获，历审供认不讳，解由巡抚庄有恭提集节审，因任三先属斩立决案犯，“依例斩决枭示；禁卒杨伦、马言依律杖一百徒三年，季硕依律杖七十徒一年半；王连中照律杖六十徒一年，年末及岁收赎……逸犯刘玉、刘坡、刘黑缉获另结”，以此谨题请旨。[2]

其二，乾隆二十二年五月初十日，福建顺昌县斩决犯黄孔鼎

1　档案《内阁刑科题本》（乾隆朝）卷五，第1号，《秋审朝审及汇报处决》。

2　档案《内閤刑科题本》（乾隆期）卷三三八，第8号，《监狱事务》。

在自省发回递解途中，于南平县吴坑地方挣断锁铐脱逃。巡抚钟音接到禀报，于六月初五日具奏……将（南平县）知县王䜣然革职，留于该地协同接任官勒限缉拿，俟一年限满，能否拿获照例分别办理。再长解佥差不慎职名系顺昌县知县汪家琭，查该县佥差之后因历俸十年以上，调取引见，已经离任，理合声明附参，听候部议。除行司饬将王䜣然摘印分委妥员署事，并严提各解役、兵丁赴省究审有无贿纵实情另报外，谨会同督臣喀尔吉善合词具折。朱批："该部议奏。"[1]

人犯无论在监越狱，还是在解途、在配所脱逃，也无论缉获、未缉获，直接责任者均将受到处分或刑惩，缉获从轻，未缉获从重。

又两例监毙、病故案。

其一，河南巡抚蒋炳"谨题为监犯病故事：该臣看得确山县病故监犯沈恪系扎伤王晋身死案内，经前抚臣陈宏谋拟绞具题、部覆监候之犯。前据确山县知县蒋若洛申报，沈恪于乾隆十七年十二月十六日病故。批据按察使秦炌详：据该府详，称遵即研讯刑禁人等，佥称沈恪委患痨疾病证，医治不痊身死，并无凌虐情弊，取具印甘各结，并将监毙绞犯一名之管狱官确山县典史李茂职名开报前来。臣覆查无异，除结送部外，相应具题"[2]。

其二，山西巡抚胡宝瑔"谨题为监犯病故事，该臣看得监犯阴之茂系殴伤阴万云身死拟绞，奉准部覆监候之犯。兹据按察使唐绥祖详，称阴之茂染患痨病，医药罔效，于乾隆十八年七月初八日在监病故，讯明刑禁人等，并无凌虐致死情弊，绘具图结呈详前来。除图结送部外，谨题请旨"[3]。

这是每年上万瘐死人犯的两例，常以在监病故具题。如确查

1　档案《朱批奏折》，法律类，监狱护解，第2包。
2　档案《内阁刑科题本》（乾隆朝）卷三三八，第8号，《监狱事务》。
3　档案《内阁刑科题本》（乾隆朝）卷三三八，第8号，《监狱事务》。

有凌虐情弊，管狱官及刑禁人员将受到议处、刑罚，但这样具报的情况很少，多以病故详呈，众口一词，官官相护。从上两例中也可看出，得的是同样的病——“痨病”，实际上是被活活折磨致死。

又两例军流年底汇题。

其一，协理直隶总督事务顾琮谨题，“该臣看得人命案内应军流者，例应按年汇题。今直属雍正十年正月起至十二月底，查有曲周县民李厢用刀扎死堂弟李灵一案，据按察使将李厢拟依殴杀同堂大功弟律，杖一百流三里招解，前署督臣刘于义覆审，批令，查妻发遣在案……以上军流各案共三起，除招册送部外，谨题请旨”[1]。

其二，河南巡抚杨国桢谨题，“为请定汇题章程以严考核事，该臣看得审拟军流犯及有关人命拟徒之案，咨部完结后例应年底汇题。兹据按察使麟庆将道光九年分审结军流遣犯及有关人命拟徒各案，汇造清册详报前来，查咨结军流遣犯共一百九十五起，有关人命拟徒共四十案。臣谨汇疏具题”[2]。

这两例前后相距近一百年，虽实质一样，但行政立法已有很大发展，雍正年间是按年汇题“人命案内应军流者”例，人数自然要少一些，而道光年间早已是年底汇题“审拟军流犯及有关人命拟徒之案”例，人数要多一些。如果说人犯越狱、脱逃、病故还有关议处、刑惩的话，而军流徒犯年底汇题纯属司法行政公式汇报，以便皇帝监督。

若非十恶的已决未决徒、流、军、遣、死刑犯，遇赦免恩诏，均可降等发落或赦免其罪。督抚接到赦免恩诏后，得转行按察使司，按察使再转饬所属具体办理，而后汇总于按察使司，再呈详督抚。死刑降等专案具题，军流徒刑全省汇题。道光十年二月十

1 档案《内阁刑科题本》（雍正朝）卷二三四九，第4号（缩微）。

2 档案《内阁刑科题本》（道光朝）卷一九四，《婚姻家庭》。

四日，直隶总督那彦成上了两件军流遇恩诏是否减等的汇题：

其一，“谨题为奉恩诏等事。该臣看得道光八年十一月初九日钦奉恩诏内开：在京刑部及直省军流以下人犯并著加恩，概予减等发落；凡流徒人犯在流处身故，其妻子情愿回籍者，该地方官报明该部，准其各自回籍。钦此。经部臣议定章程，奏准咨行到臣，当经转行遵照。去后，兹据署按察使李振翥呈，称道光八年十一月初九日恩诏以前，咨准部覆，呈请发遣未起解犯亲情愿领回者九起，共犯九名；又呈请发遣已到配犯亲情愿领回者三起，共犯三名；又未起解犯亲不愿领回者，计五起，共犯五名；又已到配所犯亲不愿领回者，计二十四起，共犯二十四名；又犯亲已故，闻丧有无哀痛情况应咨配所查办者十六起，共犯十六名。分项汇造总册，呈请核题前来。臣覆核无异，除册送部外，谨题请旨。”

其二，“……奉部覆准，监候待质遣军流犯不准减者，计三起，共犯四名；又监禁犯妇不准减者，计一起，犯一口；又永远监禁准减流犯计一起，犯一名；又缘坐犯属计一起，共犯二名口，因尚未审定，自应仍行监候。分项汇造总册呈请具题前来。臣覆核无异，除册送部外，谨题请旨。”[1]

这两件题本一为流徒人犯犯亲是否情愿回籍汇题，一为不准减等者汇题，至于准减等者汇题“尚未审定”。

又一件嘉庆七年正月二十八日山东巡抚和宁奉恩军流徒减等汇题：

> 谨题为钦奉事，该臣看得接准刑部咨粘单内开：嘉庆六年十一月钦奉恩旨，清理庶狱，所有应减各犯，凡已结未结及在配在途军流人犯俱减为杖一百徒三年；徒罪人犯俱减为

1　档案《内阁刑科题本》（道光朝）卷二五七，《发遣》。

> 杖一百，杂犯准徒、总徒人犯递减一年；枷杖人犯悉行宽免。其寻常在配脱逃人犯，逃后并无行凶为匪，原犯情节不在不准条款之内者，军流人犯免其调发，徒犯照依年限接算，免其徒新场巡役；应刺字者核免刺字、应追赃者仍行著巡等因。俱经行司转饬遵照办理。去后，兹据按察使陈钟琛详称，据各州县将已未起解军流遣犯造册，由各府州县呈送，核办到司，除在配军流遣犯及应行减释徒犯另册造报外，覆查东省犯事及外省递籍未经起解，及起解在途军流遣各犯内有卢岱等共一百十二名，核其情罪，并非有干不赦，应请准其累减；其刘景仁等共十四名应否累减之处，听候部议；至韩乐等共三十五名情节较重，应不准其减等。拟合分别造具清册，呈送核题等情前来。臣覆核无异，理合具题，谨题请旨。[1]

这是一件很厚的题本，这里抄录的只是它的“贴黄”[2]，并且这一汇题也未将本次赦免的案犯全部册报，还有部分得“分册造报”。赦免恩诏幅度每次可能有所不同。督抚的汇题内容也相应有所变化，分类汇题，但从州县到督抚的造报、呈详办理都大体一致。若督抚的汇题遭刑部驳回，得重议上报；若没有驳回，便可等候部咨覆执行。

《大清律例》中有赎刑和捐赎的规定。除“贪赃官役流徒杖罪概不准折赎，并除实犯死罪、干涉十恶、常赦不原、干名犯义、贪赃枉法、爱财故纵，一应犯奸犯盗、杀伤人者外，其余出于不幸为人干连，事可矜悯，情可原谅者，皆可折赎”[3]，赎刑律将赎刑分为纳赎、收赎、赎罪三类。纳赎适用较广，又分无力、稍有

---

1 档案《内阁刑科题本》（嘉庆朝）卷一八九，7~8 号，《监狱事务·军流发遣》。

2 贴黄，是题本后的节略小结，以供皇帝省览，每件题本都有。本文所引题本，多摘录“贴黄”。

3 《大清律例汇纂》卷首《赎刑图》。

力、有力三等，无力依律决配，有力照律纳赎。收赎适用于老幼废疾、天文生及妇人折杖，照律收赎。赎罪适用于官员正妻及例难的决并妇人有力者，照律赎罪。由于“向来赎缓太轻，以致奸顽犯罪者愈众”[1]，于是在赎刑之外，作为补充和加重，康熙二十九年又开边口输米赎罪例，“凡死罪现监人犯，除十恶、强盗及杀人人犯外，米一谷二，听其捐输死罪”；乾隆三十年正式定军流捐赎例。[2]以后徒杖笞各罪亦均可捐赎。实际上，一般的笞、杖、徒、流、死五刑之罪都纳入了赎刑与捐赎的范围内，[3]为“有力”、“有势”者逃避法律制裁大开了方便之门。

清律例对赎刑的管理及赎金交纳有明确规定，“在内由部臣奏请，在外由督抚奏请，皆斟酌情罪有可原者，方准纳赎”[4]，“赎锾银两由督抚批行者，承问官通详，互相稽察解部，司道府州县自理赎锾亦全数报部查核”[5]，后来又改为“州县自理赎锾，岁底申报臬司；藩司自理赎锾，岁底申报督抚；督抚岁底汇题报部查核，以杜折多报少、隐漏等弊”[6]。乾隆十四年又规定，“赎罪案件在部具呈者限一个月交纳；在外具呈者，于文到州县之日两月交纳，逾限不完，除本犯不准赎免外，将具呈之犯属，按本犯罪名，减三等治罪”[7]。因清代赎刑律例很多，前后条例也不尽统一，在执行过程中对标准的掌握和赎银的收缴、管理相当混乱，有力者更有金钱神通之机。

但是，有两种权力则一点不含糊，一是地方各类赎刑均须由督抚批行，二是地方的收赎情况均须申报督抚，由督抚督催具题

1　《福惠全书》卷一二。
2　《清朝文献通考》卷二〇九《刑十五》。
3　吴吉远：《清代的赎刑与捐赎》，《历史大观园》1993年第11期。
4　《大清律例汇纂》卷首《赎刑图》。
5　《清朝文献通考》卷二〇九《刑十五》。
6　《清朝文献通考》卷二〇九《刑十五》。
7　《清朝文献通考》卷二〇九《刑十五》。

和岁底汇题。档案刑科题本中有不少督催赎锾的题本和岁底的赃罚赎锾汇题，在此由于篇幅关系，不一一列举。但是，从嘉庆七年二月十八日陕甘总督兼管巡抚事惠龄汇题甘肃嘉庆六年赃罚及自理赎锾情况看，上报的数额都很少，[1]显然，其中有隐瞒之虞。大概地方各级承审衙门多将赎银作为一项办公用费或个人收入，不愿上报入库。

总之，督抚的司法职能在于督促、查覆、地方终审、具题。府州县所司刑名事务无不一一申详臬司、督抚，督抚又无不一一奏报、题报皇帝、刑部，一切册式、定案等刑名事务由臬司先行办理，再由督抚聘请的刑幕们率同书吏查覆，办理题本稿案，向督抚汇报便可，大概只有奏折由督抚经手。虽然，司法是地方省政府的主要职能之一，但一省之事极繁，仅司法事务督抚也无精力一一过目。关键在于督抚掌握地方的最高行政、司法权。

1　档案《内阁刑科题本》（嘉庆朝）卷一九二《赃罚赎锾》。

第五章　清代幕友、书吏、差役、长随在地方司法中的作用

在清代地方各级政府中，除职官的显治而外，还有必不可少的四类组成人员的隐治，那就是吏、役、幕友、长随的作用。按身份讲，吏、役虽属“职役”，却是国家机关的正式工作人员，对自己的行为负有一定的行政和法律责任；而幕友、长随则是地方各级长官聘请、招雇的私人顾问、帮手，对自己的行为不负任何法律责任，即所谓“官有黜陟而幕无黜陟，官有摊赔而幕无摊赔”[1]。在工作性质上，幕友、书吏负责批答、文秘，是士人、小知识分子“不得以身出治，而佐人为治，势非得已”[2]，而差役、长随则“供拘提驱使”[3]，上下传达，是负责外勤和衙务的行杂人员。这四类人在地方各级政府长官衙门无不齐备，他们是官与官之间、官与民之间连接的纽带，操纵着一切事权。清代地方各级政府实际上是靠他们来运转的。“明朝与宰相、太监共天下，本朝则与胥吏共天下耳”[4]，“今之吏治三种人为之，官拥虚名而已。三种人者：幕宾、书吏、长随也”[5]；“今天下之乱谁为

1　《皇朝经世文续编》卷二七《幕友说》。

2　汪辉祖：《佐治药言》。

3　陈宏谋：《皇朝经世文编》卷二四《分发〈在官法戒录〉檄》。

4　徐珂辑：《清稗类钞·胥役类》。

5　汪辉祖：《学治续说》。

之？亦官与吏耳，而吏视官为甚”[1]。这些清人的愤懑之言，实际上是承认了这四类人在清代地方政治生活中的重要作用。司法是地方各级政府的主要职能之一，而这四类人在这方面的作用尤为明显。

第一节　刑幕——事实上的“法官”

一　幕友的源流与清代刑幕的作用

清代的幕友，远可追溯到先秦的食客宾客、挟术游士，以后自秦至明，代不乏幕职之设。但是，清以前的幕职多与军事有关，如东晋郗超为桓温参军，唐代大诗人杜甫被剑南节度使严武辟为参谋记室，幕主为藩镇或统军将帅，入幕者授予官职俸禄。所以，雍正帝曾言：“今之幕宾即古之参谋记室。”[2]即使是地方政府中的幕职，也并非主官的私人，不授官职，不参官选，而是国家授予官职的幕僚佐贰。如宋建隆元年，宋太祖曰：“今天下诸县，除赤畿外，有望、紧、上、中、下，事总治民事。”[3]建隆三年又诏令：“以朝臣为知县，其间复参用京官或幕为之。”[4]这里的“幕”显然不是无官品的主官私人顾问，而是军队中的幕职或地方官府中的幕僚，与清代无官职而佐官之治的幕友性质不同。

据郑天挺[5]、缪全吉[6]、郑秦[7]三位先生考证，地方官私聘

1　《皇朝经世文编》卷二二《易吏胥论》。

2　《清世宗实录》卷五，雍正元年三月乙酉谕。

3　《宋史·职官志》。

4　《通考·职官考》。

5　郑天挺：《清代的幕府》，《南开史学》1980 年第 1 期。

6　缪全吉：《清代刑幕述要》，第 319 页。

7　郑秦：《清代司法审判制度研究》，第 122~129 页，湖南教育出版社，1988 年。

佐治的顾问幕友实则发端于明中叶。明王守仁曾言："凡荐贤于朝，与自己用人又自不同。自己用人，权度在我，故虽小人而有才者亦可以器使。若以贤才荐之于朝，则评品一定，便如黑白，其间舍短录长之意，若非明言，谁复知之。"[1]张萱所编《西园闻见录》中也载："府州县官员多有不晓刑名、不知律意者，遇有刑名事务多不能剖决问理，而惟听于主文之人，盖由巡按御史、按察司官按治去处不行考校之故也。"[2]"权度在我"的"自己用人"即"主文之人"，又不受巡按御史、按察司"考校"，显然是佐治地方官的私人，只是还没有用"幕友"之名而已。幕友之名以及幕友又分类为刑名、钱谷、书启、征比等，则是清代的事。

清初，社会动荡不安，新王朝草创，急切间向全国派出大批文武官员，特别是满族官员，不识文义，不谙吏事，自然需要许多辅助之人。顺治八年二月，顺治帝就在一道对吏部的上谕中讲：

> 迩来吏治不肖者刻薄民财……不识文义之人，盖不胜任，文移招详全凭幕友代笔，转换上下，与吏役通同作弊，贻害百姓，督抚不行纠参。[3]

"幕友"之名产生了，而且肯定是任地方官的满员先广泛地聘请幕友，所以幕友"与吏役通同作弊"。"督抚不行纠参"，大凡督抚就是率先聘请幕友的地方官。随着中原的统一，君主集权的进一步加强，督抚体制的最终确立和完善，地方各级政府主官负责制

1　王守仁：《王文成公全集》卷一五《答方叔贤》。
2　张萱：《西园闻见录》卷八四。
3　《清世祖实录》卷五四。

的确立，[1]以及行政立法的完善，到康雍时期，已是“自督抚以下司道府州县，衙门虽自不同，俱各延幕宾”[2]。幕友或熟晓律例，或精于钱粮征收核算，或优于词章、奏疏，对地方官治理一方一地大有裨益，所以“礼之必优，养之必厚”[3]。幕友之名一开始便有隆盛礼待的意思:“夫大而方镇，小而州县，凡百官设施，何一不关民生国计。佐杂微员，既不足与语朝章国故，则不得不别求胜任之人，而佐杂之名，又非所以待人才也，于是隆其礼貌，优其饩廪，尊之为宾师，而敢以丞簿相屈，于是幕友之名起焉。”[4]幕友的地位相当高，也很自由，与幕主“合则留，不合则去”。顺治朝的幕友为主官代笔“文移招详”，似乎还看不出他们的分工。但到康熙朝，幕友的分工分类已非常明显。任过郯城县知县的黄六鸿在《福惠全书》中讲：

> 州邑事繁，钱谷、刑名、书启自须助理之人。若地当冲刷，钱粮比较，词讼审理，与夫往来迎送，非才长肆应，势难兼理。幕友又须酌量事之繁简，而增减其人。然其人最为不易得，优于才则擘画裕如，无冗阘之患，敏于识则仓卒能应，无疑缓之误；端于品则腹心与共，无叵测之嫌，三者之中而品为尤要。……故兼长为难，先取品，识次之，才又次之，才识不充，犹可群力相辅。[5]

1　清代中央机关比明代多，地方辖区也更广，行省、府的数目都比明代多，但经几次官制调整，清代文武官员人数康熙年间为一万七千余名，比明代的二万八千余名，减四分之一多；道光时文武京外官员总数二万六千三百五十五名，也不及明代。见于王钟翰：《中国历代官制讲座》连载44，《清代官制》（五）。事务增多，官员减少，自然需协理之人。

2　田文镜、李卫等撰：《钦颁州县事宜》。

3　裕谦：《勉益斋续存稿》卷二。

4　许同莘：《公牍学吏》卷八。

5　《福惠全书·延幕友》。

这里已将州县幕友分为钱谷、刑名、书启三类，并且“地当冲剧”，是“势难兼理”。对于幕主来讲，幕友的人品德行是优先选择的条件，敏识、优才若兼端品最好，但“兼长为难”，只能将识、才放到次要的地位。因为地方各级政府的主官握有全权，也负有一切治理之责，而地方治理的兴革又不外乎两大方面，一是关于统治秩序的刑名司法，二是关于国库收入的赋税钱粮，再加上“衙门公事，全凭文案”[1]，所以，聘请幕友助理刑名、钱谷、文案，目的就在避免考成有污，以求仕途升迁。如果说康熙年间钱谷幕友还排在刑名幕友之前的话，到乾隆时，刑名幕友则占据了专业幕友第一的位置。[2]汪辉祖讲：

> 州县幕友，其名有五：曰刑名、曰钱谷、曰书记、曰挂号、曰征比，剧者需才至十余人，简者或以二三人兼之。其各有司，而刑名、钱谷实总其要，官之考成倚之，民之身家属之。[3]

这种先后次序的排列，不是随意而论，而是因为刑名、钱谷“官之考成倚之，民之身家属之”，而且钱谷征收还分季节时间，而刑名司法则无日不有，每一件大的案件审理不当，都关系着地方官的去留、黜革。所以，刑名、钱谷之中，又以刑名为关键，刑幕的地位在州县自然跃居众幕之首席。

清人论述幕友、幕学多以州县为主，因为“以为幕之佐吏，专为治民，民之利弊，惟牧令当周知之，亦惟幕州县者有以熟察

1 汪辉祖：《佐治药言·检点书吏》。

2 专业幕友，即俗称的“绍兴师爷”，虽不尽是绍兴之人，但都有一个特点，即从学“幕道”而为官府服务，与失意官员、文学名流做幕不同。“绍兴师爷”已多有论述，在此不必赘言。

3 汪辉祖：《佐治药言·办事勿分畛域》。

而详审之”[1]。其实，府、省两级政府长官衙门幕友的性质、分工、作用亦与州县相同、相仿。幕友的身份是“佐官为治”，而实际的作用则是“代官出治”，只是其治迹不见而已。正所谓“何谓隐，曰内掌曹郎之事，以代六部出治者，胥吏也；外掌守令司道督抚之事，以代十七省出治者，幕友也，是皆上佐天子以治民，而其迹不见者也”[2]。幕友代官出治在司法事务中的作用尤为明显。我们看到，代表或代替地方官行使司法权的是各级政府的刑幕，特别是初审州县的刑幕。他们在司法事务中负责批答案牍和拟律，在某种意义上也就掌握了司法的决断权，成为事实上的法官。

批答案牍。州县初审接受一切民刑呈状，告、诉状递到州县衙门后，或直接“分送刑钱幕友”，或先送州县官看过再送“刑钱处”。[3]幕友对案情经过初步分析，作出“准（受理）”或“不准（不受理）”的批示。如准此案，则尚需批阅刑房书吏所拟的“传票”稿，佥差役拘犯证或缉逃犯。如不准此案，也批明理由。幕友一般只需将批答情况告之州县官便可。如属刑事大案，经初步侦察，摸清案情后，得立即向府至督抚的各级上司通禀申详，接到督抚的“饬审”批文后，才能正式审理。以后随着案件审理的进展，州县还要随时详报。这些申详、详报，均由州县刑幕代笔。对于这种例行上报的禀呈详公文，府、道、司、督抚等上级机关的批转、批答，也由刑幕代笔，由刑幕批答后告之即可，不必由各上司长官亲自批答。我们从档案中可以看到这一类例行的批示，如“仰县认真审理，确查有无别情，致于上宪驳回”，“按月填报送核，毋得遗漏迟延”等。[4]如果上司认为下级有关的申详禀呈不

1 汪辉祖：《梦痕录节抄》。

2 《皇朝经世义编》卷二五《幕友论》。

3 蔡申之辑：《清代州县故事》《门房·稿案签押》。

4 见刑部案卷及顺天府档案，转引自郑秦《清代司法审判制度研究》，第132页，湖南教育出版社，1988年。

妥，予以驳斥，这种驳语也是幕友代为批答的。州县的刑幕常因案件遭不满，“多咎于上司幕友”，但是倘若“案无疑窦，处处妥协周密，无隙可人”，上司幕友又何至“于情理之外苛求”？[1]

可以说，从州县到督抚，又从督抚到州县，在民刑案件和其他司法行政公文上，以主官名义批写的判词、批语、札饬等多由幕友代笔。

拟律。从州县到督抚各承审官应审的词讼案件都必须亲自升堂审理，即“开庭审判”。幕友绝对不能代替主人听讼，甚至不“列席”，只在屏后谛听。所以，汪辉祖讲：“听讼是主人之事，非幕友所能专主。”[2]但是，在主官正式升堂的前后，对此案应如何问得实情，使案犯服罪的审断决理，幕友得事先为主人斟酌好，特别是刑事案件的“拟律”，更要合情合理合法。拟律又称拟罪，就是对案犯的定罪量刑。州县初审要拟律，上司审转也要拟律，拟律必须引用《律例》条文。州县初审的拟律最为关键，因为在一般情况下，上司的审转都是照转、照录州县拟录，即“只据详供核办，设有丝毫点缀，便成枉纵，以之人失成我之幸”[3]。所以，清人一般论幕，都言州县之刑幕。清律规定“断罪引律令”，承问各官审明定案，务须援引有关的《律例》。这对于“读书万卷不读律”的地方官来说是困难的，因而拟律就成为刑幕友的主要责任。刑幕治申韩之学，读律学幕，熟悉《律例》条文，能掌握《律例》轻重参差之处。如汪辉祖说：“幕客佐吏，全在明习《律例》。……夫幕客之用律犹秀才之用四子书也。”[4]确实要领会律例的“精蕴”“仁至义尽”，才能融会贯通。

清律条例繁多，又有各种通行例、成案，参差矛盾，确实使

1　王又槐：《办案要略·论驳案》。

2　汪辉祖：《佐治药言·词讼速结》。

3　汪辉祖：《梦痕录节抄》。

4　汪辉祖：《佐治药言·读律》。

幕友能够高下其手，任情出入。刑幕中流行着一句“救生不救死”的俗语，这就是汪辉祖说的，救生“实千古法家要决。法在必死，国有常刑，原非幕友所敢曲纵；其介可轻可重之间者，所争只在片言而出入甚关重大”，应反复“诚求”一线生机。[1]这大概是幕友们对儒家传统的“罪疑惟轻”的法律思想的理解，而却不惜违背有法可依、执法公平的原则。加上地方官为了考成，以“断案不如息案”、“入罪宜轻”和“不以获一盗为喜，但以害一民为忧”为借口，[2]任幕友删改供招，希图大案化小案，小案化为无案。由于刑案审录中可驳情节被刑幕删改，甚至换易初供，移情就案，因此，“一省之案，前与后如出一辙。即合校各省之案，彼与此亦多雷同”[3]，以至于案报上司，已面目全非，竟有“大伙匪徒持枪抢劫……其所列人数、赃物、日月，无一实语”[4]。看多了内阁刑科题本档案，你会觉得索然乏味，不仅行文款式、程序一样，甚至连不少刑案题本的口供、案情、拟律都雷同。这大概就是地方各级政府刑幕的神奇功效吧。

应该承认，刑幕填补了清代地方各级政府司法人才奇缺的空白，从行政管理的角度来讲，有其推动地方政府有效运转的积极因素。

地方各级政府除刑钱幕友而外，还有征比、书启、挂号、书禀、墨笔等诸席幕友，在事简的州县，多由刑钱幕友兼领，但在督抚、司、府衙门则多齐备，他们在地方行政运作中的作用亦不可小视。只是我们这里讨论司法，直接起关键作用的是刑幕，对其他诸席幕友恕不详论。

1　汪辉祖：《佐治药言·求生》。

2　《能改斋漫记》。

3　《皇朝经世文续编》卷一〇二《申禁办案改原供疏》。

4　《皇朝经世文续编》卷一〇二《申禁办案改原供疏》。

二　幕学与幕道

清代地方官府为一般士人提供了不能科举为官出治而佐人为治的途径，一可求得生计之职，二可多少实现自己“经济”、“治民”的政治抱负，所以，做幕成为不少一般士人向往的职业。刑幕为诸幕首席，地位崇高，岁修丰厚，更使人羡慕。刑幕属于标准的专业幕友，要胜任一名刑幕，除基本的品德素养和扎实的文字功夫外，还必须通过长期的学习和实践历练。

清代地方官聘请幕友一般都有特殊的要求。总的来讲，是“以尽心为尚，以俭为立品之基，以勤为尽心之实；读律以裕其体，读书以通其用”[1]。这与康熙帝“论才则必以德为本，故德胜才谓之君子，才胜德谓之小人”[2]的人才观是相一致的。幕友必须做到“胸怀高朗，笔力明通，参观事变有素，然后可独当一面”[3]。而刑幕除具备这些基本条件外，还必须精通例案，翰墨优长，“历练老成，深信不疑”[4]。所以，张廷骧把刑幕分为这样优劣三等：“自古全才难得，习幕而可以佐人者约有三等：识力俱卓、才品兼优、例案精通、笔墨畅达者，上也；人品谨饬、例案精通、笔下明顺者，次也；人品不苟、例案精通而笔墨稍逊者，又其次也。”[5]可见，这其中精通例案是必要条件。

律文、条例、成案是学幕最早、最基本的教材。但是，有关《律例》的解释、法理学上的探讨、审案心得、诉讼程序的掌握，以及司法文书的写作格式等等，也是学幕所要掌握的，却没有官方正式颁布的教程。于是，秘家的读本在乾隆朝及其后大量涌现。最初，做刑幕多靠现成的律、例、成案，以及在实践中积累资料

1　汪辉祖：《佐治药言》跋。

2　《康熙政要》。

3　万维翰：《幕学举要·总论》。

4　《清世宗实录》卷五。

5　张廷骧编：《入幕须知五种》附《赘言十则》。

和经验。因为例、成案的形成是不间断的，数量很大，变化难测，刑幕必须随时留心收集。例、案的颁行一般是以上谕的形式，或单发例、案，或见于章奏文书的批复之中（即朱批）。邸抄、辕门抄等集中刊登例、案的形式，且一定时间后还有例、案刻本流行于世，但它限制阅读对象，也不如上谕、文件迅速、及时。为了尽快掌握新颁例、案，以用于佐治的实践中，幕友必须随时留心摘录皇帝上谕和批转下来的文件。上谕中“嗣后”的部分和文件朱批是摘录的主要内容，然后再把它们分门别类，附于已颁律例之后，以便随时查览。

随着立法的不断完善，人口的增长，人际法律关系的复杂，司法案件的增多，乾隆朝地方官府对幕友的需求量大增，要求从幕之人也增多了。于是，这种幕友自己汇集的例、案加心得便成为私相传授的教材，在民间广为流传、转抄，被称之为“律本”或“秘本”。因此，清人有感：“刑名钱谷之学，本非人人皆擅绝技，而竟以此横行各直省，恰似真有秘传。”[1]不过，这种“律本”还只是低层次的教材，在乾隆后期做刑幕、知县三四十年的汪辉祖，从乾隆五十年到去世，从理论高度结合实践体验，完成《佐治药言》、《续佐治药言》、《病榻梦痕录》等幕学著作，“幕学”才正式诞生，汪辉祖也被公认为“幕学”大师。所以，张廷骧讲：“汪龙庄先生《佐治药言》实为幕学传授心法，习幕者而不读是书，是犹承行书吏，徒知遵依旧稿、摹仿成案而已。”[2]随后，一批幕学著作如王明德的《读律佩觿》，刘衡的《读律心得》，万枫江的《幕学举要》，王又槐的《办案要略》、《刑钱必览》和《钱谷备要》，佚名《刑幕要略》，佚名《折狱便览》等便相继广泛流传。但是，流传更多的还是各种手抄“秘本”。大概这种“秘本”

1 梁章钜：《浪迹续说》卷四。

2 汪辉祖：《佐治药言》叙。

直接效果更好，且学幕之人的层次也渐为低沦。谢国桢先生曾言："我曾得到绍兴师爷师弟相传的所谓《上控》和《顶驳》一书的秘本。这就易于望文生义，妄事批拟，执掌了死生予夺的大权。"[1] 谢先生所藏秘本，应该是幕友抄录的上控和驳案的成案汇辑。

清代"分出身之途以正仕籍，凡官之出身有八：一曰进士，二曰举人，三曰贡生，四曰荫生，五曰监生，六曰生员，七曰官学生，八曰吏员"[2]。除吏员外，其他七种出身的人未入仕之前，是不准读律的，更不用说庶民百姓了。但是，作为地方官私人且身居官府的一般士人幕友则又特殊，他们不仅可以读律例、成案、公文，而且他们的著作和抄本，也得到官方的认可或默认。其实，幕学的著作或抄本也并非都是秘本，因为其作者既有幕友，也有官吏，只是这些著作一般难登大雅之堂。清代的显学是理学、经学，法学用而不彰，即所谓"国无专科，群相鄙弃"[3]。《四库全书总目》说，刑名之学"为盛世所不取"，管商申韩是"近功小利，刻薄寡恩"[4]。正是因为这种官方的排斥和士大夫对法律的无知，才使幕学著作产生了一种神秘感。

学幕之人，不仅重师传，而且重体验，既要重教奉学习，也要重实践锻炼。光绪时，幕友许同莘就讲："为幕友者，于通行成案、新定章程，必随时抄录，以备省览，其徒传习者，就手抄一遍，随时增补。"[5] 这些幕学著作或抄本有许多经验之谈，不无精当之处，但也不排除存在许多以偏概全、望文生义、纰漏疏谬的内容。无论学幕、作幕，关键还在于实践，在熟练掌握律、例、案精蕴的前提下，每遇办理词讼案件、援引律例时，还必须反复

1 谢国桢：《明末清初的学风》，第 81 页，人民出版社，1981 年。

2 《清会典》卷七。

3 沈家本：《法学盛衰说》。

4 《四库全书总目》卷一〇一《法家类序》。

5 许同莘：《公牍学史》卷八。

推敲、正确判断，避免差之毫厘、失之千里。这样，才能真正对各级地方主官起到“佐治”的作用。

清代地方官聘请幕友是为考成计，因此对幕友的延聘要慎加选择。而对于正统的士人幕友来讲，做幕友虽是求“生计”，但更重要的还在于“得伸吾志”[1]，实现自己不能以官出治而得以济世的理想。所以，幕友对主人也有一个选择问题以及自身应具备什么样的职业道德问题。这就是所谓的“幕道”。这方面以汪辉祖的幕学著作影响最大。就汪辉祖的“幕道论”，幕友应做到这样几个方面：

首先是“就馆宜慎”。官幕之间是一种师友关系，主官在道义上必须“待之以师，隆之以礼”，而幕友本身也应自重。汪辉祖认为“入幕以宾为名，主人礼貌盛衰，即敬肆所别，大段仪文何可不讲”，“若诚意无逾，则小节亦须从略”。[2]主人诚意如何至为关键。为此，汪辉祖特别强调，“主宾相得，未有不以道义亲者。薰莸强合，必不可久。与其急不暇择，所主非人，席不暖而遽去之，不若于未就之前，先为慎重”[3]。他认为，“幕之为道，佐人而非自为，境同篱寄，无论所处何地，等是鸡鹜为伍，言行道行，总以得伸吾志为上”[4]。因此，择馆之始，就须考虑是否“彼我同心”，有否“掣肘之患”。所以，汪辉祖主张，尽管幕友谋馆寄人篱下，在于求生计，但也应该“勿攀援”失体而“自立”，“彼须用我，自能求我；我若求彼，转归无用，故吾道以自立为主”。[5]入馆之后，主人不得“简慢”，幕宾也不可“忘形”。因为“幕宾之得尽其言以行其志，全在主人敬以致信”，幕宾“忘形则易狎，

1 汪辉祖：《梦痕录节抄》。
2 汪辉祖：《续佐治药言》。
3 汪辉祖；《佐治药言》。
4 汪辉祖：《梦痕录节抄》。
5 汪辉祖：《佐治药言》。

狎则玩心生，而有不听者矣”[1]。如若宾主“交既投契，议论必有裨益；官声所系，须事事为之谋出万全。任劳分谤，俱义所应得；引嫌避怨，便失朋友之道”[2]。

其次，洁守名节，以立品为要。汪辉祖认为，“幕宾以力自食，名为佣书，日夕区画皆吏胥之事，而官声之美恶系焉”[3]。必须公私分明，“谚云‘官断十条路’，幕之制事亦如之。……公则无心之过，终为舆论所宽；私则循理之狱，亦为天谴所及，故立心不可不正”[4]。切“勿忘本计”，见利忘义，“博弈歌弹”，游戏人生，“食饶粱肉，念家有应赡之妻孥，自不忍从粱肉外更计肥甘；赍及优伶，念家有待济之戚友，自不暇向优伶中忘博观笑”。[5]若趋效侈华，任情挥霍；嗷嗷待哺，置若罔闻，“当其得意之时，业为识者所鄙；或一朝失馆，曲质不足，继以称贷，负累既重，受恩渐多；得馆之后，情牵丝绊，欲法其守，终难自主”，所以，他认为“欲保吾真，先宜崇俭”[6]。总之，自处宜洁，正心之学当以“洁守”为先。[7]要做到洁身自好，还须“范家”，“慎交游”。他认为，“家之不俭，必至于累身”，务必使家人知“馆谷”之来之不易，以俭持家，以免失馆时之亏累。[8]游幕决不可受“关防”之名，而不受“关防”之名“全在谨敕”。[9]亲友往来，出入行步，务须令主人确知，事事光明磊落，切不可因交游而不能自立。[10]如此，方能“得伸吾志”。

1　汪辉祖：《续佐治药言》。
2　汪辉祖：《续佐治药言》。
3　汪辉祖：《佐治药言》。
4　汪辉祖：《佐治药言》。
5　汪辉祖：《续佐治药言》。
6　汪辉祖：《佐治药言》。
7　汪辉祖：《续佐治药言》。
8　汪辉祖：《续佐治药言》。
9　汪辉祖：《续佐治药言》。
10　汪辉祖：《佐治药言》。

其三，以尽心为本，以公事为重。汪辉祖认为，“士人不得以身出治而佐人为治，势非得已。然岁修所入实分官俸，亦在官之禄也。食人之食而谋之不忠，岂以福之。且官与幕宾非尽乡里之戚，非有亲故之欢，厚廪而宾礼之，什佰于乡里故亲，谓职守所系，倚为左右于也。……故佐治以尽心为本”[1]。幕虽为主官延聘之人，但是，“宾主之义，全以公事为重”[2]。幕宾应“以公事为己事，留心地方，关切百姓”，切“勿斤斤焉就事办事，仅顾主人之考成”。[3]只有将自己的思想、言行纳入这两条原则之下，才能做到“言行则道行……必欲尽心之欲言”，“办理幕务，最要在勤”，[4]以及“省事”、“息讼”、“救生”、“慎事”、“察吏”、“体察俗情”、“随机杜弊”等等，实现超然的就业准则:“合则留，吾固无负于人；不合则去，吾自无疚于已”。[5]当然所谓“不合”，则定出于“公事”，“主人事有未善，分当范之于善；不能就范，则引身自退”。因此，去留之际，尚“须成主人之美”；“若吾说虽正，而主人别有善念，此则必须辗转筹画以成美，方于百姓有益，断不宜坚持不合之义，恝然舍去”。[6]总之，“佐主人为治，须算到去官日，不可令恶声至；与主人相处，须算到去馆时，不可有遗论败名”[7]。

可见，汪辉祖“幕道”的中心点不在“佐”，而在“治”。所以，他概括的“幕道”与所谓的“为官之道”一样，“幕之自爱，要在廉、慎、公、勤”。[8]正因为汪辉祖“幕道”的中心在“治”

1 汪辉祖：《佐治药言》。
2 汪辉祖：《佐治药言》。
3 汪辉祖：《病榻梦录》卷上。
4 汪辉祖：《佐治药言》。
5 汪辉祖：《佐治药言》。
6 汪辉祖：《续佐治药言》。
7 汪辉祖：《佐治药言》。
8 汪辉祖：《佐治药言》。

而不在“佐”，所以，他极力主张做临民州县之幕友。嘉庆六年，章学诚次子华绂“计决习幕，期为军府参谋、节镇奏记”，写信求教于汪辉祖。汪辉祖在复信中论道：

> 夫寒士身份在乎品学，不关幕地之崇卑。仆尝见讲身份者托足幕府，侈然自放，若主人当在子弟之列者然，有识者观之，不直齿冷。幕之为道，佐人而非自为，境同萬寄，无论所处何地，等是鸡鹜为伍，言行道行，总以得伸吾志为上。欲不降志，惟佐州县为治，庶几近之。盖书生与牧令分相当、体相敌，合则留，不合则去，品无瑕玷，学不拘迂，到处逢迎，不忧一日无馆。节镇军府，虽养尊处优，亦与所主抗礼，毕竟分位相悬，为之者非主人甚贤，计画稍有龃龉，弛弛之声音颜色，常有难以为情之处；弃之远客，去之则猝无所就，降心抑气间或不免。[1]

所以，他佐幕数十年，专就州县礼聘，州县而上至司、抚，无不坚辞，就连府幕亦少有就者。他认为：“幕之佐吏，专为治民。民之利弊，惟牧令当周之，亦惟幕州县者有以熟察而详审之，事无巨细难易，无一不权与州县。牧令真知确见，其所可否，大吏不得而夺之；狱有关系，牧令鞫于庭，幕属耳焉，情实情虚，不难立时剖辨，尽得其真。居太守幕，只据详供核办，设有丝毫点缀，便成枉纵；以之失成我之幸，可已乎？不可已乎？”[2]所以，他在最后表明心志：“余独慜其无知，因思士君子不得志于时，而求可以造福于人，莫若佐州县为治，犹得泽及一方。”[3]

汪辉祖以正统的士人知识分子身份佐幕数十年，以儒学的道

1　汪辉祖：《梦痕录节抄》。

2　汪辉祖：《梦痕录节抄》。

3　汪辉祖：《梦痕录节抄》。

德规范为“幕职”设定了一整套职业准则，并且自己信守不改，真不愧为一代名幕大师。

然而，像汪辉祖对“幕道”信守如一的幕友在清代实不多见，“幕道”的职业准则对大多数幕友来讲，没有多大的约束力。他们不仅像汪辉祖所说的，宾主“其初本以利交”[1]，而且始终以官府为后盾，以幕府为利薮。他们既不讲求与主人道义上的师友名分，也不有志于“重公事”以“治民”，唯以避主官考成之过，逢迎撞骗，到处招摇；不管政事之利弊，舞文弄墨；高下其手，唯利是图；甚至在就馆地方另娶家室，把持官府，上下左右勾通作弊。[2]早在康熙年间，汪琬就讲：“予往来诸州县间，见幕中司刑名者，率意批判，不暇思索；放下笔墨，非谐谑即赌博，而政事反若为余事者然。乃居官者恬不为意，方且亦与之为游戏。”[3]雍正元年三月初六日，雍正帝在上谕中也讲：“各省督抚幕宾中每有不肖之徒，勾通内外，肆行作弊者。”[4]由于幕友职业的特殊性和官场的腐败，幕友在地方行政，特别是在司法行政中的重要作用与严重危害是并存的。

三　刑幕的危害

做幕是一般士不得已而为之之事，士人的最高理想是科举入仕，正如《儒林外史》中贩卖“三科程墨”的马二先生对童生匡迥的一段谈话：

> 贤弟，你听我说，你如今回去奉事父母，总以文章举业

1　汪辉祖：《佐治药言》。

2　《清会典事例》卷九七《吏部·处分例·严查幕友》。

3　《皇朝经世文编》卷二二《论作州县数则》。

4　史松、林铁军主编：《清史编年（雍正朝）》第四卷，第11页，中国人民大学出版社，1991年。

为主。人生世上，除了这事，就没有第二件可以出头，不要说算命拆字是下等，就是教馆、作幕都不是局，只有本事进了学，中了举人、进士，则刻就荣宗耀祖。……古语道得好："书中自有黄金房，书中自有千钟粟，书中自有颜如玉。"而今甚么是书？就是我们的文章选本了。[1]

然而，科举之途狭窄不堪，众多士人绝大多数难登黄榜，即使中了举人、进士，因官缺拥挤且等候之人甚多，也难以即时捞个实缺。汪辉祖中了举人、进士不还做幕多年吗？清初的黄宗羲就讲："承平之世，士人众多，出仕之途既狭，遂使有才者老死丘壑。"[2]不甘心于"老死丘壑"的士人知识分子，自然会出来谋取发挥自己才智的职业，以求生计。地方官府的幕职为他们提供了最恰当的机会，这就是汪辉祖所说的"吾辈以图名未就，转而治生，惟习幕一途与读书为近，故从事者多"[3]。"千里为官只为钱"，连做官都是为了"升官发财"，也就难保断了官念的幕友把一切赌注都压在"求生取利"上了。《儒林外史》中幕友倪廷珠找到他六弟后的一段谈话，很能表明一般专业幕友的心迹：

兄弟，自从你过继鲍爸家，我在京里，全然不知。我自从二十多岁的时候就学会了这个幕道，在各衙里做馆。……我这几年，亏遭了这位姬大人，宾主相得，每年送我束修一千两银子。那几年在山东，今年调在苏州做巡抚。[4]

看来这位倪姓的幕友由生员习幕做馆，倒是在行，也很幸运，

1　吴敬梓：《儒林外史》第十五回。
2　《明夷待访录·胥吏》。
3　汪辉祖：《佐治药言》。
4　吴敬梓：《儒林外史》第二十七回。

"宾主相得"，但他最得意的是"每年送我束修一千两银子"，这在乾隆年间可不是个小数。"幕友因人为事，无功业可见"[1]，但所事无不是官府重要公事，且在其中起着重要作用，乃至决定性的作用。在为主人考成避过的同时，心里想的、眼睛盯着的主要是束修的多少。可见，绝大多数幕友特别是专业幕友的心迹都如上述倪姓幕友。

单就刑幕来讲，他们在地方司法中起着关键作用的同时，其产生的危害影响甚至超过了正面作用。他们的危害一般都与主人相连，概括起来，大致有这样三个方面：

其一，词讼拖拉推诿，月报弄虚作假。刑幕有批答呈状、司法文书之权，民间词讼准与不准，全在刑幕一手之间，许多上控词讼都是刑幕应该批"准"而批"不准"之案。即使批"准"之词讼，也多延搁不办，以致经年累月，积案成山。正如包世臣所讲："查外省问刑各衙门，皆有幕友佐理。幕友专以保全居停考成为职，故止悉心办理案件，以词讼系本衙门自理之件，漫不经心，而州县又复偷安，任意积压，使小民控诉不申，转受讼累。"[2]特别是上控词讼，地方各级政府的刑幕之间更有一番推诿之术："入疆臣幕，有赴诉于疆臣者，属某郡事，必推诿于某郡守，而疆臣遂无事事；入郡守幕，有赴诉于郡守者，属某邑事，必推诿于某邑令，而郡守遂无事事；至于入邑令幕，有赴诉于邑令者，似无所推诿矣，乃积习既深，或竟推诿于差役以欺愚民。其事涉衣冠士类，万非差役所得议，又或推诿于其人之宗族及亲友，而邑令遂无所事事。"[3]连乾隆帝也哀叹："外省推诿迟延积习，牢不可破。"[4]州县自理词讼，本有每月汇报府、道查核的规定，然而，

1 汪辉祖：《佐治药言》。

2 《安吴四种》卷三二。

3 董金鉴：《公文缘起》序。

4 《清高宗实录》卷一二〇四，乾隆四十九年四月上。

因自理词讼积案太多，不敢详报，官幕混同声气，督率刑书“每日捏造钱债口角斗殴细故、无关痛痒之事数十起，作为讯销息销，以图记功；其实在之疑难案件，必须劳心费神，然后能结者，辄皆隐匿不报，以图免过”[1]。本来是一项促进办案、提高行政效率的积极措施，然则在官、幕、吏的通同作弊下，成了“作伪之具文”。

其二，办理刑案高下其手。“误国家者在一‘私’字，困天下者一‘例’字。”[2]由于例案灵活多变，可以随意比附，而且借此可以推卸责任，幕友往往为主官避过，或为己之私利，“往往删去前后文词，止摘中间数语，即以所断罪承之。甚有求其仿佛比照定议者。或避轻就重，或避重就轻，高上其手率由此起”[3]。

其三，不仅本衙官、幕、吏串通一气，而且往往一省幕友声气相连，把持盘踞，相互结纳，招摇撞骗，作奸舞弊。乾隆帝在上谕中就讲：“各省上司幕友，多有包揽分肥。州县幕中，非其分类，一切详案多苛驳”[4]，以致“州县之畏幕友，更甚于畏上司，其弊不可除也”[5]。于是，州县官在新任之时，往往接受上司荐幕，甚至向上司禀请荐幕，以图照应。上司所荐幕友，或为其属员，或其故旧，未必究谙幕学，甚至不通例案、不解公文者，而只为上下勾结，以免驳诘。有的州县官干脆把自己的幕友派一二人驻扎省城，称为“坐省幕宾”，以致有“各省幕宾聚省会，引类呼朋，与上下衙门往来交结，因之有盘踞把持，勾连串合”之势。[6]上司幕友也“往往籍端外出，与各官往来款洽，串通信息；又或荐引幕友入于下司之幕，讲定年规，遇事则彼此关照，作弊营私，

1　丁禹生：《抚吴公牍》卷二六。

2　《清德宗实录》，光绪二十六年十二月戊戌丁未谕内阁。

3　王先谦：《东华录》卷二二，雍正十一年三月乙酉。

4　《清高宗实录》卷五五一。

5　《皇朝经世文编》卷二〇，张鹏展《清厘吏治五事疏》。

6　《清会典事例》卷九七《吏部处分例·严查幕友》。

高下其手”，以致“始终占据一衙门，官有去留，幕无更易”[1]，竟有通省幕友勾结办案，玩弄本官于股掌之上者。幕友本有为主官约束书吏之责[2]，然而利益一致的具体办事人员往往也成为幕友作弊的帮凶。“幕友与书吏结联为奸，遂不可究诘。”[3]

本来刑幕的作用并非完全是为了执法公允，为百姓的利益雪冤，也非真正为实现封建专制的理想法治，只不过协助完成主官不熟悉的行政上的司法事务。但是，由上述可知，正由于他们在司法中的特殊作用，产生的危害亦同样的严重。可以说，清代大多数冤错假案都是经他们之手锻炼成狱的。刑幕在清代地方各级政府司法职能中的消极影响绝不能低估。

第二节　刑书——地方司法事务中的文书

刑书是书吏分工的一种。书吏简称吏，或称吏员，自古有之，名称很多。在中国古代社会，吏一般有两层含义：一是大小官员的泛称，如大吏、长吏、循史、封疆大吏等；二是指在各级政府机构中从事文书之类工作的公务人员。我们这里要讲的吏是第二类。从隋唐至清，在封建官僚机构中，吏的人数基本上是文武官员的20倍左右，有一套与官制并行的吏员制度，组织系统也渐趋完善，是一个特殊的政治群体和一支庞大的统治力量。除官、吏而外，在封建官僚政体系统中还有一个社会阶层——胥（或称差役），在古人和近人的论著中，吏与胥常常相提并论。其实，从隋唐以后，吏与胥也判然有别，差役在封建官府是比吏还更为庞大的政治群体和统治力量。吏与胥的区别已在州县一章讨论，在此不必赘述。至于差役在地方司法中的作用，下面将用专节讨论。

1　《清会典事例》卷九七《吏部处分例·严查幕友》。

2　汪辉祖：《佐治药言·检点节吏》。

3　刘衡：《庸吏庸言》卷上。

郑秦先生认为，清代吏役在各级政府中的作用和危害同时增大，即衙蠹的问题，是直接继承明代的政治遗产。[1]这种观点很有道理。因为明清封建专制的集权化加强，中央集权于皇帝，地方集权于各级政府的主官，政务越来越多，越来越复杂，而官员的设置反而越来越少，主官难以操纵自己拥有的权力，权力很自然会流逸到官府中具体办事的书吏、差役以及幕友、长随手中。清代继承明代的政治体制，集权化程度更高、更有力，集权化的政治体制也更加完善。地方各级政府中书吏、差役的作用和危害相应增大，那就是很自然的事了。

一　清代的吏员制度与刑书的作用

清代对书吏的选用、考察、考职等规定了许多制度，是“选吏有据，受役有期，考察有法，入仕有阶”[2]，也可说是煞费苦心，然而在实践中似乎并未认真执行。不错，我们在州县一章论述了州县书吏的招募承充的问题，并且也有《巴县档案》的书吏承充状、保状、批准的证据，然而，在同样的《巴县档案》中却未找到按规定书吏五年退役的资料。看来，这种承充不过是衙门里额外的贴写、清书、帮书、小书等名目书吏历练多年完成晋升“正身”书吏的手续。州县如此，府、司道、督抚各衙门的书吏招募也无不如此。实际上，清代各级官府的书吏是父子兄弟世代为业，即使有一部分习吏之人顶补，也是师徒相传。

清代不论是京吏还是外吏，考取、招募都是比正额数加一倍录取，一正一副，[3]而实际上在内外各衙门供职的书吏人数却是定

1　郑秦：《清代司法审判制度研究》，第106页，湖南教育出版社，1988年。

2　《清朝文献通考》卷三一《职役》。

3　《清会典事例》卷一四六《吏部·书吏承充》载：京吏“考取均以衙门实缺为凭，每次照实缺数加一倍录取”。又见《皇朝经世文编》卷二四，河东总督田文镜的《覆陈书役不必定额疏》中也有“各衙门书吏以一正一副留用，乃万万不能之事”的话。

额的数倍，甚至上十倍。如户部定额书吏205名，而实际数“有千余之多”[1]，河东总督衙定额书吏20名，而实际数是100多名。所以，国家对内外各衙规定的书吏定额没有任何实际意义。关于严格限定各衙书吏人数的奏疏在清代从未间断，上疏者以为这样就能杜绝书吏危害。只有雍正年间的河东总督田文镜从实际行政出发提出了反对意见。他说:“查各衙门书役，除州县书役近在本处，向不换班外，其督抚司道府书役皆散处各属，率分为上下班，轮流办事。若按经制额之数，每名再添一人，则各衙门不过寥寥数人，安能办公无误?”他以自己的总督衙门为例，若一正一副计算，上下两班各不过20人，而现在办事的书吏已有100余人，但“事务殷繁，尚若赶办不及”[2]。关于书吏的组织机构，《清会典事例》中没有任何规定和详细的记载。我们从以上三章的论述中已经明确，清代地方各级政府各主官衙门的书吏组织，是按传统根据中央吏、户、礼、兵、刑、工六部的职能分房、科办公（省政府的司道衙门除外，它们是省政府的职能部门，书吏的组织多按地区、事务分房办公），至于是否超过六房，视事务多寡而定。清代地方各主官衙门的书吏组织不论是六房还是多少房，实际上已形成一个完备而系统的政府机构序列。地方各级政府实行长官负责制，衙门法定编制简略，真正办事的书吏房、科实际上就是一个“隐形政府”。

在地方司法方面，各主官衙门的各房书吏都有相应的司法事务或司法职责。省政府臬司总汇一省刑名，其衙门书吏不论分多少房，都主要负责司法事务，但是其他主官衙门办理司法事务的书吏应主要是刑房书吏，简称“刑书”，当然臬司衙书吏多为刑书。而刑书的司法职责又以州县刑书最为直接，所以，我们的讨

1　徐珂：《清稗类钞·胥役类》。

2　《皇朝经世文编》卷二四《覆陈书役不必定额疏》。

论以州县刑书为主，兼及各上司刑书。

刑书主要办理地方的刑事案件，黄六鸿曾笼统地讲过："刑房经管人命、盗逃、词讼、保甲、捕役、盗仓、禁仓等项。"[1]《巴县档案》中反映的刑书办案范围比较详细，有人命、强盗、赌博、偷窃、奸拐、盐枭、路毙、打架、私宰、忤逆、邪教、索诈、冒捐、流民、衙蠹等等。一般的纠纷词讼并非由刑房一房办理，如田土、赋税、婚姻纠纷常由户房办理，差役供应纠纷常由兵房办理，祭祀坟山纠纷常由礼房办理等。但一般纠纷扩大到刑事诉讼，就该归刑房办理。宝坻县的一件案件可说明这种管辖范围：

> 道光九年八月三十日宝坻县和乐里帮办（乡保的副手）王秀如具禀兵房书吏陈启昆滥派诈索。……呈状递上了兵房，承办人竟是陈启昆本人。他拟写了票稿传自己"到案"，知县批道："此案应归刑房承办，以诈索银两为主故也。[2]

兵房应办被差人等之间的纠纷，涉及"诈索银两"，所犯又是书吏，属衙蠹类，自然应归刑房承办，所以县批"以诈索银两为主故也"。陈启昆自己"承办"起诉自己的案件看似荒唐，不过以此可看出清代司法严肃性的一个侧面。有一些属他房经办的民间纠纷，一旦扩大为打架、斗殴、受伤之类案件，都归刑房办理。地方刑房书吏在管辖范围内的具体司法作用，大致可以分为以下几个方面：

第一，现场勘验。凡涉及水利、田土、坟山界址、盗案的现场、赃证的起获的词讼案件呈报到官，初审州县官应带领皂隶、

1 《福惠全书》卷二。

2 档案《顺天府全宗》第154号。

刑书亲往勘验；若没必要，则派刑书前往会同乡保查勘。凡遇人命案件，初审主官必须亲往勘验。有一句套话，叫做“单骑减从，星夜前往”。《律例》也这么要求：“凡人命呈报到官，该地方官立即亲往相验，只许随带仵作一名，刑书一名、皂隶二名，一切夫马饭食，俱自行备用，并严禁书役人等，不许需索分文。”[1]可见，无论如何减从，仵作和刑书两人是必带的。仵作验尸喝报，刑书照报填录《尸格》——一种部颁的尸伤检验表册。

许多法令，地方官都可置若罔闻，唯独检验命案尸伤这一点不敢马虎。因命案以《尸格》定案，且命案最终都要题奏皇帝，《尸格》不实关系到自己的前程，所以，必须注意查核仵作和刑书的活动。为此，田文镜在《州县事宜》中告诫地方官：

> 传集仵作、刑书，单骑减从，亲往相验，切勿差催搭棚等项，亦不可任仵作、刑书远离左右。[2]

许多地方官也都极为谨慎，仵作喝报完毕，凶器查点清楚，还须亲验一番，“亲验无异”[3]而又查对刑书填录《尸格》后，才让仵作甘结“不致增减，遗漏伤痕”。勘验时“其书差一切夫马饭食俱系自捐，且所带之人令其在舆案前伺应，不许钻前落后”[4]。仵作、刑书受到严加防范，可见其在勘验事务中的重要作用。

无论界址、盗案、赃证查勘现场，还是人命检验尸伤，勘验完毕之后，还须做案情的基本调查，传集案犯、干连佐证，一一讯问，由刑书录供。这就是常见的命盗案审录中有勘验后“随当

---

1 《清会典事例》卷一二五《吏部·处分例·命案检验》。

2 田文镜、李卫等奉敕编：《钦颁州县事宜》。

3 “亲验无异”“仵作不致增减、遗漏伤痕结甘”，是人命案尸伤检验的套话，基本上每一人命案都有此话。

4 刘衡：《庸吏庸言》卷上。

场问据”[1]的口供，以便做进一步的审理。这一当场审讯极为重要，不仅对案情可以直接弄个水落石出，而且在很大程度上就是以后定案的第一手依据材料。

第二，拟票提人。词讼案件报官，一经批准，地方官便要提集人犯、干连佐证，进行审理。提人须用“信票”或“差票”，即今天所谓的“传票”。信票的签发权在主官，而拟票的工作却是由书吏包办，然后才由衙门差役凭票去执行任务。信票不完全在提集人证、缉拿逃犯，催科等差遣也须用信票，只是拟写信票在书吏中有分工，由哪房承办的事务，就由哪房书吏拟票。信票是差役执行任务的权力依据，无票不行。一票到手，差役们便可如狼似虎，敲诈勒索，无恶不作。所以，差役总是想方设法求得一票，甚至花钱买票，而后向“民间加倍取偿”[2]。由于信票关系匪浅，所以差役“任务”执行完毕，必须将其票缴销。

“书吏虽在官人役，究有体面，与各班差役不同”[3]；“凡国计民生系于官，即系于吏，吏之为责不亦重乎？”[4]清代地方官一直在这样劝慰书吏，意在说明书吏与差役身份之不同，书吏应当自重，还要督察差役。“国家设官置吏，官暂而吏久也，官少而吏众也；官之去乡国常数千里，簿书钱谷或非专长，风土好尚或多未习，而吏则习熟而谙练者也。他如通行之例，与夫缮发文移、稽查勾摄之务，有非官所能为而不能不资于吏者。”[5]书吏、差役是衙门的常职人员，又是本地人，熟习乡情和谙练吏事，一文案一外勤，最易勾结作弊。外地来的地方官不得不依赖他们，特别

1 “随当场问据”或“随讯据”，不仅是审录中的套话，而且是一次正式侦察审问，所谓初审的意义就在于此。

2 阮本焱：《求牧刍言》卷一《上左爵相暨各宪禁差票禀》。

3 刘衡：《庸吏庸言》卷上。

4 陈宏谋：《在官法戒录》序。

5 陈宏谋：《在官法戒录》序。

是对有些有文化的书吏，还想极力笼络他们，但是又总感到他们是一种威胁，怕被蒙蔽在内，所以，对书吏和差役又时加防范、约束。

书吏与差役职务交接的关键点便在于信票。信票的草拟与缮写全在书吏，工作量虽不大，但至关重要。信票的“厉害”尽人皆知，所以，清人的著作，如黄六鸿的《福惠全书》，汪辉祖的《学治臆说》，刘衡的《刘廉访吏治书》以及《钦颁州县事宜》、《牧令书》、《州县须知》等等，都有慎重差票，少用信票的议论。有关此议论的奏疏更是举不胜举。

拟写信票主要是州县一级及府级书吏的工作，但遇通缉、解送等事，则由上司衙门（府、道、司、督抚）书吏拟写“堂牌”、“宪牌”。这种“牌”也类似信票，持此牌的“上司差役”就更加威风，勒索的就不仅是百姓，下级官员、吏、役也包括在内了。

第三，堂事录供。词讼案件的案情已基本侦察清楚，原被告、案犯、干连佐证也拘传到案，便可开堂正式审理。主官升堂审理前的有关准备工作和堂上录供则由刑书负责。首先准备点名单。用一张白纸写好：“原告，被告，干证，年月日，刑房”等等，以此召集开庭，把两造和有关人员传唤到庭，准备好诉状和其他文件。其次是堂供笔录，由专事记录的刑房招书负责。堂供要求“据实录供”，不得增删。关于堂供笔录的记法，《律例》和地方衙门章程等都没有对其做规范性的规定，但是，笔者查览档案《内阁刑科题本》发现，录供的格式、语气、称谓等从清初到清末全国各省各州县都大致相同：

> 罪人口供先叙籍贯、年岁，并有无父母兄弟妻子；平民则称“小的”，妇人则称“小妇人”，女子称“小女子”；……

叙供不宜太文，句句要像俗话，又不可似乎小说。[1]

这种叙供的具体格式大概在明代就已经形成，并作为“公门须知”、“公牍指南”在书吏中广为流传，久而久之，成了通行的格式。清承明制虽因时事有所取舍，但大可不必在录供格式上下功夫，照式流传，照式通行。正所谓“作文代圣贤立言，叙供代庸俗达意，词虽粗浅而前后层次，起承转合，埋伏照应，布局之法与作文无异”[2]。书吏须熟悉此格式才能做好笔录。

堂上笔录还须经抄写才能形成正式的初审审录，这一抄写工作也属刑书负责，要作弊也往往在于此。逐级审转时，各上司衙门若是犯审，都有一番堂供笔录与抄写的工作，仍由各上司衙门刑书负责。如各上司复审无异，州县初审的供词、拟律则照转照录，直至题本。所以，州县的审录最为重要。

第四，办理文案。地方各级政府既有日常的词讼案件公文办理，又有按时的司法事务文册汇办，这是刑书最基本、最大量的工作。清代的地方诉讼程序还算不上复杂，但文案往来十分频繁，是“微如芥子，细若茧丝”的事情，皆须“一一关白上宪，闻诸中枢”；[3]而上宪的指示、命令、公文又层层转发下来，简直就是文牍泛滥。比如，一案准理，便有详文、禀文、详册、申文、关移、看语等等一系列文书要写；上司衙门书吏也有各种下发的札敕、关移、宪牌等公文要办；督抚要每案以题本的形式具题皇帝，按年还有各种司法事务汇题。从详文到题本，大量的地方司法文书都是在各级刑幕的把关下由各级刑书拟稿、抄写的。地方的司

1　这两段引文在《办案要略》《审看拟式》等清人著作中均有，或作“叙供法”，或作“论叙供”，各书的文字略有出入。

2　这两段引文在《办案要略》《审看拟式》等清人著作中均有，或作“叙供法”，或作“论叙供”，各书的文字略有出入。

3　《清朝文献通考》卷五五。

法行政公文种类很多，州县有治安状况详文、自理案件循环簿、监狱循环簿、秋审招册、在配军流人犯清册、监狱班房开支详册、交代内各种司法事务清册等等；上司对上司也有各种详文、禀文、呈文、清册等；督抚对皇帝、刑部又有各种汇题、奏折、咨文；督抚对下属、上司对下级也要不断用札敕、牌文、抄等将有关司法审判、司法事务的各种命令、指示层层转发下来。这一切都靠刑书运作。

清代地方的各种公文格式极有讲究，前面我们讲的叙供格式只是其中的一种，弄懂这些格式也是一门“学问”。掌握这门学问的是书吏，他们一入公门就以老吏为师，言传身教，又有各种坊本和抄本作“指南”。官员们没学也不屑学它，但又时刻离不开它。王又槐将清代流行而被奉为圭臬的各种司法公文格式汇总为一书——《办案要略》，蔚为大观，都是教人如何写公文。类似的著作还有葛士达的《审看论略》，刚毅的《审看拟式》等等。所以，清代的司法文书格式全国完全一致，且都是千篇一律的“向来所用套语”。清代地方政府的司法职能就是在这种经办书吏的例行公式中运转的。

第五，收贮档案。清代书吏有一句俗语叫“查案办稿”。案从何来？那就是自己收贮的。所以，书吏既是文书工作人员，又是档案工作者；收贮档案是政事的终结，又是办理文书的先决条件，也是书吏的基本职责。《吏部处分则例》规定：

> 凡审理词讼衙门，无论正署官员，于结案后即令该吏将通案犯证呈状、口供、勘语粘连成帙，于接缝处钦盖印信……照依年月编号登记，注明经承姓名。……[1]

1 《六部处分则例》卷八《离任》。

清代的司法案件不论有多少种材料，最后都要粘连成帙，加印收贮。案件的原始材料（呈状、口供、勘语等），原则上存于初审衙门。这些原始的珍贵资料由于沧桑变化，绝大部分没保留下来，今天尚能在《顺天府全宗》、《巴县档案》及其他残卷中查阅这类档案史料，不过，不少卷宗也残缺不全了。除了收贮这类案件的原始材料外，书吏还收贮大量的有关立法、司法、治安的条例、成案、札敕、牌文、各种司法行政文书的底稿等等。清代书吏整理、收贮档案的真正意义在于保持官府公务和权力的连续性。

清代地方官员流动性很大，到任时就得想到卸任时的“交盘”。衙门的案卷应“各立号簿加谨收贮，遇迁转之日，将经管案卷逐件交代”[1]，如有遗失损坏、盗取篡改，都要受到处分，乃至治罪。官员离任时应将钱粮征收、刑名事件、仓库城垣等清理成册，案卷留交后任接办。一个案子可能几年、十几年不结，而其间主官换了已好几任，书吏却长期不动。书吏的档案工作保证了案件的审理不因主官的变动而中断。

正因为刑书有上述如此重要的作用，清代官员们才无奈哀叹:“天下大权归于胥吏”，“遂成积重难返之势”。[2]也正因为书吏在清代运转着整个国家机器，特别是运行机制的司法，盘踞官衙，纵横京外，才害民、病官、祸国，“犹山岳不可拔，洪水不可御”[3]。刑名、钱谷为地方政府的主要职能，刑书、钱书在地方吏治中的作用最为重要，其危害也最大。

二 书吏危害的原因

有清一代，在士大夫眼里，书吏毒如蛇蝎，可恶之极，抨击之声，竟无虚时。书吏的危害，具体体现在哪些方面？我们这里

1 《六部处分则例》卷八《离任》。

2 《皇朝经世文续编》卷二二《请惩治贪残吏政疏》。

3 《皇朝经世文续编》卷二二《请惩治贪残吏政疏》。

不必作一一探讨，这方面的论著已很多。书吏害民、病官、祸国主要在一个“贪”字，也就是清人所说的“动笔即索，事无空过”[1]。我们仅就书吏危害的原因谈点个人的看法。

应该说，主要原因在于封建集权专制政体，但具体而言，不外乎政治、经济两大因素。从政治地位来讲，书吏入公门之前与之后，都与齐民相等，可通过科举成就功名仕途。然而，读书人多，科举路窄，绝大多数在此路走不通，而官府又需要大量文职办事人员，于是，不少读过书又举业无望之人竟相投身公门。虽无俸禄，也无工食银，但可从各种陋规中获得丰厚的收入。另外，一些读过书的人竟相投身于公门，承充在士大夫眼里属“贱业”的书吏，还有一个不大被人注意的原因，那就是吏役可“照直省兵丁免差旧规”，每名“免差三十亩，以杜影射”。[2]清代在职官铨选上，仍标榜进士、举贡、吏员三途并用，《清会典事例》也规定书吏著役五年期满后，无过犯者可以参加吏部每年八月的考职，“论文优劣”，分为五等依次补用。但是，“吏员出身，止于从九品以下职衔”[3]，再无升入高官的多大可能，并且就连这种考职规定也形同具文。进入公门承充书吏，为国家效力，本来是件荣耀的事，并且似乎也有踏上仕途的希望。然而，在重视词章风雅，科举出身的清代，无功名而具有实政经验的书吏实际上并无政治前途可言，不仅得不到政府和士大夫们的尊重，反而予以歧视。最致命的是剥夺书吏作为国家法定工作人员的经济收入的权力，连一点最起码的工食银都不支付。书吏身在官府，并在各级政府中起着重要作用，“一刻无此曹，则宰相亦将束手”[4]，但既无政治前途可言，又无正式的经济收入，生计何来？

---

1 《皇朝经世文编》卷二四《上玉抚军条议》。

2 《刑案汇览》卷七《滥设官吏》。

3 《清会典事例》卷一四六《吏部·吏员承充》。

4 《制议丛话》卷七，也见陈登原《国史旧闻》卷六〇《清吏胥》。

那只有“在山靠山，在水靠水”[1]，“凭官府之威灵，肆行其纵恣”[2]，揽权索诈了。

清代也确有吏员捐任知县及以上职官者，如雍正二年二月查明：“全国由吏员捐纳出身之知县以上官共二十二员。计现任知府、知州、同知、通判者各一员，知县十八员。此外，尚有先系吏员，后更名捐纳贡监者，待查。”[3]也有升入高官者，“本朝由吏员出身跻显秩者，亦复有之”[4]，但人数极少，且靠的都是“捐纳出身”。实际上，书吏连捐纳都不敢用真名。书吏属平民，有钱本可自由捐纳职官，但在官府承充过“贱役”，反倒降低了身份，理不直气不壮了。书吏只有通过捐纳才能接通仕途，那就更加重了在官府中的危害。

封建士大夫们不仅从制度上限制书吏的政治前途，不给他们正式的经济收入，还在平时对他们的活动严加控制。乾嘉时期的梁章钜就对此提出了不同意见：

> 吾不解今之为政者动曰严胥吏，夫胥吏百姓也，非鬼蜮禽兽也。……彼严之者，岂不曰胥吏舞文乎，病百姓乎？然试问所舞之文判行者谁乎？加印者谁乎？彼舞而我亦随而舞之，不自责而责人，何也？[5]

不错，正因官员们自己都舞文作弊，贪赃成风，才对书吏的舞文索诈禁而不绝。一位老吏说得好：

1　汪辉祖：《佐治药言》。

2　《皇朝经世文编》卷二四《吏胥议》。

3　《清世宗实录》卷一六。

4　《皇朝经世文编》卷二四《分发〈在官法戒录〉檄》。

5　梁章钜：《退庵随笔》卷五。

> 当时知府、知县幸不甚知，知则劫富民，噬弱户，索土产，兴陋规，百姓更不堪命；巡抚、巡道幸不常巡，巡则搅驿道，择夫马，斥供张，勒馈赠，属吏更不堪命，仍苦百姓耳。[1]

洪亮吉说得更明白：

> 守令之心不在民也。到任之前，必先问一岁之陋规若何？属员之馈遗若何？钱粮税务之赢余若何？而所谓妻子、兄弟、亲戚、奴仆、媪保者，又各挟溪壑难填之欲，助之谋利。于是，不幸一岁而守令数易，而部内之属员，辖下之富商大贾，以迨小民，已重困矣。[2]

也正因为有清一代的官员们“廉者有所择而受之，不廉者百方罗织，结拜师生、兄弟要之”[3]的贪污公行的大气候，书吏的危害才变本加厉了。连官员们的收入都主要来自贪污、受贿，不可能枵腹为封建国家效力的书吏需索，那只是小巫见大巫，但却为大巫背上了“卑劣的贪欲”这一罪名。

第三节　差役——地方各级政府的“警察”

差役或衙役，简称役或胥，原本是为封建国家无偿劳动的劳役制度。自宋王安石改劳役为雇役，演变至清，逐渐成为一种募役制度，役也成为这一政治群体的代称。所以，在宋以前，吏与胥无别，常代用或合称，如唐代大诗人“三吏”中的“吏”就类

1　陈康祺：《郎潜纪闻》卷五。

2　《皇朝经世文编》卷二一《守令篇》。

3　《皇朝经世文续编》卷一六。

似于清代差役中的皂、快捕、壮班之胥。自宋代以后，吏胥分为判然有别的吏、役两类职役，在清代各级政府中，役是比吏更为庞大的政治群体和统治力量，“胥之权在行檄，吏之权在奉檄”[1]。

一　差役的作用和地位

清代地方政府差役的种类很多，政府规定各种差役进入官府均须经过招募的手续，且要具备一定的条件，“府州县奔走力役——祗候、弓兵、禁子等也须在纳粮达二石至三石之良民中选拔”[2]。但是，我们在《巴县档案》中只查到一些投充捕役的呈状、保状，似乎其他差役如皂隶、快役、禁卒、仵作、马夫、轿伞扇夫、更夫、缮夫等无需招募投、保状手续，也不见著役三年退役的退状，看来全是自然淘汰或缘事革退。在地方各级政府衙门吏的数量一般是官的 20 倍左右，而役的数量又是吏的两倍以上。各级政府之所以用役，是要靠他们“拘提奔走”，直接执行政府的法令、决策。从督抚到州县，以府州县的差役与百姓接触最多，州县差役面对百姓，而上司衙门差役则面对下级衙门官、吏、差役，其作用和危害都很大。以下简要论述几类与司法直接相关的差役的作用或职责。

皂隶，地方政府各衙门均设，其职责在于：官员出堂、出巡时，手执刑杖站堂、开道，以壮官威；在审理词讼案件时，主官下令用刑，则充当打手。

快役，又分步快、马快，设于主官、佐贰官衙门，是执行外勤任务的主要差役之一。其在督抚、司道衙门，负责公文上下传递，催办各类政务；其在府、州县衙门，主要负责催征地丁钱粮契税；在办理司法词讼方面，除刑房外，其他各房书吏办理的案

1　梁章钜：《退庵随笔》卷五。

2　《清朝文献通考》卷二一《职役》。

子，均由快役持票传唤原被告、人证，在乡村者由各里快役承办，在城内者分班轮流承办。另外，快役还与捕役负责解递人犯，与壮班负责护送官员出入、解钱粮、饷鞘、皇木等。

捕役，府、州县主官、佐贰官衙门均设，相当于近代的刑警，有衙门捕役，也有各厢坊、场镇、乡里捕役，人数很多。其职责主要在于持票捕盗缉凶，巡逻地方，维护社会治安；在司法办案方面，刑房书吏承办的案子由捕役持票传唤人证；有些案子与快役合办，也有解递囚犯的任务。

民壮，分壮丁、壮班两班，雍正七年始设于初审州、县主官衙门，正额人数最多，负责护卫官员出入，解钱粮、解饷鞘、皇木，与快、捕役协同解递囚犯，巡逻守护城池、仓库、监狱等。

禁卒，地方各监狱均设，负责看守、管理监狱犯人。押送犯人、佐证赴堂受审及看管班房犯人由快役、捕役、皂隶负责。

仵作，主要设置于初审的府、州县主官及佐贰官各衙门，技术性较强，负责检验命案尸伤和斗殴凶伤，类似近代法医。

不难看出，以上这几类差役就是清代社会的“警察”，他们直接面对广大老百姓和案犯及案件的有关人员。对案犯的定罪量刑，剖明曲直的审理是主官的事，但除此之外的一切司法措施则完全由他们负责执行；地方司法职能的发挥是否正常，治理是好是坏，则完全决定于他们之手。作用不可谓不大，而危害也不能绝其重。

最初，这些差役都来自“良民”，但一入公门，投充服务于政府的职役，自己反倒成了下贱的人，被称为“贱役”，上自皇帝，下至百姓，无不痛恨而鄙夷之。大清皇帝就说各衙门“聚此数十辈无赖之徒，假托公务，横肆贪饕”；“但此等蠹役自系地方官倚为耳目，不肖者纵其贪婪，昏聩者受其蒙蔽，以致该役等有恃无恐，扰害良善，于吏治民生大有关系”。[1]官僚士大夫也讲：“今

1　《清会典事例》卷九八《吏部·处分例·书役》。

之吏胥，非复古之吏胥，不过四民之中桀黠狡猾者耳，姓氏一入卯簿，或则呼为公人，或则呼为官人，一家十余口，皆鲜衣美食，人咸不敢忤之。其始也，邻里畏之，四民畏之，若有奸狡把持官府，则官府乃亦畏之。”[1]“各役之中狡猾至捕役一项尽矣，当斯役者皆属下贱，非多年积贼则远方无赖。”[2]在乡里、家族内，差役也被众人唾弃，许多族规家法中规定不许本姓子孙充当差役，否则削籍逐出家门。如浙江余姚县沈氏宗谱规定：“子孙日后有甘为下流娼优、隶卒并管家、长随、剃头、剔脚者，概不准入祠。”[3]湖北金江镇刘氏宗谱也规定：“身充贱役以图厚利，无耻极矣，我族有入其类者，禁之不听者削其籍。”[4]于是，封建国家又从立法上将他们贬入“贱籍”：

> 皂隶、马快、小马、禁卒、门子、仵作、粮差及巡营番役，皆为贱役。[5]

贬入贱籍的差役不能应试，不得冒捐：

> “娼优隶卒之家变易姓名，侥幸出身，访问严行究问”；又：“皂隶子孙，朦混捐纳者，照例斥革”，“冒考冒捐者照违制律杖一百斥革”。[6]

书吏还可应试、捐纳，而差役入公门则不仅本身，而且其子孙

1　洪亮吉：《卷葹阁文甲集》卷一。

2　杨懿：《治勤政略》。

3　《姚江梅川沈氏案谱》卷六。

4　《刘氏宗谱》卷一。

5　《清会典事例》卷一七。

6　《大清律例·户役·人户以籍为定》。

也世代不能做官，几同“贱民”。若有冒籍应试者，会激起阖邑士子的围攻，甚至罢考。可见，封建传统的等级制度和观念根深蒂固。

我们在第二章中就讲到，差役中的捕役是作恶最多的一种差役，但并没有列入贱籍，这大概就是《巴县档案》中只见有投充捕役的呈状、保状的缘故吧。

差役为官府所不能不用，须臾不可缺，但又受到来自全社会的鄙视和法律的贬籍。这种矛盾而不合理的现实，会给他们的心灵造成什么样的影响呢？既然沦为社会的最底层，手中又有政府的权力——信票，那还有什么可顾忌的呢？有什么事不能做呢？权力与金钱，向来是社会地位的真正象征。在封建社会里，有权自然不怕没有钱，既然社会身份低下，但凭借官府权力，弄到钱，仍然可以过上自得其乐的“幸福”生活。实际上，无论是新投充差役也好，还是世代为差役也罢，他们的目标就是为了生计，为了弄钱，过上自己理想的“幸福”生活。

二　差役的危害

差役供官府驱使奔走的目的就是为了生计，为了弄钱，而官府给他们的工食银每年或六两，或七两二钱，最多不过十二两。这点收入，还不够一月的生活费，又何以为计？一些官僚士大夫也认识到这一点:“况一役之工食，每年多不过十二两，或七两二钱，每日不过三二分，仅供夫妇一餐之用。古人云:‘黎民一日不再食则饥。’此数十万游惰之民，肯枵腹而鹄立乎堂侧，马走于阶前乎？必不能也？穷则变，变则通，此其时矣。”[1]那么，变则陋规，变则需索，差役的陋规、需索以词讼案件最为有名，需索的手段也极恣肆。因为词讼案件是百姓求助于官府，连地方官的收

1 《皇朝经世文编》卷二四，傅维鳞《亟更役法疏》。

入都注意“词讼里可也略有些甚么通融”[1]。对于执法的差役来说，油水更是出于此。

清代的词讼没有交纳诉讼费的规定，但各承审衙门自有一套收费陋规，书吏是动笔即索，有状纸费、呈词传递费、下乡勘验的纸笔饭食费等；差役便是伸腿要钱，饭食钱、夫马钱、辛苦费等名目繁多。差役索钱的权力在信票，有了信票才可如狼似虎地需索，而且承办词讼案件的油水最大，因此差役们常常在承办案件方面发生争执。如乾隆二十三年，巴县皂班头役王建昌等与壮班、捕班、快班发生夺案承办纠纷，多次禀请知县裁决，一直到乾隆二十七年才得以平息。[2]差役们为了获得和固定事权，保证办案的信票到手，他们往往自行公议，禀请主官立案，进行明确分工，不得混争夺办。前面分别讲的皂役、快役、民壮、捕役的职责，实际上就是一种普遍性分工，而这种分工也往往因事而改变，也往往在这四班差役中发生争办或推诿纠纷。如嘉庆二年六月，巴县快捕两班又发生争办案件纠纷，经双方公议，凭刑房书吏依议代书为据：

> 捕班承办案件：告窃啯匪，告拦路窃抢，告私铸钱文，告宰杀、赌博，告娼家、邪教，告白昼偷窃，告诬良吊拷。有赃据，无赃据归快班。以上七件系捕班管班，其余案悉归快班，即或捕班之案件未具告词，快班拿获者，仍归快班；或有快班案件捕班拿获者，仍归捕班。至于各场坐差以及场头拿送案件，若在捕班七案情由内，仍归捕班；若情节不合七案，仍归快班办理。[3]

1　吴敬梓：《儒林外史》第八回，新任南昌知府王惠与离任知府的儿子蘧公子在交接宴席上的一段谈话。

2　《巴县档案·乾隆朝》卷四。

3　《巴县档案·嘉庆朝》卷七。

显然，这次公议分工只是解决暂时的纠纷，并未分得十分清楚，有些案子仍然是谁先拿获归谁承办。其实，捕、快的职责不可能分得十分清楚，紧急案件只能是谁先动手就归谁办理。

有些差事因责任大，又赔本，皂壮快捕四班差役都不愿承办，而只好轮流令发。比如承办案件油水大，都争着夺办，而解囚则是赔本苦差。按规定，解囚的费用由解差自备，时人包世臣就这样讲道。

……承办原役不过一二名，及至解犯，例须一犯二解。本役督解，势必雇请散役；又人犯到官，未经定罪收禁之前，皆须原役供给饭食；又解役到司府时，例须一人在监伴犯，一人在外筹送囚犯，苦秽情状，非齐民所堪。故应雇之人大约无赖匪徒，系原役按照解审正限核计，将囚饭、役食算交雇役，加雇值若干、使费若干言明，若到上发审稽延，计日再加。本役名为督解，实不上路。[1]

轮上解囚的差事，原差一般都是雇请人解囚上路，而自己在本县需索使费，供散役开支，所以，傅维鳞也讲：

即如一流徒也，势必用两解役，无论南方数千里，即近而数百里，此两役之资斧自备乎？需索乎？盖必是需索之物。此两解役又当流徙，需索而不问是纵蠹也，需索而问之，又将安所底止？[2]

尽管多数地方官对解役需索而不问，而皂、壮、快、捕四班差役

1 包世臣：《安吴四种》卷三二。

2 《皇朝经世文编》卷二四《亟更役法疏》。

仍不愿承当解囚差事而互相推诿。道光十三年八月，宝坻县的皂壮快三班就与捕班发生解囚纠纷，捕班说解囚是皂壮快三班的差事，而三班又申辩说自己是属“里三班”，“向系办理值班、上宿、银文、字据和春秋祭祀”，解囚只解“命案人犯”，解贼盗犯应是捕班的事。[1]他们要求知县给他们断明职责，知县断明“命案人犯”由三班递解，贼盗犯由捕班递解，按犯类分工。其实，“命案人犯”内也有贼盗人犯，贼盗人犯内也有命案人犯，要明确分工有时相当困难。如一起贼盗案，人犯很多，捕班解递不了，势必也要佥内三班当差。所以，差役内经常发生争办与推诿的纠纷。

差役最直接的危害，是其承办案件时扰害乡民，任意需索，即所谓“州县中差役之扰乡民，其术百端”[2]。清律例对差役缉捕、拘传人犯有种种规定，州县官在信票中也一再告诫，“去役毋得需索、迟延，如违，重究不贷，速渎票”[3]。然而，差役“一差到手，便为利薮，所至之处，如狼似虎，恣意勒索”[4]。差役假托公务、横肆贪饕，“故有狱讼尚未审结而耗财于若辈之手，两造已经坐困矣……其余勾缉命盗，因缘舞弊，遇事生风，株连无辜，贿纵要犯”[5]，无恶不作。保定府差役“以词讼为利薮”，巧设勒索陋规诸多名目：持票传案以“买票”为名勒索原告；传讯被告索要“车钱”；过堂之前，向两造索取“差帐”，不满其欲，则不能见官，不准回家，长期蹲黑牢而不能过堂；原、被告要求和息官司时，则索取“和息钱”。[6]姚元之在《竹叶亭杂记》中讲

1　档案《顺天府全宗》第54号。

2　姚元之：《竹叶亭杂记》卷二。

3　《巴县档案·乾隆朝》卷二四五。

4　《皇朝经世文编》卷二四，田文镜《覆陈书役不必额定疏》。

5　《清朝文献通考》卷二四《职役》。

6　《皇朝经世文续编》卷二二《敬陈清苑县蠹役需索之害疏》。

到，嘉庆十年御史程次坡条陈四川积弊，有“贼开花”等名目：

> 言民间遇有窃案，呈报之后，差役将被窃邻近之家资财殷实而无顶戴者扳出指为窝户，拘押索钱。每报一案，牵连数家，名曰“贼开花”。乡曲无知，惧干法网，出钱七八千至十数千不等，胥役欲壑既盈，始释之，谓之“洗贼名”。家被贼既数家受累，如此数次，殷实者亦空矣。有鲁典史刻一联，榜于堂，联云：“若要子孙能结果，除非贼案不开花。”此川省之弊蠹，正恐不独川省为然也。[1]

时隔十四年的嘉庆二十四年二月，陕西道监察御史程伯銮条陈四川积弊四条，其中一条便是“官役之漏规宜裁也”：

> 川省州县衙门多有堂规等陋习，凡狱讼无论大小，初递呈词即需使费，谓之“呈子钱”；及呈审之时，又有打扫衙门之说，谓之“坐堂礼”。除人命盗案外，田土、婚姻各件辄计家资之贫富为多寡，用费不到，则望审无期；若速提速结，则所费尤巨。内而长随、幕友，外而书胥、差役，莫不分润。每签提一案，差役多至十数人，到彼先索鞋脚钱、轿马钱；人证到案后，又索酒食钱、差使钱。不满所欲，则虽长官屡催，总以人证不齐，登签朦混。结案之后，又苛求辛苦钱、酬谢钱，案愈速则诛求愈广。[2]

差役的危害不仅没有因经常的条疏而有所遏制，反而是越益加重了。俗话讲的“灭门的知县”[3]，就是指这种差役的扰害。

1　姚元之：《竹叶亭杂记》卷二。

2　《巴县档案·嘉庆朝》卷五。

3　吴敬梓：《儒林外史》第一回。

差役最大的危害是草菅人命。我们在第二章讲地方政府监禁、管理在押人犯时，已经揭示差役、禁卒的贪残——草菅人命，每年牢死人犯达数万人之多。除此之外，差役用刑之残酷也令人发指。清律例对刑具和用刑有各种严格规定，严禁官役滥施刑威。但是，“刑虽设而用之则有别，刑具至一而有新旧燥湿之不同，轻重死生之或异”[1]。清初，滥设刑具、用刑舞弊的情况就已经非常严重，唐甄给我们提供了这样一段史料：

> 山东可用重刑，杖以巨竹连根为之，长八尺，头径六寸，厚五寸，敦然方物也。皂必长大强力者，临杖则裂犯者之袴……一皂一杖，达二十则易二十人，达三十则易三十人，恐其再达则力减也。……夹棍以铁贯木，置径其间，左右各五人，并力曳之，良久乃合其木，左右击之以巨棍，至百数十；异日复夹，胫肿如股，不可入，皂举踵踏入，复夹之。杖之毒者，前一杖，却一杖，中盖一杖。杖已，皮不少损，而内肉糜烂，如腐瓜之瓤；出，以刀刮去糜肉，得良药，十有半活者。皂得赂，得直达之，血立溅，乃反不死。[2]

刑具之滥设，用刑之残毒，皂隶之贪婪，可见一斑。连康熙帝也承认，“近见内外衙门尝有滥用夹棍致毙人命者”[3]。以后各朝，用刑之弊更重。嘉庆二十四年，御史陈伯鉴条陈四川积弊四条，有一条专讲四川用刑之严酷：

> 近年川省吏治日趋严酷，各州县多造非刑，有绷杆、钓杆、站笼，□□目皆可立毙人命。……除以惩治盗贼外，甚

1　《福惠全书》卷一一。

2　《皇朝经世文编》卷九四《省刑》。

3　《古今图书集成》卷五《详刑典》。

至田土、斗殴等案，一切用之，玩视人命，莫此为甚……[1]

有清一代用刑草菅人命之弊有两个方面，一是滥设刑具，皂隶所用刑具一般都有两套，标准的一套供上司核查，滥设的一套才供常用。二是用刑轻重以银钱为生死尺度，即所谓“至于动刑之人，受贿作弊，生死在其掌握，不惟重刑死人，即轻刑也可死人；不惟轻刑生人，即重刑亦可生人”[2]。

清代地方衙门各差役，特别是与司法直接相关的几种差役，他们为求生计供役于官府，在索取钱财的同时，视人命为草介，监毙人犯，刑毙人犯，成千上万的人犯每年就死于他们的贪残之手。

当然，最应该谴责的还是封建专制制度。清统治者对差役的危害不是不清楚，也不是不想限制、杜绝差役的危害。然而，囿于封建专制政体，尽管谩骂、抨击之声不绝于时，但始终找不到一套切实有效的解决措施，差役的危害反而越演越烈。为了减轻差役的危害性，清政府采用的措施大致与对书吏一样，即“额设”、“稽察”等，而不可能在政治地位、经济报酬即“工食银”等方面下功夫，所以也不可能收到效果。中国古代向来讲求“衣食足而后知廉耻”，而身在官府的差役们连正常的生活都得不到保障，还有何廉耻可言？贪婪成性就成了他们的必由之路。

历史唯物主义告诉我们，社会是不断向前发展的，随着社会经济的发展，社会财富和国家赋税也不断相应地增加，国家公职人员的收入也应该不断相应增多。然而，中国封建社会连职官俸禄都在一代不如一代地降低和减少，处于社会底层但又供职于官府的差役就可想而知了。这种不合乎情理和社会发展规律的封建专制制度，就决定了合法收入的减少和取消，势必导致非法收入

1 《巴县档案·嘉庆朝》卷五。

2 《福惠全书》卷一一。

的泛滥，政治的腐败。清统治者一直以空乏的君臣大义、“存理遏欲”来鼓励大小官员廉洁奉公、勤于职守，然而，历史的事实是，身为统治阶级的大小官员的主要收入就来自于贪污、受贿，又怎能约束差役的需索呢？洪亮吉说得好：“官欲侵渔百姓，未有不假手于吏胥者。”[1]按行政管理的角度讲，差役是清地方各级政府不可或缺的成员，但又地位低下，工食银极少；按封建专制下的法制讲，差役是最直接的“执法人员”，实际操作刑罚、生死之权。这两者就决定了他们所代表的黑暗。

第四节　长随——地方主官衙门内的联络人

长随，是清代地方政府各主官衙门的重要行政组成人员，[2]即“官场中雇佣之仆人”[3]。它与衙门内外的书吏、差役的区别，在于书吏、差役的雇主是各级政府，不是主官；而长随则是主官私人的雇员，形同官奴，但又与契买“家奴”有别。他们不是服务于主官个人生活的“奴婢”，而是服务于主官衙门的行政、适应地方政府行政需要的产物。

一　长随的作用

雍正四年十一月癸丑，内阁奏准：“身隶门下为长随者，照满洲自契所买家人例”[4]，“长随”的名称实来自于明代的一种低级宦官。明代宫奴太监擅权的严重教训始终是清统治者的前车之鉴，因此不给予宫中太监干预政务的任何机会。然而，在清代地方各

1　洪亮吉：《卷葹阁文甲集》卷一。

2　清代用长随的范围很广，除地方各级政府主官私雇外，八旗将军、都统、绿营提督、总兵、副将等各级武官也均私雇长随，而且在朝文武大臣住宅也大量雇佣长随，作为心腹帮手。

3　赵翼：《廿二史札记》卷三六。

4　《清世宗实录》卷五〇。

级官署中却普遍雇佣官奴帮办政务，且在地方行政中起着重要作用，这大概是清统治者始料所不及的。

长随从清代一开始就活跃于地方各级衙署，且很快形成自成体系的特殊行政序列，是清代地方政府行政需要的产物。我们已多次讲到，清代在进一步加强、完善君主集权的同时，在地方也完成了各级政府“印官负责制”的集权体制建设。这就是地方各级主官衙门的建筑与皇宫如出一辙的深刻含义：衙门均以宅门分为内署、外署两部分，外署为“六房书吏”、“三班差役”的办公区，内署为官、幕日常办公及食宿区。在清代地方各级政府主官衙门中，行政的过程都有这么四个点：官、幕、吏、役。这四点间的运作关系，可以简单地表述为：官号令、幕批答、吏办稿、役出差。这一行政过程的内容是所谓“公事”，而“衙门公事，全凭文案”，也就是说公事必须用文案的形式来处理。因此，办公事在很大程度上不过就是办公文，而且形式上的处理往往比公事的结果还显得重要。

清代地方主官衙门办理公文，其运作程序为：吏叙稿、幕核办、官画行、役承差。然而，这不过是公文运作中依次排列的孤立的四个“点”而已，具体的运作过程则是一条连绵不断的循环“线”。可是，这条循环“线”的“点”本身并不具备连接成“线”的功能。首先，官在内署，吏、役在外署，内外之间井然有序，是不得随便往来的。而且，官体相关，不仅仅在于一道“宅门”，吏不过是庶民在官，役连庶民的地位都不够，因此，本质上官与“生长里巷，执事官衙，于民间情伪、官司举措孰为相宜、孰为不宜，无不周知”的吏胥处于一种相互对立的位置。这就决定了官不能身临“六房”、“三班”与吏、役为伍；同样也决定了吏、役在办公过程中不能登堂入室，与官平起平坐。行政过程本身也需要一种秩序，诸房书吏、诸班差役也不能各自直接向主官交付公事。因此，官与吏、役之间不仅名分上有距离，而且空间上也应当保持一段距离。其次，幕友与主官虽同在内署办公，且地位平等，但主客的身份关系依然存在。幕宾虽为主官办公事，计考成，但不能反客为主；同时，主官聘请幕友，给予年修，当以礼相待，不可怠慢。因此，幕与官之间的平等关系，也应维持一种恰当的距离。这种距离也体现在空间位置上，除遇到紧要公事，官幕间作必要的“面商”外，一般不直接往来。其三，幕与吏之间吏办稿、幕核办，往来稿案交往最多，幕也有稽察书吏的职责，然而，幕与吏之间不仅有身份、空间上的距离，而且也禁止他们直接交往。其四，同在外署办公事的书吏与差役，他们之间对公事的交付也不是简单到“吏出票，役出差”的关系，中间还需要一层转换稽察。可见，地方各级主官衙门的行政过程由“点”到“线”，需要有另一种力量的连接或沟通。这种连接或沟通的力量就是长随。[1]

长随作为清代地方官员私人的雇员参与行政，既不同于由政府召募的书吏和差役，也不同于地方官员私人聘请的另一种雇佣人员——幕友。它自成体系，具有特殊的行政地位和活动领域。从组织结构看，它由这四大部分组成：门上、签押、管事、办差。门上又称“司阍”、“门房”等等，总之是管门的人，其所管之门并非衙门的头门、仪门，而是宅门。衙门的头门、仪门由所设差役中的门丁或门子看守，归管宅门的“门上”统一管理。宅门虽处于“大堂”之内，却是内署与外署的分界线，是衙门公事的出入之口，即所谓“官长耳目咽喉之所”。因此，“门房”处于官幕办公区的传达室地位显得相当突出而重要。由于事务繁杂以及提高行政效率的需要，门上又有一定的分工，分为“门总”、“司稿门上”、“司钱漕门上”、“司差门上”、“司执贴门上”等。[2]签

1　笔者赞成郭润涛在《长随行政述论》一文中关于长随是主官衙门由“点”到“线”的连接力量的观点，并在此作了更充分的论述。

2　《偏途论》，见《近代稗海》第十一辑。书中讲长随的分工与谢金銮《居官致用》讲的长随分工大体一致。

押长随的办公之所称签押房。签押房就是印官的办公室，在官、幕、吏、役之间起协调的作用，印官的全部行政行为就是“签押”。房中的长随就是专门伺候印官签押的，所以，签押长随又有“稿签”、“发审”、“值堂”、“用印”、“挂号”、“书稟”六种名目的分工。[1]管事是协助印官监督仓、库、监、厨、号管理的长随，所以，又分为“管仓”、“管库”、“管号”、“管监”、“管厨”等名目。办差是专门办理衙门差事的一类长随，分“司办旱差”、“司办马头”、“司山外差”、“司坐省”、“司坐府走府”、“跟班”等名目。可见，长随的种类名目之多，“其称号与幕友同，而职事又多于幕友，凡此头上加头，脚下添脚，直以官场为戏场，自取纷淆而增弊窦，以虐民害官，求其必败而已”[2]。

民国初年，蔡申之将搜集到的清代长随秘本：《长随论》、《各行事件》、《公门要略》、《门务摘要》、《交代秘决》、《政余杂记》，以及汪辉祖、万枫江、何耿绳、全宝廉、田文镜等人的私家笔记、著作中关于长随之论的内容分类辑录成《清代州县故事》，为我们洞悉长随办理公事的具体情形提供了方便，其中与司法事务最为有关的是门上、签押两大类及管事中的管监。以下分别摘录门上、签押、管监长随办理司法事务诸条：

第一，门上：

> 宅门原是总要之区，关防尤重。凡出入稿件，必须亲自阅目；书役所禀事件，俱要查问明白，自己了然，方可转禀；若发出事件，须看事情缓急，妥为办理。
>
> 解来人犯，面谕差照票验明斗箕。标牌收监后，再拆来文，核对无错方发刑房，照缮短文解票，关签押盖印挂号；

1 《偏途论》，见《近代稗诲》第十一辑。书中讲长随的分工与谢金銮《居官致》中讲的长随分工大体一致。

2 徐栋辑：《牧令书》卷四《用人》，谢金銮《居官致用》。

次早请官升堂点解，吩咐沿途小心，并发回照，交前站差领，如遇该犯带病，当取来解甘结；配军流徒，须要其火牌文件，恐沿途错递。

不论地方烦简，须设粉牌悬挂壁上，或官面谕之事，或上司严限，或案件要务，或应理词讼，摘要登记，以便催办。

如命案逃凶，迅速派差缉捕，勿使迟延，知风远飏难获；窃案满贯，即速回明官，请刑房立即比缉，毋使漏网。

收平级移文通缉事，俱要验明封外件数，将封折看，是何公事。看毕送交签押房，呈官阅判到期，如文书错落不对件数者，即唤把门差役，扣问来差，好备移文回复。假如缉案，速签差查拿。

遇喊冤击鼓等事，即唤值日头目，问明情由，先看案之轻重，有词无词，若无词，吩咐值日头带去做词，而后将词送达，呈官看过，判写日期下来，带交签稿，送刑钱处批，俟签稿房送至门房，再发房出票查究；如紧急事，即回官出板签拿究。

申报上宪有无邪教、娼匪、命盗等事，查明十日一报，名目为旬报，唤刑房办理事由。

遇报命案者，必须看明词情由，令他协同地保及房族、邻人前来告状，将报案之人，交差带往。随即将词呈官阅判日期，一面传齐刑招、仵作及站堂差役等，齐即请官坐堂。问供之后，请示定期下乡相验。前一日令原差前去搭厂，派定夫马，传唤刑房、仵作，令他同官下乡，将报案原词，所问口供、《尸格》，交值堂朋友带起下乡。

原将凶犯、人证如带齐者，即吩咐差役，细心管押，随即请官坐堂问供收监，填清《尸格》，申报上司批解。

每日所办之事，及发承行差票，必要亲手挂记，问明经承某房姓名，原差某人，原被告某人，某人具控某人，诉案词由，方好催案追差。

门房应立各簿，自理词讼簿，抢窃件簿，检卷发房簿，差委书信簿，府批案件簿，命盗案件簿……移文关提簿，解出各犯簿，问案堂事簿，值堂招房缮簿，各宪批发呈词簿。

第二，签押：

官承命案及盗案，若不招口供，用刑时刻，要上前去看，或跪练，或上夹棍亦要随时查看，恐防书差，不可大意。

官当堂收押人犯，令刑房招房写牌子，回官用朱笔在堂批记。

官审结退堂，令原告具“遵依”，被告甘结，随即令招房将口供誊清，自己看过，招房改供有无弊端，有无错漏。看毕繁卷面上，件件呈官判阅；判毕，将口供套入卷内，送交签稿，转送刑钱处核办。

唤承发房送牌呈官，定期考代书，有规矩，薄厚不等。

官到任之后，务要回官，出严禁私宰、赌博、窝娼、酗酒、行凶、私铸、私硝、强讨乞丐、迎神赛会、吃斋教匪等告示。

前任移交案卷，务要查明，有无命盗、奸抢、上控批审之案，如有此等要紧之案件，即调卷查看，若未定供，即回官急速提审；或有要犯人证未曾拿获者，速催该房送稿出票限差严拿，方好定供，详报上宪，免本官耽受处分也；有要紧之案自己立号簿挂号登记，另为稿出，方好催案；前官移交寻常田土、钱债等案，均要调卷查明，方好出票传审结案。

有息案及审结之案，差票在外，均要唤役进署，立限缴入门房，自己回官，请朱笔标“销”。

放告状词，门房送来号簿，急转值堂。

状词完毕，官退堂时，值堂将状的新旧呈词送来，随即点明件数，查新词若干，旧词若干，将词分记清单，交送门稿，问承发房缴状词规费，即将新旧呈词送至号件处挂号；挂毕，分送刑钱处批，刑钱处批毕送来，即将呈词批语呈阅核改承行；官承行毕，将词送交誊批处；誊毕送来，将粘条副词抽出存内，注明年月日，防备稽查。

如门上送文进来，有先送官看，后送师爷看者，有先送师爷核定，再送官看者；有不待师爷与官看过，先行发办者，论其轻重缓急，临事变通办理。

申报命盗、奸拐、抢劫、殴伤、详销上控、或发审旧案等情，务要将详文册卷及画图之《尸格》件件对明，自己送至号件挂号；挂号毕，送来自己看过，送交门房，由门房亦要细心看过，再行封口发出。

凡差役将人证传齐送进来之到单，即唤差役原差将签押缴销存案。

凡师爷核出稿件，即时看过一遍，有紧要者，随时送官核夺……

地保禀报路毙命者，即将禀贴送至刑钱处批判，随即传值日头目同地保前去搭厂，并令预备棺木，伺候官去相验。

令禁卒、牢头决囚之时小心防守，切莫等犯人知道，将三班衙役传齐，请武官令营兵监外围住，请捕厅守住监……

用印之时，先看稿上画“行”未画“行”，次看师爷之图章，一切文牌号票稿，无稿不行，无“行”不印。

缉批、挂号、解犯口粮均用正印。

差票标“速”字，批解人犯者标“慎”字、“获”字，或判“防”字，要正写，听审牌示标“遵”字。

标判之事原系代官之劳，不可轻动朱笔，除签套应办外，非奉谕断不可轻动乱用为要。

第三，管监：

令刑房开进更夫、禁卒、看役姓名单。

令刑房备送每日过境之犯人，务要签清文上名数，即唤值日书差同去点名，并看刑具齐全否，又看红衣红裤齐全否。

凡递解人犯，饬房照票验明箕斗，有无妻孥，有无疾病在身，标明收禁。

收押人犯，日间总要时常查看刑具。

凡监管监狱、班房，每日收封，总要起更时，不可忽略，必须管监朋友在外看守。……及至号内，即饬经承挨次点名答应，细验锁闭刑具，有无损坏；查点禁役、更夫是否如数，吩咐巡逻，勿许赌博滋事。

官当堂交管犯人，或上宪发来人犯，或捕快拿捕人犯，管押之时，自己与刑房必要亲自送监卡收押，并要吩咐看役禁卒时刻小心。

遇监狱、班房、贼笼人犯患病者，看役具禀，贼笼唤马快，监狱唤禁卒，将禀帖呈官阅判日期，将禀帖交签稿房，送刑钱处批。

每日发给贼笼人犯之粥，务要亲自过目，散给人犯，防看役尅扣。

凡押解秋审招审人犯，出监入城时，须令解役留心防范，恐其亲丁假送，暗递药物，藏于饮食之内。

冬天备办草铺，夏天放出笼外歇凉，夜间仍然收进笼内。

官当堂开释人犯，定要察明卷内保状之轻重，如案重无保状，回官亦难开释。

以上所引诸条，虽然文字鄙俚烦琐，但多为经验之谈，且形象地反映了自主官就任后长随代主官如何管理一切司法事务，行使一级政府的司法职能，似乎一级政府的司法事务都是这些长随在“安排”办理和管理。事实上，确是不少地方官把这些长随“倚为心腹”，依靠他们上下左右传达、层层监督把关，才觉放心。以上这些引文反映的多为州县印官衙门长随的情况，其实，督抚、司道、府衙门的长随也大致相仿。总之，地方政府各级主官的长随对主要职能的司法不仅起协调、沟通的作用，而且还有代主官监督、管理的职能，如果缺少了长随这条“循环线”，整个衙门就无法运转。难怪非常有经验和治事才干的汪辉祖做幕近 30 年后，出任湖南宁远县的知县仍还要用“旧仆五人，一门、一印、一跟班、一司仓、一管厨”[1]。

二　长随的危害

长随的作用虽然重要，但社会地位低下，不仅不能与幕友相提并论，甚至连差役的地位都不如，被视同家奴，不得考试、捐官。乾隆十六年，革职布政使宫尔劝的长随杜七之子杜时昌，捐纳四川叙州府同知，被查出“冒滥名器”，“以图选用”，将杜时昌革去职衔杖一百徒三年。[2] 充当长随，不仅本人不能应试、捐官，其子子孙孙也再无进入仕途的机会。长随与幕友同属主官私人雇员，但幕友身份所限，在求生计之余，还有一点济世理想，且束修丰厚，行为不得不有所检点；而长随则纯为生计而来，被视为“视利之徒”，却没有幕友那般丰厚的收入，仅靠规费为生，是难填其欲的。长随离权力最近，在地方官府的行政过程中起着“循环线”的连接、沟通、协调的重要作用，实际上操纵着衙门公文的运转，但地位低下，无正式的收入，专为生计而来，还有什么坏事不能做呢？地方官不得不用长随，但也不能不防，因为他

1　汪辉祖：《学治臆说》。

2　《刑案汇览》卷七。

们的危害诡秘多端。蓝鼎元就讲：

> 聪明才智之人为僮仆所困者甚多。……门户之司不可不慎，恐其外通胥隶，内结幕宾，凡以财物小利昭本官子弟、亲戚用事之人，其为奸弊难以悉数也；有种游手候充僮仆之人，挟重赀托人荐引，此辈踪迹亦奇矣；买僮仆而使令常理也，买主翁而自然之奴，其意欲何为乎？不什佰其尝焉不已，不千万其偿焉亦不已，其饥而附，饱而飏，又不得言也。用之则极恶穷凶，剥肤入肤骨；不用则怨诽诬谤，造方为图，嘻，可畏哉！[1]

王植也讲：

> 余每见州县作弊，皆与家人连手瓜分，官或有所见闻，则家人曲为掩饰、弥缝，而胥役娄赃，民皆面讲规礼；家人需索，则胥役为之传说，又往往藉十为百，以无为有，而官之声名遂大不可问矣。[2]

所以，谢金銮告诫地方官：

> 今之长随可用者，百不得一，官无主见，妄为收揽，则亦聚无赖之徒以自害身而已。[3]

梁章钜也讲：

---

1 蓝鼎元：《棉阳学准闲存录》。

2 徐栋辑：《牧令书》卷四《用人》。

3 徐栋辑：《牧令书》，谢金銮《居官致用》。

且夫用戚友不如用家丁，用家丁不如胥吏，用胥吏不如用百姓。戚友不肖法难遽加，若家丁则利在前，法在后矣；然家丁之来去无常，胥吏之曹缺永在，其畏法媚官又较家丁为可用也。[1]

其实，长随作弊多与时风、政制有关，且多与官、幕，吏、役串通一气，各职官自有作弊进项之手段、诀窍，则又无论矣。长随之所以存在的意义，就在于他们是地方行政专制集权的代表。

从清代地方政府行政的司法职能讲，以上幕友、书吏、差役、长随都是必要而合理的各级政府的组成人员，是他们的隐治促成了主官的显治，所以，清统治者对他们的存在和作用也予以默认。然而，在封建专制集权的政体下，幕吏役仆毕竟是无权无责之人，只能依附于长官而存在，长官才是国家权力的代表和象征。可是，责任虽完全归咎于长官，却难以保证权力不“流逸”到幕吏役仆之手。在清代的实际情况是，地方各级政府的长官虽拥有全权，掌握大政方针的决策，负有全责，似乎在原有的政体下不能给“多余的”士人提供足够的位置，转而才有幕友、书吏的广大市场，也才有贱役、奴仆的活动空间。因为长官不可能事必躬亲，何况他们多“不谙刑名”、“不知案牍为何事”，不能不求助于人，不能不把事权分诸于幕、吏、役、长随之手。所以，清人一方面讲:“今之吏治三种人为之，官拥名而已。三种人者，幕宾、书吏、长随也。”[2] 却另一方面又讲:“冥司业镜，罪有攸归，其最为民害者，曰吏，曰役，曰官之亲友，曰官之仆隶。四者之人，虽曰无官之责，而实有官之权；官或尚顾考成，彼则但知牟利，是以令人吞声饮泣。故四大洲内，惟此四种人恶业最

1　梁章钜:《退庵随笔》卷五。

2　汪辉祖:《学治续说》，借引邵晋涵的话。

多。”[1]实际上，以上讲的是一个问题的两个方面：清代地方各级政府需要幕、吏、役、长随来运作行政、司法职能，缺其一则不构成一完整的政府，政府也难以运转，官仅拥虚名而已；另一方面，操作政府运转的这四种人又无政治前途，无法律责任，无法定收入。他们有他们的一套行为原则：在运转国家机器的同时，从中要得到不尽的好处，作用与作孽相伴。司法是地方政府的主要职能，事务也最多最繁杂，在其中，这四种人的作用最大，恶业也最深。这就是清人所讲的“衙门除官幕而外，类多喜多事，不欲便休，藉以沾润，故谚云：‘一纸入公门，九牛拔不出。’”[2]其实，官幕又未必不“喜多事”，四种人作孽又何尝不是官的恶业。

1 陈登原：《国史旧闻》卷六〇《涿阳消夏录》卷一《清吏胥》。

2 蔡申之辑：《清代州县故事》。

第六章　清代封建专制政体下地方政府司法职能的失调

不能否认，清代的法制有很大的进步，无论是立法的完备性，司法制度的规范性、严明性，特别是行政立法、司法的力度，都超过了以往任何一个王朝。但是，清代毕竟不是法治社会，其法制的着眼点是为君主集权专制统治服务的，无论其立法，还是司法，都是在维护一个等级森严的社会秩序，维持同等级的法律相对平等和不同等级的法律秩序，并非法律面前人人平等，司法面前“公正允明”。各级政府的权力不仅受法律的限制有限，而且，一般老百姓的人权也得不到法律的完全保护。因而，封建专制政体与法治有着天然的矛盾。不错，按封建法律的内容和原则，清代的法制在调整权力分配、各种社会关系、经济关系方面的作用越来越大，然而，清代的司法并不是一种独立的政治行为，而只是各级政府行政的主要职能之一。与其说清代地方政府的司法职能在于“禁暴止奸，安全良善”，不如说各级主官在按国家法律、政令，完成一种行政职责，政府的一切司法行为都在官僚政治的行政体系之中。因而不能不受官僚政治弊端乃至各种政治势力的影响，从而走向它的反动。

第一节 官僚政治对地方司法的影响

官僚政治是指封建官僚的选用、晋升、黜陟与各级政府机关即官场相结合而形成的一种政治文化。它的核心来自皇帝的权力，它的特点就是等级性。中国古代社会可以说是一种官本位主义社会，以出仕“升官发财”为最高的人生追求，因而，官僚政治这种政治文化一直在社会占据着主导文化的地位。清代也不例外，甚至可以说，这种政治文化的气氛还更浓。然而，正由于这种官僚政治的文化，对清代地方政府的司法职能有着不可低估的消极影响作用。

一 地方官的素质

司法是清代地方政府的主要职能之一，那么，地方官特别是负有司法决断权的各级主官所具备的素质又如何呢？

清代地方官的出身不外乎科举、恩荫、贡生、行伍旗人、捐纳、吏员等诸途，而以科举为主流。科举进士便可立即铨选知县。州县是清代最基层的实体政权，知县官阶虽不高，仅正七品，但职位非常重要，握有最低一级政府的全权，一切治理皆从州县而起，治理的好坏皆归州县而终。所以，清人讲：“天下真紧要之官只有两员，在内则宰相，在外则县令。学者果有修己治人之术，痌瘝在抱，不为宰相，必为县令。”[1]“一州一邑治而一省无不治，然牧令之贤不肖，又岂易考察哉？”[2]牧令之贤不肖不是不易考察，而是清人也自有定论：“儒者未仕时多未尝留意法律，一旦通籍为牧令长，每遇研鞫，茫然莫测其端绪，况能通律意哉！”[3]像汪辉

1 谢金銮：《居官致用》卷一。

2 方睿颐：《二知轩文存》卷一。

3 许乃普辑：《宦海指南五种》之一，《折狱便览》序。

祖做幕多年而又以科举选知县，张丹叔在胞伯张玉田官署读书，“留心听断，暇则与其子向陶公问难，于是，署中之陋习，丁胥之积弊亦且知之矣。……更习刑名学”，而后以太常博士获选地方官者，[1]在清代确实不乏其人。但是，清代地方官中的多数来自不曾涉世吏事、一直埋头于八股文的科举人才，他们既没留意过律例，更无实践才干，“不知案牍为何事”，且品德也成问题。陈宏谋就讲：“世人所谓立志，志科名耳！志利禄耳！每子弟发蒙即便以此相诱，故所夸材隽，不过泛滥于论诵词章，而不复知孝弟、忠信为何事。”[2]然而，这样的科举人才一入仕就任职涉八方、事关一邑之治理的知县，能胜任吗？

关于这一点，早在清初，大思想家顾炎武就提出了异议，并引经据典作了一番精彩的论述：

> 史言开文以后，四海晏清，士无贤不肖，耻不以文章达，其应诏而举者，多则二千人，少犹不减千人，所收百才有一。《文献通考》载：“唐时，所收进士，每岁不过二三十人，士之及第者未便解褐入仕，尚有试吏部一关。韩公（即韩愈）之试吏部无成，则十年犹布衣，且有出身二十年不获禄者。自宋太宗太平兴国二年，上初即位，思振淹滞，赐进士诸科进士五百余人，皆先赐禄袍靴笏，赐宴开宝寺，第一、第二等进士及九经授作监丞、大理评事、通判诸州，其余皆优等注拟，宠章殊异，历代未有也。薛居等言取人太骤，不听。”此太宗初一天下，欲以得士之盛跨越前代，荣观史册，而不知侥幸之心、欲速之习中于士人者，且数百年而不可返矣。又考《通典》，“举人条例：四经出身授紧县尉，判入第三等

1　张丹叔：《问心斋学治杂录》自序。

2　陈宏谋：《养正遗规》序。

> 授望县尉；五经出身授望县尉，判入第三等授畿县尉”。进士与四经同资，是一等之后尽弃其学，而以荣升纳贿为事者，以其得之浅而贵之骤也，其于唐人举士之初制失之远矣。宋初用人之弊有二：进士解褐不试吏部，一也；献文有旨，召试除官，二也。今炫文之途已革，而入官之选尚轻，二者之弊，其一尚存，似宜仍用唐制。若用八股之人才，而使之理烦治众，此夫子所谓贼夫人之子也。[1]

此论颇有道理且具说服力。持有类似观点的人在清代也还不少。如苏悙元讲:“学不足以修己治人，则为无用之学；文不足以明道析理，则为虚浮之文；有行而无学，则行无本；有学行而无文章，则无以载道而行远。故孔子教人，行有余力而学文，又以文、行、忠、信四者并教。然则学行文章固不可偏废也。”[2]庄忠棫讲得更为直接:“为学必期于实用，然所学之事与所用之事不能预相期也。不能预相期则或至不相入，而何以施诸政令？若是之纲举目张也。”[3]然而，这些论述在有清一代一直未能省改士人“侥幸之心，欲速之习”，也未能动摇清统治者骤用科举八股之士之策。这种学非所用的八股进士，即使品学优长，获选州县，勉为好官者，对于专业性较强的司法职能也无济于事。清人程含章言“察看各州县中，才具优长，知勉为好官者颇不乏人，而于承审案件、听断词讼及一切政事，每有轻重不得其平，缓急不得其当者”[4]，因而“通饬各官熟读律例”。那些但知功名、利禄、陋规的坏官，就更不讲求司法之公平，政事之允当，也不管百姓之死活了，只求可从词讼中得多少“通融”和是否得上司欢心。司法成为他们手中

1 顾炎武：《日知录》。

2 《方望溪先生年谱》序。

3 《问心斋学治杂录》叙。

4 《皇朝经世文编》卷二一《通饬各官熟读律例》。

的玩物，眼中的“利薮”。

在清代州县印官的队伍中，有很大一批是捐纳出身，数量大概仅次于科举出身者。自康熙年间，为解决暂时的财政困难，以搜集异途人才为名，开捐纳之例后，捐纳得官就成为正式的入仕之途，到嘉道时已成泛滥之势。据不完全统计，州县官中捐纳出身者要占百分之二三十。[1]清代正式开捐纳之途，是商业经济渗透到政治生活中的体现。不可否认，捐纳出身者中也不乏真才实学之人，实心任事，累迁至督抚、司道大员者也不罕见。但是，这毕竟是少数，而更多的则是既不读书，也不懂律例，专视官场为一本万利的商场，一切司法、政事都是商品，只求过上司一关，贪污受贿、徇私舞弊何有底止。

州县一级的主官素质如此，那么，府、道、司、督抚等官又如何呢？知府多出身科举，且经过州县官的历练，各方面的素质应该说是不错了，可是，已处于监临之官的知府却不愿亲自处理职内事务，正如我们在第三章中讲到的，本该知府审转的案件，往往委之于首县。其实，他们对律例、案牍仍不甚了然。督抚、司道中不少人是科举出身，从州县累迁至者；恩荫、行伍出身的旗人也不少。他们身居高位，事务“繁忙”，更无暇注意刑名例案、公文程式，处理司法事务多为形式，因为事务有他人办理。

清代地方各级主官拥有全权而其多数的素质竟是如此迂腐不实，那么，主官们应该具备的关键素质是什么呢？这就是他们一再强调的“修己治人”，“正己率属，察吏安民”之道。然而，行政法《清会典事例》、《六部处分则例》等却对地方各主官的职责做了种种具体规定，“从来仕宦法网之密，无如今日者”[2]。那

1　王笛：《清代县府结构与知县任职规律——一个计量分析》，1990 年 10 月中国社会史第三次研讨会上提交论文。

2　顾炎武：《日知录》卷八。

么，地方各级主官们又靠什么力量来使政府运转起来，行使国家赋予的各种职能呢？那就是靠幕友、书吏、差役和长随四种人，甚至还包括主官们的兄弟子侄、姻亲戚友。因此，无论是科举出身还是捐纳、恩荫、旗人等出身的地方官，也不论是州县印官，还是督抚、司道、府各主官，都要为考成计，私聘幕友、雇佣长随，既防范又不敢得罪书吏、差役，且幕、吏、役、仆的作用越来越大，越来越重要。

清代地方各级长官拥有司法独断之权，佐贰杂职形同虚设，仅为长官的办事助手。在司法管辖范围内，词讼案件需长官亲自审判，司法事务需长官亲自决断。按行政管理的原则讲，长官倒未必样样精通，事事躬亲，但是，如果对所掌职责的专业知识、行为准则一点不熟悉，甚至不屑去熟习，那势必有被具体办事人员欺蒙之虞。因为吏胥“身入公门，虽非官僚可比，然使舞文弄法，则下之欺官，上之即以欺君；世之吏胥，往往自谓身处下流，已无出头之日，故种种邪谋，无所不至”[1]。包世臣就曾揭示省城督抚、两司、首府幕友与书吏勾结欺蒙本官之弊：

> 定例：“院司幕友不许过五年，后任不许接前任旧友，违者议处。”甚严！原以日久则弊生，不可不防其渐也。近日外省院司幕友甚至有盘踞数十年，接连七八任者。其弊由于督抚两司首府同在省城，官虽互相监辖，幕则连为一气，一处换官，则三处之友并力引援，偶有生手参错其间，则三处并力倾轧，必使之仍延旧友而后止。该幕友皆住家省内，年深月久，院司书吏奔走其门，通书递息，曾无间隔，且每遇案件，援意书吏先查成案，且禀请示，幕友即于该书禀上批“唯吏”，迭加批驳，俟该书再三援案禀辨，仍复准其原禀。

1　沈保桢：《居官圭臬》卷上。

在本官见幕友批驳该书，以为秉公，不知该书实先受幕指以为腾挪日期，外间议增贿赂之地；即有精顽之员，难保不坠入术中，若稍近阘冗，则唯拱手受成而已。该幕等根深蒂固，招聚徒从，荐与府县，管理刑钱重务；府县知延其徒从则公事顺手，并可借为关通。外省吏治之坏，多由于此。[1]

地方官上至督抚，下至州县印官，不仅不熟悉刑名律例，甚至连公事文稿都不阅览，完全被幕、吏、役、仆玩于股掌之中。闽浙总督兼福建巡抚陈宏谋就揭示了闽省这一弊端：

闽省官吏，陋习相沿，以为官衙文稿只须付之幕友，抽此身应酬官场，何苦劳心案牍，来见上司则问幕友索一纸节略，临时强记，问及则以眼前浮泛语句来相抵对；一加驳问，原委未悉，左支右吾，不觉面赤。如此虚拥一官，是非赏罚听人指使，何啻土木傀儡耶。[2]

所以，宋陈襄认为："今之为官者，皆言'吏之贪不可不惩，吏之顽不可不治'。夫吏之贪顽，固可惩治矣，然必先诸已以率吏。"[3]地方官本身既不熟悉刑名律例，又不阅文案，且为了逢迎上司，贪污馈赠，徇私舞弊，又怎能禁止幕、吏、役、仆之弊呢？

于是，州县常常积压自理词讼，日积月累及千累百，"署前守候及羁押者，常数百人，废时失业，横贷利债，甚至变产典田，鬻妻卖子，疾苦壅蔽，非言可悉"[4]。词讼纠纷时常发生，最关民心所向，所以，地方官勤于词讼者，民心爱戴。但是，词讼却无

1　包世臣：《安吴四种》卷三一。
2　《皇朝经世文编》卷二二《申饬闽属不阅文稿陋习檄》。
3　宋陈襄：《州县提纲》卷一。
4　包世臣：《安吴四种》卷三一。

关考成。州县莫不以获上为心，只要明于刑案，便可得上司倚重。于是，州县官玩视民瘼，或以既得于上，反恣意以问讼朘削其民，“常有上司指为能员，而民人言之为切齿者”[1]。积压自理词讼不仅是州县的责任，地方各上司都有责任。自理词讼本有按月册报各上司查核之例，因无关考成，上司不作硬性要求，也逐渐废弛了；州县交代案册申送，只是按前届交付原册略增数案。所以，包世臣讲：“今若以数十积弊而一旦绳以一切之法，则外省大小各官，无不被议。”[2]

州县以积压自理词讼为常事，而省城督抚则为解决亲审不过来的积案，从乾隆朝兴起了“委员代审”制度和建立起“发审局”的机构。

一些州县官为规避责任，往往主动将案件申请提省办理。督抚、臬司接到这类案件，又往往发交省城所在的首府、首县会审。同时，因地方案件繁多，督抚、臬司又常把已经亲审的疑难案件发交首府、首县重审。于是，首府、首县负担太重，只得请“委员”帮办代审。委员即委派之员，多属在省城候补实缺的官员无事可做，也无俸禄收入，获得委差，便有规费补贴，所以乐于充当委员。乾隆帝曾在奏折上多次朱批，“外省动称委员，此风可恶，似此异常之事，亲审何妨……”[3]然而，乾隆帝的朱批并未禁止委员代审之风，反而逐渐演变成了一种制度。道光二年，御史程缟采就奏陈委员代审的弊端：

> 各省首县秋习，专以伺候奔走为能，署中多请委员帮办案件，遇案则先为授意，并不自行审理。该委员以非本任之事，兼无承缉之责，即讯有端倪，因瞻顾首县考成，不肯认

1 包世臣：《安吴四种》卷三一。

2 包世臣：《安吴四种》卷三一。

3 档案《朱批奏折》，法律类，命案，第5包，两广总督李侍尧奏折上朱批等。

真推究。[1]

然而，因这样的指陈并未动摇外省委员代审的制度，相反，督抚之下还建立起了“发审局”的机构。

发审局又叫谳局、总局，专门办理一省案件的复核，以及秋审和其他司法事务，类似“省高级审判厅”，但发审局却非国家正式设置，只是一种临时性机构。如道光十六年，山西省定下这样的发审局规章：发审局设在首府太原府，由太原府派员督率审理，以候补知府、直隶州知州二员为提调，候补州县四员为正委，四员为副委，提调和正副委承审案件，局的费用由首府“捐廉”[2]。这种发审局最初为清理积案所设，随办随撤，所以嘉庆帝说，各省“无庸设立总局”，督抚应饬令地方官“随时速为审理，免致积压拖延”。[3]可是，后来发审局不但未废除，反而发展成为“常设性的临时机构”了，各省均设。发审局的出现是因地方案件繁多，仅靠臬司难以承办，并且在省候补官员太多，无所事事，需要得到适当安置。所以，时人讲:“各省有发审局承审案件，为京控之驳回原省以交局者，或上控之提审交局者，而莫不以候补道为总办，候补府为提调，候补同知、州县为承审员。承审员有定额，承审数年，辄得署缺以去。”[4]结果不只是发审局，还出现了一大批各种名目的“局”。

清代在职的实缺地方官多不能通晓刑名律例，不览程式文案，既不能禁止幕、吏、役、仆舞文弄法，作弊营私，又难以正常行使其司法职能，致使积案如山，生灵涂炭，委派候补官员代审的“发审局”就能祛除这些弊端吗？回答自然是否定的。时人讥讽这

1　《朱批奏折》，内政，职官，第366号。

2　刚毅：《晋政辑要》卷三四。

3　《清仁宗圣训》卷一〇，嘉庆十二年三月己未上谕。

4　徐珂：《清稗类钞》第3册《狱讼类·发审局判讼事》。

些候补官员，“若辈类皆夤缘进身，绝无法律知识，自号老吏，惟以锻炼迎合为事”，案件“一任吏胥之舞文弄法而已”。更为可怕的是，“一案到局，无有即审即结者，穷年累月，人民且求死而不得也”[1]。弊端依然如故，反倒增添了一层代审之锻炼。

二 官场陋习对地方司法的影响

清代地方三级政府实行长官负责制，长官对下级职官和同级僚属官不仅有三年政绩注考之权，而且有揭报题参之权。督抚之权尤重，代表皇帝坐镇地方，治理一省或数省，对阖省文武官员行使考核权，“官吏贤否去留，凭督抚文册”[2]，贤则向中央推荐提升，不肖则请求革职，违纪、违法则随时题参、议处。另外，督抚对文职道府以下，武职副将以下的官员可以直接任命，因此在地方形成为得官、保官、升官的种种官场陋习。

清代官员在讲到聘延幕友、私雇长随时，往往要辩解一番，说政务繁忙，不得不需人协理。不错，清代在机构设置，官僚编制上是有弊端。但就此而言，官员们说的政务繁忙并非是其本人忙碌得不能抽身。他们的忙碌并不在于公务之中，而是忙于官场奔走的各种陋习之中。有人估计，清代官员只花了三分精力和时间于政务，却花了七分精力和时间于官场陋习之中。

“新科躁进者每多依托乡情世谊，投拜大位门下，朔望问安，昏夜谒见。”[3]他们从考中新科进士开始，就忙于奔走经营。得官之后，下级官定期要到上司衙门请安。乾隆年间，两江总督衙门有一种惯例，每天清晨，在省的司道府县等官不论有事无事，都要到总督衙门前“参谒候见”，“不知其何所为”。[4]其实，何止两

1 徐珂：《清稗类钞》第3册《狱讼类·发审局判讼事》。

2 《清史稿》卷一一一。

3 档案《黄册》文第5266号，御史条陈清册，山东御史朱丕烈奏。

4 《皇朝经世文编》卷一六，袁枚《复两江制府策公问兴革事宜书》。

江总督衙前，各省督抚、司道、府衙前都是如此，“凡州县之与府厅，府厅之与司道，司道之于督抚，往往师弟相称，执礼维谨，借门生为献媚之阶梯，假执贽为行贿之捷径，甚或旷废职责，专务逢迎，馈节贺寿，百计结欢，上官乐其趋承”[1]。这就是汪辉祖所说的“获上是治民第一义”[2]，而这种“获上”并非仅是公事获上司赞赏，在许多官员眼里则实质性的“馈节贺寿，百计结欢”，然后才得以公事过关，上司赞赏。在馈节贺寿上，一层层地往上，处于基层的州县担子最重，每位州县印官都有一本厚厚账簿。《官场现形记》为我们提供了一分州县礼节账簿清单：

> 向来州县衙门，凡遇过年、过节以及督、抚、藩，臬、道、府六重上司或有喜庆等事，做属员的孝敬都有一定数目；甚么缺应该多少，一任任相沿下来，都不敢增减毫分。此外，还有上司衙门里的幕宾，以及什么监印、文案、文武巡捕，或是年节，或是到任，应得应酬的地方，亦都有一定尺寸。至于门敬、跟敬，更是各种衙门所不能免。另外，府考、院考办差，总督大阅办差，钦差过境办差……重重叠叠，一时也说他不尽。[3]

动辄一次就是数十上百两白银，缺分大的得送三五百两。有位叫瞿耐庵的候补知县，靠他太太认湖广总督女儿为干妈的关系，捞到个兴国州知州的实缺。前任王柏臣知瞿耐庵生性吝啬，有意收拾他，在离任前将这本节贺礼账簿的各项数目改小。结果，瞿耐庵到任后，对上司的馈节贺寿之礼都不足额，不到一年就被参了

1　《皇朝经世文编》卷二〇《清厘吏治三事疏》。

2　汪辉祖：《学治臆说》。

3　李宝嘉：《官场现形记》第四十一回至四十二回。

下来。[1]无缘奔走高门的九品、未入流的佐杂微末之员也不甘寂寞。有一本佚名的《佐杂须知》，专门教给佐杂微员如何接待上司，如何送礼，如何请安，在若辈中广为流传。比如送礼，太重恐怕长官不收，就以“送土宜（土特产）”为妙，多则十二色，少则八色，无论如何“必求收几色”。这样，审案办事，“该得钱时则千万不可不要”，不然人家要笑你愚拙。[2]有清一代这种对上司的献媚之风一开始就相当盛行。地方官刑名例案、文牍程式可以不懂，词讼、政务可以久拖不结，但上下左右的关系（当时叫“关节”）则不能不奔走，特别是如何维持好与上司的关系，这比什么都重要。所以，雍正时的文华殿大学士田从典在《请禁滥调书》中指出:“州县求调之弊大约有三：一曰希图美缺也，一曰预为卓荐之基也，一曰规避冲繁之地也。在督抚滥调之弊大约亦有三：一曰曲徇请托也，一曰公行贿赂也，一曰引用心腹也。”[3]督抚滥调与州县求调相对应，下趋上欢，不亦乐乎，多么深刻的刻画。难怪胡天游在为死人作的墓表中大声疾呼:“呜呼！吏政积弊久矣，州县尤甚焉。……予见天下宰牧令者，置民事不问，惟趋走呵媚，为贤往往迁擢去，阘冗陋瘴或多至大官。”[4]

地方官忙于迎上，还得回过头来弥补亏空。因为官俸很低，养廉银也有限，衙门内开支本来就很大，还要应付上司的各种节贺之礼，除了收受贿赂，增加各种规费，征收火耗，在词讼多找通融之机外，不足部分就不得不动用公款库币，以致出现巨额亏空。这就是清代地方贪污亏空的原因。不少地方官因弥补不了亏空而被参革而去，有的则一任任往下转移亏空，愿承担弥补前任亏空倒成为获得实缺的一个条件。

1 李宝嘉：《官场现形记》第四十一回至四十二回。

2 会稽卧牛山人原编，琴城浩斋居士校订：《增删佐杂须知》。

3 《皇朝经世文编》卷二〇《请禁滥调书》。

4 《碑传集》卷一〇〇《郑令鼎勋墓志》。

至于公务，并不难办，“州县至繁，亦不过半日之公事”[1]，加上年节、封印、农忙停讼，一年大概还没有三分之一的时间用于公事。其实，就以办公事而言，不就等于办公文，公文仿佛不是为政务活动服务的，而是一种目的，衙署和官吏都为公文而存在，公文上呈下转了，官吏的责任也就完成了。至于公文的办理，自然就得靠幕友、长随、书吏、差役了。

在这些官场陋习之下，地方官只“知有上司而不知有民，定稿案则逆计上司之准驳，不问舆情；办差务则迎合上司之欢心，不恤民力。上司保题考语，或云才情练达，或云办事勤能，往往声名平常之人，亦滥登荐牍，甚有甫经送部引见，而所属百姓来京控告扰累者”，严重影响其司法职能的正常行使。清代司法审判及一切司法事务的逐级转核管理，完全陷入应付上司的官场故套之中，只求对上级“负责”，不求对司法审判和司法事务的结果认真负责。早在顺治十二年，就有人指出此中之弊：

> 从来盗贼人命重大事情，院道不得不批府厅，府厅不得不批州县，势也；府厅三四驳而详之司道，司道三四驳而后详之抚按者，例也。此例牢不可破，即层累而上，旷日稽时亦非年余可了。况乎批驳为害更有不可言者，或事多犹豫则脱卸以俟后人，情有异同则模棱以需是论；或暮夜之金可入，凭贿赂为展办之资，情面之缘，可假借驳审示公道之大；或意主先入之言而不顾情理之当；或翻穷凶之案，而不参舆论之间；甚至刻拿为威，假酷吏以泄其忿，罗织为明，授意旨以济其贪，令无辜赤子饮恨吞声，莫可控诉。[2]

即便府、司监察发现州县上报刑案案情不实，拟罪不当，也“多

1　《皇朝经世文编》卷一六《通饬各官熟读律例》。

2　《皇朝经世文编》卷四四《严批驳以清积案》。

批本县自行审详，即别委他员，亦令原官会审……势必自护前非。差役皆其爪牙，气急刑求，小民恐无能华其词，委员又何以证其枉？……非惟冤抑莫伸，更增一诬告之罪，及上司依详批结，而立案不可动摇矣”[1]。此“沉冤”谁雪？多少州县的冤错假案，反而经过这种监察批驳、会审覆审而更增加其合法性，成为不可昭雪之案，造成无数冤死逆鬼。这种逐级监察转审之制，“原以慎刑狱，而明则狱囚遭无辜之拷掠，暗则解役增守候之浮费，迨解役所费既多，内以挟制其本官，外以取偿于编民……直使家居良民横被扰害”[2]。危害的面不仅局限于案之两造、亲属、佐邻，州县官受差役挟制，百姓也徒增无端扰累。所以，陈宏谋讲：“官场陋习，上下衙门终日忙迫，究竟实在及民者甚少。”[3]不是危害及民者甚少，而是实惠、方便于民者甚少。

按理说，刑案急关考成，各衙门都聘请刑幕帮办，应该是速审速结。然而，实际情况是，各衙门不仅以封驳拖延时日，而且有意拖延不审，欲图从中取利。嘉庆二十五年二月，直隶省按察使向下发了一道宪牌，申饬各州县应认真审办案件。文中讲到，近来各地方官“养尊处优，不以公事为事”，案件“逾限不审不解”，上司也“置若罔闻，任其延宕”，上下衙门“无论案情确否，罪名之当否，即依样葫芦，照转了事”。[4]刑案还有案可察，而自理民词上报府道查核已废弛，则是监而不察了。督抚无案可查，又不急关考成，州县便可漫不经心，“常至经年累月，延搁不结，而两造多人之守候拖累，胥吏衙役之差提需索，地方讼棍之恐吓唆骗，百弊丛生”[5]。难怪包世臣无可奈何地感叹刑名之坏：“故大

---

1 《皇朝经世文编》卷九三，吴绶绍《请禁原官公审覆审疏》。

2 包世臣：《安吴四种》卷三一。

3 梁章钜：《退庵随笔》卷五《官常二》。

4 档案《顺天府全宗》第55号，直隶臬司“宪牌”，东路厅转发。

5 《皇朝经世文编》卷九三，陈宏谋《请饬巡道清查讼案疏》。

狱之兴，源于小讼之不结，小讼之不结。源于胥役之贿搁；胥役贿搁，源于解犯之垫赔；解犯垫赔，源于发审之展扣。”[1]

清代地方官审理，审转词讼案件，《大清律例》、《六部处分则例》、《清会典事例》等都严格规定了各级的“审限”，逾限，例有处分，督抚题参。但是，在内阁、吏科、刑科题本中很少发现有单纯因审案逾限而被参劾者，因为官员们在幕友和书吏的帮助下，总会找到各种合法的“展扣”理由，或官员公出，或隔境调卷，或监犯及有关人证患病，或案犯或同案犯未捕获等等。每一刑案的题本结尾处都声明审限及“展扣”理由，成为一种毫无意义的公文程式。正如《清史稿》所言:“然例虽严，而巧于规避者，盖自若也。”[2]所以，研究清代地方政府的司法职能，不必举那些大贪大蠹、奇冤大冤的例子，从官场陋习中便可看到地方吏治的普遍腐败，就可以揭示清代社会的一般法制状况。因为清代社会的司法主要依靠的就是这样一班地方官，而这班地方官又依靠着一群群隐治的幕、吏、役、仆。

第二节　绅衿对地方司法的影响

清代，进士、举人、贡生、监生和生员统称为绅衿，也泛称绅士。前四种人束大带，穿着纱帽圆领，是古代士大夫的衣着，称绅；生员即习惯上所谓的秀才，穿戴青色襕衫、头巾，是学中生员的服饰，称为衿。进士肯定可以做官，但在中进士后未做官前还不是官员。举人、贡生可以做官，但未能做官而闲居在家者占绝大多数。监生原本是国子监肄业者，初由学政考取，或由皇帝特许。乾隆以前，考课相当严格，后来则仅存虚名，不再被重

1　包世臣：《安吴四种》卷三二。

2　《清史稿》卷一四四《刑法三》。

视。一般所称监生仅属与生员同级的功名，由捐纳获得，也可参加乡试。如未入府、州县学而欲应乡试，或未取得科名而欲入仕途，都必先捐监生作为出身，但不一定在监读书。另外，做了官或做官告假在籍、休致回乡者，仍然为绅，所以，绅又称乡绅。正如黄六鸿所言："本地乡绅，有任职系外者，有告假在籍者，有闲废家居者。"[1]《儒林外史》第四十七回讲虞秀才修成元武阁，地方官和绅衿都来参加庆贺法会，"后边的客分做两班：一班是乡绅，一班是秀才。乡绅是彭二老爷、彭三老爷、彭五老爷、彭七老爷，其余就是余、虞两家的举人、进士、贡生、监，共有六十七位，都穿着纱帽圆领，恭恭敬敬跟着走；一班是余、虞两家的秀才，也有六七十位，穿着襕衫、头巾，慌慌张张在后边赶着走"。乡绅与秀才不仅是穿着服式上的差异，其地位和对地方的影响也有区别，自然是乡绅的地位更高，影响也更大。

一　乡绅巨室的违法不仁

在封建社会里，人是分为不同等级的，不同等级的人有着不同的地位和权力。清代的法制就是为维护这种等级社会秩序服务的。在清代，士为齐民之首，乡绅更是士中之领袖，因为乡绅在地方人数不多，且学富五车，是最具有圣贤教养之人，所以是政府的重要依靠力量。乡绅都是在任和未得职的官，具有与官同样的粮、差优免权；在法律上的特权也与官一样，若涉讼，需经督抚题参，由礼部革退其功名，吏部除去其仕籍，然后才能提审和用刑。对于一般有功名的人，《大清律例》都是网开一面，"若举监生员冠带人犯，非奸盗诈伪者，流徙以下并听纳赎"[2]，以免受流离之苦，保士人之体面。对于乡绅的司法那更是慎之又慎。

1　《福惠全书》卷四。

2　《清朝文献通考》卷二〇九。

“士为齐民之首，朝廷法纪不能尽喻于民，惟士与民亲，易于取信，如有读书敦品之士，正赖其转相劝戒，俾官之教化得行，自当爱之重之。”[1]清代地方官在实施教化、兴办乡间教育和维护社会治安等方面多倚重乡绅。一般的乡绅在这些方面也确实起到了一些积极作用。所以，地方官的经验是：“为政不得罪于巨室，交以道，接以礼，固不可以权势相加。”[2]因为“绅士为一方领袖，官之毁誉多以若辈为转移。采其行端望重者，偶一俯交，便觉正气隆重，人知向方，再为观风月课，整饬斯文，则众口成碑，宵小之徒气类萧索，自阴消无数事端”[3]，地方官员为取得好名声，或办好公事，必须取得仕宦之家和一般乡绅的支持。黄六鸿谈他在任知县时对乡绅的态度：“其交际之间宜待之以礼，用刺相观悉照旧规；其有切己事或兄弟子侄横罗意外，必周全体面，所以重衣冠而扶名教也。”[4]州县官对本境之司法事务有完全的决断之权，对平民百姓甚至可以为所欲为，然而对待乡绅则又是另一番面孔，必须“待之以礼”，如“横罗意外”，还必须“周全体面”，有意同地方势力派交好，诸种事务征求听取他们的意见。因为乡绅在本地既有政治势力，又有经济势力，无论在任，还是闲废家居者，在官场都有不少故旧门生，即使休致回乡者也与官场有千丝万缕的联系，对地方官有一种直接或间接的影响作用，稍有不慎，被上参一本，就得吃不了兜着走。康熙时，徐永言做无锡知县，与留居县城的前任李继善、邑绅秦某交好，县里出了打官司的事，必须按照李、秦二人的意见办理，因此时人说这里有三个官。[5]所以，地方官一再深有感触地讲：“夫为政不难，不得罪巨室；巨室

1 徐栋辑：《牧令书》卷一六，王凤生《绅士》。
2 徐栋辑：《牧令书》卷一六，王凤生《绅士》。
3 徐栋辑：《牧令书》卷一六，何耿绳《绅士》。
4 《福惠全书》卷四。
5 黄印：《锡金识小录》卷四《国朝邑令》。

者，众民之取信也。”[1]“不得罪于巨室、乡绅”是有清一代地方官为政的普遍信条。

清统治者非常重视绅士在地方的作用，对其维护统治的“积极”作用大加鼓励和表彰，对其扰乱统治秩序、违法不仁的行为也进行有力惩治。雍正四年，雍正帝在上谕中对士人加以整顿，既提出希望，又指出其弊端，决心严加整饬：

> 为士者乃四民之首，一方之望，凡属编氓皆遵之奉之，以为读圣贤之书，列胶庠之选，其所言所行俱为乡人法则也。故必敦品励学，谨言谨行，不愧端人正士，然而以圣贤诗书之道开示愚民，则民必听从其言，服习其教，相率而归于谨厚……如古人之往事，则民风何患不淳！世道何患不复古耶！朕观今日之士，虽不乏闭门勤修读书立品之辈，而荡检逾闲、不顾名节者，亦复不少，或出入官署，包揽词讼；或武断乡曲，欺压平民；或违抗钱粮，藐视国法；或代民纳课，私润身家，种种卑污下贱之士难以悉数。彼为民者，见士子诵读圣贤之书，而行止尚且如此，则必薄待读书之人，而并轻视圣贤之书矣。士习不端，民风何由而正，其间关系极为重大。[2]

这里说的士，是指学中生员士子，但这次整顿不仅仅包括生员。雍正帝下令取消一切“儒户”、“官户”、“宦户”等名目，要求将绅衿与齐民一同编入保甲，除免其本身粮、差外，其家人与齐民一同纳粮、当差。由于清代士人圣贤书的信念已经淡漠，而追求的是实在的升官发财、为富不仁，所以，雍正帝又在雍正七年

1 姚莹：《皇朝经世文编》卷二三《覆方本府求言札子》。

2 阮元等撰：《广东通志》卷一《训典一》。

一上谕中为绅衿富户开导保全之道：

> 直省各处富户，其为士民殷实者，或由于祖、父之积累，或己身之经营，操持俭约，然后能致此饶裕，此乃国家之良民也；其为乡绅有余者，非由于先世之留遗，即己身之俸禄制节谨度，始能成其家计，此乃国家之良吏也。是以绅衿庶中之家道殷实者，家居五福之一，而为国家所爱养、保护之人，则尔等本身安可不思孳孳为善，以永保其身家乎？夫保家之道，若奢侈、靡费固非所以善守，而悭吝刻薄亦非所以自全。……朕为此劝导各富户等，平时当以体恤贫民为念。……从来家国一理，若富户能自保其身家，贫民知共卫夫富户，一乡如此则一乡永靖，一邑如此则一邑永宁，是富户之自保其家，犹富户之宣力于国也。[1]

这篇上谕反映了中国封建社会一以贯之的统治思想：家国一体，既要保护绅衿富户地主阶级的私有财产，又不希望他们过于剥削农民，为富不仁，更不允许他们与国家争利，与国家对抗，贪利违法，而是希望他们为国家分忧，救济灾荒之区，体恤贫苦之民，以保证足够的纳税自耕农、半自耕农的存在，保持一个礼义仁爱、温情脉脉的统治秩序，深恐"民间贫富不均"。当然，这只有在吏治情况好的条件下才能出现。

然而，就是在清初至乾隆中叶，吏治情况较好的时候，绅衿富户特别是世宦高官大绅之家欺压百姓、违法不仁的现象也比较普遍，吏治坏的时候就更不用说了。雍正四年，河南项城监生胡虞义、胡大林叔侄争产互控，进士王辙命同族武生王甸极包揽其词，协议胡大林送银 100 两，先交 20 两。后来胡氏叔侄经亲友说

1　阮元等撰：《广东通志》卷一《训典一》。

合愿意息讼，不肯再给谢银。王辙带领家人抢夺胡大林家骡子，说是抵值 30 两，并索要余下的 50 两。[1] 王辙是大绅，竟敢如此欺凌同为乡绅的监生，对平民百姓就可想而知了。这些世宦大绅自然不便亲自包揽词讼，但暗中指使，权势制压，左右地方的司法，是他们的惯用伎俩。最为严重的是，这些世宦高官大绅及其家亲、奴仆违法不仁地强夺民财、伤人害命、多方规避惩罚。康熙二十九年九月，江苏昆山县民邵德呈控大学士徐乾学子侄姻亲勾结官宦屠民诈财状，“种种坑害，皆由恃官恃宦，料德无门可诉，故敢无法无天”，称“庇护官宦不法，狼狈为奸的童县令慈祥，允称父母，衣冠劫夺，即同寇盗”。[2]《清代档案史料丛编》第五辑选刊康熙二十九年至三十一年间苏南各县县民控告徐乾学、徐元文、翁叔元、王掞、叶廷玉、蒋子成等显宦高官或本人，或其兄弟子侄姻亲、或其家奴倚势横行、鱼肉乡里的呈状就达 34 件之多，未选刊者不知其数。当地州县官对于这些呈状，除了庇护大绅外，不敢为之奈何，因为他们坚信“为政不得罪于巨室”的信条。这些案子往往要上控到督抚乃至通天到皇帝御案上，才有所回应。乡绅或其家亲涉讼，或公开受到州县官的庇护，或托人代理出庭，暗中对其操纵。名臣李光地对命案久悬，难以审结道出个中缘故：“只因地方官遇有人命之事，或为权势制压，或以利欲熏心，故为迁延迟缓，以图出入开脱之法。”[3] 然而，李光地却不能保证他的后人和族人不凭权势制压地方官，违法不仁地欺压百姓，鱼肉乡里。雍正七年十二月初八日，福建观风整俗使刘师恕奏报：

> 安溪县大姓以原大学士李光地家为最，伊孙举人李清机颇不自爱，现有告案发审未结，其本家亦有争产至控之事。

1 田文镜：《抚豫宣化录》卷一《题为特参豪绅劣衿倚势嚼民以安良儒事》。

2 《清代档案史料丛编》第五辑，第 1~11 页，中华书局，1979 年至 1981 年。

3 《皇朝经世文编》卷九三《请严定承审命案处分疏》。

安溪旧有铁矿，每年额课银六十两，炉五座，俱系李家开采报课，又于别处私开，已有来告者。[1]

在同一奏折中，刘师恕还揭露了漳浦县两位在朝京官之家的种种不法：

侍郎蔡世远之子蔡长汉于漳浦县盘陀等处私设墟丁、牙埠，抽税入己，鱼一担抽三十文，棉花一担抽三十文，小猪每只抽十二文，大猪每只抽银五分，店房一间每年税银八钱至一两五钱不等。翰林李实蕡家亦于盘陀设墟收税。知县李曙与李实蕡同年，与蔡、李两家相好，每多袒护，是以两家子弟横行无忌。[2]

由于地方官的袒护、惧怕，乡绅巨室武断乡曲，欺压百姓，争财夺利，为富不仁，甚至伤人害命等不法行为在清代是一种普遍现象。即便乡绅官宦本人严于律已，廉洁奉公，体恤爱民，也难保能约束自已的兄弟子侄姻亲的不法行为。即使其能约束兄弟子侄姻亲，也难保其家奴不倚势横行，何况这样的官宦乡绅在清代实属罕见。这就是等级社会的特色。

乡绅影响地方司法还有一点值得一提。家国一体，家训、族规与国法一脉相承。清代大力扶持宗族，希望一些社会不安定的因素能在族内得到消弭，允许族长对族内纠纷调处息讼，甚至允许族长可以惩处有轻微犯罪的族人，而这些族长往往就是由有声望的乡绅担任。如雍正时的浙江总督李卫是徐州人，身系“大宗

1 《宫中档雍正朝奏折》第十五辑，亦见史松、林铁军主编：《清史编年（雍正朝）》第四卷，第420页，中国人民大学出版社，1991年。

2 《宫中档雍正朝奏折》第十五辑，亦见史松、林铁军主编：《清史编年（雍正朝）》第四卷，第420页，中国人民大学出版社，1991年。

嫡长，平素家居，族内诸事，例得主之”。他在杭州官署时，因家乡族弟李怀瑾、李信枝“任意放纵，不循礼法”，遂将他们“拿解赴浙，以家法惩治，圈禁在署”。[1]可见，李卫在外地任官也没放弃族长的权力。在很多情况下，族长往往扩大自己的族内“司法”权，不仅是将“任意放纵，不循礼法”的族人予以惩治，甚至藐视国法，将族人处死。更为国法所不容的是，由高官巨宦为族长形成的强宗豪族往往约束不了族人，倚势欺压他姓小族平民，甚至有与官府对抗者。乡绅巨室再与宗族势力结合，其势更炽，不仅严重影响地方的司法公正，而且也是清最高统治者颇感头痛的问题。

应该说，清政府对乡绅尽量向维护其有效统治方面引导，将他们作为社会的中坚力量加以依靠，对乡绅特别是巨室乡绅的不法行为控制在一定范围以内，对民愤太大乃至与政府对抗的事件或行为也给予严惩、镇压。在有清一代，乡绅对维护地方的社会稳定、监督地方官贯彻执行专制统治法令等方面，确实起到了重要的作用，然而，乡绅特别是臣室乡绅的违法不仁也确实又是地方社会不稳定的一个不可忽视的因素。

二　代书、讼师与绅衿

以儒学为主的封建统治思想，至上的理想是建立一个君君臣臣、父父子子、尊尊亲亲、清平无讼的“德治”社会，对于不符合这种理想的言行则予以严惩，所以，封建统治者的治国方针被解释为“德主刑辅”。清王朝是以少数民族入主中原而建立的中央王朝，清最高统治者生怕被汉族视为“蛮夷”之人，因而极力继承以儒学为主的汉族传统的封建统治思想，康熙帝以崇儒重道自称，雍正帝作《朋党论》，为“华夷之辨”释辨，力图以正统的儒

1　《朱批谕旨》第四十一册，雍正六年七月十八日李卫奏折。

学统治者自居。

由于封建统治思想长期而全面地向社会灌输，在中国传统文化的宝库里积淀了这样一种思想观念：告状打官司是一种“失礼”的不好行为，健讼更是一种坏风气。因而历代统治者禁止人架词唆讼，清代则更是如此。但是，社会总免不了告状打官司，特别是历史发展到了清代，随着人口的增长，社会经济的发展，商品经济的活跃，人们的社会关系、法律关系复杂起来，民事立法的成分逐渐增加，词讼案件也多了起来，就为一批专门为人写状词、打官司的人提供了市场。历来民人遇不平之事，告状到官府，其呈词俱令自作，不能自作者可请人据实代写。《大清律例》律文也不禁止帮别人写状词、出主意打官司，“其见人愚而不能伸冤，教令得实及为人书写状词而罪无增减者勿论”，可见其禁止的是教唆词讼及为人作词状增减情罪，“诬人者与犯人同罪，至死者减一等；若受雇诬告人者与自诬者同，至死者不减等；受财者，计赃以枉法，从重论”。[1]也就是说，允许人抱不平，无偿而真诚、求实地帮别人打官司写词状、出主意，而不允许人教唆起灭词讼，为人作词增减情罪，诬告于人，更不允许以此作为受财求生的职业。然而，一般老百姓多不识字，更不懂告诉状的公式套语，向来就有一批人专门为人打官司作词，难免偏持一端，甚至起灭词讼，增减情罪，使当事人健讼不休，因而从中得利，被政府称为“讼棍”或“讼师”。随着法律关系的复杂，词讼案件的增多，讼师的活动也更为活跃。雍正帝为整肃诉讼秩序，于雍正七年建立了官代书制度，到乾隆时，诉讼状无官代书戳记成为诉讼受理十四不准之一。

官代书的资格经考试取得，地方各承审衙门均招考，如嘉庆二十二年，沈玉堂捏名冒充巡抚衙门代书，“又因贪得笔资，假

1　《大清律例·诉讼·教唆词讼》律文。

捏诡名，兼充府代书，尚无把持索诈、增减及包揽教唆情事”，但犯一身充两役之罪，被处以杖八十徒二年之刑。[1]州县衙门属初审衙门，官代书的人数最多，“牧令初莅任，辄于放告之前考之，先期牌示，某月日招考代书”。到考试的那天，官高坐堂上，“应考者静候点名给卷，试以策论或告示，所命题率为清讼息争、奉公守法等语”[2]。衙门根据成绩张榜公布所取名姓，每州县一般取六至八名，给以戳记作为合法代书的凭据。官代书仅在官府备案，不属衙门中人，一般在县城的“歇家”代人作词，状纸由代书从六房书吏处购出，其费用连同代书费一起由被代书作词者支付，或由告状人购于书吏，请官代书作词。官代书实际上取得了代写呈词的“垄断权”。

清政府实行官代书制度的目的是想从根本上杜绝讼师的活动，当然这是不可能的。由于包揽词讼能谋得好处，所以乐于充当讼师的人不只是不得志的读书人，在家闲居的官员、进士、举人、文武生员、乡保、代书，以及官府中的人等等，都可能充当讼师。又由于讼师的活动属非法而受到严厉打击，一旦案发则罪至军流。乾隆七年为“拔本塞源”，规定：撰造刻印讼师秘本罪拟满流，并列举了一些秘本书名，如《警天雷》、《相角》、《法家新书》、《刑台秦镜》等。[3]所以，谁也不会承认自己是讼师，致使讼师的活动带着某种神秘色彩。正因为讼师的神秘色彩，决定了讼师暗中活动的方式多种多样。

讼师禁而不绝的原因，除社会需求而外，非常重要的一点还在于绅衿乃至官府里的幕、吏、役、长随等有特殊身份的人参加到了讼师行列之中。如雍正四年十二月初二日，浙江巡抚李卫在奏折中称讼师为“通省最难除之害”，云：“此辈非劣绅，即革蠹，

1 《刑案汇览》卷七《滥设官吏》。

2 徐珂：《清稗类钞·胥役类》。

3 《大清律例·诉讼·教唆词讼》条例。

或土棍稍能识字之人，种种不一，唯武举、武生更甚”，凡两造争控，“必各请主谋之人，又有劈空插入，扛帮教唆，以致无知愚民尊之若‘师’”。[1]

绅衿是有功名的人，在地方有一定的声望。乡绅前面已重点讨论过，在此不必多言。穿着青色襕衫、头巾的生员，与乡绅一样具有粮、差优免权和法律上的特权，只是生员的功名簿不在礼部，而在省政府学政，因而生员还算不上官，只能算在学的预备官，简称“士”。所以，汪辉祖讲:“士而干讼必不可纵，然遽惩以法又非育才之道。”[2]士的功名不及绅，涉讼不必督抚题参，由州县官会同教官详报，学政黜革便可；法律上的特权也不及绅，所以，生员涉讼不可迁就。但生员人数较多，且关系士习民风，惩之以法又不可不慎重。

生员虽受府、州县学教官约束，受学政的监督考核，但并不在学读书，而是在家读书。生员每三年要参加省会的乡试，但举人名额有限，有的终生也考不中举人，《儒林外史》中对范进中举的描写，正说明科举仕途之艰难。然而，“士子身列膠庠，自应各尊所业，一切公私杂役不得预名顶充”[3]。生员属预备官员的人才，自应“耕读传家”，闭门读书，尽心科举成名，因而政府一律禁止其顶充公私杂役，不许入伍当兵、承充书吏、充当乡保等杂役，更不允许投充衙门差役、长随以及营生优伶，否则，革退其功名。[4]于是，生员能从事维持生计的职业就只剩下耕作、经商、教书、做幕等几项选择了。在清代，生员一旦中举就会增加不少无形的财富，如范进中举，所以乡绅殷实者多。生员殷实者多属世宦或庶民地主之家，自耕农生员在未中举之前，家庭拮据

1　史松、林铁军主编：《清史编年（雍正朝）》，第230页，人民大学出版社，1991年。
2　徐栋辑：《牧令书》卷一六《治士子干讼》。
3　《学政全书》卷三一《区别流品》。
4　《学政全书》卷三一《区别流品》。

也是普遍现象。如嘉道时，浙江定海县生员李巽占家赤贫，他为了奉养母亲，在几里外的私塾教书，每天把工人给的米饭带回家给母亲吃，自己吃家里的红薯，饭后再去教书。为了生计和获利，一些生员加入到了讼师的行列中，不仅生活贫困的生员，家道殷实的绅衿也以谋充讼师获利。在实际生活中，家道殷实的绅衿有钱有势，更易于包揽词讼，左右官司，从中谋利。

绅衿这一特殊阶层很复杂，他们既有监督地方官的一面，若地方官贪污不法，徇私枉纵，他们可以上控予以揭露，是很有说服力的，所以，地方官对他们有防备、畏惧的一面。但是，整个清代的官僚政治都比较腐败，到中后期更是腐败不堪，有一种一切往钱看的味道，绅衿也不能不受其影响而良莠不齐。他们参加到讼师的队伍中，确实也有抱不平而为人出主意打官司，从中收取点辛苦费的现象。如雍正间松城有位叫吴墨谦的人，“工刀笔，晓律例，人请作呈状，必先叩实情，理曲则但为委曲稽延，劝之和解，若果理直，则虽上官当道不能抑”[1]。但更多的情况则是绅衿暗中为讼师专以兴讼为利薮，不管理的曲直，但以出钱多少而定词中之情状，完全是一套唆讼的伎俩，“以虚为实，以无为有，颠倒是非，播弄乡愚，因得售其奸”[2]。所以，清人说讼师有三不管:“一、无理不管。理者，讼之元气，理不胜而讼终吉者未之前闻；二、命案不管。命案之理由，多隐秘繁赜，恒在常情推测之外，死者果冤，无理不报，死者不屈，而我使生者抵偿，此结怨之道也；三、积年健讼者为讼油子，讼油子不管。彼既久称健讼，不得直而乞援于我，其无理可知，我贪得而助无理，是自取败也。”[3]

官代书制度实行后，讼师直接代人作状词的机会失去了，但

1 葛建初辑：《折狱奇闻》卷一。

2 薛允升：《读律存疑》卷四〇。

3 徐珂辑：《清稗类钞·狱讼类》“讼师有三不管”。

他们可以和官代书勾结分工，由讼师写底稿，由官代书誊抄，共同分利，或者只为当事人出主意，或作伪证。因生员有身份，到庭作证的可信度较高，常常成为生员充当讼师的一种形式。正由于有此危害，乾隆三十七年议准："生员代人作证，经地方官审系全诬，则故撄法网，较之寻常包揽者，其情尤重，若仅照平民定拟，实不足以惩儆，应立行详请褫革，即照教唆词讼本罪上各加一等治罪。"[1]所以，绅衿充当讼师尽量避免公开出面，而是勾结、控制官代书，每一官代书周围都依附着数量不等的以兴词讼而取利的所谓讼师。官代书又往往与官府里的书吏、差役、长随等人勾结在一起。官代书活动的场所歇家即食宿店，多为书吏、差役、长随等人所开，专门为代书、讼师提供方便。因为书吏、差役、长随等人都以词讼案件为利薮，无词讼案件的呈词，则无规费、需索的机会。这样，一方面官府希望清平无讼，而另一方面衙门里的书吏、差役、长随等又与代书、讼师勾结在一起，希望乡民都来兴词讼打官司，无论有理无理，案件是大是小，新案还是旧案，只要原、被告愿意出钱打官司，都使之呈状合式受理。实际上，所谓"讼师"的外延相当广，包括代书、书吏、差役、长随、绅衿，甚至一部分官、幕。这就是"官府衙门往南开，有理无钱莫进来"的背景。

由于绅衿加入到讼师的行列，不仅使讼师的活动更有市场，严重影响地方政府司法职能的正常行使，而且给打官司的乡民带来无尽的苦难。

第三节　地方政府的司法职能必然失调

通过以上论述，我们可以清楚地看到，清代地方政府的司法

1　《学政全书》卷二六《整饬士习》。

职能在于发动全社会各阶级各阶层的力量，通过严密的制度和管理层级，以维护神圣皇权为核心，以维护尊尊亲亲、君君臣臣、父父子子的等级社会秩序为原则，来实现一家天下清平无讼、长治久安的目标。从清朝整个历史看，在乾隆中叶以前一个半世纪左右的时间里，社会一直处于发展繁荣期，康雍乾盛世所维持的时间及其达到的繁荣程度，都超过了以往任何一个朝代。所以，我们不能不说，清代地方政府司法职能的行使在这一时期是基本正常的，保证了封建社会统治秩序的相对稳定。然而，我们也非常清楚，清代完备的法制是封建专制法制，是维护等级社会秩序的法制，其本身就代表着黑暗和反动的属性。就在乾隆中叶以前，地方政府基本正常地行使司法职能也是以每年数以万计的人的悲惨生活乃至生命为代价来实现的。另外，清代完备的专制法制也是人治法制，完备的立法是靠行政权力和掌握行政权力的人来贯彻执行的。随着最高统治者的懈怠，封建官僚体系的整体腐败，地方政府司法职能就连统治阶级所企求的最基本的统治秩序也难以维持了，必然走向失调。乾隆中叶以后此起彼伏的人民起义，不正说明了这一点吗？

一　专制权力高度集中所需要的完备法制必然走向自己的反面

专制需要法制，清代专制与法制高度地结合，就在于高度集权的君主需要完备的法制这一暴力工具，来严密地保护他的权力永远控制在爱新觉罗氏皇帝一人手里而不致旁落，保护他的权力能有效控制内外文武百官和有效统治广大的黎民百姓。然而，高度集中的专制权力所制定的完备法制，又需这种专制权力去贯彻执行这一套完备的法制，这就不能不存在这样几个问题：

第一，不管清代皇子、皇帝的培养制度如何严格，秘密建储制度如何完善，也不能保证清代的皇帝个个都文武全才、精明强干。就一个皇帝而言，也不能保证他始终如一地励精图治。就康雍乾盛世的康熙帝、乾隆帝二帝而言，可称得上是中国封建历史上的两位圣明君主。康熙帝崇儒重道，一直以“宽仁”为用人行政的准则，但正是这种“宽仁”政风，加上康熙帝精力所限，致使地方政务废弛、亏空盈千累万。所以，雍正帝一即位就对政务废弛的请托之风痛陈阙失:“朕事事不及皇考，而惟有洞悉下情之处，则朕得之于亲身阅历，而皇考当日所未曾阅历者。朕在藩邸四十余年，凡臣下之结党怀奸、夤缘请托、欺罔蒙蔽、阳奉阴违、假公济私之习，皆深知灼见，可以屈指而数也。”[1]对府州县亏空钱粮大加指责:“皇考好生如天，不忍即正典刑，故伊等每恃宽容，毫无畏惧，恣意亏空，动辄盈千累万”，至是勒限三年补完，“如限满不完，定行从重论罪。三年补完之后，若再有亏空者，决不宽贷”。[2]雍正帝即位后一改乃父“宽仁”之风而以“严猛为政”。乾隆帝有别于乃祖、乃父“宽仁”与“严猛为政”的政风，标榜自己的用人行政为“宽严相济”，似乎有张有弛，游刃有余。乾隆朝也确实因贪污“罪不可掩”而杀掉了30多位二、三品大官，并在乾隆十二年定例：凡侵贪案，“若以身试法，赃私累累，至监追二限已满，侵蚀未完，尚在一千两以上，及贪婪未完，尚在八十两以上者，秋审时即入情实，请旨勾到”[3]。这是其乃祖、乃父都不曾有过的。但是，到乾隆二十五年左右，乾隆帝在上谕中强调“盛满为虞”，表示自己要“侧席省躬”[4]以后，开始懈怠起来，也放松了对自己的约束。实际上，从乾隆十六年皇太后六十万寿节，乾隆帝便开始了大肆收受地方进献且极尽铺张之能事。从此，大兴土木、大肆挥霍铺张，每年的节庆都要收受地方无数的贡品。

1　《清世宗实录》卷四九。

2　《清世宗实录》卷二。

3　《清高宗实录》卷二九九。

4　《清高宗实录》卷六一二。

于是，上行下效，贪取之风遂不可止，官场腐败，政务废弛，民怨四起。清朝的历史便开始走向衰败。

第二，专制权的高度集中，中央集中于皇帝一人，地方集中于各级政府的主官，势必导致权力的再分流或流逸。也就是说，中央集中于皇帝一人之手的权力必然要分流于各部院司监和地方的督抚；地方集中于督抚的权力必然分流于司道、各府州县主官；集中于地方各级政府主官的权力又必然流逸到幕友、书吏、差役、长随之手。集中于皇帝之手的权力是一家之权，集中于地方各级政府主官之手的权力也自然会在很大程度上变成私有化的东西。所以，这种难以约束的专制权力的分流，又必然导致走向专制权力高度集中的反面。清代官场下媚上欢、贪取之风愈来愈盛；幕吏役仆招揽事权，作用越来越大，危害越来越重，不正是这种情势的反映吗？

第三，清代完备的法制既不可能违背维护特权阶层利益的原则，也不可能赋予广大老百姓更多的人生权利和法律保障。封建社会的清王朝将社会的人分成不同的等级，依次是皇帝、宗室贵族、满蒙贵族、一般贵族、官僚、民、贱，主体结构的“民”又分士、农、工、商，“士为四民之首”，从士以上皇帝以下，又因爵位的高低，官职的大小，功名的级别，分成不同的等级。从皇帝到士，不同的等级，都具有不同的法律特权。即使是农、工、商之“民”，处于不同的“五服”制关系，法律地位也不同。这是儒家学说中以“尊尊亲亲”为主旨的礼的原则，以儒家学说为指导思想、治国纲领的清统治阶级不可能违背这一原则来制定法律。在司法上，地方各承审衙门的主官都奉行“不得罪巨室”[1]的信条。清最高统治者为了家天下的长治久安，也不希望贵族、官僚、士绅地主阶级对广大平民百姓过分剥削，但对于官府的横征暴敛，

1 《皇朝经世文编》卷二三。

幕吏役仆的无端需索，除了发出不得“朘削于民”的怜悯之外，似乎再没有别的什么措施了。通过以上章节的论述，我们已经看到，在这样一个等级社会里，官官相护、以强凌弱、以势压人、为富不仁、尔虞我诈的现象相当普遍：绅衿为扩大自己的特权，违法不仁，影响和扰乱了地方的司法；家国一体，宗族又扩大了它的“司法权”，藐视国法和地方司法机关；老百姓是无法律保障的人，有讼受累，无讼受无端牵连、需索。这种代表黑暗和反动的封建法制必然要走向它期求目标的反面。

第四，清代统治阶级越是想把各种社会关系、法律关系都纳入封建专制法制调整范围之内，越易促使它走向反面直至解体。法制不等于法治，从某种意义上讲，封建专制集权下的法制无论它多么完备，都无法治可言。笔者在第一章讲清代的法制有着不完备的“法治”形态，除意在说明清代将法制作为暴力统治工具，有“以法治国”的含义外，还应该看到，随着人口的增加，社会关系、经济关系、法律关系的复杂，清代的立法明显增加了私法即民法的成分，也比较注意同一等级的公正原则，司法的规范性大大加强。然而，正是因为私法的加强和这种司法中不完全的“公正原则”、规范性，唤起人民去追求法律面前人人平等，反抗腐败的政府在司法中的严重不规范、不公正的行为，反抗黑暗、反动的专制法制和制定、执行这一法制的封建政府，希望建立一个平等、自由、法治的社会。

二　专制政体下地方政府的司法职能必然失调

“有治人而后有治法”，清代统治者煞费苦心地设计了一套结构严密、能自我调节、上达下通的专制政治体制，将权力集中于各级政府主官之手，意欲以专治国安邦之责。清统治者用专制权力制定的法律、法规，主要得靠地方各级政府特别是州县政府来恪守实施，但是，由于专制政体具有如下种种弊端，又使地方政府的司法职能必然走向失调。

第一，“学而优则仕”，而入仕之人既学非所用，用非所学，无实践才干，考过“八股文”便赋予其地方一级政府全权或某一职能专责，无异于自取其败。应该说，以“学而优则仕”为原则建立发展起来的科举考试制度这种形式并没有错，错就错在科举考试的内容和科举考中进士即可授七品知县的选官制度。关于这一点，无论是清人还是今天的许多史学家都有许多论述，在此不必赘述。想要说明的一点是，既然清代“牧令所司，刑名钱谷为先务”[1]，那么，牧令在入仕之前的学习中至少应该具备基本的法律、财经知识。清人就讲：“为学务期实用，然所学之事与所用之事不能预相期也；不能预相期则或至不相入，而何以施诸政令？”[2]如果大多数州县主官都是：“儒者未入仕时多未尝留意法律，一旦通籍为牧令长，每遇研鞫，茫然莫测其端绪，况能通律意哉！”[3]那么，即便私聘幕友，也难免受其欺蒙，而难以保证清代最基层实体政府司法职能的正常运转。

第二，随着人口的增多，事务的增繁，地方政府机关的官员人数也应该增加，职责也应该有所分工，然而，清代地方政府的权力却反而越加集中，官员人数也愈加减少，这势必造成非法定人员参与政务，分夺事权，而难以约束。清代府州县佐贰官或不设，即或设也形同虚设，因为决断权都掌握在主官之手。清代府州县的设置比明代多三分之一，人口也增加了几倍，而官员人数却减少了。表面上看，好像是为了减少老百姓的赋役负担，而实际却增加了老百姓的负担，因数十倍于官人数的非法定幕、吏、役仆在官府的存在，势必分流事权，搜刮民脂民膏，他们“但知

1 刚毅：《牧令须知》卷六。

2 庄忠棫：《问心斋学治杂录》叙。

3 《折狱便览》序。

牟利”，无绩可考，“故种种邪谋，无所不至”。[1]由大量非法定人员来主要具体行使地方政府的司法职能，地方政府的司法职能不失调吗？

第三，专制权力从上往下分流，集中于地方各级政府主官之手，也就是权力来自于上，而不是来自于下，各级官员的政治生命都掌握在上司手里，势必造成只对上负责，而不对下负责，不对具体事务、案件的结果负责，助长媚上逢迎和贪污腐败之风。清代地方各级政府集权于主官，不仅表现在事务的决断上，而更重要的是表现在人事权上。也就是说，下属官员升降、去留、黜革的大权完全掌握在上司主官手里，以致早在清初地方就已形成“趋承”、“媚上”之风，“凡州县之与府厅，府厅之与司道，司道之与督抚，往往师弟相称，执礼维谨，借门生为献媚之阶梯，假执贽为行贿之捷径，甚或旷废职责，专务逢迎，馈节贺寿，百计结欢，上官乐其趋承”[2]。地方官早把百分之七十的时间和精力应付于官场。到乾隆中叶之后，“大抵为官长者廉耻都丧，货利是趋，知县厚馈知府，知府善事权要，上下相朦，曲为庇护，故恣行不法之事”[3]；“州县有所求就有所馈送，往往以缺分之繁简分贿赂之等差。此等赃私，初非州县之家财，直以国币为夤缘之具，上司甘其饵，明知而不能问，且受其挟制，无可如何。闻有初任之员，天良未泯，小心畏咎，不肯接受，上司转为之说合，懦者千方抑勒，强者百计强调，务使之虚出通关而后已”[4]。至于公事不过就是办公文，自有幕、吏、役、仆办理，只要打点好了上司，什么事都好办。越往后，督抚的人事权越大，这种趋承、媚上的贪污腐败之风也越盛行。这样的职官制

1 沈葆桢：《居官圭臬》卷上。

2 《皇朝经世文编》卷二〇《清厘吏治三事疏》。

3 《朝鲜李朝实录中的中国史料》第11册。

4 《国朝列传》卷六三《王杰》。

度，如此的趋承、媚上的贪污腐败之风，又怎能不使地方政府的司法职能失调呢？

第四，社会经济较以前有了大的发展，支付给官员的俸禄应该相应不断增加，而清代的职官俸禄却是较前大为减少，且始终一贯制。正式收入的减少，势必导致官员利用官府的权力，大肆亏空国币、搜刮民脂民膏，增加非法收入。[1]清代的职官俸禄经顺治、康熙两朝的几次调整，到康熙八年形成定制，从一品的总督年俸银不过180两，禄米90石，而正七品的知县，年俸只有银45两，禄米22.5石，从此再没变动过。地方官多是拖家带口到任的，还有私聘招雇的众多幕友、长随需要支付年修，那么一点俸禄还不够一月的生活费。那么，地方官既要过上荣华富足的生活，还要馈送层层上司，还要支付幕友、长随的年修，显然开支很大。银钱从何而来？不外乎三种途径：一是以火耗为主的加征加派；二是亏空正项国币；三是司法词讼案件上的贪赃枉法。早在康熙八年，职官俸禄定制颁布后，御史赵璟就讲："一月俸不足五六日之费，尚有二十余日将忍饥不食乎？不取之百姓，势必饥寒，若督抚势必取之下属，所以禁令而愈贪也。夫初任不得已略贪赃，赖赃以足日用，及日久赃多，自知罪已莫赎，反恣大贪；下官贿以塞上司之口，上司受赃以庇下官之贪，上下相蒙，打成一片。"[2]顾炎武也讲："今之制禄不过唐人之什二三，彼无以自赡，焉得而不取诸民乎？"[3]对于地方官的贪取之风，康熙帝讲过一句无可奈何的话："所谓廉吏者，亦非一文不取之谓……如州县官只取一分火耗，此外不取，便称好官。"[4]由于以火耗为主的贪取之风愈益严重，引起国库一度空虚。雍正帝继位后，认识到"历来火耗，皆州县经收，而加派横征，

---

1 吴吉远：《清人论职官俸禄与廉洁之补正》，《史学月刊》1994年第6期。

2 蒋良骐：《东华录》卷九。

3 顾炎武：《日知录》卷一二《俸禄》。

4 《清圣祖实录》卷二三九，康熙四十八年九月上谕。

侵蚀国币，亏空之数不下数百万。原其所由州县征收火耗，分送上司；各上司得用之资皆取给于州县，以致耗羡之外，种种馈送名目繁多，故州县有借口而肆其贪婪，上司有所瞻徇而曲为容忍，此从来之积弊"[1]。于是，雍正帝决定将火耗归公，统一给地方官发放养廉银。自总督至知县各官，都有12000两至30000两及600两至2000两不等的养廉银，连典史未入流也有数十上百两的养廉银，比正俸多几十上百倍。然而，养廉银并不能养廉，火耗"今随同地钱粮报销，则与正供不复能有差别，而凡地方公事之不容已而又不准销者，必需赔垫，上司赔则取偿于属员，而馈送之路开；属员赔则取偿于百姓，而重戥征收，因公科敛之端起。然则耗成正项，耗外加耗之弊，虽峻防之，其流弊有所不能止也"[2]。不增加职官的正式俸禄，不完善地方的人事、监察制度和财政制度而仅以火耗归公并给官员养廉银补贴，实际上是清统治者放任地方官的贪取与腐败。清地方官馈送之风不能止，以火耗为主的贪取之风也不能止，如此腐败的政府，又如何能行使好司法职能呢？

第五，清代幕友、长随的出现，书吏、差役的增多，是专制权力高度集中体现在地方政府的需要，也是职责分工、行政管理的需要，然而，专制权力却不给予其应有的政治地位、经济地位和法律地位。这些在官府里掌握事权的四类人，势必要利用手中的事权去谋取在官府之外不能获取的暴利，眼里只有个"钱"字，舞文弄墨，高下其手，胡作非为，罪恶滔天。地方官尸位素餐，贪取成风，把公务委之于幕、吏、役、仆，花大部分时间和精力去忙于官场的应酬联络；而唯利是图的幕、吏、役、仆们，在为主官完成公事的过程中，还有什么坏事不能做呢？就是这样一些人恰恰又在地方政府里具体行使司法职能。这除了说明专制政体

1 《清世宗实录》卷一五七。

2 《皇朝经世文编》卷二七，孙嘉淦《办理耗羡疏》。

下的司法本身代表着黑暗而外，也预示着专制政体下的传统社会已经容纳不下法制的全部内容，而必然走向解体。

清最高统治者也并非不了解行使司法职能的地方官场出了毛病，针砭时弊的清议又是何等慷慨，力图祛除时弊的上谕、政令、法规像雪花似地颁布。然而，司法的官吏们却麻木不仁、尸位素餐、我行我素，除了升官发财与杀头之外，很难再触动官僚集团的麻痹神经，因而法网密而反疏。对于吏治废弛、法制不行，清朝的统治者们有时甚至达到痛心疾首的地步，但是，他们却不愿从基本的专制制度上去寻找原因，做一些改革调整，更不可能从根本上否定封建集权专制制度，实现社会的转轨。这也许才是清代地方政府司法职能失调最根本的原因。

参考文献

（一）主要资料来源

档案《内阁刑科题本》，中国历史第一档案馆藏。

档案《朱批奏折》，中国历史第一档案馆藏。

《巴县档案》，在四川省档案馆（缩微胶片）。

四川大学，四川省档案馆主编《清代乾嘉道巴县档案选编》上册，四川大学出版社，1989 年；下册，四川大学出版社，1996 年。

档案《顺天府全宗》，中国历史第一档案馆藏。

《清会典》，中华书局，1988 年影印本。

《清会典事例》，中华书局，1988 年影印本。

《钦定六部处分则例》，中华书局，1988 年影印本。

《清实录》，中华书局，1988 年影印本。

《大清皇帝圣训》，中华书局，1988 年影印本。

《明实录》，“中央”研究院历史语言研究所校印，1962 年。

《上谕内阁》，中国历史第一档案馆藏。

《文献通考》，中华书局，1986 年影印本。

《续文献通考》，中华书局，1986 年影印本。

《清朝通典》，中华书局，1986 年影印本。

《清朝文献通考》，中华书局，1986 年影印本。

《清朝续文献通考》，中华书局，1986 年影印本。

《明会要》，中华书局，1956 年。

《皇清奏议》，1960年台湾商务书馆影印本。
《钦定明臣奏议》，存于《四库全书》。
《六部则例》，台湾文海出版社，1969年影印本。
《大清律例》，法律出版社，1999年。
金梁辑：《满文老档秘录》，民国十八年（1929年）铅印本。
《满洲实录》，台联国风出版社，1969年。
《古今图书集成》，中华书局、巴蜀书社影印本。
《钦定学政全书》，上海古籍出版社，1995年。
《理藩院则例》，中国藏学研究中心，1987年影印本。
《清朝通志》，中华书局，1986年影印本。
《康熙起居注》，中华书局，1984年。
《雍正起居注》，中华书局，1984年。
《乾隆起居注》，中华书局，1984年。
《清史列传》，中华书局，1987年。
《国朝名臣言行录》，津河广仁堂，清光绪十一年（1885年）。
《〔光绪〕湖南通志》，中国人民大学图书馆线装书室馆藏。
《〔嘉庆〕四川通志》，中国人民大学图书馆线装书室馆藏。
《〔嘉庆〕广东通志》，中国人民大学图书馆线装书室馆藏。
《〔咸丰〕天全州志》，中国人民大学图书馆线装书室馆藏。
《〔道光〕荣县志》，中国人民大学图书馆线装书室馆藏。
《〔道光〕巴县志》，中国人民大学图书馆线装书室馆藏。
《〔道光〕诸罗县志》，中国人民大学图书馆线装书室馆藏。
《〔嘉庆〕宁国府志》，中国人民大学图书馆线装书室馆藏。
《〔乾隆〕绍兴府志》，中国人民大学图书馆线装书室馆藏。
《〔嘉庆〕湖北通志》，中国人民大学图书馆线装书室馆藏。
《〔光绪〕江西通志》，中国人民大学图书馆线装书室馆藏。
《顺天府志》，北京大学出版社，1982年。
安徽《古歙东门许氏宗谱》，中国人民大学馆藏，清乾隆六年

(1741年）刻本。

安徽桐城《桐陂赵氏宗谱》，中国人民大学馆藏。

安徽桐城《祝氏宗谱》，中国人民大学馆藏。

浙江姚江《沈氏宗谱》，中国人民大学馆藏，民国七年（1918年）聿怀堂刻本。

江西南昌《魏氏宗谱》，中国人民大学馆藏，清光绪二十四年(1898年）本刻活字印本。

湖北金江《刘氏宗谱》，中国人民大学馆藏，清光绪二十四年(1898年）本刻活字印本。

《清代档案史料丛编》（一至七辑)，中华书局，1979年至1981年出版。

赵尔巽等撰：《清史稿》，中华书局，1977年。

张廷玉等撰：《明史》，中华书局，1974年。

李桓辑：《国朝耆献类征初编》，台北：明文书局，1985年。

钱仪吉辑：《清代碑传全集》，上海古籍出版社，1987年。

席裕福辑：《皇朝政典类纂》，台北：成文出版社，1982年影印本。

魏源、贺长龄辑：《皇朝经世文编》，中华书局，1992年。

葛士浚辑：《皇朝经世文续编》，宝善书局，清光绪二十二年(1896年)。

盛康辑：《皇朝经世文续编》，台北：文海出版社，1972年。

沈绑南原本、王荫庭续辑：《大清律例汇纂》，中国人民大学图书馆线装书室馆藏。

王凯泰辑：《新增大清律例统纂》，中国人民大学图书馆线装书室馆藏。

鲍书芸参定、祝庆祺编次：《刑案汇览》，台北：成文出版社，1968年。

薛允升辑：《驳案新编》，中国人民大学图书馆线装书室馆藏。

薛允升辑：《驳案续编》，中国人民大学图书馆线装书室馆藏。

薛允升撰：《读例存疑》，中国人民大学图书馆线装书室馆藏。

黄六鸿撰：《福惠全书》，文瑞楼，清（1644~1911）刻本。

包世臣撰：《安吴四种》，注经堂，清同治十一年（1872 年）刻本。

陈宏谋撰：《在官法戒录》，杭州，清同治十二年（1873 年）刻本。

陈宏谋著：《五种遗规》，宣统三年（1910 年）学部图书局本，中国华侨出版公司，2012 年。

陈宏谋撰：《从政遗规》、《养正遗规》、《在官法戒录》。

徐珂辑：《清稗类钞》，商务印书馆，1917 年初版，中华书局，1986 年。

梁章钜撰：《退庵随笔》，上海古籍出版社，1995 年。

梁章钜撰：《浪迹续谈》，《四库全书》，笔记。

汪辉祖撰：《汪龙庄先生遗书》，望三益斋，清同治元年（1862 年）刻本。

1.《学治臆说》、《学治续说》、《学治说赘》
2.《佐治药言》、《续佐治药言》
3.《病榻梦痕录》、《梦痕录节抄》
4.《双节堂庸训》

许乃普辑：《宦海指南五种》，钱溏许氏，清咸丰九年（1859 年）刻本。

1.《钦颁州县事宜》（田文镜、李卫等撰）
2.《佐治药言》、《续佐治药言》（汪辉祖撰）
3.《学治臆说》、《学治续说》、《学治说赘》（汪辉祖撰）
4.《梦痕录节抄》
5.《折狱便览》（佚名）

张廷骧辑：《入幕须知五种》，台湾：文海出版社，1968 年。

1.《幕学举要》（万维翰撰）

2.《佐治药言》、《续佐治药言》（汪辉祖撰）

3.《学治臆说》、《学治续说》、《学治说赘》（汪辉祖撰）

4.《办案要略》（王义槐撰）

5.《刑幕要略》（佚名）

附：《赘言十则》（张廷骧撰）

徐栋辑：《牧令书》，兴国李氏，清道光二十八年（1848 年）刻本。

刚毅撰：《牧令须知》，江苏书局，清光绪十五年（1889 年）刻本。

张集馨：《道咸宦海见闻录》，中华书局，1981 年。

阮本炎：《求牧刍言》，清光绪十三年（1887 年）刻本。

伍承乔撰：《清代吏治丛谈》，收录于沈元龙主编（近代中国史料丛刊目录》，文海出版社，2009 年。

蔡申之辑：《清代州县故事》，收于《近代稗海》，四川人民出版社，1988 年。

顾炎武撰：《日知录》，陕西人民出版社，1998 年。

黄宗羲撰：《明夷待访录》，中华书局，2011 年。

赵翼撰：《簷曝杂记》，中华书局，1982 年。

昭梿撰：《啸亭杂录》、《啸亭续录》，中华书局，1980 年。

梁章钜撰：《枢垣记略》，中华书局，1984 年。

谈迁：《北游录》，中华书局，2006 年。

阮葵生：《茶余客话》，《清代笔记丛刊》（全四册），齐鲁书社，2000 年。

方浚颐撰：《二知轩文存》，上海古籍出版社，1995 年。

王祖源辑：《明刑弼教录》，福山王氏，清光绪六年（1880 年）。

李之芳撰：《李文襄公奏议》，全国图书馆缩微文献复制中心，2011 年版，清康熙四十一年（1702 年）刻本。

李慈铭撰：《越缦堂日记》，商务印书馆，1920 年影印本。

王庆云撰：《石渠余记》，北京古籍出版社，1985 年。

方苞撰：《望溪先生文集》，民国二年（1913 年）铅印本。

王有孚辑：《不碍轩读律六种》，官报书局，1909 年铅印书。

1.《洗冤录外编》

2.《一得偶谈》

3.《秋审指掌》

4.《折狱金针》

5.《判字全钞》

6.《填刑便览》

刘衡撰：《庸吏庸言》，湖北崇文书局，清同治七年（1868 年）刻本。

王嵩儒撰：《掌故拾零》，民国二十五年（1936 年）铅印本。

戴兆佳撰：《天台治略》，全国图书文献缩微中心，1993 年影印本。

黄本骥撰：《历代职官表》，上海古籍出版社，1980 年。

沈家本：《历代刑法考》，中华书局，1985 年。

沈德符撰：《万历野获编》，中华书局，1989 年。

吴振棫撰：《养古斋丛录》，北京古籍出版社，1983 年。

刚毅辑：《秋谳辑要》，江苏书局，清光绪十五年（1889 年）刻本。

王先谦撰：《东华录》，上海古籍出版社，2008 年。

薛福成撰：《庸庵全集》，岳鹿书社，1985 年。

福格撰：《听雨丛谈》，中华书局，1959 年。

蒋良骥编：《东华录》，中华书局，1980 年。

孙铸辑：《孙文定（嘉淦）奏稿》，加利福尼亚大学（美）编，台湾文海出版社，1970 年。

张萱撰：《西园闻见录》，杭州古旧书店，1984 年（影印）。

王守仁：《王文成公全集》，浙江书局，清同治光绪间（1862~1908 年）重刻本。

许同莘撰：《公牍学史》，档案出版社，1984 年 4 月。

吴敬梓撰：《儒林外史》，人民文学出版社，1958 年。

李宝嘉撰：《官场现形记》，上海古籍出版社，1985 年。

丁日昌撰：《抚吴公牍》，清光绪三年（1877 年）铅印本，人大图书馆藏。

陈登原撰：《国史旧闻》（第三册），中华书局，1980 年。

姚元之撰：《竹叶亭杂记》，中华书局，1982 年。

陈康祺撰：《郎潜纪闻初笔二笔三笔》，中华书局，1984 年。

金埴撰：《巾箱说》，中华书局，1982 年。

洪亮吉撰：《卷施阁文甲集》，贵阳节署，清乾隆六十年（1795 年）刻本。

杨懿撰：《治勤政略》，民国二十四年（1936 年）活字本。

赵翼撰：《廿二史札记》，广雅书局，清光绪二十年（1894 年）刊本。

张联桂撰：《问心斋学治杂录》，清光绪十一年（1885 年）刻本。

沈葆祯撰：《居官圭臬》，沈文肃公牍，江苏广陵古籍刻印社，1997 年。

田文镜撰：《抚豫宣化录》，中州古籍出版社，1995 年。

葛建初辑：《折狱奇闻》，会文堂书局，1929 年。

（二）近人著作

缪全吉著：《清代刑幕述要》，台北市：无出版者，约 1967~1969 年。

戴炎辉著：《清代台湾乡治》，台北联经出版事业股份有限公司，1979 年。

瞿同祖著：《中国法律与中国社会》，中华书局，1981 年。

高潮主编：《古代判词》，群众出版社，1981 年。

（法）白晋著：《康熙皇帝》，黑龙江人民出版社，1981 年。

张德泽编著：《清代国家机关考略》，中国人民大学出版社，1981 年。

杨启樵著：《雍正及其密折制度研究》，香港三联书店，1981年。

谢国桢著：《明末清初的学风》，人民出版社，1981 年。

孟森著：《明清史讲义》，中华书局，1981 年。

吴廷燮著：《明督抚年表》，中华书局，1982 年。

张国华等主编：《中国法律思想史》，群众出版社，1982 年。

邓之诚著：《中华两千年》，中华书局，1983 年。

庄吉发著：《故宫档案述要》，台北：故宫博物院，1983 年。

戴逸主编：《简明清史》，人民出版社，1984 年。

罗尔纲著：《绿营兵志》，中华书局，1984 年。

龚祥瑞著：《比较宪法与行政法》，法律出版社，1985 年。

冯尔康著：《雍正传》，人民出版社，1985 年。

杜文凯编：《清代西人见闻录》，中国人民大学出版社，1985 年。

孟昭信著：《康熙大帝全传》，吉林文史出版社，1987 年。

王思治著：《清史论稿》，巴蜀出版社，1987 年。

郑秦著：《清代司法审判制度研究》，湖南教育出版社，1988年。

李铁著：《中国文官制度》，中国政法大学出版社，1989 年。

章乃炜著：《清宫述闻》，紫禁城出版社，1990 年。

白新良著：《乾隆传》，辽宁教育出版社，1990 年。

冯尔康、常建华著：《清人社会生活》，天津人民出版社，

1990年。

史松、林铁军主编：《清史编年（雍正朝）》，中国人民大学出版社，1991 年。

张晋藩著：《清律研究》，法律出版社，1992 年。

梁治平著：《法辨——中国法的过去、现在与未来》，贵州人民出版社，1992 年。

张晋藩主编：《中国官制通史》，中国人民大学出版社，1992 年。

梁希哲、孟昭信著：《明清政治制度述论》，吉林大学出版社，1993 年。

高翔著：《康雍乾三帝统治思想研究》，中国人民大学出版社，1995 年。

王思治等主编：《清代人物传稿》上编，中华书局，1995 年。

（三）论文

陶希圣：《清代州县衙门刑事审判制度及程序》，《食货月刊》1971 年第 1 卷 1~5 期。

赵希鼎：《清代各省的政治制度》，《历史研究》1980 年第 3 期。

瞿同祖：《清律的继承和变化》，《历史研究》1980 年第 4 期。

郑天挺：《清代的幕府》，《南开史学》1980 年第 1 期。

郑天挺：《清代幕府制的变迁》，《学术研究》1980 年第 4 期。

吴仁安：《清代的州县官》，《历史教学》1986 年第 5 期。

郑秦：《清代地方司法管辖制考析》，《西北政法学院学报》1987 年第 1 期。

王跃生：《关于明清督抚制度的几个问题》，《历史教学》1987 年第 9 期。

郑秦：《清朝统治边疆少数民族的法律措施》，《民族研究》

1988年第2期。

李荣忠：《清代巴县衙门书吏与差役》，《历史档案》1989年第1期。

张铁纲：《清代流放制度初探》，《历史教学》1989年第3期。

张伟仁：《良幕循吏汪辉祖——一个法制工作者的典范》，《台湾大学法学论丛》1990年第12期。

郭润涛：《试论清代州县衙门设置幕府的原因》1990年第4期。

吴吉远：《清代的刑具及用刑》，《历史大观园》1991年第10期。

吴吉远：《试论清代吏、役的作用和地位》，《清史研究》1993年第3期。

吴吉远：《清代的赎刑与捐赎》，《历史大观园》1993年第11期。

赵秀玲：《论清代知府制度》，《清史研究》1993年第2期。

吴吉远：《古代社会的吏员》，《文史知识》1993年第9期。

郭润涛：《长随行政述论》，《中国史研究》1993年第3期。

吴吉远：《清代刑法中的留养制度》，《历史学习》1995年第3期。

吴吉远：《试论明清时期的守巡道制度》，《社会科学辑刊》1996年第1期。

后　记

并非出身书香门第的我，直到 1976 年初中毕业回乡务农后，闲暇时间才在有限的范围内搜寻一些古典白话小说来品赏，但很快就被小说中主持正义、惩恶除奸的英雄们所吸引而不能自拔，也开始疾恶如仇起来，并在心里朦胧地立下将来也要实践这种英雄形象的理想。所以，1980 年重新获得上高中的机会后，一心想报考政法学院，理想成为一名侦察员或法官。可惜，1982 年政法学院未能考上，倒考入了师范学院的历史系。也许是一种巧合吧，通过看古今中外小说，对历史早有浓厚的兴趣。当教师，为人师表，作人类的灵魂工程师，倒也不失“英雄”风范。何况学史能使人明智，用历史来启迪自己并作为一项职业去教育他人，也许比单纯的惩恶除奸的“英雄”起的作用更大。通过对历史学和其他社会科学的深入学习，我已对“英雄”有了新的理解。“英雄”不仅仅是主持正义、惩恶除奸的形象，它更应该富有历史文化和社会制度、政治思想的内涵。我们国家改革开放的总设计师邓小平同志就说过一句经世名言：“制度好可以使坏人无法任意横行，制度不好可以使好人无法充分做好事。”在建设有中国特色社会主义理论指导下，只要建设好我们的各项具体制度，无论从事什么职业，做到尽职尽责，干出一流的业绩，都应该是“英雄”形象。

不过，将历史与法制结合起来进行深入立体的历史研究，还是 1989 年考入四川大学历史系，师从柯建中、冉光荣两位教授，并将硕士论文的选题定为《试论清代前期州县政府的司法职能》之后的事。1992年考入中国人民大学清史研究所师从王思治教授，又将硕士论文扩大和完善为《清代地方政府的司法职能研究》，作为博士论文的选题。这也许算得上是在实现我的法冶和历史的双重理想。

《清代地方政府司法职能研究》历经数载，终于可以付梓问世了，多年的研究，多年的辛苦，终于可以告一段落了。然而，笔者的心情又是久久不能平静的，因为封建法制在古代社会留下的问题还很多很多，这本不成熟的著作只是解决了一些有关清代地方政府的司法职能方面的部分问题，将来的耕耘还任重而道远。

这本著作的问世，得深深地感谢我的硕士导师柯建中、冉光荣两位教授，是他们将我引入了史学研究的大门；得深深感谢我的博士导师王思治教授，是在他的精心指导和多方关怀下，才有这本著作今天这个模样与读者见面；得深深地感谢中国社会科学院历史研究所的郭松义研究员，他在百忙中撰写意见，极力推荐这本书的出版。

另外，还得感谢中国人民大学图书馆线装书阅览室、清史研究室资料室的老师们；感谢中国第一历史档案馆、四川省档案馆利用组的女士、先生们，是他们为本书提供了宝贵的历史资料。

最后，要深深地感谢“东方历史研究出版基金学术评审委员会”和《东方历史学文库》编辑委员会的老师们，是他们的高度评价为我这位学子出版著作提供了宝贵的机会。

有人是用笔耕耘着自己的著作，而我是用人生的心血在写这本书。殷切地期待着史学前辈和同仁们的批评指教。

吴吉远

1996年12月3日于北京二小居室

再版后记

拙作《清代地方政府司法职能研究》由中国社会科学出版社出版已经整整15年。回首当年，本想在完成这篇博士论文后，把学问继续做下去，完成对清代中央政府的司法职能和爱新觉罗宗室、旗人、少数民族地区的立法、司法和司法管理的研究，在学术上取得更大的成绩。由于种种原因，没有继续留在学术研究的岗位上完成自己的夙愿。但我做学问的心仍然未泯。

《清代地方政府司法职能研究》是一部深入探讨清代省、府、州县三级政权建设，将史学与法学、政治史与法制史、行政管理与司法职能相结合立体式研究的尝试之作，没想到能引起学术界的较大反响和良好评价，引用率一直都很高。欣慰之余，也倍感遗憾，没有更新更深的力作奉献给同仁。

感谢和祝贺故宫博物院故宫出版社设立《明清史学术文库》，遴选40多部百年明清史专题研究的重要的甚至是经典性的著作再版发行，这是明清史学界的大事和幸事；感谢《明清史学术文库》编辑委员会的各位学界前辈和学术同仁，选中我的这部尝试之作，是我莫大的荣幸；感谢故宫出版社的编审、编辑们，你们付出的辛劳不仅能结出丰硕成果，而且将为明清史研究铺出一条大道。

吴吉远

2013年10月于北京

明清纪元简表

皇帝	年号 （在位年限）	元年干支 （公元纪年）
太祖（朱元璋）	洪武（31）	戊申（1368）
惠帝（朱允炆）	建文（4）*	己卯（1399）
成祖（朱棣）	永乐（22）	癸未（1403）
仁宗（朱高炽）	洪熙（1）	乙巳（1425）
宣宗（朱瞻基）	宣德（10）	丙午（1426）
英宗（朱祁镇）	正统（14）	丙辰（1436）
代宗（朱祁钰）	景泰（8）	庚午（1450）
英宗（朱祁镇）	天顺（8）	丁丑一（1457）
宪宗（朱见深）	成化（23）	乙酉（1465）
孝宗（朱祐樘）	弘治（18）	戊申（1488）
武宗（朱厚照）	正德（16）	丙寅（1506）
世宗（朱厚熜）	嘉靖（45）	壬午（1522）
穆宗（朱载垕）	隆庆（6）	丁卯（1567）
神宗（朱翊钧）	万历（48）	癸酉（1573）
光宗（朱常洛）	泰昌（1）	庚申八（1620）
熹宗（朱由校）	天启（7）	辛酉（1621）
思宗（朱由检）	崇祯（17）	戊辰（1628）
*建文四年时成祖废除建文年号，改为洪武三十五年。		
太祖（爱新觉罗·努尔哈赤）	天命（11）	丙辰（1616）
太宗（爱新觉罗·皇太极）	天聪（10） 崇德（8）	丁卯（1627） 丙子四（1636）
世祖（爱新觉罗·福临）	顺治（18）	甲申（1644）
圣祖（爱新觉罗·玄烨）	康熙（61）	壬寅（1662）
世宗（爱新觉罗·胤禛）	雍正（13）	癸卯（1723）
高宗（爱新觉罗·弘历）	乾隆（60）	丙辰（1736）
仁宗（爱新觉罗·颙琰）	嘉庆（25）	丙辰（1796）
宣宗（爱新觉罗·旻宁）	道光（30）	辛巳（1821）
文宗（爱新觉罗·奕詝）	咸丰（11）	辛亥（1851）
穆宗（爱新觉罗·载淳）	同治（13）	壬戌（1862）
德宗（爱新觉罗·载湉）	光绪（34）	乙亥（1875）
爱新觉罗·溥仪	宣统（3）	己酉（1909）
1616年，努尔哈赤建立后金；1636年，改国号为清；1644年，清入关。		

◆ 制表参考《现代汉语词典》（第6版，商务印书馆，2012年）。

◆ 年中改元时，在干支后用数字注出改元的月份。

编后说明

《明清史学术文库》旨在整合出版上世纪以来，明清史学研究领域中学术影响深远的专题论著（暂未包括专有出版权与其他出版机构有合同约束的论著）。

由于所选书稿在此前分别由不同的出版社出版，因此在编辑制作过程中，我们尤其注重构建本丛书的体例。特作说明如下。

一　内容

为保持与相关领域学术发展同步，本丛书出版前，各册书稿内容均请作者、作者家属或相关学者在原著基础上作了厘正。

二　结构

从书各册内容按照章、节等体例安排层级关系，图表按章排序。

三　文字

文献名、引文、年号、姓名等文字中，如遇异体字或无对应的现行简化字，则保留原字。

四　注释

1. 相同文献的相同版本信息，只在第一次出现时予以标注（该文献如在书中出现其他版本信息，则逐一标注；如来稿每则注释皆信息完整，且体例统一，则不予改动；如信息查询未果，则维持缺项）。

2. “二十四史”等常见古籍，如无特殊需要，皆不注明版本信息。

3. 古籍卷数用“卷”与汉字表示，如卷一九、卷一三五等。

五　年代换算

明清两朝的干支纪年或未逐一换算成公元纪年，对于原著未附纪元表的专著，附以《明清纪元简表》，以便参考。

六　寄语

本丛书各册作者皆为相关领域学术大家，故每册卷首均设作者寄语。寄语或为约请作者提供，或从其专著中援引。

宫廷历史编辑室

二〇一二年七月

图书在版编目（CIP）数据

清代地方政府司法职能研究 / 吴吉远著. — 北京：故宫出版社，2014.8
（明清史学术文库）
ISBN 978-7-5134-0638-3

Ⅰ. ①清… Ⅱ. ①吴… Ⅲ. ①地方政府-司法制度-研究-中国-清代Ⅳ.①D929.49

中国版本图书馆 CIP 数据核字（2014）第 169057 号

清代地方政府司法职能研究

著　　者：吴吉远
责任编辑：陈连营　伍容萱
特约编辑：郝永伟
封扉设计：李　猛
出版发行：故宫出版社
地址：北京市东城区景山前街 4 号　邮编：100009
电话：010-85007808　010-85007816　传真：010-65129479
网址：www.culturefc.cn　邮箱：ggcb@culturefc.cn
制　　版：保定市万方数据处理有限公司
印　　刷：保定市中画美凯印刷有限公司
开　　本：787 毫米 × 1092 毫米　1/16
印　　张：23.75
字　　数：304 千字
版　　次：2014 年 8 月第 1 版
2014 年 8 月第 1 次印刷
书　　号：ISBN 978-7-5134-0638-3
定　　价：56.00 元